중국의 리더들

인물로 읽는 중국사

중국의 리더들

초판 1쇄 펴낸 날 | 2018년 10월 30일

지은이 | 현경병
펴낸이 | 이금석
기획 · 편집 | 박수진, 박지원
디자인 | 책봄
마케팅 | 곽순식
경영 지원 | 현란
펴낸 곳 | 도서출판 무한
등록일 | 1993년 4월 2일
등록번호 | 제3-468호
주소 | 서울 마포구 서교동 469-19
전화 | 02)322-6144
팩스 | 02)325-6143
홈페이지 | www.muhan-book.co.kr
e-mail | muhanbook7@naver.com
가격 17,000원
ISBN 978-89-5601-409-8 (03910)

인물로 읽는 중국사

중국의 리더들

현경병 지음

무한

차례

머리글

이 책은 크게 3가지에 주안점을 두고 썼다.

1. 독자가 자신에게 맞는 본보기가 될 만한 인물을 골라 목표를 세우고 하나둘 이루어가는 방법을 배울 수 있도록 했다.

그 인물의 장단점을 따져보고 자신에게 적용해 더 나은 미래를 만들어가면 진정 지혜롭지 않을까 싶다. 가장 뛰어난 독자는 그들에게 길을 묻는 사람일 것이다. 그래서 인물마다 성장기를 거쳐 처음 일어설 때와 고비 때 넘어서는 모습은 물론이고 중요한 승부처를 놓고 어떻게 풀어나갔는지 되새기면, 나의 할 바를 제대로 알고 현명하게 실천해 나갈 수 있을 것이다. 특히 힘들거나 최악의 상황으로 내몰릴 때 그 인물이 어떻게 견뎌내면서 돌파하는지 배워두고 따라하면 정말 와닿을 것이다.

2. 중국을 바로 알고 활용할 수 있다.

중국은 G2라 하여 미국에 버금가는 초강대국이 되었다. 풍부한 내용물로 가득 찬 흥미진진한 나라임이기도 하다. 사실 우리가 중국에 대해 잘 모르는 것은 아니다. 나름대로 상당한 지식을 가지고 있다. 다만 잘못 알고 있어 문제다. 중국의 본질과 실체를 제대로 알아야 잘 대처할 수 있다. 그래서 어떠한 지식이나 사실과 더불어 중국인을 바로 볼 줄 아는 것이 중요하다. 특히 한국의 정부 인사나 기업 임직원들은 그 참모습을 알아야 할 것이다.

3. 중국사를 관통해 바라보면서 역사적 사실 그 자체도 중요하지만, 우리 모두가 알면 좋을 목표달성, 용인술, 처세술, 국가경영, 외교와 전쟁, 기업경영 등을 배울 수 있다.

세상의 본질과 이치를 정확하게 꿰뚫어보고 내가 해야 할 바와 구체적인 실천방안까지 얻을 수 있다.

그래서 이 책을 쉽고 재미나게 읽도록 여러 가지 안배를 해두었다.

1. 각 장마다 해당 장에 등장하는 지명과 위치를 모두 표시한 지도를 맨 앞에 넣어 시대별로 공간적 · 지리적 개념을 갖도록 해서 전략적이고 입체적인 생각을 하도록 했다. 그동안 숱한 《초한지》와 《삼국

지》 책들이 나왔지만 지도를 제대로 본 적이 없다. 지명을 제대로 알아 당시의 시대상과 주요 인물들의 동선을 머리 속에 그리며 읽도록 했다.

2. 인물별로 당시 중국의 인구와 영토 그리고 국력 등을 내용에 넣어 그 시대 일반 중국인들의 상황과 변화를 통해 중국의 변화와 역사적인 전개를 이해할 수 있도록 했다. 그 과정에서 중국사 전반에 관해서도 충실하게 담아 놓았다.

3. 해당 인물의 인생 여정을 놓고 태어난 이후 중요한 시기마다 당시의 나이를 넣어 독자들이 자신과 대비해 그 나이라면 어떠한 생각을 하고 무슨 일을 해야 할지를 체감하며 자신의 인생을 살펴보거나 설계하도록 했다. 특히 10대 이후 7080세대가 될 때까지 각 세대별로 인생 설계와 진행을 할 때 참고가 되도록 노력했다.

4. 인물별로 성장기와 청장년기를 통해 처음 출발에서 목표에 이르는 과정을 숫자로 담아 창업을 하거나 조직을 통솔 또는 관리하게 되면 어떻게 해야 더 발전하게 되는지에 대한 내용을 담았다. 특히 각 인물의 대표 명언이나 고사성어를 넣는 한편 어떠한 경우에도 이겨낼 수 있는 힘을 준 좌우명을 제시했다.

5. 중국을 이해하는 3대 대표 소설 중《초한지》와《삼국지》의 줄거리를 다루면서 과장과 거짓을 가려내 사실적인 접근과 사고를 하도록 했다. 중화사상에 따른 자기중심적인 중국의 실체를 바로 알아야 오늘과 미래의 중국을 대할 때 현실에 맞게 받아들여 활용할 수 있기 때문이다.

이 책에 나오는 인물들은 중국사에서 결정적으로 중요한 시기에 활약하며 오늘의 중국이 있기까지 대체적인 흐름을 좌우하며 한 획을 그은 역사의 주인공들이다. 그런데 필자가 보기에 이들은 몇 가지 공통점을 가지고 있다.

1. 대부분의 인물들이 독서광이다.

죽기 직전까지도 책을 손에서 놓지 않았던 공자를 비롯해 진시황, 조조, 당 태종, 조광윤, 주원장, 강희제, 건륭제, 모택동, 등소평 등은 필요한 모든 것을 책에서 얻었을 정도였다. 물론 지금은 TV, 영화, 컴퓨터, 인터넷, 휴대폰, 사회관계망(SNS) 등을 통한 다양한 방법이 있어 본인 사정에 맞게 활용하면 될 것이다. 그래도 최선의 방법은 독서다.

2. 자신에 대해 엄격했다.

남 탓을 하거나 외부의 눈을 의식하지 않았다. 꿈을 이루기 위해 뚜렷한 목표를 세워 자신의 길을 걸어갔다. 특히 자신이 할 바를 늘 고민하며 끊임없이 자기 스스로를 다잡고 고쳐가며 목표를 이루었다. 특히 성군 · 명군으로 일컬어지며 두고두고 사랑과 존경을 받는 지도자는 근검절약을 몸소 실천하며 국민이 살기 좋은 나라를 만들었다.

3. 고난을 거쳐 자신을 강하게 만들고 뜻을 이루었다.

큰 인물이 되려면 숱한 역경과 실패를 거치기 마련이다. 이 책에 등장하는 인물들은 도저히 견디기 어려운 고비를 겪으면서 좌절하거나 포기하지 않은 채 기어코 극복해갔다.

4. 낙관주의자였다.

무언가를 이루고자 하면 고난과 역경을 거치기 마련이다. 큰 뜻을 이루려고 할수록 자신에게 닥친 어려움을 이겨내야 한다. 그들은 기본적으로 낙관적인 생각을 통해 자신의 앞날을 긍정적으로 바라보면서 현실의 힘겹고 고단하며 공핍한 처지를 극복했다.

5. 효성이 지극했다.

진시황, 당 태종, 모택동 정도를 빼고 나면 한결같이 부모에 대한 공경심이 대단했고 살아생전에 부모가 원하는 대로 해드리기 위해 노력함으로써 진정한 효행을 실천했다(그렇다고 진시황, 당태종, 모택동이 불효자는 아니었다. 부모의 잘못이 컸거나 어릴 때 사별해서 그런 것뿐이다). 세상에서 가장 소중한 것은 가족이라는 평범한 진리를 인식하고 사랑을 실천한 것이라고 생각해본다.

우리가 일반적으로 아는 중국은 거의 춘추전국시대, 초한전, 삼국시대의 성립 과정에 집중되어 있다. 무엇보다 중국 대하역사소설의 3대 명작이 각 해당 시대를 다룬《열국지》,《초한지》,《삼국지》이기 때문이다. 이 책들을 통해 중국의 진면목을 이해하고, 지혜를 얻는 고전 중의 고전으로 삼았던 것이다.

특히 유방과 조조 편에서 절대적인 사랑을 받는《초한지》와《삼국지》에 대한 줄거리를 전개하면서 역사적 사실을 알 수 있도록 안배했다. 그 핵심적인 내용을 시간에 따라 전개하여 작게는 중국의 30%, 많게는 50%에 해당하는 기본지식을 접할 수 있다.

뭐든 아는 만큼 보인다. 중국을 접할 때 2가지만은 꼭 새겨두고 접하면 좋다. 하나는 중국이 자신만의 기준에 따라 꼭 다루고 싶은 내용과 방식으로 우리에게 접근하고 이해할 것을 강조한다는 사실이다. 또 다른 하나는 역사적 사실이라면 정확한 과학적 · 객관적 내용을 바탕으로 해야 하지만 그렇지 못한 경우가 많다는 것이다. 그러다보니 중국은 신화 시대를 역사 시대로 만들고, 복희씨나 요순처럼 상상 속의 존재조차 실존했던 것처럼 역사적 사실로 인용하거나 본보기로 삼는다. 진시황이나 유방도 왜곡과 과장이 상당히 심하다.《삼국지》에는 한나라 때 인물인 화타가 등장하고, 도원결의, 장판교 전투, 관우의 오관육참처럼 없는 사실을 창작해 멋스럽게 가공했다. 현대 중국에서도 다르지 않아 희한한 근거를 대며 축구와 골프의 종주국이라고 주장한다. 그래서 최대한 정사와 원전에 충실하면서 객관적인 사실을 기준으로 중국을 바라보도록 접근했다.

이 책을 쓰기까지 아내 신윤주, 나보다 더 나를 사랑해 주시는 부모님, 나 자신보다 더 사랑하는 현준용과 현채영에게 무한한 감사를 바치고 싶다. 그리고 이 책이 나오기까지 현경병이란 이름을 아는 모든 사람들의 인연과 도움 덕분이라고 생각하는 만큼 이들에게도 감사드린다.

—10월 푸르른 날, 나의 집에서

중국의 역대 왕조와 시대

<table>
<tr><th>시기</th><th colspan="3">국가명</th><th>특이사항</th></tr>
<tr><td></td><td colspan="3">3황5제</td><td>신화시대</td></tr>
<tr><td>BC 2070~1600</td><td colspan="3">하(夏)</td><td>신화시대</td></tr>
<tr><td>BC 1600~1046</td><td colspan="3">상(商)</td><td>은(殷)이라고도 부름</td></tr>
<tr><td rowspan="3">BC 1046~221</td><td rowspan="3">주(周)</td><td colspan="3">서주(西周, BC 1046~771)</td></tr>
<tr><td rowspan="2">동주(東周,
춘추전국시대)</td><td>춘추시대
(BC 770~403)</td><td rowspan="2">* 일부에서는 춘추시대와 전국시대의 구분을 BC 453년으로 함</td></tr>
<tr><td>전국시대
(BC 403~221)</td></tr>
<tr><td>BC 221~06</td><td colspan="3">진(秦)</td><td>지배 민족 : 융(서융)</td></tr>
<tr><td rowspan="3">BC 202~
AD 220</td><td rowspan="3">한(漢)</td><td colspan="2">전한
(서한, BC 202~AD 8)</td><td rowspan="3">지배 민족 : 한족</td></tr>
<tr><td colspan="2">신
(新, AD 8~23)</td></tr>
<tr><td colspan="2">후한
(동한, AD 25~220)</td></tr>
<tr><td rowspan="3">AD 220~80</td><td rowspan="3">삼국시대</td><td colspan="2">위(魏, 220~65)</td><td rowspan="3">* 소설 《삼국지》의 시대 배경임</td></tr>
<tr><td colspan="2">촉(蜀, 221~63)</td></tr>
<tr><td colspan="2">오(吳, 229~80)</td></tr>
<tr><td rowspan="5">220~589</td><td rowspan="5">위진남북조
시대</td><td colspan="2">진(晋, 서진,
265~317),</td><td></td></tr>
<tr><td colspan="2">동진(東晋,
317~420)</td><td></td></tr>
<tr><td colspan="2">5호16국시대
(304~439)</td><td>* 5호로 불리는 흉노, 선비, 저, 강, 갈 등이 주도</td></tr>
<tr><td rowspan="2">남북조시대
(420~589)</td><td>남조(南朝,
420~589)</td><td>지배 민족 : 한족</td></tr>
<tr><td>북조(北朝,
439~581)</td><td>지배 민족 : 선비족</td></tr>
</table>

시기	국가명	특이사항	
581~618	수(隋)	지배 민족 : 선비족	
618~907	당(唐)	지배 민족 : 선비족	
907~60	5대10국시대	지배 민족 : 한족, 돌궐(투르크 · 터키) * 돌궐 사타족이 5대 중의 후당 · 후진 · 후한을 세움	
916~1125	요(遼)	지배 민족 : 거란족	
960~1279	송(宋)	북송(960~1127)	지배민족 : 한족
		남송(1127~1279)	
1115~1234	금(金)	지배 민족 : 여진족(나중의 만주족)	
1189~1635	몽골 제국 원(元)	지배 민족 : 몽골 * 중국에서는 칭기즈칸조차 뺀 채 5한국 중에 중국 대륙을 기반으로 5번째로 성립한 원의 건국 이후로 하여 1271~1368년으로 함	
1368~1644	명(明)	지배 민족 : 한족	
1616~1912	청(淸)	지배 민족 : 만주족	
1912~현재	중화민국		
1949~현재	중국(中國)		

+ 3황5제와 하나라는 신화시대이다. 현재 중국에서는 역사시대로 편입한 상나라에 이어 하나라까지 역사화하고 있다.
+ 6조시대(229~589)라 하여 한족의 역사와 문화적 우월성을 강조하기 위해 한족이 주도한 삼국시대의 오, 진(주로 동진), 남조의 송 · 제 · 양 · 진을 합쳐 말하기도 한다.
+ 동주시대를 춘추전국시대라고도 하지만, 엄밀하게 보면 동주는 BC 256년에 멸망하고, 춘추전국시대는 BC221년에 끝이 난다.

북방 민족과 중국 왕조

북방민족	견융 · 동호 · 조선	서융	흉노 · 조선	5호16국 시대 (5호: 흉노 · 선비 · 저 · 갈 · 강)	북조 (선비) · 유연	선비
↕ 대립		↓				↓
중국왕조	주 · 춘추 전국 시대	진	한 · 삼국시대	진	남조	수 ·

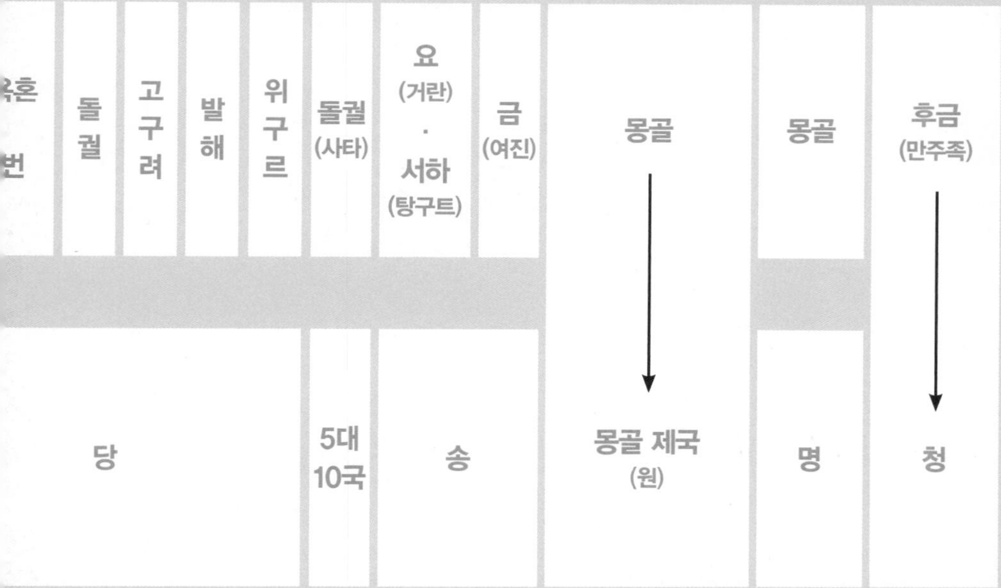

- 5호16국시대는 북방민족들인 5호가 화북(중국 북부) 지역을 지배했다.
- 토욕혼은 남하한 선비족의 한 갈래로 토번에 병합되었다.
- 토번은 강족의 한 갈래로 지금의 티벳에 이르고 있다.
- 5대10국시대 때 돌궐의 한 갈래인 사타족이 후당, 후진, 후한을 세워 화북 지역을 지배했다.
- 탕구트는 티벳계로 서하(1038~1227)를 세웠으나 몽골의 칭기즈칸에 의해 멸족되었다.
- 청 말 이후 현대 중국의 건국까지는 서구열강과 일본의 침탈 및 식민 지배가 1세기 이상 이어졌다.

1

끊임없는 고난을 겪을 때

공자

중국인의 정신세계를 형성하다

춘추시대(BC 770~403) 주요 제후국

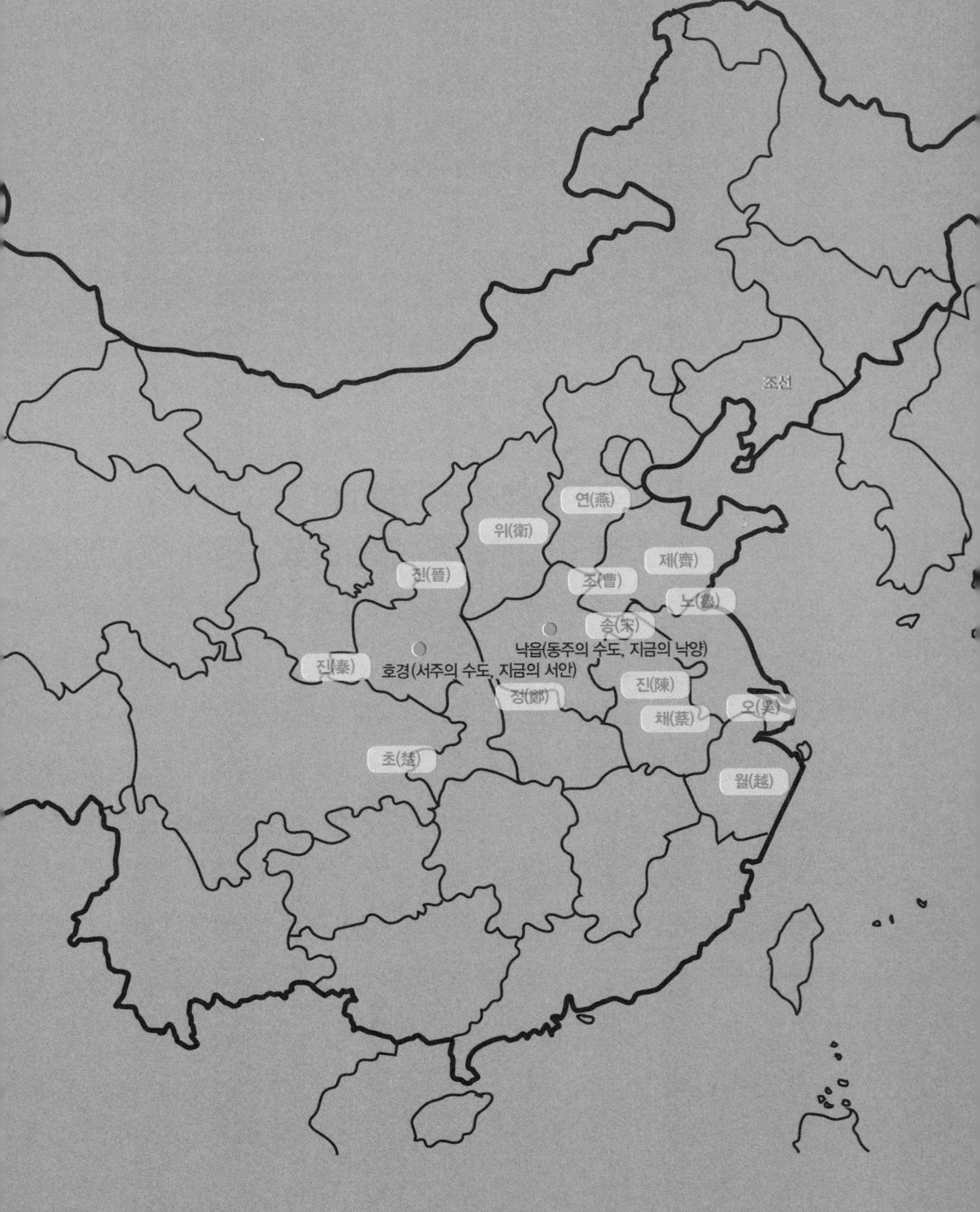

공자

뜻을 세우고 살다(자기충실형)

역경을 견뎌내며 숭고한 뜻을 이루다

《논어》를 펼쳐 공자를 만나고 나를 이롭게 하자

오늘날 한국에서 가장 훌륭한 고전 중의 고전으로 손꼽는 책은《논어》다. 공자의 가르침이 고스란히 담겨 있어 그렇다. 사실《논어》는 매일 읽으면 좋다. 거실이나 화장실에 놓아두고 하루에 한두 장씩 읽어도 좋다. 사무실 책상에 꽂아놓고 꺼내 읽어도 좋다. 대부분의 문장을 그대로 읽자면 한자 원문 몇 줄과 한글로 번역한 설명 몇 줄이 대부분이다.《논어》에 처음 나오는 문장도 3줄이다.

學而時習之 不亦說乎 학 이 시 습 지 불 역 열 호	배우고 때때로 그것을 익히면 또한 기쁘지 아니한가.
有朋自遠方來 不亦樂乎 유 붕 자 원 방 래 불 역 락 호	벗이 있어 먼 곳에서 찾아오면 또한 즐겁지 아니한가.
人不知而不慍 不亦君子乎 인 부 지 이 불 온 불 역 군 자 호	남이 알아주지 않더라도 원망하지 않으니 또한 군자가 아니겠는가.

《논어》는 각 편 처음부터 순서대로 읽을 필요가 없다. 20편의 제목에서 첫 편이 학이(學而)편인 것처럼 각 편별로 나오는 내용의 첫 2~3글자를 딴 것이라 특별한 뜻이나 순서를 가리키는 것도 아니다 (20편 중에 5편 공야장과 15편 위영공 두 편만 3글자다).

이런 식으로 총 20편이 482장으로 나눠 구성되어 있다. 정말 중요한 것은 한 문장을 읽고 나서 여러 생각을 하며 나의 것으로 만들어가는 일이다. 자신에게 꼭 필요한 문장을 골라 굵은 줄을 긋거나 수첩이나 휴대폰에 담아 놓으면 필요한 상황 때 되새기며 교훈을 얻을 수 있다. 인생과 세상의 본질과 이치, 국가경영과 외교 · 안보, 기업의 창업과 성장 같은 큰 국면은 물론이고, 마음가짐과 생활방식, 사회생활, 인간관계와 처세술, 조직 관리와 실적 달성 등에 걸쳐 교훈을 얻을 수 있다. 좌우명으로 삼음직한 문구도 적지 않아, 좋은 글을 골라 삶의 새김말로 삼거나 가훈으로 활용해도 좋다.

공자는 유학을 창시한 중국 사상계의 스승이자 인류사회에서도 존경받는 성현이다. 사마천은 《사기》에서 '군주를 비롯한 모든 중국인들이 공자의 말씀을 판단기준으로 따르고 있다'고 말한 바 있다. 중국의 철학을 확립하고 중국인의 정신세계를 형성하여 오랜 중국사를 관통하며 타의 추종을 불허하는 영향을 미쳐 공자가 있었기에 중국이 존재한다고 해도 지나친 말이 아니다.

공자는 전 세계에 존재감을 드러내고 있기도 하다. 2000년대 이후 한국의 세종학당이나 독일의 괴테 인스티튜트처럼 세계 전역에 공자학원을 세워 중국의 언어와 문화를 알리고 있다.

뿐만 아니라 사람들에게 인생의 안내자로서 빛과 다름없는 가르침을 짧고 쉬운 말로 가르쳤다. 그중에서도 수기치인(修己治人)이라 하여 사람들이 자신을 배우며 갈고 닦는 한편 세상을 사는 근본이치와 방법을 밝혀 놓았다.

약소국의 가난하고 천한 집안에서 태어나 자라다

공자(孔子, Confucius, BC 551~479)는 머리가 언덕처럼 둥글게 생겨 '구(丘)'라 불렸다. 흔히 부르는 이름인 자(字)는 중니(仲尼)이며, 공자의 '자(子)'는 고대 중국에서 사용하던 존칭이다. 별명은 키가 매우 커 '키다리'였다고 한다.

혼란과 전쟁이 이어지던 춘추전국시대(BC 770~221) 때, 한국의 일부 지방에 불과할 정도로 작은 동쪽의 약소국인 노(魯)나라(지금의 산동성山東省 일대)에서 보잘것없던 평민 출신의 하급무사인 숙량흘과 배우지 못한 안징재 사이에서 태어났다. 부모가 결혼을 하지 않아 정식 부부가 아닌 부모 밑에서 자라야 했다. 아버지마저 3살 때 세상을 떠났고, 얼마 되지도 않던 재산은 이복누이들과 조카에게 상속되었으며, 그의 몫으로 돌아온 것은 없었다. 그 뒤 가난한 형편에 눈마저 멀어버린 홀어머니 밑에서 힘든 시절을 보냈다. 나중에 공자는 어머니가 죽자 아버지 옆에 묻고 3년상을 지내 부모를 온전하게 해드렸다.

공자는 어렵고 힘든 성장기를 보내면서도 학문을 익히는 한편 그토록 즐겨하고 중시하던 예법과 음악을 배웠다. 철이 들 무렵부터 공물의 받침대 용기를 늘어놓거나 가지런히 하며 제사를 비롯한 의례 놀이를 좋아했다. 그러다보니 자연스럽게 전통 의례 · 제도 · 관습에 밝았다. 14세 때에는 학문에 뜻을 두고 고대 중국의 기본 교양인 '6예(六藝), 즉 예(禮, 의례) · 악(樂, 음악) · 사(射, 활쏘기) · 어(御, 말타기) · 서(書, 글쓰기) · 수(數, 수학)'를 배웠다(공자는 15세에 학문에 뜻을 두었다고 밝혔듯이 과거 중국에서는 만 나이보다 1세를 더해 나이를 셌다. 그러나 현대 중국에 와서 모택동이 만 나이를 사용하도록 한 이후 일반적으로 사용토록 하면서 일반화된 만큼 이 책에서는 모두 만 나이를 기준으로 표시했다).

스스로 공부하기를 즐겨 열심히 하였으며, 자신보다 나은 사람이면 곧바로 달려가 배움을 청했다. 스승이 누구였는지는 분명하지 않지만, 의례와 음악을 배울 수 있는 훌륭한 스승을 찾기 위해 노력했다.

공자는 16세가 되었을 때 생계를 위해 낮은 직책의 공무원이 되어 식량창고 관리, 목장 돌보기, 세금 징수 같은 직무를 수행했다. BC 533년 18세 때 가정환경이 비슷한 송(宋)나라 여성과 결혼하여 아들 리(鯉, 자는 백어伯魚)를 얻었으나 곧 이혼했다. 그러면서도 노나라의 대학에서《시경》과《서경》등을, 의식을 맡은 관리에게 예법을, 혼자서는 자신이 좋아하던 음악을 배워나갔다.

BC 522년에 사회생활을 시작하여 사학(私學)을 개설했고, 30대에는 역사, 시, 고전에 밝아 어느 정도 학문과 세상의 이치를 깨우치고 스승으로 활동했다.

당시 공자는 신분과 직업에 상관없이 배우기를 원하는 모든 사람들에게 교육하기를 실천했고, 평생 배우고 가르치는 일에 전념하여 교직을 직업이자 생활수단으로 삼은 1번째 스승이자 교육자이기도 하다.

어찌 보면 공자보다 불우한 환경에서 태어나고 어려운 시절을 보낸 사람도 없다. 성장기는 물론이고 성인이 된 뒤에도 가진 것 없이 먹고 살기 위해 별의별 일을 다 해야 했다. 하지만 공자는 역경 속에서도 배움을 멈추지 않았다. 자신의 부족함을 채우고 지식을 활용해 일자리를 구하고 남을 가르치며 수입도 해결했다. 나중에 6예에 능통하게 되자 나날이 중요한 인물이 되어 갔다. 가정환경이 어떠하든 성장기가 어떠하든 자신의 내공을 채우노라면 언젠가는 세상을 쫓아다니며 사는 것이 아니라, 세상이 필요로 하는 사람이 된다는 사실을 보여준 것이다.

뜻을 펼칠 기회를 놓치다: 사노라면 뜻대로만 되지 않는다

공자는 자신이 갈고닦은 학문과 실력을 세상을 위해 한껏 펼치고 싶어 했다. 하지만 노나라는 난세에 내분을 겪고 있었다. BC 517년 34세 때 군주인 노 소공(재위 BC 541~10)이 노나라의 실질적인 권력과 군사력을 보유한 3환씨에 맞섰다가 실패하고, 제나라로 망명가는 도중에 환란이 일어나자 함께 따라갔다. 제나라에서 고소자의 가신이 되어 지내며 음악에 심취해 사람들에게 칭송받는 가운데 제 경공(재위 BC 547~490)을 만나 벼슬을 하려 했다.

제 경공이 공자를 만나 물었다.

"정치가 무엇입니까?"

"군군신신부부자자(君君臣臣父父子子), 즉 임금은 임금다워야 하고, 신하는 신하다워야 하고, 아버지는 아버지다워야 하고, 아들은 아들다워야 합니다."

공자는 천하가 어지럽고 무질서한 상황을 해결하기 위한 방법으로 사람이 도덕적으로 마땅히 지켜야 할 도리를 바로잡아 사회질서를 회복해야 한다고 강조하면서 그 요체로 정명론(正名論)을 설파했다. 군신부자(君臣父子)처럼 사람마다 각자 자신에게 맞고 어울리는 윤리와 질서를 지키도록 만들면 제나라의 치세도 바로잡힌다고 주장한 것이다.

제 경공이 공자를 마음에 들어 하며 기용하려 했다. 그러나 제나라의 실력자이자 현신인 안영이 공자의 기용을 적극적으로 반대했다.

"무릇 유학자는 말재간이 좋고 뺀질거려 법으로 규제할 수 없습니다. 거만하고 제멋대로라 아랫사람으로 둘 수 없습니다. 상례를 숭상해 슬픔을 다한다며 파산을 하면서도 사치스럽게 장례를 치러 풍속으로 삼을 수 없습니다. 곳곳으로 유세를 다니며 후한 대우를 바라니 나라의 정치를 맡길 수 없습니다. 지금 공자는 외관을 잘 갖추고 의례를 번거롭게 하며 상세한 규범을 강조합니다. 몇 세대를 배워도 다 배울 수 없고 평생을 다해도 예를 구할 수가 없습니다. 주군께서 공자를 등용해 제나라의 풍속을 바꾸려는 것은 백성을 다스리는 방법이 아닙니다."

제 경공도 안영이 강하게 반대하자 뜻을 접고 공자에 대한 예우만 잘했지 중용하지 않았다. 나중에는 제나라의 신하들이 공자를 해치려고까지 하자, 결국 공자는 노나라로 돌아와야 했다.

공자는 노나라로 돌아온 뒤에 학문과 교육을 계속했다. 그런 중에 공산불뉴가 비 땅을 근거지로 군사력이 강한 양호와 손잡고 3환씨에 대항해 반란을 일으켰다가 실패하는 변란이 일어났다. 그때 3환씨를 적대시하던 공자는 공산불뉴가 함께 일할 것을 요청해오자 호응하여 참여하려 했다.

"주나라의 문왕과 무왕은 풍과 호처럼 작은 지방에서 왕업을 일으켰다. 지금 비 땅은 작지만 풍 · 호와 다를 바 없다."

그러나 제자 자로가 공자에게 따지듯이 되물으며 말렸다.

"그에게 가는 것이 기쁘지 않습니다. 가르침과 다르지 않습니까?"

공자가 다시 말했다.

"그가 나를 등용한다면 나는 능히 훌륭한 주나라를 세울 수 있다."

공자는 결국 가지 않았다. 그러다가 다음해에 노 정공(재위 BC 509~495)의 요청으로 출사하게 되었다. BC 501년 50세에 중도재를 시작으로 법무장관에 해당하는 대사구(大司寇)까지 직위가 높아졌고 외교를 비롯한 여러 직무들을 맡았다. 나중에는 재상 대행인 대리국상이 되어 일하게 되자 제나라의 대부 여서가 제 경공에게 진언했다.

"노나라가 공자를 중용했으니 꼭 제나라를 위태롭게 할 것입니다."

제 경공은 사신을 보내 노 정공과의 회맹이 성사되자 안영과 더불어 막강한 군대를 앞세운 채 위압해왔다. 이를 미리 예견한 공자는 노 정공에게 군사들을 이끌고 가도록 했다.

"문사(文事)에는 반드시 무(武)를 갖추어야 하며, 무사(武事)에는 반드시 문(文)을 갖추어야 합니다."

공자는 제나라 쪽에서 음악을 연주하자 2번에 걸쳐 강력하게 막아섰다. 처음에는 '사방의 음악'이라며 깃발을 앞세우고 창칼과 방패를 든 채 북을 치고 시끄럽게 떠들자 '두 군주가 친목을 위해 만났는데 이적(夷狄)의 음악을 연주하니 물리쳐야 한다'고 했다. 다음에는 '궁중의 음악'이라며 광대와 난쟁이가 재주를 부리자 '군주를 현혹케 하는 사람은 처형해야 한다'고 주장해 허리를 잘라 죽이도록 만들었다. 그때마다 공자는 재빨리 앞으로 나와 빠른 걸음으로 대에 올랐지만 마지막 한 계단을 오르지 않은 채 말하여 예의를 세우는 한편 음악을 통해 국격과 도의를 따져 제 경공을 비롯한 제나라 사람들을 제압했다.

제 경공은 '노나라의 신하는 군자의 도로 군주를 보필하는데, 그대들은 오로지 이적의 도를 가르쳤도다'라고 말하면서 잃어버린 체면을 세우려다 일전에 빼앗았던 노나라 땅까지 되돌려주어야 했다.

공자는 지략을 발휘해 많은 군사들을 이끌고 온 것처럼 대처했고, 제 경공에게 발을 뺄 수 없는 담판을 벌여 맹활약을 펼치며 명성을 더욱 높였다. 천하의 안영과 제나라에 보기 좋게 복수를 한 셈이다.

그 뒤로도 공자는 놀라운 기량을 펼치며 도덕정치와 예의정치를 선보이며 많은 치적을 거두었다.

이렇게 볼 때 공자는 결코 이상적인 사고에만 머문 사람이 아니다. 관념에 빠져 책에만 매몰된 사람도 아니었다. 현실을 직시하며 정치로 바로잡으려 노력했다. 몸소 의례로 실천하며 세상의 질서를 바로잡으려 했고, 음악으로 마음을 다스려 풍성한 인격을 채워나갔다.

오늘을 사는 우리로서도 예의와 기초질서를 지켜 허물과 실수를 막아 자신을 지키는 한편 남에게서 칭찬과 존중을 받도록 본보기로 삼는 것이 마땅하다. 아울러 K팝 같은 대중음악을 비롯해 정악이나 뮤지컬까지 두루 즐기면서 자신을 풍요롭게 만들어가야 할 것이다.

뜻이 꺾인 나날들: 세도가에 밀려 조국을 떠나다

BC 496년 공자는 55세에 대사구로서 재상의 일까지 맡게 되자 밝은 얼굴로 정사를 이끌었다. 노나라의 정사를 맡은 지 3개월이 지나자 상인들이 물건 값을 속이지 않았으며, 남녀가 길을 갈 때 따로 걸었고, 길에 떨어진 물건을 주워가는 사람도 없어졌다. 여행을 가도 관리에게 허가를 받을 필요가 없었으며 모두 만족했다고 한다.

그러나 공자는 당대의 실권자로서 군주까지 농단하던 3환씨와 대립하면서 그해에 쫓겨나듯이 노나라를 떠나야 했다. 3환씨의 지도자격인 계환자(계손사)와 사이가 나빠지자, 제나라에서 '공자가 정치를 하면 노나라가 필히 패권을 잡을 것이라서 제나라가 먼저 병합될 것이다'며 여서가 계략을 짰다. 계환자에게 손을 뻗어 무녀 80명과 말 120필의 아름다운 수레를 보내 함께 모략을 꾸며 공자를 몰아낸 것이다.

사실 노나라의 가장 큰 문제는 3환씨의 발호였다. 이들 세 가문은 노나라 제후의 혈통으로 노나라 제후의 성이자 주나라 왕실의 성인 희(姬)였으나, 새로 성씨를 하사받아 각각 계손씨, 숙손씨, 맹손씨가 되어 세도를 형성해 국정을 전단하고 있었다. 이에 공자가 노나라의 최대 과제를 바로잡으려고 노력했다가 실패하면서 꿈이 꺾인 것이다.

14년에 걸친 주유방랑

공자는 BC 496년 이후 수십명의 제자들과 함께 무려 14년 동안 자신의 뜻을 펼 곳을 찾아 주유방랑을 했다. 위(衛), 진(晉), 조(曹), 송(宋), 정(鄭), 진(陳), 채(蔡), 초(楚) 등의 숱한 나라들을 돌아다니며 제후들과 만나 정치에 관한 유세를 하면서 정무를 맡기 위해 노력했다. 50대 중반과 60대가 지나도록 온갖 역경을 겪었으나 정사를 맡아 뜻을 펼치려던 간절한 염원을 이루지 못한 채 끝내 기용되지 못했다. 그러다가 결국에는 고향인 노나라로 돌아와야 했다.

그 과정에서 공자는 숱한 죽음의 위기까지 넘기며 실로 엄청난 고난을 겪어야 했다. 위나라에서 처음에는 대우하다가 참소가 있은 뒤에 감시하자 떠나야 했고, 송나라에서는 큰 나무 아래에서 가르치자 나무채 뽑아버리고는 죽이려 했다. 진(陳)나라에서는 몇 년을 머물다가 외침이 잦자 떠나야 했고, 반란이 일어나 위협받다가 위나라로 가지 않을 것을 약속한 뒤에야 풀려났다. 그러나 공자는 약속과 달리 위나라로 갔고, 자공이 따지듯이 묻자 대답했다.

"강요된 약속은 신(神)도 지키지 않는다."

위나라에서 공자를 등용하지 않자 공자는 안타까워하며 말했다.

"만약 나를 등용하면 그 나라는 단 1년 만에 자리가 바로잡힐 것이요, 3년이면 구체적인 성과가 나타날 것인데."

이즈음 계환자가 죽으면서 아들인 계강자에게 유언으로 "공자를 기용했더라면 나라가 흥했을 텐데 그러지 못해 한스럽다"며 공자를 초청해올 것을 당부했다. 그러나 한 참모가 반대하며 먼저 공자의 제자인 염구를 부르도록 하자 염구가 기용되었다. 이에 자공은 공자가 노나라로 돌아갈 생각이 있음을 눈치 채고 염구에게 등용되면 귀환할 수 있도록 도울 것을 당부해 두었다.

공자가 다시 몇 년을 채나라에 머물다가 진나라와 채나라의 중간

지역에 있을 때 초나라가 초청하려 하자, 진나라와 채나라의 조정에서는 그가 초나라로 가면 강대해져 위협이 된다며 들판에서 제자들과 함께 포위당해 굶어죽기 직전까지 내몰리기도 했다. 그럼에도 공자는 변함없이 가르치고 책을 읽으며 음악을 연주하기를 게을리하지 않았다.

바로 그때 제자들마저 불만이 높아지자 공자는 그 까닭을 여러 사람에게 물었으며, 마침 안회가 공자에게 찾아와 대답했다.

"스승님의 도는 지극히 큽니다. 그러므로 천하의 어느 나라도 받아들이지 못한 것입니다. 그렇지만 스승님께서는 도를 쫓으며 행하고 계십니다. 무릇 도를 닦지 않는다는 것은 치욕입니다. 무릇 도가 크게 닦인 인재를 등용하지 않으면 나라를 가진 사람의 치욕입니다. 받아들이지 않는다고 하여 무슨 걱정입니까? 받아들여지지 않은 연후에야 군자의 참 모습이 드러납니다."

공자는 크게 기뻐하며 웃었다. 아마도 큰 위안이 되었을 것이다.

공자는 자공을 보내 초나라로 가게 되었다. 초 소왕(재위 BC 515~489)이 공자를 마음에 들어 하며 서사의 땅 700리를 주어 봉하려 했다. 공자의 꿈이 이루어지려는 순간이었다. 그러나 이번에는 초나라의 재상이자 현신인 자서가 반대했다.

"왕의 사신으로 보낼 사람 중에 자공 만한 사람이 있습니까?"

"없소."

"왕을 보필할 신하 중에 안회 만한 사람이 있습니까?"

"없소."

"왕의 장수 중에 자로 만한 사람이 있습니까?"

"없소."

"왕의 장관 중에 재여 만한 사람이 있습니까?"

"없소."

자서는 초 소왕과 일문일답을 나눈 뒤 단호한 어조로 말했다.

"초나라의 선조가 주나라로부터 제후직을 받았을 때 남작의 작위에 봉지가 50리였습니다. 공자는 3황5제의 치국을 말하고 주공과 소공의 덕치를 본받고 있습니다. 문왕은 풍 땅에서 일어났고, 주 무왕은 호 땅에서 일어났지만 100리밖에 안 되는 작은 땅을 갖고도 천하를 통일했습니다. 지금 공자가 근거할 땅을 얻고 저렇게 많은 현명한 제자들이 보좌한다면 초나라에 결코 좋은 일이 아닙니다. 왕께서 공자를 등용하시면 대대로 다스려온 사방 수천리 땅을 지킬수 있겠습니까?"

자서는 공자가 군주의 자리와 초나라의 존속에 위협이 된다는 간언을 한 것이다. 공자의 포부가 너무 크고 군주나 다름없는 풍모와 위상을 갖춘 데다 많은 현자들이 참모로 있어 초나라가 담기도 어렵고, 자칫 봉지라도 주어지면 자신이 제후가 되는 기반으로 삼아 장차 초나라마저 잃을지도 모른다는 논리로 등용을 막은 것이다.

자서는 공자가 쓸모가 없어서가 아니라 너무 차고 넘쳐 기용하면 안 된다고 하여 지난날의 안영과는 정반대의 논리로 막아선 셈이다. 그 바람에 초 소왕은 공자의 등용을 바로 접어버렸다. 결국 공자는 마지막이자 가장 큰 벼슬에 오를 기회마저 사라졌다.

BC 489년에 공자는 62세의 나이로 위나라로 갔다. 공자의 제자들 중에 위나라에서 벼슬을 하는 사람이 많았는데, 위 출공(재위 BC

492~80)은 공자에게도 정사를 맡기고 싶어 했다.

이에 자로가 물었다.

"스승님이 정사를 맡으면 무슨 일을 가장 먼저 하시겠습니까?"

"반드시 정명(正名)을 세우도록 하겠다."

다시 자로가 비난하듯이 되물었다.

"사람들이 스승님을 보고 멀리 둘러간다고 합니다. 무엇을 바르게 하신다는 것입니까?"

"거칠구나. 명(名)이 바르지 않으면 말이 순조롭지 못하고, 말이 순조롭지 못하면 일이 이루어지지 않으며, 일이 이루어지지 않으면 예악이 일어나지 않고, 예악이 일어나지 않으면 형벌이 적합하지 않으며, 형벌이 적합하지 않으면 백성들이 어찌할 바를 모르게 된다. 무릇 군자는 행하게 되면 반드시 그 명에 맞아야 하고, 말을 했으면 반드시 행해야 한다."

이후에도 공자는 등용되지 못한 채 위나라에서 객지 생활을 계속했다. 그러던 중에 노나라로 돌아간 염유가 장군이 되어 제나라와 싸워 이기자 계강자가 공자에 대해 물어왔다. 염유는 공자를 초빙할 것을 권했고, 계강자가 귀국 요청을 해옴에 따라 공자는 고향으로 돌아왔다.

공자가 겪은 역경을 보라. 다음을 기약할 수 없는 날들을 14년이나 겪었다. 하지만 아무리 힘든 처지에서도 자신의 뜻을 꺾거나 접지 않았다. 현실과 비겁하게 타협하지도 않았다. 설령 한때 마음이 기울기도 했으나 제자들이 직언을 하면 받아들여 가볍게 움직이지 않았다. 그러면서 자신의 공부를 게을리하지 않았다. 심지어 악기를 연주하거나 노래를 부르며 하루도 음악을 가까이 하지 않은 날이 없었다. 이렇게 하여 공자의 내공은 나날이 쌓여 갔고 천하의 성현이 될 수 있었다.

오늘날 많은 사람들이 힘든 날들을 제대로 견뎌내지 못한다. 월급이 한두 달만 끊어져도 생활고에 찌들리고 자신감을 잃으며 가족 간의 불화를 겪는 경우가 많다. 많은 학생들이 학창시절을 못 이긴 채 방황한다. 실직 가장이 중소기업이나 농촌에서 일자리를 구할 생각을 하지 못한 채 한강을 서성거리기 일쑤 다. 많은 사람들이 고난이 없기를 바라며 부와 명성을 손쉽게 얻어 안정되고 화려한 날들을 꿈꾼다.

그러나 사람의 삶에서는 어떠한 방식으로든 고난이 찾아온다. 고난을 통해 자신을 이겨내며 더 나은 미래로 나아가야할 뿐이다. 힘들었던 기간 만큼 나중에 이룰 성공이 커지고 단단하며 오래갈 것이다.

지금 이 순간에 충실하자. 오늘 하루를 소중히 하고 열심히 살자. 내리막이 길면 오르막도 길고 높다. 한 걸음이라도 앞으로 나아가노라면 언젠가는 터널 끝이 나오듯이 꼭 좋은 날을 맞이하게 될 것이다.

새로운 뜻을 펴다: 유학을 집대성하여 세상을 밝히다

BC 483년 공자는 68세의 나이가 되었을 때 계강자의 귀국 요청이 있자 노나라로 귀향했다. 공자는 고향으로 돌아와 자신의 뜻을 펼치지 못함을 깊이 한탄했다.

"만약 나를 쓰는 군주가 있다면 1년이면 충분할 텐데!"

공자는 정치를 원했지만 하지 못했다. 하지만 세상을 위해 일하려는 원대한 목표를 버린 것은 아니었다. 현실에서 펼치지 못한 정치에 미련을 접고 새로운 방식으로 사람들이 올바르게 자신을 가다듬게 하는 한편 평화롭고 살기 좋은 세상을 실현하기 위해 품어왔던 오랜 뜻을 실천하는 일에 전념했다.

먼저 저술과 편집에 전념해 6경(六經), 즉 역(易. 역경 · 주역), 시(時. 시경), 서(書. 서경 · 상서), 예(禮. 예기 · 예경), 악(樂. 악기 · 악경), 춘추(春秋)를 편찬해 수기치인을 배우고 실천하도록 가르쳤다.

"《역경》으로 우주만물의 변화를 짐작하고,《시경》으로 자기의 뜻한 바를 전달하고,《서경》으로 옛일을 말할 수 있게 해 본받게 하고,《예기》로 사람을 절도있게 하고,《악기》로 화합하게 하고,《춘추》로 의(義)의 시비를 가리게 했다."

우주 · 천지만물 · 사람의 원리와 근본이치를 밝힌《역경》은 말년에 가장 중시해 죽간을 묶은 가죽끈이 3번이나 끊어질 정도로 읽고 정리했는데 우주론이라는 가장 드넓은 철학의 기초를 확립하고 세상사 이치를 밝혀 지금도 엄청난 영향을 미치고 있다.《시경》은 이전부터 전해오던 시와 민요를 모아 예의에 적용할 수 있는 305편을 골라 모든 시에 곡조를 붙여 노래로 불러 정리했고, 이후 중국의 시문학이 자리를 잡게 되었다. 요순과 하상주시대의 기록을 모아《서경》을 정리 · 편찬함으로써 상고시대의 정치와 사회생활을 전해 주었다.

《예기》를 편찬해 도덕사회를 실현하기 위해 사람이 지켜야 할 행동지침을 확립시켰으며,《악기》를 통해 사람의 마음을 다스려주는 음악을 정립시켜 놓았다.

노나라의 연대기 역사이자 중국 최초의 역사서인《춘추》를 펴내 그가 없었다면 중국의 역사기록은 춘추전국시대 이전으로 거슬러 올라가지 못했고, 중국 역사상 최초의 정사인 사마천의《사기》가 나오지 못했을 것이다(6경의 순서로 서경 · 시경 · 예기 · 악기는 초급과정으로, 역경 · 춘추는 고급과정으로 보기도 했지만 일반적으로는 시대 순서에 따라 역경에서부터 시경 · 서경 · 예기 · 악기 · 춘추로 열거했다).

공자는 제자 양성에도 노력하여 중국의 지성계는 물론이고 일반 백성들에게까지 영향에 미쳤다. 공문10철(孔門十哲)이라 하여 안회, 자공, 염유, 자하 등의 대표적인 제자를 비롯해 사마천이 쓴《사기》에 따르면 72명이 6예에 통달했고, 전체 제자가 3000명을 넘었다고 한다.

여기에서 공자의 위대함은 다시 한번 돋보인다. 일생 동안 많은 사람들을 가르쳤고 제자로 삼았지만 신분, 학력, 직업, 권세, 재산 등을 따지지 않았다. 배우고자 하면 누구든지 받아들였고 자신을 통해 수기치인을 이루고 도를 실천하는 군자가 되기를 돕고자 했다.

무엇보다 공자가 위대한 것은 70대가 되어 위대한 업적을 남긴 점이다. 오랜 세월에 걸쳐 공부함으로써 전방위적인 지식을 얻었고, 온갖 역경을 거치면서 본질과 속성을 깨우쳤으며, 세상에 대한 관조와 사색은 물론이고 오랜 경륜과 관록에서 나온 풍부한 경험들로 인해 중국을 이끌어가는 학문을 완성할 수 있었던 것이다.

공자에 대한 인물 평가를 하기는 어렵다. 워낙 훌륭하고 존경받는 인물이기 때문이다. 그렇다고 완벽한 존재는 아니다. 결단력의 부족, 다른 학파에 대한 부정, 이민족 경시와 비하, 국제 통찰력의 부재 등은 분명한 결함이다. 또한 이런저런 이유로 능력을 발휘하지 못하자 수시로 유혹을 받고 흔들렸고 실의에 빠져 좌절하는 모습도 엿볼 수 있다.

일반 사람들이 가진 자발적, 능동적, 적극적 의지를 외면한채 피치자로 규정하고 통치대상으로 바라보았다. 다수 국민들의 집단 지혜나 상향식 정치 · 사회 체제의 확립에 대한 접근도 없었다. 수평적 사고나 다수의 행복을 위한 사회구조의 확립도 거의 고려하지 않았으며, 여성은 존재로조차 인식하지 않았다. 또한 예악의 정치가 아무리 옳다고 하더라도 오늘날의 정치나 기업경영을 예악으로만 할 수는 없다.

그렇지만 사람에 대한 무한한 애정을 품은 채 따뜻하고 어질게 바라봤기에 세상 사람들을 위한 뜻을 펼쳐 위대한 업적을 이루어냈다. 유학을 창시하여 정립하고 전파해 중국의 전통문화를 확립하고 중국인의 정신세계를 이끌어갔음은 물론이고 중국의 역사, 사상과 인문주의, 학문이 존재하도록 하여 중국 역사상 가장 독보적으로 돋보이는 위대한 성현이 되었다.

무엇보다 자신의 가르침을 제자들과 후대인들이 남겨놓은《논어》를 통해 생생하게 전해져 중국 최고의 고전으로 손꼽힘은 물론이고 인류의 스승이 되었다.

공자의 나라 사랑이 유학을 만들었다

노(魯)나라는 힘없는 소국이었다. 춘추전국시대를 통해 이렇다 할 면모를 보인 적도 없다. 3환씨의 세도로 국력이 날로 약화되었다. 공자는 자신마저 3환씨의 견제와 추방으로 오랜 고난을 겪어야 했지만 조국을 언제나 사랑했다. 주 무왕을 도와 주나라를 건국한 주공(周公)이 아들인 백금을 보내 개국한 유서 깊은 나라이자, 주나라의 의례와 전통음악을 보존하고 있어 근본이 있고 도와 인의를 중시한 나라임을 자랑스럽게 여겼다.
원래 공자는 상(商, 은殷이라고도 부름)나라가 멸망한 뒤에 유민들이 세운 송(宋)나라에서 벼슬을 하다가, 태재 화독의 모략으로 본인도 죽고 가문도 멸문지화를 당한 공부가의 7대손으로 어린 아들인 목금부 1명만이 겨우 목숨을 지켜 노나라로 이주해온 가문의 후손이다. 또한 노나라의 건국자가 상나라를 멸망시키고 주나라를 세울 때 결정적인 공을 세운 주공이다. 따라서 역사 · 사상 · 문화적으로 주나라와 노나라를 기반으로 하는 상고주의(尙古主義)를 중시한 것이다. 이렇게 하여 공자 덕분에 지금도 노나라를 잘 알도록 만들었다.

《논어》를 끼고 살면 뜻을 세우면서 잘살 수 있다

《논어(論語)》는 한나라 때 6경에 맞먹는 위상이었으며, 송나라 이후에는《맹자》,《대학》,《중용》과 함께 '4서(四書)'로 불리며, 그중에서도 1번째로 여겨지고 있다.

《논어》는 공자의 언행과 일부 제자들의 내용까지 담아 펴낸 책으로 공자가 제자들과 문답을 주고받으며 전한 가르침을 그의 사후 제자들이나 후대인을 거치면서 1권의 책으로 완성한 것이다. 사실 공자의 직제자가 아니라 제자의 제자가 쓴 것이며, 일부에서는《논어》의 전반과 후반에서 문체가 다르고 후반에는 글이 길고 소설적인 내용도 있어 더 후대의 제자들이 쓴 것으로 보기도 한다.

이 책은 총 7권 20편이며, 다시 482장 600여 문장으로 되어 있다. 일부 긴 문장도 있지만 주로 단문 형식의 문장으로 이루어져 있다. 글자수로는 1만7000자 정도이며 A4종이 20장 정도다.

원래 고전은 《도덕경》이든 《손자병법》이든 내용이 얼마 되지 않는다. 당시에는 종이가 없어 대나무로 만든 죽간에 주로 적다 보니 압축적인 글로 표현하지 않을 수 없었다. 다만 세월이 흐르면서 후대의 해석과 사례가 추가되면서 엄청난 양인 것처럼 인식되었을 뿐이다.

《논어》는 공자 사상의 정수다. 문장은 물론이고 낱말 하나하나까지 생명과 진리의 빛을 뿜어낸다. 그의 가르침 중에 꼭 필요한 내용을 새겨두면 뜻을 이룰 수 있는 가장 정확한 지혜와 구체적인 실천방법에 이르기까지 배울 수 있어 자기 인생과 세상의 주인공이 될 수 있다.

학이시습지 불역열호와 독서

'학이시습지 불역열호(學而時習之 不亦說乎) 즉, 배우고 때때로 그것을 익히면 또한 기쁘지 아니한가'란 문구는 《논어》 첫머리에 나온다. 여느 책처럼 가장 처음 문구에 자신의 철학과 원칙을 강조하듯 이 말씀은 공자의 사상을 대변한 가르침이자 유학의 요체인 '수기치인'에 있어 가장 중요한 방법이다.

공자는 사람이 도(道)라는 지고의 경지에 이르려면 배우고 익힘을 통해서만 가능하다고 보았다. 다만 하기 힘든, 억지로 따라해야 하는 배움이 아니라 자신이 하고 싶은 분야를 배움으로 채워나가면 그보다 기쁜 일이 어디 있겠느냐고 역설적으로 말한 것이다. 더 쉽게 풀자면 '즐겁게 배우고 익히라'는 것이다.

공자는 무엇인가를 할 때의 마음가짐을 말한 바 있다.

'지지자 불여호지자(知之者 不如好之者) 호지자 불여락지자(好之者 不如樂之者), 즉

아는 사람은 좋아하는 사람만 못하며, 좋아하는 사람은 즐거워하는 사람보다 못하다.' 잘하는 것이 좋지만, 그보다는 좋아서 하는 것이 더 나으며, 가장 상위로는 즐겁게 하는 것이 최선이라는 뜻이다.

과학자가 되고 싶다면 실험이나 연구를 즐겁게 하면 될 것이고, 음악을 잘하려면 노래 부르기나 작곡 · 연주를 즐겁게 배우고 익히면 될 것이며, 미술이나 디자인을 잘하려면 화폭에 그림을 그리거나 새로운 기법을 개발하는 일을 즐기면 된다. 영화나 스포츠를 비롯한 어떤 분야에서든지 잘하고자 한다면 즐기면 되는 것이다.

공자는 자신이 할일을 배우고 또 익힌다면 그보다 즐거운 일은 없을 것이며, 즐겁게 인생을 사노라면 뜻을 이루고, 세상을 위해서도 이바지하게 되는 것이라고 가르친 것이다.

무엇보다 우리가 주목해야 할 사실은 공자가 자신이 즐겁게 하는 일을 죽는 날까지 계속했다는 점이다. 오늘날처럼 100세 장수시대에는 공자처럼 젊은 시절이나 중 · 장년 시절은 물론이고 70대가 된 이후에도 계속 할 수 있는 일을 찾아 자신을 가다듬고 매진하기를 멈추지 말아야 할 것이다.

《논어》에 나오는 공자의 가르침은 하나같이 주옥 같지만 지은이가 손꼽는 대표적인 명문장은 아래와 같다.

- 과즉물탄개(過則勿憚改): 잘못이 있으면 고치기를 꺼리지 마라.
- 기소불욕 물시어인(己所不欲 勿施於人): 자기가 하기 싫은 일을 남에게 강요하지 마라.
- 눌언민행(訥言敏行): 말은 느리게 하고 행동을 민첩하게 하라.

- 불천노 불이과(不遷怒 不貳過): 자신의 화를 남에게 옮기지 말고 실수는되풀이하지 마라.
- 불치하문(不恥下問): 자신보다 못한 사람에게 묻는 것을 부끄럽게 여기지 마라.
- 온고이지신(溫故而知新): 옛 지식을 배우고 익히며 새로운 것을 안다.
- 인무원려 필유근우(人無遠慮 必有近憂): 사람이 멀리 내다보지 않으면 반드시 가까이 걱정거리가 생긴다.
- 지자불혹 인자불우 용자불구(知者不惑 仁者不憂 勇者不懼): 지혜로운 사람은 미혹하지 않고, 어진 사람은 걱정하지 않으며, 용기 있는 사람은 두려움이 없다.
- 화이부동 동이불화(和而不同 同而不和): (대인은) 화합하되 부화뇌동하지 않으며, (소인은) 함께하되 화합하지 못한다.
- 삼인행 필유아사(三人行 必有我師): 세 사람이 길을 가면 반드시 나의 스승이 있다.

공자의 가르침과 유학

공자는 '수기치인(修己治人) 즉 자신을 수양하고 세상을 다스린다'라는 말로 윤리와 정치의 일체화를 지향했다. 수기는 자신의 학문과 도덕적 수양을 쌓는 윤리의 학이다. 치인은 천하와 국민을 다스리기 위한 정치의 학이다.

공자는 수기를 위해 공부와 음악을 중시했다. 여기서 말한 공부는 방 안에 틀어박혀 하는 책상머리 공부만을 말한 것이 아니라 활쏘기와 말타기도 중시하여 몸의 단련을 권했다. 그러고나서 여유가 나면 문자를 익히라고 할 정도였다. 그 자신도 명궁이었으며, 말도 잘 탔다. 특히 《논어》에 음악의 중요성을 여러 번 밝혔다.

'시로 일으키고 예로 서며 음악으로 이룬다(興於詩 立於禮 成於樂).'

게다가 지어악(至於樂)이라 하여 '음악으로 도를 이룬다'고 말해 수시로 악(樂)을 즐길 것을 강조하면서 각별한 음악 사랑을 드러냈다. 자신도 음악을 너무나 사랑하여 일생 동안 악기를 연주하고 노래를 하며 즐겼다. 주유방랑에서 돌아온 뒤에는 음악을 바르게 정비하여 아(雅)와 송(頌)이 제자리를 찾게 되었다고 할 정도다.

공자는 치인 즉, 정치의 중요성을 간파하여 제대로 된 정치를 펼칠 것을 수시로 강조했다. 제자들과 함께 제나라로 가던 길에 태산 옆을 지나가다가 한 부인이 무덤 앞에서 슬프게 곡을 하고 있자 자로를 시켜 사연을 물었다.

"예전에 시아버님이 호랑이에게 잡혀 죽고, 얼마 전에는 남편이, 이번에는 아들이 호랑이에게 죽었습니다."

공자가 되물었다.

"그러면 어찌하여 이곳을 떠나지 않았습니까?"

여인은 대답했다.

"가혹한 정치가 없기 때문입니다."

공자가 제자들에게 말했다.

"가혹한 정치는 호랑이보다 더 무섭도다."

《예기》의 단궁편에 나오는 유명한 일화로 '가정맹어호(苛政猛於虎)'라는 고사성어가 여기에서 유래되었다.

공자는 전란이 이어지던 시절에 사람들이 안정되고 평화로운 세상을 살도록 염원했다. 그러면서 그에 맞는 온갖 생각과 실천방안을 제시했다. 그것도 모자라 스스로 정치를 펼쳐 세상을 평화롭게 만들어 후대에 이어지기를 바랐다.

공자가 정치에 관해 한 말 중에 핵심이 되는 3가지가 있다. 정치 세계에 그대로 적용하면 되겠지만 대기업은 물론이고 작은 식당을 경영하더라도 이 3가지 원칙을 두고 고민하며 잘 지켜내는 사람은 반드시 성공할 것이다.

1번째로 주유방랑을 하던 공자가 섭공을 만났을 때 섭공이 물었다.

"백성들이 날마다 다른 나라로 떠나가 인구가 줄어들어 걱정입니다. 정치란 무엇입니까?"

"근자열 원자래(近者說 遠者來), 정치란 가까이 있는 사람을 기쁘게 하고, 멀리 있는 사람을 찾아오게 하는 것입니다."

2번째로 공자가 노나라로 돌아왔을 때 노 애공이 정치에 관해 묻자 답한 말이다.

"정재선신(政在選臣), 정치란 신하를 잘 뽑는 데 있습니다."

노애공이 다시 물었다.

"어떻게 하면 백성이 나를 따르게 할 수 있겠소?"

공자가 대답했다.

"거직착제왕 즉민복(擧直錯諸枉, 則民服), 정직한 사람을 등용하고 못된 자들을 멀리 제쳐 놓으면 백성들이 따를 것입니다."

3번째로 자공이 물었을 때 답한 말이다.

"정치란 무엇입니까?"

공자는 답했다.

"족식족병 민신지의 (足食足兵 民信之矣) , 먹을 것을 풍족히 하고, 병사를 충실히 하며, 백성의 믿음을 얻는 것이다."

이에 자공이 되물었고 공자가 대답했다.

"부득이 하나를 빼자면 무엇을 빼야 합니까?"

"족병(足兵)을 빼겠다."

"하나를 더 빼야 한다면 무엇을 빼야 합니까?"

"족식 (足食) 을 빼겠다."

그러면서 공자는 믿음에 대해 단호하게 밝혔다.

"민무신불립(民無信不立), 국민의 믿음이 없으면 나라가 서지 못한다."

공자는 사람들이 원하는 물음에 명쾌하게 답을 제시했다. 그렇다고 시류를 따르지 않았다. 군주나 실력자의 입맛에 따라가지 않았다. 남이 가지 않은 길을 갔고 하지 못한 일을 시작하여 이루어냈다. 그래서 제자백가를 비롯한 백가쟁명의 시대를 연 장본인이 되었으며, 중국 역사상 최초의 스승이 되었고, 진흙 속에서 연꽃을 피우듯 유학을 창시하는 불멸의 위업을 이루었다.

오늘날에도 공자의 가르침에 따라 정치를 한다면 민심도 얻고 정치가로서 칭송받을 수 있는 왕도이자 지름길이 틀림없다. 우리 사회가 발전하고 성숙할수록 공자의 말이 더욱 와 닿는다. 정치인이나 정부 공무원들이 나라 일을 할 때 이 3가지만 지켜도 세계인이 부러워할 나라로 만들 수 있을 것이다. 또한 직장생활과 사업에서도 성공할 수 있다. 자녀 교육에서도 이보다 더 좋은 원칙과 교육 방법도 없을 것이다.

유학은 공자가 원래 가르친 것과 달리 나날이 관념화, 교조화, 이론화하여 복잡하고 어렵게 되었다. 성리학처럼 현대사회에 맞지 않는 부분도 드러났다. 하지만 공자는 요체가 되는 도리와 원칙을 쉽고 간결하게 밝혀 사람이 할 바를 제시했고, 자신이 철저하게 실천했다. 그래서《논어》를 통해 공자를 만나면 유학의 진정한 가르침을 알 수 있고, 문구마다 나오는 가르침은 우리 자신을 위해서 한없이 이롭다.

무종교의 중국

오늘날 중국에는 종교가 없다. 불교, 기독교, 이슬람교가 거의 힘을 쓰지 못한다. 이는 공자가 유학을 정립하면서 신과 사후세계에 대해 단호하게 부정함으로써 종교가 생겨나지 않은 까닭이다. 또한 중화사상에 철저해서 한족이 만들지 않은 외세 이민족의 사상이자 외래 종교로 거부했기 때문이다.

사실 무종교의 특징은 중국만의 현상이 아니다. 동양의 특징이기도 하다. 동양의 3대국인 한국과 일본에서도 크게 다르지 않다. 무종교인이 중국인 중에 52% 이상인 7억명을 훨씬 넘어서고, 일본인은 57%인 7200만명을 넘어선다(일본은 가볍고 느슨하게 믿는 경우까지 합치면 90% 이상이 다신교 종교인 신도(神道)와 일본화한 불교를 믿지만, 독특한 민족신앙이지 인류보편적인 종교를 믿는 것이라 보기 어렵다).

한국인 역시 비종교인구가 56%인 2800만여명을 넘어섰다(2005년 47.2%보다 늘어나 이젠 종교인구보다 많아졌다). 여기에다 전 세계에서 무종교인 비율이 가장 높은 북한이 2400만명을 넘어 남북한을 합치면 69%인 5200만명에 이른다. 이렇게 보면 유럽이 기독교 문명이고, 지중해–중동이 이슬람 문명인 것과 달리, 동양은 무종교 문명이 특징인 셈이다.

2

목표를 세웠을 때

진시황

중국의 틀을 만들다

전국시대 7개 제후국과 진(秦)의 판도

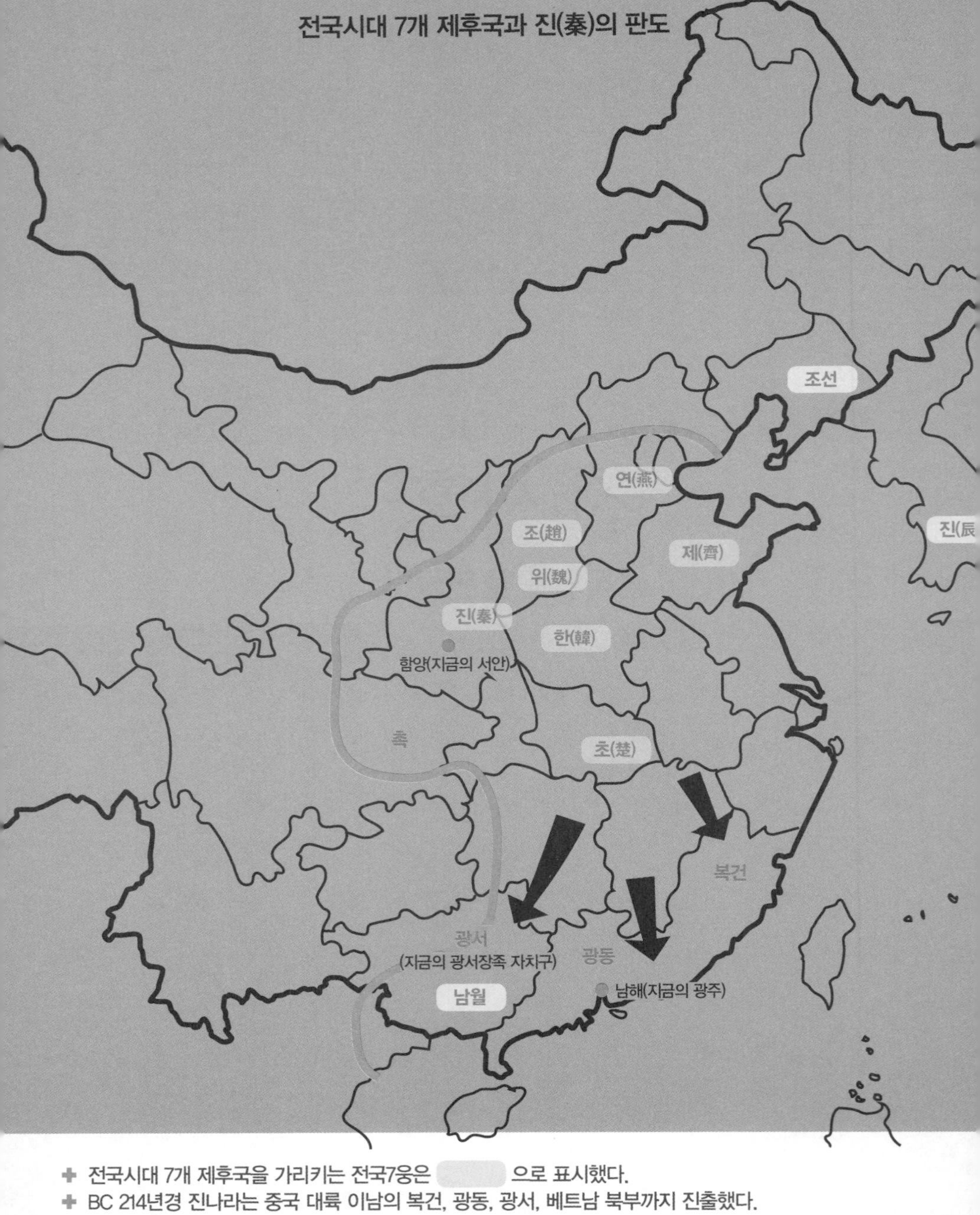

+ 전국시대 7개 제후국을 가리키는 전국7웅은 [ ] 으로 표시했다.
+ BC 214년경 진나라는 중국 대륙 이남의 복건, 광동, 광서, 베트남 북부까지 진출했다.

진시황

강력한 카리스마(일방주도형)

원대한 목표를 세우고 거침없이 밀어붙이다

잘게 쪼개진 유럽 VS 하나가 된 중국

유럽은 통일국가의 경험이 없다. 과거 로마 제국, 동로마(비잔틴, 비잔티움) 제국, 프랑크 왕국, 신성로마 제국 등이 이어지며 나름대로 방대한 제국을 형성하고 오랜 세월을 유지하기도 했다.

하지만 로마나 동로마 제국은 유럽 남부에 위치하고 있었으며, 유럽 대륙을 지향한 것이 아니라 서아시아를 더 중시했고 지중해-중동 문명권에 속했다. 프랑크 왕국은 서유럽에 국한되었으며, 신성로마 제국은 독일을 기반으로 한 실체가 미미한 명목상의 제국이었을 뿐이다. 이런 까닭에 단 1번도 유럽 대륙이 통일된 적은 없다. 어느 왕조도 유럽의 일부만을 차지했을 뿐이다.

지금도 유럽은 세계에서 가장 좁은 대륙에 50개 국가들로 갈라진 채 잘게 쪼개져 밀집해 있다. 그러면서 유럽국들은 각 나라마다 독자성을 명확히 하고 있다.

근대 이후 나폴레옹 시대나 나치 독일의 발호가 있었지만 보편적 가치 없이 프랑스나 독일에 의한 유럽의 무력 정복에만 머물다가 이내 원래대로 돌아가버린 까닭이다.

그나마 1·2차 세계대전 이후 프랑스와 독일을 비롯한 유럽 국가들이 더 이상 대결로만 지내다간 설 자리조차 없게 된다는 절박한 현실적 인식을 하게 되었다. 더욱이 북미와 동아시아가 인류사회의 3대 축의 하나로 급부상하며 유럽을 초월해가자 한계를 절감하면서 유럽연합(EU)과 유로존을 통해 유럽 통합을 이루기 위해 노력하고 있다.

반면에 중국은 92%가 한족으로 통합되어 하나의 대륙 국가로 존속하고 있다. 원래는 중국도 유럽처럼 춘추전국시대(BC 770~221)라 불리며 지금의 유럽보다 더 잘게 쪼개져 있었다. 그러던 것이 오랜 전란 끝에 하나로 통합되었기 때문에 가능해진 것이다. 그 과정에서 중국의 역사무대가 이전의 황하 상류유역 일대에서 벗어나 황하 하류와 장강까지 점차 확대되었다.

또한 후대인들이 진, 초, 오, 월 같은 이민족의 나라들까지 중국사의 일부로 편입하면서 중국의 강역이 놀라운 크기로 확장되었다. 이러한 중국통일의 대업을 이루어낸 지휘자가 진시황이다.

주(周 BC 1046~256, 서주 BC 1046~771, 동주 BC 770~256)나라는 중국 역사상 가장 확실한 기록을 가진 실질적인 최초의 왕조이자 가장 오래 존속한 국가이다. 서주(西周) 12대, 동주(東周) 26대에 걸쳐 38대 790년 동안 존속하며 중국의 원형과 정신세계 그리고 국가 · 사회질서의 기초를 확립했다.

그러다가 주 유왕(재위 BC 782~71)이 폭정과 향락에 빠져 민심을 잃은 상태에서 왕비인 신후(申后)와 태자 의구를 폐하고 애첩인 포사와 그녀의 아들인 백복을 왕비와 태자로 책봉했다. 이에 신후의 아버지 신후(申侯)가 대초원 북방 민족으로 서쪽에 웅거하던 융족의 한 갈래인 견융을 끌어들였다가 수도인 호경(지금의 서안)이 함락되어 주나라가 멸망했다(이채롭게도 서주는 견융에 의해, 동주는 서융이 세운 진나라에 의해 멸망했다).

서주가 멸망한 뒤 이듬해인 BC 770년에 주 유왕의 아들로 폐위되었던 태자 의구가 복위해 주 평왕이 되었다. 그 뒤로도 견융이 호경에 눌러앉아 약탈을 벌이자 도읍을 아예 반대되는 멀리 동쪽 낙양으로 옮겨 도읍지로 삼으면서 동주시대를 열었다.

주 왕실이 나라를 다시 세웠지만, 그 과정에서 제후들의 전적인 도움을 받은 탓에 주 왕조는 권위와 힘을 잃고 명목상의 존재에 지나지 않게 되었다. 직접 다스리는 영토래야 사방 50~100리에 지나지 않았다. 1리가 0.3927km에 해당해 설령 과장이 없었다 하더라도 한국의 군 지역보다 작은 얼마 되지 않은 영토였음을 알 수 있다.

전국 각지의 제후국들은 종주국인 주나라의 통제력에 전혀 얽매이지 않은 채 제각각 힘을 키우면서 패권을 겨루는 전란의 시대가 막을 올리게 되었다.

'춘추전국시대'는 원래 공자가 쓴 노나라의 역사서인 《춘추》와 한나라 유향이 쓴 종횡가들의 책략을 수록한 《전국책》에서 명칭이 유래되었으며, '동주시대'라는 말보다 주로 사용한다. 더러는 진(秦)나라가 통일하기 이전의 시대라 하여 '선진시대(先秦時代)'라고 부르기도 한다.

무려 550년이 넘는 세월에 걸쳐 진행되면서 제후들의 치열한 세력 쟁탈전이 벌어졌다. 군웅할거와 약육강식의 시대가 전개되었으며, 서로 생존과 영토확장을 위해 수단과 방법을 가리지 않는 권력투쟁과 전란이 끊이지 않았다. 반면에 일반 백성들은 병사로 차출되거나 부역을 감당해야 했고 무거운 세금을 걸머져야 했다. 인권은커녕 국민의 기본권 개념조차 없던 시절이라 생존에도 힘겨워하며 민생고 속에 어려운 나날들을 견뎌내야 했다.

춘추전국시대는 춘추시대와 전국시대로 나누는데, 주로 BC 403년을 기준으로 구분한다. 대륙의 한복판에 있던 강국 진(晉)나라가 북쪽에서 남쪽으로 조(趙) · 위(魏) · 한(韓)의 세 제후국으로 공식적으로 갈라지는 시점을 전국시대의 시작으로 보는 경우가 일반적이다. 하지만 그해는 주 왕실의 형식적인 승인을 받은 시점일 뿐이지 실질적으로는 BC 453년에 이미 이들 세 나라가 성립되어 전국시대에 접어들었다.

원래 춘추시대 초기에는 숱한 제후국들이 난립하다가 점차 세월이 흐르는 동안 100여개국으로 통합되었다(일부에서는 춘추시대에 존속한 제후국 수를 놓고 주 왕조를 빼고 195개 국가라거나 막연하게 1000개 나라를 넘어섰다거나 1800여개국에 이르렀다고 하는 등 주의주장이 많다). 그러다가 전국시대가 되자 춘추시대에 난립하던 수많은 소국들이 거의 흡수 · 병합되었다. 춘추시대부터 있던 연, 제, 진, 초나라에다 조, 위, 한의 세 나라를 더해 '전국7웅'이라 하여 7개 제후국들로 판도를 형성하게 되었다. 이들 7개국은 국경까지 접경하면서 세력 강화와 영토 확장을 위한 전란이 더욱 격심해졌다(그렇다고 이들 7개국만이 존재한 것은 아니다. 여러 소국들이 여전히 존재했고, 설령 한 나라가 병합되었다고 해도 독립적인 위상이 나름대로 유지되는 매우 느슨한 상태였다).

전국시대가 중반을 지나자 진나라가 진 효공, 진 혜문왕(진 혜왕), 진 소양왕(진 소왕)의 치세 아래 부국강병에 성공하면서 가장 강력한 나라가 되었다. 이에 나머지 6개국들이 진나라에 어떻게 대응하느냐를 놓고 소진의 합종책, 장의의 연횡책, 범저(범수)의 원교근공책을 놓고 정세의 근간을 형성했다. 여기에 더해 6개국의 어느 한 나라라도 다른 나라를 손에 넣게 되면 얼마든지 막강한 국가가 될 수 있어 서로 간의 패권다툼으로 인한 전란은 날이 갈수록 일상화되고 치열해졌다.

한편 주 난왕이 진나라의 독주를 막으려고 몰래 다른 제후국들과 합종해 진나라를 공격하기 위한 계획을 세우고 진행하다가 들켜 버렸다. 이에 BC 256년 진 소양왕은 대군을 보내 주나라에 대한 대대적인 공격을 감행했다. 결국 주 난왕이 그나마 남아 있던 인구 3만명의 작은 영지를 바치고 항복하면서 허울뿐이던 주나라가 멸망했다. 진나라는 주 왕실에 이름뿐인 작은 지역을 주었다가 7년 뒤에는 그마저도 없애고 명맥을 끊어버렸다.

춘추전국시대 VS 고대 그리스 문명 VS 르네상스

춘추전국시대는 물론이고 고대 그리스와 르네상스시대에는 재미난 공통점이 있다. 이 3대 시대는 인류문명사에서 가장 활발하고 눈부시게 사상과 학문 그리고 문화예술의 발전이 이루어졌던 시절이다. 그런데 시대적 상황이 한결같이 통일국가가 아닌 많은 독자적인 제후국이나 도시국가들로 잘게 쪼개져 있었다는 사실이다.

사실 근현대 이전까지 동 · 서양 할 것 없이 왕조 시대로서 절대군주나 전제왕정이 영토와 사람은 물론이고 물산과 문화예술에서 사상과 종교까지 지배하던 시대가 압도적이었던 것에 비하면 매우 이례적이며 예외적인 시기였다. 이런 까닭에 사회 전반에 대한 강력한 통제력이 작동하지 못해 자연스럽게 자유로운 분위기가 조성되었다.

고대 그리스 문명을 꽃피운 것은 강력한 군주제가 아닌 폴리스(도시국가)들로 이루어져 가능했다. 당시 그리스 세계는 중국과 비교도 되지 않는 좁은 영토를 두고서도 춘추전국시대보다 더하면 더했지 못하지 않은 1000여개의 폴리스들이 잘게 쪼개져 존립하고 있었다. 그리고 폴리스 내부에서는 시민들이라면 누구나 독자적인 사고를 하고 온갖 주의주장을 자유롭게 표방할 수 있었다. 그러다보니 인류문명사에서 눈부시게 빛나는 고대 그리스 문명을 꽃피울 수 있었다. 그 중에서도 아테네를 비롯한 큰 폴리스들이 막대한 부를 쌓고 경제기반을 확립하면서 화려한 문물의 만개를 주도했다.

근대 서양문명의 출발점이 된 르네상스도 이탈리아 반도가 로마 제국의 멸망 이후 피렌체(영어로 플로렌스), 로마(영어로 롬), 베네치아(영어로 베니스), 제노바(영어로 제노아), 나폴리(영어로 네이플스) 같은 도시국가들로 잘게 쪼개져 있어 가능했다. 그 중심지가 된 피렌체 · 로마 · 베네치아는 유럽 대륙이 중세 봉건사회 체제에서 로마가톨릭 교회의 종교 지배 아래 1000년이 넘는 암흑시대를 이어온 것과 달리 자유로운 분위기가 조성되었다. 무엇보다 피렌체는 금융과 교역으로, 로마는 교황청이 거둬들인 막대한 부로, 베네치아는 지중해 교역의 독점으로 쌓은 엄청난 경제력으로 르네상스 미술과 인문주의 사상이 절정기를 꽃피울 수 있었다.

그러나 그리스가 북방에 위치한 마케도니아의 필리포스 2세와 알렉산드로스 대왕의 지도 아래 통일되고 강력한 전제통치가 확립되자 정작 화려하던 고대 그리스 문명이 막을 내리게 되었다. 물론 이후에도 헬레니즘시대가 지중해-중동 지역에서 300년 동안 지속되며 이어졌다고는 한다. 하지만 고대 그리스 세계의 자유로운 정신과 사상 그리고 그 속에서 피어났던 문화예술은 끝이 났고, 후광이 연장되었을 뿐이다.

르네상스의 전성기를 구가한 피렌체는 내부의 혼란 속에 메디치 가의 참주정치가 확립되면서 자유 속에 꽃피웠던 전성기는 마감되었다. 그 뒤를 이은 로마도 종교 지배를 해온 기독교 세력의 틀을 벗어나지 못한 채 1527년에 신성로마제국과 스페인 군인들이 자행한 '로마의 약탈'과 뒤이어진 반종교개혁의 물결로 인해 막을 내려야 했다. 마지막 르네상스의 성지였던 베네치아 역시 지중해에서 누려오던 교역과 부가 대항해시대의 개막과 함께 대서양으로 넘어가자 쇠락하며 베네치아 르네상스의 영광도 빛을 잃었다.

르네상스인들은 자연스럽게 후원과 벌이를 찾아 유럽의 다른 지역으로 옮겨가 생활을 하고 예술활동을 펼치게 되었다. 그 결과 자유롭던 이탈리아에서 충만했던 에너지가 알프스를 넘어 프랑스를 비롯한 유럽 대륙 북방으로 전파되며 유럽 전역에서 르네상스가 확산되어 유럽의 근대화를 촉발했다.

힘을 얻을 때까지 자신을 키우며 때를 기다린다: 여불위의 천하

진 소양왕(재위 BC 307~250)의 아들인 진 효문왕(재위 BC 250년)이 즉위한 지 3일 만에 갑자기 죽고, 위(衛)나라 출신의 대상인 여불위의 지략과 경제적인 도움 덕분에 진 장양왕(재위 BC 250~47)이 제위에 올랐다가 죽자, 그의 아들인 진왕 정(나중의 진시황 · 시황제 · 진 시황제. BC 259~10, 재위 BC 247~10, 제후국 진국 BC 247~21, 진 제국 BC 221~10)은 12살의 어린 나이에 31대 진나라 임금이 되었다.

진왕 정이 즉위한 초기에는 여불위가 재상이 되어 어린 국왕에 불과했던 그를 대신해 섭정을 하며 정국을 주도했다. 여불위는 세상에 대한 남다른 통찰력과 정확한 처세술로 천하의 부와 권력을 손에 넣은 인물로 장사를 위해 조(趙)나라의 수도인 한단으로 왔다가 영자초(영은 성씨로 진왕 정도 이름은 영정이다. 이하에서는 관행에 따라 자초라 함)를 알게 된 뒤 원대한 포부를 갖게 되었다.

'진나라의 권력을 잡는다면 이보다 더 큰 장사가 어디 있겠는가?'

당시의 정세를 꿰뚫어 보고 있었던 터라 여러 나라들 중에 가장 강국인 진나라의 공자를 보자, 지금은 비록 볼모의 처지지만 자신의 지략과 재력을 활용하면 천하를 손에 넣을 수 있다고 본 것이다.

여불위는 볼모에다 궁색한 처지에 있던 자초가 넉넉하고 편하게 생활하도록 한껏 도왔다. 자신의 애첩이던 조희(나중에 조후, 조태후)를 바쳐 아내로 삼게한 뒤 나중에 진왕 정이 되는 영정까지 낳았다. 그런 중에 공작을 벌여 자초가 진나라로 귀국하도록 도왔다. 그리고 장차 군주가 될 안국군(나중의 진 효문왕)의 정실부인이자 초나라 출신으로 유달리 고향을 그리워하던 화양부인에게 접근했다. 마침 그녀에게 아들이 없자 재물을 동원해 친하게 지내는 언니를 앞세워 자초에 대해 언급하며 그녀의 양자로 삼도록 만들었다.

'멀리 볼모로 가 있지만 너를 어머니처럼 그리워한다는구나!'

여불위는 자초가 진나라로 돌아올 때 초나라 옷을 입혀 화양부인에게 인사하도록 했다. 화양부인의 마음에 들고자 그리한 것으로 화양부인은 매우 기뻐하며 이름까지 '초나라의 아들'이란 뜻으로 자초(子楚)로 바꿔 주었다. 진 소양왕이 죽고 그의 아들인 진 효문왕이 제위를 물려받게 되자, 그녀는 선왕의 장례로 인해 남편이 군주의 자리에 오르기도 전에 자초를 후계자로 삼도록 만들었다.

나중에 진 효문왕이 즉위한 뒤에 겨우 3일 만에 죽자 태후가 된 화양부인의 전폭적인 지지 아래 자초가 진 장양왕으로 옹립되었다. 이후 여불위는 낙양 부근의 식읍 10만호를 받고 재상이 되어 국정을 주도했다. 그러다가 진 장양왕이 재위 3년 만에 죽고 왕이 된 진왕 정이 어려 다시 재상이 되자 실권을 장악하고 국정을 전단했다. 한때는 진나라를 영씨가 아닌 여씨의 나라로 만든다는 비난까지 들을 정도였다.

그러는 사이에 진왕 정은 점차 나이가 들어갔고, 성인식을 치르고

난 뒤부터 친정을 하게 되자 차츰 강력한 군주의 면모를 드러내기 시작했다.

BC 238년에 거행된 성인식은 진나라의 권력 지형을 근본적으로 흔들며 진왕 정의 친정을 확립하는 계기가 되었다. 여불위는 진왕 정의 어머니인 조태후와 내연의 관계를 지속해 오다가 색을 밝히는 그녀를 감당하기 어렵자 노애(노대)를 환관으로 만들어 통정시켰다. 그러던 중에 조태후가 노애의 아이를 가지게 되자 임신 사실이 아들에게 드러날 것을 두려워하여 병을 핑계로 200리나 떨어진 곳에 거처를 만들어 옮겨갔다. 그녀는 노애의 아들을 2명이나 낳았고, 노애 역시 그녀를 등에 업고 장신후에 봉해지며 막대한 녹봉까지 받게 된 가운데 거칠 것 없이 권세를 부리게 되자 엉뚱한 흑심을 품게 되었다.

'때가 되면 나의 아이를 왕으로 세우고 실권을 잡아야겠다.'

그즈음 효성이 깊었던 진왕 정이 성인식을 올리게 되자 어머니 조태후가 있던 대정궁에서 올리도록 했다. 그때 진왕 정은 노애의 거만한 행동에 조롱을 당한 대신을 통해 자신의 어머니를 둘러싼 모든 이야기를 전해 듣게 되었다. 이 사실을 알게 된 노애는 진왕 정이 함양을 비운 채 멀리 와 군사가 없다고 여겨 반란을 일으켰다. 그러나 진왕 정은 침착하게 군사를 움직여 노애를 사로잡고 추종세력까지 철저히 진압했다. 그리고 책임을 물어 여불위마저 쫓아내고, 이듬해에는 자결하게 했다.

여불위는 진왕 정과 크게 2가지 면에서 직접적인 연관이 있다. 하나는 넉넉한 재정을 확충하여 진왕 정이 강력하게 천하통일의 길을 갈 수 있도록 만들어 주었다는 것이다. 또 다른 하나는 진왕 정이 여불위의 친자식이라는 설로 사실이라면 진왕 정의 친아버지가 되는 셈이다. 여불위가 볼모로 있던 자초에게 진왕 정을 임신하고 있던 애첩 조희를 그의 부인으로 내주었다고 하여 상당한 설득력을 가지기도 한다.

여불위는 전국시대 때 당대의 권력자들이 즐겨 하던 대로 3000여 명에 달하는 빈객을 두고 이들을 활용해 백과사전인 《여씨춘추(呂氏春秋)》를 편찬했다. 이 또한 진왕 정이 정치를 할 때 도움이 되도록 하기 위해 펴냈다고 한다. 이 책은 제자백가를 대표하던 도가를 비롯해 유가 · 법가 · 농가 · 병가 등의 다양한 사상까지 담고 있어 여불위가 잡가(雜家)의 대표적인 사상가로 여겨지도록 만들기도 했다. 총 26권 160편으로 엄청나게 방대함에도 불구하고 워낙 정확성을 기해 여불위 자신이 수도인 함양 한복판에 이 책을 전시해 두고 뿌듯한 자부심을 한껏 드러내기도 했다.

'이 책에서 한 글자라도 고칠 것을 찾는다면 천금을 주겠다.'

여기서 일자천금(一字千金)이라는 고사성어가 생겨나 '뛰어난 글'을 가리키는 말로 사용되고 있다(여불위를 둘러싸고 진왕 정이 여불위의 아들이라는 설을 비롯해 진 소양왕이 47년간 재위하며 나이가 들어 죽었다고 알려진 것과 달리 여불위가 독살했다는 설, 멀쩡하던 진 효문왕이 급사한 것도 여불위가 독살했다는 설, 진 장양왕마저 친아들인 진왕 정에게 재위를 넘기고자 독살했다는 설까지 있지만 모두 조작된 것이라는 주장이 많다).

치밀한 준비를 한 뒤에 거침없이 밀어붙인다: 진왕 정의 중국통일

진왕 정은 본격적인 친정을 펼치게 되자 강력한 지도력을 발휘했다. 자신의 주변에 당대의 내로라하는 현신과 명장들을 기용해 적재적소에 잘 활용했다. 특히 여불위가 발탁한 이사를 중용하여 한비의 법가사상을 활용해 실리주의에 입각한 부국강병 정책을 추진하여 진나라를 더욱 강국으로 발전시켰다.

진왕 정은 중국 대륙을 모두 정복하겠다는 원대한 꿈을 품고 준비작업을 착실하게 진행했다. 그동안 선대 군주들과 여불위가 확보해놓은 넉넉한 재정에다 농업을 진흥해 식량과 물산을 충분히 확충하는 한편 막강한 군사력을 길렀다. 그리고 어느 정도 준비를 갖춘 뒤에는 전면적인 정복사업에 나섰다.

BC 230년에 내사등이 이끄는 8만 강병을 보내 1번째로 가장 국력이 약한 한나라부터 공격하여 수도인 신정(정성)을 함락하면서 멸망시켰다. 이어서 BC 228년에 왕전을 앞장세워 수도인 한단을 함락하면서 2번째로 조나라를 멸망시켰다. 뒤이어 BC 225년에는 왕전의 아들인 왕분이 나서 수도인 대량을 하구에서 끌어온 물로 수공(水攻)으로 공격해 함락하고 위왕 가를 포로로 잡으면서 3번째로 위나라를 멸망시켰다.

이후 진왕 정은 기세를 몰아 최대 난적이자 남방의 강국인 초나라를 정복하기 위해 왕전의 출전을 요구하자 왕전은 대답했다.

"상대가 막강한 초나라인지라 60만 대군이 아니면 어렵습니다."

그러자 진왕 정은 왕전이 너무 많은 병력을 원한다고 보고 이신에게 묻자 이신은 자신감있게 대답했다.

“20만 병력이면 충분합니다.”

진왕 정은 왕전을 비웃으며 명했다.

“왕전 장군은 이미 늙어버렸다. 이신 장군이 20만 병력을 이끌고 출정하라.”

그러나 이신은 초나라를 공격했다가 초반에 잠깐 승리를 거두었으나 항연(진나라를 멸하고 초한전에서 유방과 겨룬 항우의 할아버지)의 계략에 빠져 지친 군사들을 쉬게 했다가 기습을 당해 대패했다. 진나라로서는 계획대로 착착 진행되던 통일사업에 처음으로 제동이 걸린 셈이었다.

BC 223년이 되자 진왕 정은 왕전에게 크게 사과한 뒤에 60만 대군을 주어 초나라를 공격하도록 했다. 왕전은 왕분 · 몽염과 함께 60만 대군으로 진군하여 지구전을 펼쳤다. 그러다가 초나라군이 진나라군을 유인하기 위해 퇴각하다가 뒤쫓아오지 않는 줄 알고 안심하며 쉬고 있던 틈을 타 일시에 공격해 총사령관인 항연을 전사시키고 군주인 부추마저 포로로 잡으면서 4번째로 초나라를 멸망시켰다.

조나라 멸망 뒤인 BC 227년에는 연왕 희의 아들인 태자 단이 위나라 장수인 형가를 진왕 정에게 보내 암살을 시도했다가 실패했다. 화가 난 진왕 정은 곧바로 왕전의 지휘 아래 연나라 정벌에 나서도록 했다. 다음해가 되자 왕전은 연나라의 도읍인 계(계성, 지금의 북경)를 함락하고 연나라의 영토 대부분을 차지했다. 이에 연왕 희는 멀리 요서와 요동으로 도망쳤다. 그러자 왕분이 다시 추격하여 포위한 뒤 연왕

희가 태자 단을 죽여 목을 바쳤지만 끝까지 공격하여 포로로 붙잡으면서 BC 222년에는 5번째로 연나라를 멸망시켰다.

끝으로 BC 221년에는 왕분이 이신 · 몽염 등과 함께 대군을 이끌고 연나라에서 남하하여 제나라를 침공했다. 이에 폐왕 건이 스스로 항복하면서 6번째이자 마지막 남은 제후국인 제나라마저 멸망시키고 중국 통일의 대업을 완수했다.

이렇게 하여 진왕 정은 자신의 당대에 전국시대 동안 정립하고 있던 나머지 6개 제후국을 한-조-위-초-연-제의 순서로 모두 정복해 병합했다. 무려 550여년 동안 이어져온 길고 긴 춘추전국시대를 겨우 10년 만에 마감하고 중국 역사상 최초의 통일을 이루어낸 것이다. 진왕 정이 중국통일을 완수한 대업만을 놓고 보더라도 중국의 역대 군주들의 치적 가운데서도 가장 돋보인다.

여기에서 중요한 사실은 춘추전국시대의 어느 나라 군주나 제자백가 중에서도 당시에는 '중국 통일'이라는 개념이 전혀 없었다는 점이다. 단지 자기 나라의 힘을 키워 다른 나라를 정복하는 차원이었다. 진왕 정도 다른 나라를 멸망시키고 진나라의 영토를 확장한 것으로 인식했다. 그러다가 후대로 갈수록 중국이라는 영역의 기본 공간으로 설정된 것이다.

또한 춘추전국시대 때 대초원 북방 민족들인 서쪽의 융(견융, 서융), 동쪽의 조선 · 동호, 북쪽의 적 · 흉노 등과 같은 모든 외세 이민족에 대해 현대 중국 이전까지는 중국 민족의 일원이나 중국사의 일부로 여기지 않았으며 철저하게 배척했다. 진나라도 원래는 북방 세력의 한 갈래인 융족(서융)의 나라라 하여 중원의 일원이 아니라 오랑캐의 나라로 여기는 기류가 역력했고, 진왕 정이 모든 국가들을 무력으로 정복하지 않을 수 없었던 이유이기도 했다.

이렇게 어려운 여건 속에서 그토록 치열하던 춘추전국시대를 마감한 원동력은 뭐니 뭐니 해도 진왕 정의 강력한 리더십과 추진력이었다. 자신의 지도력 아래 모두 하나로 결집하는 한편 뛰어난 인재들의 기용과 활용, 충분한 재정기반의 확충, 철저한 준비, 월등한 군사력의 육성, 적국들에 대한 이간책과 내분의 활용, 순차적 전략 목표 설정과 재빠른 행동 등을 통해 실현한 것이다. 그의 강력한 카리스마와 그에 바탕한 추진력은 성공의 황금열쇠였다.

어떠한 나라나 기업이든 창업하여 일정한 기반을 잡기까지는 진시황과 비슷한 유형의 인물들이 지도자가 되는 경우가 많다. 맡은 일을 완수하기 위해서라도 일정한 리더십과 추진력은 필수적이기 때문이다. 결정을 못해 헤매거나 갈팡질팡하면서 일을 하다보면 될 일이 없을 것이다. 그래서 일을 하기 전에 심사숙고와 치밀한 검토 그리고 철저한 사전준비를 하되, 막상 일을 하기로 결정하면 일정한 목표와 방향을 정해 모든 구성원의 의지와 역량을 결집시키고 밀어붙여 원하는 바를 이루어내야 한다.

특히 지도자나 경영자라면 분명한 목표를 제시하고 그 목표를 향해 인적 · 물적 자원을 가급적 일사불란하게 움직여야 한다. 다만 오늘날에는 모두가 공감하여 마음으로 받아들일 수 있도록 진행해나가는 방식이 고려되어야 할 것이다.

강력한 지도력으로 통합한다: 중국의 통일을 이룩하다

진시황은 BC 221년 38세의 나이로 역사상 최초의 통일 제국인 진(秦 BC 900년경~206, 진 제국 BC 221~06)나라를 세우게 되자 왕이란 호칭을 바꿔 황제로 자칭했다.

왕(王)을 천자(天子)라 하여 천제(天帝)의 대리인이 지상의 세상을 널리 지배한다고 여겨오던 것을 바꿔버린 것이다. 그러면서 스스로 '덕은 3황을 넘어서고 공은 5제를 겸했다'고 하여 신화 속 상고시대의 신과 같은 성군들이자 중국의 시조로서 가장 대표적인 지도자로 여기던 3황5제(三皇五帝)를 이은 지배자라 하여 '황제'라는 새로운 군주의 칭호를 제정한 것이다. 아울러 산동 지방의 태산에서 천지를 받드는 '봉선의례'를 행해 자신이 천하의 지배자임을 세상에 과시했다.

그러고는 자신을 최초의 황제라 하여 '시황제'로 지칭했고, 자신이 지배하는 세계를 제국이라 하였다. 그래서 이전의 요순 임금이나 주나라의 군주를 왕이라 했던 것과 달리 황제가 된 첫 군주라 하여 진 시황제라 한 것이고, 다시 줄여서 진시황이라 부르게 된 것이다. 나중에 뒤를 이은 한 고조 유방 이후부터는 중국 왕조의 군주를 황제라고 부르는 것이 일반화되었다.

진시황은 중국 대륙을 평정하자 이사를 재상으로 기용하여 법가를 통일 제국의 기본이념으로 삼아 황제의 뜻을 법으로 하는 법치를 중심으로 통치했다. 무엇보다 확고하고 강력하게 자신에 의한 1인 직접 통치체제를 제도화했다.

북방 세력의 기마술을 도입하여 막강한 군대를 갖춤으로써 군사력을 정비했다. 반면에 이전의 제후국들이 보유하고 있던 무기나 장비들을 몰수하고 소지하는 것을 금지했다.

주나라가 봉건제를 실시하다가 춘추전국시대를 초래한 전례를 반면교사로 삼아 군현제를 실시하여 전국을 36군과 1400여개의 현으로 체계적으로 편성하고, 중앙에서 태수와 현령을 직접 내려보내 과거 그 누구도 시도하지 못한 거대한 규모의 중앙집권을 확립했다. 그리고 흉노를 비롯한 북방 세력을 막기 위해 만리장성을 쌓기도 했다.

진시황은 제국의 통합을 위해 정치 · 군사 · 행정은 물론이고 거의 모든 방면에 걸친 법 · 제도의 개혁을 단행했다. 전국에 걸쳐 제후국과 지방별로 달랐던 문자, 화폐, 도량형, 바퀴크기 등에 이르기까지 통일화를 추진했다.

전국의 서로 다른 문자체(서체)와 발음을 정리하여 전서(篆書)로 통일해 중국 문자의 기본으로 사용하게 되면서 이후 중국인의 소통을 쉽고 풍성하게 만들어 한자 문화가 확립되었다.

화폐도 나라별 · 도시별로 제각각 발행되어 크기와 모양을 비롯해 금액을 놓고 아주 복잡하던 것을 둥근 원에 네모난 구멍을 낸 엽전인 반량전으로 통일하여 이후 중국 화폐의 원형이 되었다.

문자, 화폐는 물론이고 길이 · 무게 · 부피 등을 재는 도량형 단위까지 하나의 기준으로 통일하여 사용하도록 했다. 이렇게 하여 곡식을 사고팔거나 고기와 물자를 거래할 때 서로 다른 용어를 사용하던 것을 하나의 도량형과 기준으로 통합했다.

또한 당시로는 가장 중요한 이동 · 운송 수단이던 수레의 바퀴(차궤) 크기를 6척으로 통일했다. 주로 말이 끄는 수레가 오가면서 길 위에 일정한 고랑이 파이면 그 사이에 바퀴를 넣고 달리게 되는 상황을 감안하여 길 위에서 수레 1대로 전국을 누비도록 조치한 것이다. 특히 제후국마다 수레바퀴의 크기가 달라 고장나거나 바퀴를 수리하고 바꿔 끼우려고 해도 다른 지방에서는 도저히 할 수 없었던 것을 모든 지역에서 똑같은 규격의 바퀴로 만들어 이동과 운송이 원활하도록 했다. 이렇게 수레 폭의 단일화를 통해 크기가 다른 나라의 전차가 들어오지 못하게 막고, 들어오더라도 구별되게 하여 국방을 다지는 효과도 노렸다.

수도 함양을 중심으로 도로를 정비하여 각 지역을 연결했다. 치도(馳道)라는 도로를 만들어 폭이 67m에 달했으며, 6~7m마다 가로수를 심어 양질의 도로를 갖추게 되자 전국 각지에서는 교통과 교역이 발달하게 되었다.

특히 진시황은 스스로 중국 전역을 자주 순행하면서 현지를 직접 확인하며 통일사업을 강도 높게 다져나갔다. 청나라 강희제 · 건륭제의 내순이나 현대 중국 등소평의 남순강화도 여기에서 유래되었다.

분서갱유

분서갱유(焚書坑儒)는 책을 불사르고 선비를 생매장한 사건으로 진시황을 폭군으로 보게 만든 가장 대표적인 사건으로 유명하다.

BC 213년 진시황은 전국 곳곳에서 진나라에 대한 반감과 비판이 성행하는 정세를 간파한 뒤 그에 대한 해결방안을 놓고 조정의 공론에 부쳤다. 순우월이 전대의 봉건제를 주장하자 이사는 이에 반대하며 강력하게 진언했다.

"사적인 학문을 막아야 합니다. 진나라에 관한 내용 이외의 모든 기록과 시경·서경 그리고 제자백가의 책을 거두는 대로 불태워야 합니다. 다만 실용서인 농업, 의학, 점책과 법령만은 예외로 해야 합니다."

이에 따라 진나라에서는 이사의 방침에 따라 책들에 대한 대대적인 분서가 이루어졌다.

한편 진시황은 사람의 한계를 넘는 엉뚱한 생각을 품기 시작했다.

'나는 영원히 살고 싶다. 불로불사(不老不死)하면서 만세까지 다스리겠다.'

어떻게든 죽음을 피하고 싶어 늙지도 죽지도 않는 묘약을 구해 불로장생을 하고픈 헛된 욕망을 좇은 것이다. 하지만 이 세상 어느 곳에도 그런 약이 있을 리 만무했다. 오히려 우리에게도 잘 알려진 서복 같은 사기꾼들이 설쳐댔다.

BC 212년에는 이 사실을 안 노생과 후생이라는 방사(도사)가 나타나 진시황에게 비방이 되는 선약을 구해주겠다고 큰소리를 쳤다. 이에 그 사실을 믿은 진시황으로부터 각별한 대우를 받으며 엄청난 재물을 얻어낸 다음에 진시황을 비웃고 비방하며 도망쳐버린 일이 벌어졌다. 이전까지 진시황은 도가의 학풍을 활용해 신비적·종교적인 분위기를 풍기며 방술을 쓰는 방사들을 우대했다. 그러나 불로초나 불로장생의 선약을 들먹이다가 사기를 친 뒤 도망까지 가버리자 자신의 실책에 대한 화풀이와 체면치레 차원에서 엉뚱하게 정부에 비판적이던 지식인 460명을 희생양으로 삼아 체포한 뒤 땅을 파 매장형에 처해 갱유를 벌였다. 이렇게 되자 유학자를 중심으로 한 지식인들의 급격한 위축을 불러왔다. 유가의 고전을 비롯한 다수의 서적을 금서로 지정하고 소지를 금지한 '협서율(挾書律)'을 통해 저작물을 억제하기도 했다. 이후 지식인과 학문에 대한 탄압이 BC 191년에 한나라에 의해 폐기될 때까지 지속되며 학문의 자유를 가로막게 되었다.

진시황의 폭정은 분명한 사실이다. 현실 정치를 비판하면서 정부의 방침과 다른 주장을 하는 지식인들을 파묻고 그들의 서적들을 불태우는 강압적인 탄압을 통해 우민화 정책을 강제한 것은 맞다.

그러나 분서갱유를 둘러싼 진실을 살펴보면 실상과 달리 과장되거나 왜곡되어 있다는 것을 알 수 있다. 당시 정세를 볼 때 갓 통일은 되었지만 여전히 통일 전에 존속했던 자신의 과거 제후국을 조국으로 생각하면서 강한 향수와 함께 그 출신임을 내세우며 분리주의적인 자세를 보였다. 제후국들의 왕족과 귀족은 물론이고 많은 충신열사들이 가슴속에 과거를 그리며 반감을 품고 자신의 조국을 재건하려는 꿈을 꾸고 있었다.

유학자들은 선왕의 도를 앞세워 중앙집권적인 군현제를 반대하는 한편, 과거 주나라를 그리워하며 주 왕조를 무력하게 만들고 춘추전국시대를 불러온 근본원인이자 가장 큰 병폐로 여겨졌던 봉건제를 절대선으로 여겨 다시 부활해 옛날로 돌아가려는 입장으로 일관했다. 더러는 공공연히 진나라의 정복에 비판적인 자세를 보였다.

진시황은 오랜 전란을 끝낸 뒤 새로운 기운이 넘치는 상황에서 통일국가에 걸맞은 새로운 나라를 세우려 했다. 그러다보니 변화를 거부하는 과거지향적인 행태에 대해 강한 거부감을 느끼게 되었다. 그중에서도 조정과 정책에 비판적인 지식인과 그들의 학문과 사상을 담은 저작물은 백성들로 하여금 다른 생각을 하게 만든다고 보았다. 그래서 이러한 흐름에 대해 강력한 제동을 걸 필요를 절감했고, 본보기로 유학자와 그 생각이 담긴 서적을 응징한 것이다.

분서를 통해 민간의 사상 관련 책자들을 불태웠지만 관공서 책과 역사서는 물론이고 실용서인 농서 · 의약서 · 점책과 법령집은 그대로 남겨 두었다. 사상 서적이라 할지라도 조정 도서관에는 남겨 두고 연구하도록 한 채 민간에 널리 확산되지 못하도록 조치했다. 당시에는 서적이라 하지만 종이가 없어 죽간 · 목간으로 되어 있어 널리 활용되지 못한 상태에서 스승이나 학자를 통해 사상과 학문이 구전되었기 때문에 분서의 효과도 크지 않았다. 정작 큰 피해는 초패왕 항우가 함양을 함락한 뒤 진나라의 궁전을 비롯한 도읍을 몽땅 불태우면서 일어났다.

갱유는 전국 단위로 광범위하게 지속적으로 벌어진 것이 아니라 도읍인 함양에서 딱 1번 460명의 도사들과 유학자들을 대상으로 자행되었다. 수만 수십만명이 한꺼번에 전사하거나 처형된 경우가 다반사였던 당시의 사정에 비추어 보면 갱유 규모도 크지 않았다. 다만 다분히 정치적인 목적에서 진나라의 정책에 비판적인 지식인들에 대해 경고를 보내는 의도가 작용한 것이다.

사실 분서갱유라는 표현은 한나라 때 공자의 11대 후손인 공안국이 쓴《서경》의 첫머리에 처음으로 등장했다. 그가 유학자로서 자신과 같은 입장에 있었던 유생들을 목숨 걸고 뜻을 굽히지 않은 존재로 부각하는 한편 탄압에 대해서는 극히 부정적인 입장에서 바라본 측면을 무시할 수 없다. 또한 진나라를 무너뜨리고 뒤를 이어 갓 세워진 한나라 입장에서 진나라를 부정하고 깎아내려 한나라의 등장을 자연스럽게 합리화하기 위해 극도로 과장한 의도도 강하게 작용했다. 무엇보다 분서갱유를 진시황과 진나라를 최악으로 폄하하여 자연스럽게 새 왕조 성립의 정당성을 확보하기 위한 대표적인 사례로 활용했던 것이다.

한편 제주도 남쪽의 서귀포시에 가면 서복공원이 있다. 정방폭포로 가는 길 옆에 열었는데, 중국 관광객들이 많이 찾고 있다. 그 주인공인 서복(徐福, 서불)은 방사로서 진시황에게 '불로장생을 위한 영약이 있으니 구해 오겠다'고 속여 엄청난 재물과 어린 선남선녀 수천명을 데리고 배를 타고 도망치듯 떠났다가 이곳에 도착했다는 전설이 전한다. 그래서 지명이 서귀포(西歸浦)로 불리게 되었다고도 한다.

민심을 잃은 정권은 유지되지 못한다

진시황은 국론 분열을 막고 새로운 통일국가의 위상을 드러내며 황제의 위엄과 권위를 과시한다는 명분 아래 법가에 따른 강력한 통제 정책을 실시했다.

곳곳에 잔존하던 군사력을 약화시키기 위해 어머어마한 대역사를 벌여 수많은 백성들을 동원했다. 대략 만리장성에 150만명, 여산릉에 75만명, 아방궁에 70만명, 영남개발과 도로공사에 50만명을 끌어모아 혹사시켰다. 뿐만 아니라 이를 뒷받침할 재정을 조달하기 위해 백성들에게 무거운 세금을 부과했다.

정작 과중한 노역과 조세 부담보다 백성들을 더욱 힘들게 한 것은 법가 사상에 따라 확립된 가혹한 법과 형벌, 특히 집행자였던 진나라

관리와 군인들의 무자비한 횡포였다.

그러다보니 진나라에서는 강력한 법치와 무력통치 아래에서 백성들은 숨죽인 채 살며 신음해야 했다. 춘추전국시대의 자유스럽던 시대 분위기는 사라졌고, 백가쟁명 같은 사상적 다양성이 없어졌다. 민간의 책 소장조차 금지하면서 학문의 발전도 멈추게 되었다.

그러나 진시황은 민심이 어떠하든 진 제국을 통일 대국으로 건설하는 일에만 전력을 기울였다. 그러다가 BC 210년에 49세의 나이로 전국 순행을 하던 중에 갑자기 병이 들어 죽음을 맞게 되었다. 진시황은 죽기 전에 환관 조고를 불러 유언을 남겼다.

"맏아들인 부소에게 제위를 맡기라."

하지만 환관 조고는 승상 이사와 모략을 꾸며 진시황의 유지를 뒤바꿨고, 어리석고 난폭한 호해가 새로운 2세 황제가 되었다. 이렇게 되자 진나라는 진시황의 가혹한 정치와 대규모 사업으로 인해 민심을 잃은 데다 여기에 더해 그의 아들인 2세 황제 호해의 광기 어린 폭정과 향락 추구 및 환관 조고의 전횡과 실정이 극심해지며 멸망을 가속화했다.

BC 209년에 중국 역사상 최초의 농민 반란인 '진승 · 오광의 난'이 일어난 것을 시발로 하여 전국 곳곳에서 반란이 일어났다. 그중에서 초나라의 항우와 한나라의 유방이 이때 봉기하여 숱한 세력들을 통합하면서 수도인 함양을 함락하자 진나라는 겨우 15년 만인 BC 206년에 멸망했다(이채롭게도 진시황이 세운 진 제국을 비롯해 한나라를 멸하고 왕망이 세운 신나라가 AD 8~23년간, 당나라를 멸하고 무측천이 세운 주(무주)나라가 690~705년간 존속하여 모두 15년간 존속하다가 멸망했다).

진시황은 창업에서는 성공했지만 수성에서는 실패했다. 민심을 잃은 통치와 후계구도 확립의 실패 때문이다. 진시황은 통치력 확립에는 일정한 성과를 거두었을런지는 모르지만 백성을 괴롭히고 파리 목숨처럼 가볍게 여겨 민심을 얻지 못했다. 이런 상황에서 백성들도 진나라를 꼭 지켜야 할 나라로 생각하지 않았다.

나라를 건국하거나 기업을 창업한 뒤에는 안정된 기반을 확립해 오래 지속하는 일이 관건이 된다. 그러자면 정치 지도자는 국민을, 기업가는 소비자를 존립기반으로 삼아야 한다. 그들이 원하는 바를 헤아리고 그들을 위한 의사결정과 집행을 통해 민심과의 소통과 지지 속에서 성장과 발전을 지속해야 하는 것이다.

진시황은 부소를 후계자로 생각하면서도 그에 따른 실질적인 조치를 하지 않았다. 자신이 지방으로 떠날 때는 물론이고 궐위가 되는 상황을 대비하여 부소를 황태자로 앉혀 확고한 위상을 부여하고 그에 걸맞은 후계자 수업을 하도록 조치했어야 했다. 그러나 진시황의 갑작스런 죽음으로 절대권력의 공백이 초래되고 후계자마저 지정되어 있지 않던 상황에서 최악의 인물이 후임 황제가 되어버렸다.

기업에서도 마찬가지다. 일정한 때가 되면 후계다툼이 일어나지 않도록 미리 조치해두어야 기업이 온전하게 지켜진다. 사실 제대로 된 승계만 이루어져도 기업은 대를 이어가며 일정하게는 유지되기 마련이다. 가정도 다를 바 없어 현명한 유산 정리를 통해 재산분쟁이 없도록 하는 일이 어른 된 사람의 도리이다. 그래야 가정의 화목과 번영을 지속할 수 있는 법이다.

지록위마

진시황이 순행 중에 죽게 되자 그토록 믿었던 환관 조고를 불러 유언을 남겨 덕망 있고 유능한 부소에게 제위를 맡겼다. 하지만 조고는 진시황의 주검을 그대로 방치하며 죽음을 알리지 않은 채 승상 이사와 손잡고 2세 황제로 호해를 옹립했다.

조고는 호해를 향락에 빠뜨려 국사를 멀리 하게 만들었다. 그러고는 유일한 경쟁자인 승상 이사마저 전국의 혼란을 호해에게 보고하고 아방궁 건축에 반대한 것을 빌미로 중상모략하여 호해의 분노를 사게 만들어 제거했다.

이후 조고는 승상이 되어 국정을 전단했다. 뿐만 아니라 진나라의 권력을 틀어 잡자 점차 욕망이 커져갔다. 마침내 스스로 황제에 오르기 위해 자신이 옹립한 황제를 허수아비로 만들어갔다.

하루는 조고가 사슴을 황제 앞에 바치면서 말했다.

"말입니다."

이에 호해는 멀쩡한 사슴을 말이라고 하자 되물었다.

"어찌 사슴을 말이라 하는가?"

그때 조고가 주위의 신하들을 채근하자 조고를 두려워한 나머지 모두 나서서 말했다.

"말입니다, 말입니다, 말입니다."

조고는 자신의 힘을 믿고 황제마저 농락했다. 대신들조차 황제인 호해보다 환관인 조고를 실세로 보고 겁을 낸 것이다. 여기에서 '지록위마(指鹿爲馬)' 즉 사슴을 가리켜 말이라 하여 멀쩡한 거짓이나 억지 말과 행동으로 윗사람이나 여러 사람들을 농락한다는 뜻으로 쓰이는 고사성어가 유래되었다. 그러나 조고는 얼마 못가 비참한 죽음을 맞이했다.

중국은 과거 한족만의 중국이라는 사고에 사로잡혀 진나라를 대초원 북방 민족으로 서융(西戎)을 지배층으로 하는 외세 이민족의 나라이자 중국사에서 가장 짧게 존속한 나라로 부정적으로 바라보았다. 특히 진시황은 역사상 가장 나쁜 폭군으로 규정하고 극히 부정적으로 바라보았다.

진시황의 사후 겨우 4년 만에 진나라가 멸망하고 한나라가 들어서면서 새 왕조 성립의 정당성을 확보하기 위해 진시황과 진나라를 최악으로 폄하한 뒤 지속적으로 확대 재생산한 탓도 컸다. 또한 중국인들이 자신들을 한족(漢族)이라 하게 되면서 유방이 세운 한(漢)나라에서 유래한 것을 내세우는 만큼 한나라를 중국인이 건국한 시원이자 원형으로서 중국의 진정한 역사가 시작된 나라로서 중심에 둔 것이다.

그러다가 현대 중국의 성립 이후 진나라를 중국의 것으로 생각하게 되자 진시황 역시 과거와 달리 중국의 역대 제왕 가운데 가장 뛰어난 인물 중의 1명으로 손꼽히게 되었다. 중국인이 바라보던 진시황에 대한 평가가 정반대로 바뀐 것이다.

'진시황은 지금까지 이어지는 중화제국의 틀을 형성함으로써 중국 사회의 토대를 구축하고 중국의 원형을 형성했다.'

진시황에 대한 이러한 상반된 평가는 다분히 중국의 입장 변화에 따른 것이다. 현대 중국 이후 과거와 달리 중국 영토 내의 모든 민족이나 역사적 사실을 중국의 일부로 편입하는 방침을 정함에 따라 진나라도 중요한 중국사의 일부로 확립하고는 진시황에 대한 새로운 입장을 정리한 것이다.

사실 진시황이 없었더라면 중국은 유럽처럼 많은 나라들로 쪼개져 별개의 나라들로 존속해왔을 것이다. 오늘날까지도 여러 나라들로 분립되었을 가능성이 높다. 중국 대륙이라는 방대한 영토 개념도 확립되지 못했을 것이다.

당시만 해도 중국인들은 자신을 위나라 사람, 진나라 사람, 초나라 사람과 같이 진 제국 이전의 나라를 자신의 조국으로 생각하고 있었다. 공자도 자신을 노나라 사람으로 인식했지 한족이나 중국인이라는 의식은 전혀 없었다.

후대의 항우도 자신을 중국인이나 한족으로 인식한 것이 아니라 초나라 사람으로 인식했다. 유방을 도와 초한전의 승리를 이끈 장량과 한신도 자신을 한(韓)나라 사람으로 생각했다. 그런 까닭에 진시황이 통일을 이룩하지 않은 상태에서 더 오랜 세월이 흘렀다면 더욱 이질화가 되었을지 모른다. 그러다가 진시황의 중국통일로 인해 이전의 춘추전국시대는 물론이고 한나라 이후의 삼국시대와 위진남북조시대를 분열의 시대로 인식하게 되었다. 이렇게 하여 진시황이 중국 최초의 통일국가를 성립함으로 인해 방대한 중국 대륙을 기반으로 한 하나의 중국을 형성하는 단초를 만들었다. 그리고 뒤이어 등장한 한 고조 유방이 통일된 중국의 기반 아래 한족이라는 하나의 중국민족으로 통합·확장하는 길을 닦은 것이다.

진나라는 중국 대륙의 역사적·생활문화적 중심지와 그에 따른 지리적 경계를 형성하기도 했다. 특히 BC 350년에 진 효공이 도성을 영(함양, 지금의 서안)으로 옮긴 이후로 진한시대를 거쳐 수당시대에 이를 때까지 13개 왕조들의 수도이자 대륙의 중심으로 역할하게 되었다.

이렇게 볼 때 진시황이 없었더라면 오늘날의 중국은 존재할 수 없었을지 모른다. 정확하게 말하자면 진시황으로 인해 중국 세계와 중국 대륙이 형성되어 지금의 중국이 존재하게 되었다고 해도 지나친 말이 아니다.

사실 진시황이 중국 역사상 가장 강력한 리더십을 발휘한 인물이었다는 점에 대해서는 누구도 뭐라 하지 않는다. 다만 그를 두고 다양한 접근과 평가가 이루어지고 있다. 좋게 보자면 강인한 의지와 성취욕, 원대한 포부, 과감한 결단력과 추진력, 뛰어난 인재들을 잘 활용한 용인술 등은 그의 남다른 강점이었다. 그런가 하면 어릴 적부터 책에 빠져 세상을 배웠다고 하며 단숨에 한비가 쓴《한비자》를 다 읽었을 정도로 독서를 즐겼다. 고점리라는 축의 명인은 진시황이 음악을 좋아한다고 하여 자신에 관한 소문을 내 그의 앞에서 자주 연주하게 된 틈을 타 암살하려다가 실패했을 정도로 음악에 조예가 깊고 즐기던 인물이었다.

나쁘게 보자면 인간성의 결핍, 포악한 성정, 올바른 지성의 결여, 자기멋대로의 사고와 국정운영 등과 같은 면모를 가지고 있다. 더러는 유럽 대륙을 정복한 나폴레옹이나 히틀러 같은 과대망상적인 독재자의 모습을 연상하기도 한다. 심지어 일반 백성들이 책을 읽으면서 '여러 사람들의 다른 생각'을 배울까 염려하여 책을 불태웠을 정도로 사고의 폭이 좁고 남을 마음대로 조종하려는 편협한 사고를 가지고 있었다. 무엇보다 고대 시절부터 중국에서는 인구가 워낙 많다 보니 군주 중에 인명을 경시하여 엄청난 학살과 핍박을 일삼은 경우가 적지 않은데 대표적인 인물이기도 하다.

하지만 진시황의 역사적 의미는 특별한 것이다. 최초로 하나의 영토가 된 중국 대륙을 형성했다. 최초로 중앙집권화를 추진해 하나의 정치 · 행정 체제를 확립했다. 최초로 황제가 되어 하나의 국가 지배 체재를 구축했다. 최초로 화폐와 도량형을 통일해 하나의 경제권을 만들었다. 최초로 문자를 통일해 하나의 언어와 문화 생활권을 이루었다. 최초로 전국의 도로를 정비하고 수레를 통일해 하나의 교통수송체제를 갖추었다. 이처럼 진시황이라는 한 인물에 의해 중국의 틀이 대부분 만들어졌다.

이미 중국 외부에서는 높은 평가를 해왔다. 문제적인 그의 인간성이나 처세보다 그의 치세와 그에 따른 중국의 변화에 주목해왔다. 그래서 진시황이란 인물을 놓고 중국을 대표하는 최고의 지배자로 생각했음은 물론이고 그에 관한 많은 기록과 평전이 쏟아져 나와 있다. 오죽하면 중국을 표기하거나 말할 때에 진시황이 세운 진나라에서 유래한 '차이나(China)'라고 부르고 있을 정도이다(진나라에 어원을 두고 라틴어로 치닉(Cinic), 일본어로 지나(支那)로 부르고 있기도 하다).

오늘날 중국의 상징이라면 주로 만리장성, 진시황릉과 병마용갱, 자금성을 손꼽는다. 명나라 때 영락제가 건축한 자금성을 빼고 나면 모두 진시황과 관련되어 있다. 특히 기존의 만리장성에 이어 1974년에 진 제국의 도읍이었던 서안(西安)에서 진시황릉과 병마용갱이 발견되면서 전 세계의 이목을 모으게 되자 당연히 중국의 것으로 여기면서 받아들이고 있다. 이제는 진시황과 진나라를 뺀 중국을 상상조차 할 수 없게 된 것이다.

3

나의 능력이 모자랄 때

유방

한족의 중국을 형성하다

초한전 때 주요 제후국과 한나라 건국 초의 판도

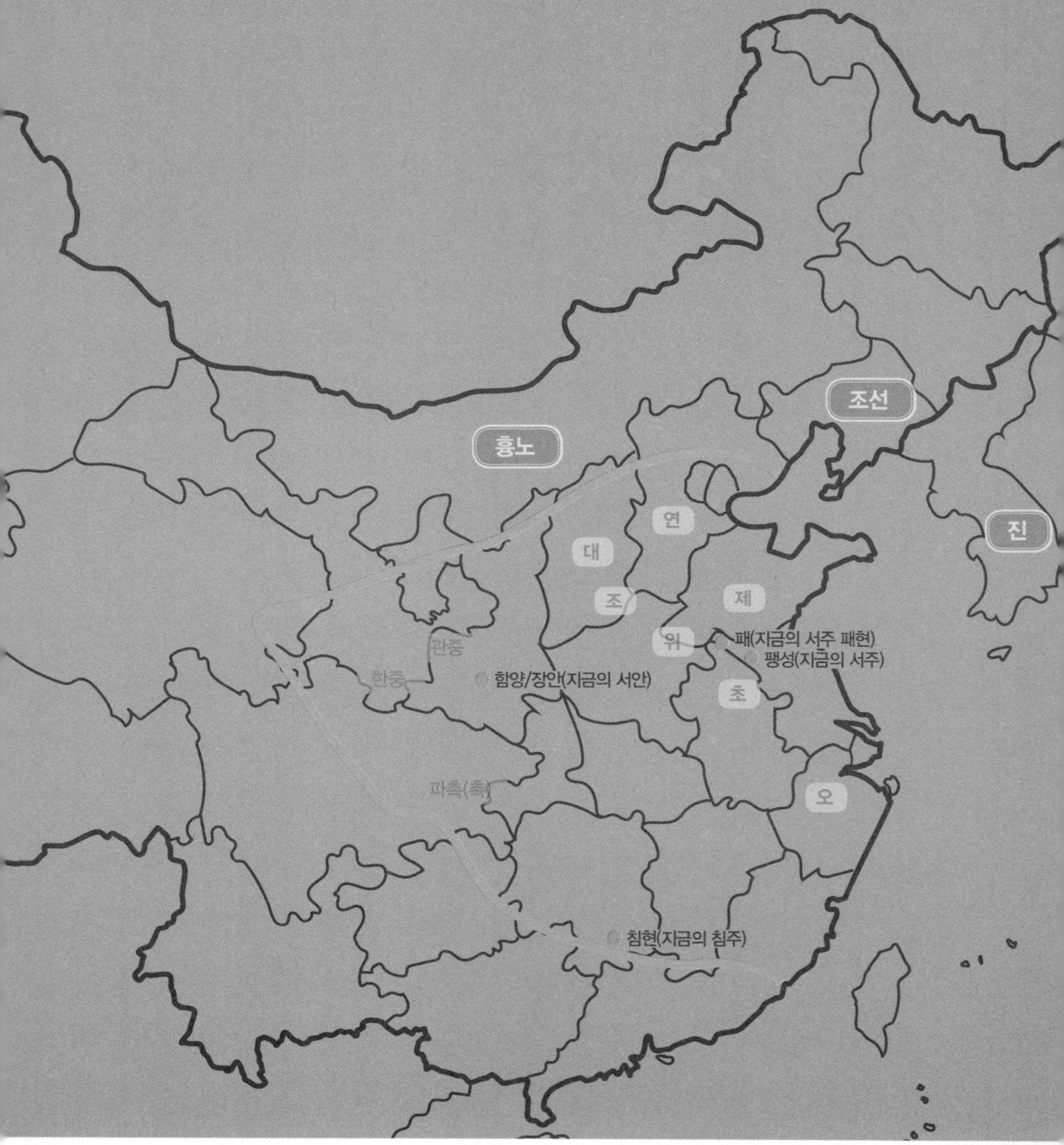

+ 유방이 태어난 패현은 항우가 일어난 팽성(지금의 강소성 서주)의 작은 현이였다.
+ 함양은 진나라의 수도로 한나라의 건국 후 유방이 장안으로 개칭하여 당나라 때까지 사용되었다.

유방

통합의 리더십(인화통솔형)

인재를 부려 천하를 얻다

중국 고전소설의 필독서 《초한지》를 통해 세상을 보다

《초한지》는 중국을 대표하는 대하역사소설이다. 한나라가 세워질 때까지 방대한 중국 대륙을 배경으로 펼쳐지는 영웅호걸들의 활약과 전쟁을 소재로 한 소설로 고전 중의 고전이다. 중국은 물론이고 한국 · 일본을 비롯해 세계인들의 사랑을 받고 있다. 설령 직접 읽지는 않았더라도 단편적인 줄거리나 내용은 물론이고 주요 사건이나 등장인물에 대해 상당한 기초지식을 갖고 있을 것이다. 다만 이 책에서는 《초한지》를 전혀 읽지 못했더라도 그 내용을 알 수 있도록 '간추린 초한지'를 읽는 방식으로 설명했다.

유방과 항우가 활약한 초한전은 조조 · 유비 · 손권이 활약한 삼국시대와 더불어 중국의 역사에서 가장 드라마틱하고 흥미진진한 시절이었다. 우리가 아는 중국의 인물 중에서 삼국시대와 더불어 가장 많은 역사 속의 인물들이 활약하며 눈길을 잡아 끈다.

유방이 초한전을 승리로 이끌며 한(漢 BC 202~AD 220, 전한 BC 202~AD 8, 후한 AD 25~220)나라를 건국한 이후 여러 제후국들을 출신 국가로 생각해오던 중국인을 한족(漢族)이라 하여 하나의 통합된 민족으로 형성함으로써 진정한 한족의 역사가 본격적으로 진행되는 출발점이자 토대가 된 시절이기도 하다.

그렇지만 진정한 유방의 매력은 따로 있다. 누구든지 유방을 바라보노라면 성공할 수 있다는 용기와 확신을 얻을 수 있기 때문이다.

'아, 유방을 보니 나도 얼마든지 할 수 있구나!'

유방은 가난한 집안에서 태어나 제대로 배우지 못했다. 남다른 재주도 없었으며 뛰어나지 못한 정도가 아니라 평균에도 못 미치는 인물이었다. 40대가 되어서도 제대로 된 직업조차 없이 빌빌거렸다. 당시 그만한 나이라면 지금으로 치면 60대는 족히 되는 셈이다. 하지만 기회가 왔을 때 일어나 그때를 놓치지 않았다. 소하, 조참, 하후영, 번쾌 같은 주변 사람들을 잘 활용하여 자신의 힘을 키웠다. 세가 강해질수록 장량처럼 더 큰일을 해낼 수 있는 뛰어난 사람들을 구해 아래에 두고 자신을 더욱 크게 만들어갔다. 그런가 하면 한신 · 영포처럼 적진의 인물조차 거둬들여 형세를 자신의 것으로 이끌어갔다. 결국 유방은 세상은 '사람이 움직인다'는 이치를 잘 활용하여 천하를 차지했다.

40대가 되도록 별 볼 일 없이 지냈지만 때가 오자 일어섰다

유방(BC ?~195, 재위 BC 206~195, 왕 BC 206~02, 황제 BC 202~195)은 한나라를 세운 한 고조 유방을 말하며, 한나라를 건국한 첫 시조라 하여 과거 왕조 시대 때에는 '한 태조 고황제'가 정확한 명칭이었으나, 태조, 고황제, 고제, 고조로도 부르며, 사마천이 중국 최초의 정사인《사기》에서 한 고조로 호칭한 이후 주로 사용되었다.

정확한 출생연도는 알 수 없지만 강소성 패현에서 가난하고 신분이 낮은 그야말로 형편없는 집안의 3째아들이자 막내로 태어났다(이복동생도 1명이 있었다고 한다). 부모의 이름이 명확하게 전하지 않으며, 유방이란 이름조차 황제가 된 이후에 붙여진 것이다. 20대와 30대를 시골 고향 마을에서 살면서 거의 배운 것도 없고 뚜렷한 경력도 없는 상태에서 일정한 직업도 없이 보냈다. 그러면서 하는 일 없이 낮에는 빈둥거리고 동네 아이들과도 놀았으며 밤이면 주색에 빠져 지냈다.

어렵사리 40대에 패 땅의 사수라는 지역에서 말단 관리격인 정장이 되어 벼슬 아닌 벼슬에 앉게 되었으나, 임무마저 게을리하며 놀기에 더 열을 올렸다. 이 시기에 얻은 것이라면 동네 친구로서 자신을 도와 한나라를 건국하고 치세를 이끌어갈 소하와 조참을 알게 되었다는 사실이다.

하지만 당시에만 해도 소하와 조참조차 그를 가볍게 여긴 듯하다. 어느 날 산동성 출신으로 부와 명성을 가진 여공이 패 땅으로 와 연회를 열었을 때의 일이다. 행사를 관장하던 소하가 사람들이 너무 많이 몰려 자리가 모자라게 되자 선물이 1000전 이상인 사람을 기준으로 참석하도록 하자 유방이 앞으로 나와서는 큰소리를 쳤다.

"1만전의 선물을 가져왔소이다."

여공은 유방을 맞이하여 상석에 앉혔다. 소하는 유방에게 그만한 돈이 없다는 것을 잘 알았던지라 여공에게 유방에 대해 말해 주었다.

"원래 허풍이 심하고 큰소리를 치지만 제대로 이룬 것은 없습니다."

그러나 여공은 유방의 관상을 보고는 여전히 환대하며 큰 인물이 될 것이라고 하고는 나중에는 자신의 딸인 여치(나중의 여후(여황후), 여태후)를 시집 보내 사위로 맞이하기도 했다.

유방은 아내를 맞은 뒤에도 생활방식과 태도가 변하지 않았으며, 여치는 1남1녀(나중의 혜제와 노원공주)를 낳아 기르면서 살았다.

사실 유방은 '진승 · 오광의 난'을 틈타 일어날 때까지 전혀 비범하거나 뛰어난 지도자의 면모를 보인 적이 없었으며, 그만한 준비를 한 적도 없었다. 40대가 되도록 일정한 직업도 없이 동네에서 한량 생활을 하며 지냈던 것이다.

유방의 출생과 운명에 관한 미화

유방의 출생과 운명에 관한 여러 이야기들이 있다. '유방의 어머니가 어느 연못 옆에서 깜빡 잠이 들었다가 몸 위에 붉은 용이 올라오는 꿈을 꾼 뒤 유방을 낳았다. 길가는 노인이 여치와 유방의 관상을 보고 '이루 말할 수 없는 고귀한 존재가 될 것'이라고 말해 유방이 기뻐했다. 인부들을 인솔해 가다가 해산시킨 뒤에 술에 취해 지나가던 구렁이를 죽였더니 한 노파가 울면서 '이 뱀은 내 아들로서 백제(白帝)의 자식인데 적제(赤帝)의 자식이 나타나 두 동강 내 죽였다'고 말한 뒤에 홀연히 사라졌다는 말을 부하들로부터 전해 듣고는 자신이 진나라를 토벌할 계시라고 좋아했다.' 이처럼 유방을 둘러싸고 장차 천하의 패권자가 될 것이라는 갖가지 전조나 예언적 일화 등이 나오는 것은 절대적 권위와 정당성을 세우기 위해 만들어진 바가 많아 내용을 살필 일고의 가치가 없다(사실 중국뿐만 아니라 한국에서도 고대 조선(고조선)의 건국자 단군에서부터 고구려의 주몽(동명성왕)을 거쳐 조선의 건국자 태조 이성계에 이르기까지 어느 왕조의 건국자도 한결같이 그에 관한 미화가 많다).

지은이가 김영삼, 김대중, 노무현, 이명박, 박근혜 등을 비롯한 여러 대통령과 개인적으로 친분이 있어 그분들에 대한 전력을 어느 정도 알고 있지만, 기껏해야 태몽 정도이며 이러한 일련의 전조나 일화를 들은 바가 없다. 물론 이들도 과거에 태어나 군주가 되었더라면 숱한 이야기들이 생겨나고 부풀려져 오늘에 전하게 되었을 것이다.

그러던 중에 유방에게 인생 최대의 위기이자 절호의 기회가 다가왔다. 유방이 정장으로 있을 때 진시황의 황릉 공사에 부역 인력으로 차출된 동네 주민들을 이끌고 함양으로 가게 된 것이다. 그러나 당시 진나라의 혹독한 부역과 형벌을 두려워한 인부들 중에 상당수가 도망쳐 버린 데다 길을 가는 도중에 술을 마시면서 지척거리다가 정해진 기일을 넘겨 버리게 되었다.

유방은 이미 기일을 어겨 정한 날짜를 맞추지 못하게 되자 인부들을 해산한 뒤 산속에 들어가 숨어 지냈다. 그런데 반년을 그렇게 지내는 동안 집으로 돌아가지 못해 오갈 데가 없어진 인부들과 다른 곳에서 소문을 들은 사람들까지 하나둘 모여들어 그 무리가 100여명에 이르렀다.

그러나 진나라의 법과 형벌이 엄정했고 진나라 관리나 군대의 횡포가 심했던 것은 사실이지만 다분히 유방의 거사를 합리화하기 위한 명분으로 내세운 느낌도 지울 수 없다. 유방이 책임자로서 무거운 처벌을 받을 것을 두려워하여 함께 가던 주민들의 흔들리는 민심을 이용한 것일 수 있는 것이다.

그러던 중에 곳곳에서 반란이 일어나자 패 땅의 현령이 유방을 불러 방패막이로 삼으려 했다. 소하와 조참이 낮은 관리로 있다가 명에 따라 유방을 불러왔으나, 갑자기 현령이 유방을 거부하고 성안으로 들어오는 것조차 막자 현령을 죽이고는 성문을 열고 들어온 유방을 현령으로 옹립했다. 이렇게 하여 유방은 단숨에 3000명의 병력을 보유하게 되자 이를 기반으로 일어서며 천하 장정의 첫발을 내디뎠다.

"도탄에 빠진 백성들을 구하자. 민심을 잃은 진나라를 타도하자."

당시 중국 대륙은 정세가 급변하고 있었다. BC 210년에 진시황이 죽고 다음해가 되자 폭정에 시달리던 민심을 등에 업고 중국 역사상 최초의 농민 반란인 '진승 · 오광의 난'이 일어난 것을 시발로 전국에서 반란이 잇따랐다. 유방도 패현을 접수한 뒤 패공으로 추대되어 소하, 조참, 하후영, 육가, 번쾌 등이 포진하고, 얼마 안 가 장량(장자방)까지 가세한 뒤 처음으로 치른 전투에서 승리하면서 9000명의 병력을 갖추게 되었다. 그 뒤에는 장량이 이미 10만 병력으로 진격하며 기세를 올리던 항량에게 가 교섭을 벌여 5000명의 병력을 얻어오기도 했다.

난세에 과감하게 뛰어들다: 진나라의 멸망과 패권을 위한 경쟁

진나라의 폭정에 민심이 돌아서고 전국에서 반란이 일어난 틈을 타 초나라에서도 봉기가 일어났다. 초나라의 귀족 출신으로 마지막까지 진나라에 항거한 명장 항연의 아들인 항량과 항량의 조카인 항우(BC 232~02, 초패왕 BC 206~02)가 초의 멸망 이후 숨어 살던 회계에서 들고 일어나 그곳 군수를 죽인 뒤 8000명에 이르는 군사를 얻어 기반을 확장하면서 주변으로 세력을 합쳐 나갔다.

항량과 항우는 얼마 안 가 강력한 세력을 형성하게 되자 앞장서서 진나라와 정면으로 맞서게 되었다. 그 과정에서 군무의 총괄자인 군사(軍師)로 들인 범증의 진언에 따라 항량 자신이 직접 왕이 되지 않고 초나라의 왕족 출신인 미생을 찾아내 초 회왕으로 옹립했다(미생의 정확한 이름은 성은 미, 씨는 웅, 이름은 생으로 미웅생이다. 나중에 초 의제가 되었지만 이내 항우에 의해 살해되었다. 그의 후손들은 그가 살해당하기 전에 마지막으로 거처하던 호남성의 유柳 지방 지명을 따서 성씨를 정해 오늘에 이르고 있다).

그즈음 유방도 소문을 듣고 자신의 세력을 이끌고 항우에 합류해 연합 세력을 이루면서 든든한 바람막이로 삼기도 했다.

한편 그보다 이른 BC 208년에 진나라 조정은 전국시대 때의 6개 제후국의 후손들을 비롯해 전국에서 일어난 반란에다 진승이 도성까지 압박해오자 극도의 혼란과 두려움에 빠졌다. 그러던 중에 진나라의 마지막 명장인 장한이 다급해진 조정의 승인을 받아 수십만 명의 죄수들을 사면해 편성한 죄수부대를 이끌고 진승의 군대를 무찌르는 한편 사마흔과 동예가 합류한 가운데 진승의 반란을 진압했다. 다음해에는 위나라 왕을 포위하고, 뒤이어 위왕을 도우러 온 제나라 왕을 죽여 위왕이 자결하도록 만들었다.

그 뒤 초나라군을 이끌고 가장 기세를 올리고 있던 항량이 몇 차례의 승리에 취해 교만해진 상태에서 무턱대고 진나라군을 공격해오자 쉬는 척하며 방심한 초나라군을 기습하는 계략을 펼쳐 항량을 전사시키면서 승리했다.

항우는 아버지나 다름없던 항량을 대신해 스스로 상장군이라 칭한 뒤 초나라의 실질적인 수장이 되었다. 그때 하북에서 연전연승을 거두던 장한이 조나라를 공격하여 함락 직전까지 몰고 갔다. 이에 조나라가 구원을 요청해오자, 초 회왕은 항우를 부사령관으로 삼아 총사령관마저 송의에게 넘겨준 채 출정하도록 했다. 그러나 송의가 뚜렷한 이유도 없이 진격을 게을리하며 허세를 부리자, 항우는 송의를 죽이고 스스로 총사령관이 되었다.

항우는 3일치의 식량만을 남겨둔 채 솥을 깨고 배에 구멍을 내 가라앉히면서 결의를 다진 다음에 조나라로 가는 거록에서 결전을 벌였다. 여기에서 파부침주(破釜沈舟)라는 고사성어가 유래되었다.

"이제 우리가 물러설 곳은 없다. 진격하지 않으면 죽는 길밖에 없다. 3일 내로 진나라군을 이겨야 한다."

이 전투에서 항우와 초나라군은 장한이 이끄는 진나라군을 상대로 전투를 벌여 맹렬한 공세로 승리하면서 단숨에 가장 강력한 세력으로 떠올랐다(거록전투는 초한전의 판세를 가른 4대 전투 중의 하나로 거록대전이라고도 부른다).

장한은 항우의 공세에 밀려 고전하게 되자 부하 장수인 사마흔을 진나라 조정에 보내 원군을 요청했다. 하지만 조정을 장악하고 있던 환관 조고는 후퇴한 것을 질책하며 사마흔을 의심하여 죽이려 했다. 겨우 목숨을 구해 탈출한 사마흔이 조정의 상황을 전한 뒤에 항복을 권유하자, 장한은 어쩔 수 없이 휘하 군사들을 이끌고 초나라에 항복했다. 그러나 항우는 나중에 40만 병력을 이끌고 진나라의 도읍인 함양으로 진군하던 중에 식량 부족과 반란을 걱정하여 장한과 사마흔·동예를 제외한 진나라 군사 20만명을 모두 생매장해버려 1번째 악명을 얻게 되었다.

함양 출정과 진나라의 멸망

BC 206년이 되자 항우와 유방은 진나라를 정벌하기 위해 수도인 함양을 향해 출정하게 되었다. 초 회왕은 이름뿐인 왕이었지만 자신을 잘 예우하여 마음 편한 상대인 유방에게 손쉬운 진군로를 주는 반면에 실권을 장악한 항우를 견제하여 멀고 긴 진격에 나서도록 하며 명을 내렸다.

"먼저 관중(함양이 있는 지역)에 도착한 사람이 왕이 되라."

항우는 몹시 못마땅해 하면서도 어쩔 수 없이 함양을 향해 맹렬하게 진격해나갔다. 그렇지만 먼 길을 돌아가며 진나라군과 치열한 전투를 벌이면서 힘들게 전진해야 했다.

반면에 유방은 '길을 막으면 싸우되 항복하면 살려준다'는 원칙 아래 출정로에서 마주치게 된 진나라 성주나 관리들에 대해 군사적 압력을 적절하게 활용하면서도 부드럽게 회유하여 항복을 받아내면서 손쉽게 진격해갔다. 또한 고작 1만에 불과한 병력으로 인해 고민하던 중에 갓 합류한 역이기(역생)가 달변을 앞세워 진류 땅을 손쉽게 얻어내면서 3만의 군사와 넉넉한 식량을 확보하기도 했다.

전략적 요충지인 남양에서는 장량의 계책에 따라 유방의 병력이 한 번 지나간 뒤에 다시 깃발을 바꿔 지나가도록 하여 진나라군으로 하여금 대군으로 인식하게 만들었다. 겁에 질린 진나라군은 항복하면 그대로 받아준다는 소문을 들은지라 순순히 항복해왔다.

유방은 함양에 갈 때까지 민심을 얻기 위해 각별한 노력을 기울였다.

"백성들에게 어떠한 피해도 주지 마라."

유방은 항우보다 훨씬 먼저 관중에 도착했다. 여기에 더해 10만으로 늘어난 병력을 이끌고 함양 앞에서 진을 치자 진나라의 마지막 황제이자 3세 황제인 자영이 스스로 진왕(秦王)으로 낮춘 채 백기 항복을 해와 별 힘을 들이지 않고 진나라의 수도인 함양까지 함락했다(그사이에 환관 조고는 호해를 강제로 자결하도록 만들어 죽인 뒤에 스스로 황제가 되려 했으나 여의치 않자 부소의 아들인 자영을 옹립했다가 자영의 계략에 빠져 죽었다). 그러고는 너무 복잡하고 가혹했던 진나라의 법을 고쳐 '약법3장'이라는 간략한 지침을 내렸다.

'1. 살인자는 사형에 처한다.

2. 남을 상하게 하거나 도둑질한 사람은 응당한 벌을 준다.

3. 진나라의 법은 모두 폐지한다.'

유방은 고대 조선의 8조법(8조금법)보다 더 간략한 법으로 단숨에 가혹한 법치에 시달리던 백성들의 마음을 얻었다. 또한 한나라 군사들에게 점령하의 약탈과 횡포를 막고 백성들의 안정과 수습에 노력하여 민심을 얻어나갔다. 한편 소하는 중국의 지도와 호적 그리고 법령 등의 서적들을 챙겨 천하를 다스리는 진정한 보물을 손에 넣기도 했다.

항우의 잇따른 패착

뒤이어 함양에 도착한 항우는 자신을 따르던 초나라군 40만의 막강한 군사력을 앞세워 한때 왕이 되려 한 유방을 압박하며 주도권을 잡았다. 범증의 요청에 따라 기세를 몰아 '홍문의 회(鴻門之會, 홍문의 연鴻門之宴)'를 열어 유방을 죽이려고 했다. 그러나 유방이 항우에게 굴욕적인 자세로 항복 겸 사죄의 뜻을 밝히면서 자신의 군사인 장량의 계략에 힘입어 술에 취한 척하며 아슬아슬하게 목숨을 건져 탈출했다. 당시 항우는 홍문의 만남에서 유방을 죽일 수 있는 절호의 기회를 놓쳐 두고두고 한을 남기게 된다.

항우는 천하의 패권을 잡게 되자, 함양에 입성해 점령하고는 일찍이 항복한 자영을 비롯해 진의 왕족과 관리들을 4000명이나 몰살시켜 버렸다. 아방궁을 비롯해 진나라의 화려한 궁전을 깡그리 불태우고 진시황의 무덤마저 파헤쳐 온갖 보물들을 약탈했다.

항우는 백성들이 비록 진나라는 싫어했지만 새로운 군주로서 좋아했던 자영을 죽이고 무자비한 학살과 약탈을 벌여, 몸소 관대한 처신을 하며 아예 자신마저 도성 밖에 머물며 군사들의 민폐를 막는 행동을 한 유방과 대비되어 2번째의 악명을 남기며 천하의 민심을 잃는 어리석은 행동을 하고 말았다.

항우는 고향인 팽성(지금의 강소성 서주)을 도읍으로 삼고 스스로 '천하를 제패한 왕 중의 왕'이라 하여 초패왕(서초패왕, 패왕)이 되었다. 함양을 수도로 삼아야 한다는 범증의 주장에도 불구하고, 함양을 버리고 대륙의 동쪽에 치우쳐 있던 팽성을 수도로 고집하여 전략적 패착을 범했다. 이에 따라 항우는 천하의 중심을 수도로 삼아 주인으로서의 치세를 열어가지 못한 채 진나라 이전의 나라들로 되돌리고 자신은 고향으로 돌아가 과거 초나라의 군주로 만족하는 모습을 보여주고 말았다. 무엇보다 이미 자신에게 필적할 정도로 세력을 키운 유방이 자유롭게 서쪽을 기반으로 삼도록 만들었다.

또한 항우는 통치를 하는 과정에서 일찍이 항량과 함께 옹립했던 초 의제를 살해하고 보위를 찬탈함으로써 3번째로 악명을 남기며 천하의 민심을 잃는가 하면 나중에 유방이 거병할 때 '찬탈자에 대한 응징'이라는 명분까지 제공하게 되었다.

이후 항우는 스스로 중국의 주인이 되었다고 생각하고는 현상에 만족했다. 창업보다 더 힘들고 중요한 수성을 너무나도 가볍게 여겨 치세를 제대로 하지 않았다. 초패왕이라 자칭하며 제후왕들의 우두머리가 되는 권력질서를 확립하여 제후들이 독립적인 자세를 취하도록 만들었다. 특히 여전히 기세가 드센 제후들의 논공행상을 졸속으로 진행하고 인색하게 벌였다가 전국적인 반감을 불러일으켰다. 또한 싸움만 잘했지 내정의 안정을 위한 국정 운영자로서의 역할은 거의 하지 않아 오랜 전란에 지친 백성들의 생활고를 해결하지 못해 민심을 얻지 못했다. 여기에다 항우는 멀리 동쪽 팽성에 안주하다가 유방이 서쪽에서 세력을 키워 군대를 이끌고 다시 중원으로 진출하는 것을 자초했다.

금의환향과 좌천

항우는 함양을 점령하고 진나라를 멸망시킨 뒤 당시 중국의 중심 무대이자 진나라의 수도였던 함양을 버리고 고향인 팽성을 새로운 수도로 삼아 돌아가면서 이에 반대한 범증에게 천하의 주인이 된 자신의 상황을 빗대 '금의환향(錦衣還鄕), 즉 비단옷을 입고 돌아간다'는 말로 명분을 삼았다. 지금도 출세하여 고향으로 돌아왔을 때 즐겨 사용하는 고사성어이다.

반면에 유방은 항우의 견제로 서남부의 변경으로 쫓겨나면서 험준하고 척박했던 한중(漢中)과 파촉(巴蜀)으로 귀양가듯 가게 되자, 대륙의 왼쪽으로 옮겨갔다고 하여 '좌천(左遷)'이라는 고사성어가 유래되었다. 지금도 정부 또는 기업에서 요직이나 좋은 자리에 있다가 한직이나 먼 지방으로 발령이 나면 '좌천되었다'는 말로 표현하며 자주 사용되고 있다.

그러나 진정한 교훈은 금의환향과 좌천이 한때 있더라도 늘 계속되는 것이 아니기에 정반대의 상황이 벌어질 수 있다는 역설적인 사실일 것이다. 항우와 유방은 서로 상반된 처지였지만, 항우처럼 한때의 승리에 자만하여 잘못과 실수를 저지르다 보면 나중에 더 큰 패배를 맛볼 수 있다. 유방처럼 지금은 비록 패배와 시련을 겪지만 어디에서든지 자신을 갈고닦아 실력을 기르면 언젠가는 영전하게 될 수 있다. 그래서 우리에게 정말 중요한 가르침은 주어진 현재를 게을리하거나 교만하지 말아야 한다는 것이다.

수세에 물러나 힘을 기른 뒤 일어서다: 본격적인 초한전

/ 유방의 권토중래 /

BC 206년 항우는 진나라를 멸망시킨 뒤 천하의 패권을 잡자 전국을 19개로 쪼개는 한편, 최대 경쟁자였던 유방을 유배지로 여겨지던 험준한 서쪽의 한왕(漢王, 한중왕, 여기에서 한나라와 한족이라는 말이 유래했음)으로 봉해 멀리 쫓아 보냈다. 그 뒤에는 과거 진나라의 영토로 유방의 영토와 경계가 되는 서쪽 관중 땅을 갈라 진나라 장군 출신인 장한과 그의 부장이었던 사마흔과 동예를 각각 왕으로 삼아 옹왕(雍王) 장한, 새왕(塞王) 사마흔, 적왕(翟王) 동예를 3진(三秦)으로 배치하여 두고 유방의 동진을 막는 한편 경계하도록 했다.

유방은 '홍문의 회' 이후 목숨이나마 부지하여 도망가듯이 한중과 파촉 지역을 봉지로 받아 재빨리 옮겨갔다. 임지로 가면서 항우에게 중원으로 나올 뜻이 없고 목숨 지키기에 급급하다는 모습을 보여주기 위해 관중과 한중을 잇는 유일한 길인 잔도마저 불태웠다.

유방은 처음에는 무척 실망했다가 오히려 더 좋은 기회라는 장량의 설득으로 역발상을 해 한중과 파촉 땅을 기반으로 삼아 천하를 차지하기 위한 준비에 온갖 노력을 기울였다. 소하의 책임 아래 방대한 지역을 비옥한 농지로 만들고 농사를 지어 군량미를 비축했다. 얼마 뒤 합류한 한신의 지휘 아래 그동안 번쾌가 엉망으로 이끌던 한나라군을 맡아 막강한 정예강군으로 변모시켜갔다. 이후 초한전이 마무리될 때까지 유방 진영은 장량이 정치와 전략을, 소하가 내부관리와 보급 및 후방지원을, 한신이 군사 전반을 맡아 항우를 상대하여 승리를 이끌어 갔다.

BC 205년이 되자 유방은 항우가 논공행상에 불만을 품은 제나라에서 반란이 일어나 출정한 사실을 알고는 거병했다. 파초대원수(破楚大元帥)가 된 한신이 앞장서서 군사를 이끄는 한편 소하가 오랫동안 비축해온 후방 지원을 등에 업고 대군을 앞세워 출정한 것이다.

"이제 초 의제를 시해한 찬탈자 항우를 응징하고자 한다."

한신은 지난날 도망치듯 가면서 불태운 잔도를 다시 설치하는 공사를 벌여 장한이 워낙 힘들고 오랜 시일이 걸리는 작업이라고 여겨 방심하도록 만들면서 시선을 묶어둔 다음, 장량이 일러준 폐쇄된 옛 길로 진군하여 장한, 사마흔, 동예를 차례로 격파하며 3진을 속전속결로 모두 차지했다. 그 과정에서 한신은 사마흔과 동예를 항복시키고 장한을 자결하게 만들었다. 또한 서위왕 위표, 하남왕 신양, 은왕 사마앙을 잇따라 항복시켜 서쪽을 평정함으로써 동쪽의 항우와 정립하는 구도를 확립했다.

이렇게 하여 유방은 한신의 지휘 아래 항우가 미처 원군을 보내기도 전에 3진을 차지하고 함양마저 점령하여 관중을 거점으로 중국 대륙의 서쪽 지역을 장악했다. 항우는 멀리 3진을 설치하고 안심하고 있다가 유방의 관중 진출을 알고는 분통을 터트렸다. 하지만 유방의 속

전속결에다 때마침 반란을 일으킨 제나라의 완강한 저항으로 고전하고 있었기 때문에 어쩌지도 못한 채 유방과 양립하게 되었다. 이후 중국의 패권을 놓고 4년간에 걸친 치열하면서도 장대한 초한전을 벌이게 된다.

/ 초한전의 전개 /

한왕 유방은 한껏 오른 기세와 56만 병력에 자만하여 한신과 장량의 반대를 묵살하고 항우가 멀리 출정한 사이를 틈타 더욱 공세를 강화하려 했다. 한신에게 넘겨받은 대군을 이끌고 제후들과 함께 항우의 도읍인 팽성을 공격하여 함락했다. 이에 항우는 용저와 종리매에게 제나라의 반란에 대한 수습을 맡기고는 자신의 군대에서 정예병 3만명을 골라 즉시 반격에 나서 팽성을 공격하여 대군을 자랑하며 떠세를 부리던 유방의 군대를 2차례의 전투에서 대파했다.

유방은 팽성전투의 패배로 사상자만 10만명에 달하는 궤멸적인 피해를 입었고, 도망치는 과정에서 부모와 아내 여치까지 포로로 붙잡혔으며, 자신도 겨우 목숨을 구해 형양으로 후퇴했다. 기세가 항우로 기울자 유방 진영에 가담했던 위(魏) · 조(趙) · 제(齊) 등의 제후들까지 일제히 초나라로 돌아섰다.

상황이 이렇게 되자 유방은 초나라를 다시 공격하기 전에 주변국들부터 정리하기 위해 한신에게 등을 돌린 제후들을 공격하라고 명했다. 한신은 먼저 위나라를 공격하여 거짓으로 임진 도하 작전을 흘린 다음, 정작 하양 도하 작전을 감행하여 승리한 뒤 2만의 군대로 하여금 빠른

속도로 위나라의 수도인 안읍을 공격하게 하는 한편, 자신은 고립된 위나라군을 각개격파하면서 위왕을 포로로 잡아 유방에게 보냈다.

한신은 곧바로 조나라로 진군했다. 바로 그때 조나라의 군사인 이좌거가 정형에 20만 대군을 집결시켰지만 지형이 험하고 좁아 대군에 부적합하고 오히려 한나라군이 오랜 기간 행군으로 군량이 부족하고 지쳐 있음을 간파하여, 무리한 전면전보다 지구전을 펼치면서 한나라군이 그곳을 통과할 때 기병 3만을 보내 기습해 보급로를 끊고 고립시키면 10일 내로 항복할 것이라고 주장했다.

그러나 유학자인 승상 진여가 강을 등지고 진을 펼친 배수진을 보고는 한신을 가볍게 여겨 이를 묵살하고 성급하게 전투(정형전투)를 벌였다가 대패했다. 한신은 조나라 왕과 진여를 처형하며 조나라 정벌을 마무리하고 새 조왕에 장이를 천거하여 앉혔다. 또한 연나라로 사자를 보내 항복하도록 권유하여 복속시키기도 했다.

한편 이좌거는 조나라의 명장 이목의 손자로 원래 조헐을 보필하여 조왕으로 옹립해 군사로 있다가 한신의 침공으로 조나라가 멸망하자, 이후 한신의 참모가 되어 나중에 합류한 괴철과 더불어 가장 중요한 역할을 하면서 초한전에서 뛰어난 책사로 활약했다.

배수진

배수진(背水陣)은 한신이 조나라를 공격할 때 구사한 전법으로 강을 등지고 진을 펼쳐 군사들이 뒤로 후퇴하지 못하도록 만든 뒤 살기 위해서라도 결사적으로 전투에 임하도록 하여 대승을 거둔 것에서 유래된 고사성어이다. 당시 정형전투는

2만의 병력으로 20만 대군을 대파하고 승리하여 거록전투, 팽성전투, 해하전투와 더불어 초한전을 대표하는 4대 전투의 하나로 유명하다.
지금도 아무리 불리한 상황이 되었다고 하더라도 더 이상 물러설 수 없는 처지로 만들거나 그러한 상황임을 자각하여 모든 구성원의 역량을 최대한으로 끌어올려 필사적인 노력을 기울이도록 함으로써 목표를 달성하는 자세나 방안으로 즐겨 사용되고 있다.
사실 이 전법은 전략가라면 결코 구사해서는 안 될 매우 어리석은 병법이다. 그렇지만 아무리 절망적인 상황에서도 사람이 마음만 독하게 먹으면 이루지 못할 것이 없다는 점을 간파한 한신은 실로 대단한 인물이라 하지 않을 수 없다. 오늘을 사는 누구라도 '어떠한 상황에서도 뜻을 이루지 못할 것은 없다'는 지혜로운 방책으로 새겨두고 산다면 자신이 바로 한신이 되는 것이 아닐까.

때를 기다리면 상대가 실수한다: 항우의 실책과 한신의 엇박자

/ 항우의 독선 속에 범증을 쫓아내다 /

BC 204년에 유방과 항우는 한신이 떠나 있는 상태에서 치열한 신경전을 펼치며 오랫동안 서로 대치하게 되었다. 상황이 이렇게 되자 유방 진영에서는 항우에 대한 직접적인 공격을 하기보다 반간계를 통해 초나라의 전략을 지휘하는 군사 범증을 제거하기로 했다. 진평이 계교를 내자, 유방이 한중으로 떠날 때 그대로 남아 항우 진영에 머물다가 다시 합류한 장량이 호응했다.

때마침 항우의 사신이 오자, 마치 범증이 보낸 사신으로 잘못 알고 환대하는 척하다가 항우가 보낸 사신임을 알고는 형편없이 대우했다.

그러고는 사신이 지켜보도록 만든 뒤 범증이 한편인 듯이 대화를 나누고는 다시 범증의 가짜 서신을 흘려 놓아 사신이 읽어보도록 만들었다. 그러자 사신은 급하게 돌아가 항우에게 보고했다.

"범증이 유방과 내통하고 있으니 경계해야 합니다."

항우는 보고를 받고 가짜 서신을 보자 화를 못 이긴 채 속아 넘어가 범증을 의심하여 쫓아내버렸다. 범증은 항우군을 떠나 귀향하는 도중에 화병으로 억울하게 죽었다. 이렇게 되자 초나라는 이후부터 전략적인 전투를 할 사람이 없어진 상태에서 항우의 독선을 아무도 막지 못하게 되었다.

한편 유방은 범증을 제거했지만, 식량마저 떨어진 터라 가짜 유방을 내세워 항우에게 항복시킨 다음, 그 틈을 노려 도망쳐 관중으로 돌아왔다. 이렇게 하여 한숨을 돌리게 되자 형양성을 구원하려 했다. 그러나 항우가 먼저 형양을 함락하자, 유방은 소하와 함께 항우를 유인하기 위해 일부러 남하했고, 다시 항우는 유방을 뒤쫓아왔다. 이에 유방은 항우의 배후에서 팽월을 움직이도록 만들었고, 항우가 군사를 돌려 팽월을 재공격하는 틈을 타 북쪽으로 도망쳐 성고로 들어갔다. 하지만 항우가 다시 돌아와 성고를 포위하자 유방은 하후영만을 데리고 성을 몰래 빠져나와 다시 도망쳤다.

/ 일진일퇴의 공방전과 한신의 엇박자 /

유방은 하후영과 함께 한신이 주둔하던 진영에 밤중에 도착해 잠자고 있던 한신에게서 지휘권을 빼앗았다. 그러고는 한신에게 일부 군사만을 내주며 팽성전투의 패배를 듣고 곧바로 초나라의 용저와 종리매에게 항복한 제나라를 공략하도록 명하면서 조참과 관영을 한신 아래에 두는 한편 친구인 노관과 사촌형제인 유가를 보내 항우의 본거지인 초나라의 후방을 교란했다. 아마도 이 일을 계기로 유방과 한신의 믿음 관계는 금이 가기 시작했을 것이다.

한신은 3만의 병력만을 이끌고 출정했지만 조나라와 연나라를 잇따라 무찌르며 기세를 회복했다. 또한 곧바로 제나라를 공격하기 위해 준비를 마친 뒤 출정했다. 그때 유방의 책사이자 부군사로 있던 역이기가 '제나라와 힘들게 전쟁을 하기보다 항복을 권유하면 된다'는 진언을 하고 자신이 직접 나서겠다고 했다.

유방은 한신에게 공격을 잠깐 중단시킨 다음, 역이기가 찾아가 전영의 아들인 제나라왕 전광을 만나 설득하게 했다. 결국 전광도 항복하기로 약속했다. 그러나 참모인 괴철이 그렇게 되면 역이기가 가만히 앉아 제나라의 70여개 성을 얻는 셈이라 한신보다 더 큰 공을 세우게 될 것이라고 주장하여 한신으로 하여금 제나라를 공격하게 했다.

결국 한신은 역이기의 교섭과 상관없이 제나라를 공격했고, 한나라에 항복하기로 결정해 대비를 못한 제나라군을 손쉽게 제압하고 제나라를 장악했다. 전광은 역이기에게 속았다고 화를 내며 팽형으로 삶아 죽이는 한편, 숙부 전횡을 앞세워 성을 방어하면서 급히 항우에게 구원병을 요청했다. 하지만 6일 만에 임치성이 무너지자 전광은 고밀성으로 도망쳤고, 그의 숙부인 전횡도 박양성으로 도망갔다.

이후 항우는 제나라를 구원하기 위해 초나라 장수 용저와 구원병

20만을 보내 고밀성으로 달려갔지만 한신의 계략에 패해 용저마저 전사했다. 전광은 가족들과 성을 빠져 나갔다가 하후영에게 붙잡혀 한신에게 끌려가 참수되었다.

BC 203년이 되자 유방은 항우와 대치하면서 후방으로 팽월을 보내 초나라군의 병참기지를 공격하도록 했다. 이에 항우는 조구에게 신신당부를 하고 팽월을 공격하기 위해 출정했다.

"15일 동안 굳게 지키고만 있어 달라. 그 안에 반드시 팽월을 죽이고 다시 돌아오겠다."

하지만 조구는 한나라군이 온갖 욕설과 해괴한 행동을 벌여 도발하자 급한 성정을 참지 못하고 공격에 나섰다가 패배했다.

그러는 동안 한신은 제나라를 모두 평정한 뒤 유방에게 사자를 보내 제나라의 임시적인 왕격인 가왕(假王)이 되도록 허락해 줄 것을 요구했다. 한신으로서는 직전에 실컷 공을 세우고도 지휘권을 잃고 아무것도 아닌 처지가 되는 뼈저린 경험을 한 탓이었다. 유방은 처음에는 화를 냈다가 '한신이 돌아서면 불리해진다'는 장량과 진평의 충고를 듣고는 오히려 더 파격적으로 가왕이 아니라 진왕(眞王)에 임명하면서 한신도 제왕이 되었다.

그러나 한신의 처세는 어리석기 그지없다. 잠깐의 출세를 욕심내는 행태를 거듭하다가 천하의 주인인 유방과 핵심 세력들의 눈에서 벗어나 권력과 지위도 나날이 추락해갔고, 결국에는 자신의 죽음까지 초래하게 되었다.

천하3분론=3국정립론

천하3분론은 초한전이 한창 진행 중일 때 괴철(한 무제의 이름이 유철이라 괴통으로 불렸음)이 한신의 참모가 된 뒤 내세운 주장이다. 한신이 조 · 연 · 제나라를 공략하여 모두 정벌한 사실을 상기시키며 유방에게서 독립하여 유방의 한나라 및 항우의 초나라와 함께 천하를 3분한 뒤 차후를 노릴 것을 권했다. 한신은 깊은 고민을 한 끝에 유방과의 의리 때문에 거절했다.

한편 괴철은 한신의 거절에 안타까워하면서도 장차 다가올 한신의 최후를 예견하고 자신의 죽음을 두려워하며 한신을 떠나 미친 척하고 돌아다니면서 목숨을 부지했다.

나중에 한신은 한나라가 성립한 뒤 진희와 손잡고 모반을 꾀하다가 여치와 소하에게 잡혀 죽게 되자 한탄하며 말했다고 한다.

"괴철의 계책을 받아들이지 않아 여인의 손에 죽게 되니 후회스럽구나."

이 사실을 안 유방은 화를 내며 괴철을 붙잡아오게 했다.

"한신에게 빌붙어 반역을 꾀하도록 부추긴 너를 처형하겠다."

괴철은 유방에게 강력하게 항변했다.

"신하로서 자기 주군을 위해 진언했을 뿐입니다."

유방은 괴철의 주장을 듣고는 그의 말에 일리가 있다고 보고 선처해 살려 주었다. 괴철은 살아남아 나중에 조참의 참모를 지냈다.

천하3분론의 구상은 한나라가 멸망한 뒤 유비와 제갈량에 의해 재활용되어 조조의 위나라 및 손권의 오나라와 함께 삼국시대를 여는 계기가 되었다. 한국에서도 고구려 · 백제 · 신라가 정립하여 삼국시대가 오랫동안 지속되며 좀처럼 깨기 힘든 정립 구도가 되기도 했다. 무엇보다 어느 한 나라가 나머지 두 나라보다 확고한 힘의 우위에 서지 못한 상태에서 어느 일방을 공격하더라도 두 나라가 힘을 합쳐 협공을 하면 막기 어렵기 때문이다.

내 편으로 만들라: 제후들을 끌어들여 항우를 고립시켜 승리하다

/ 유방과 항우의 소강전 /

유방과 항우는 다시 오랫동안 대치하게 되었다. 참을성이 없던 항우가 명했다.

"포로로 잡혀 있는 유방의 아버지 유태공을 끌고 와라."

항우는 큰 솥에 뜨거운 물을 끓여 놓고는 협박했다.

"유방, 너의 아버지를 이 솥에 넣어 죽일 것이다. 그 전에 항복하라."

유방은 항우를 향해 서로 의형제를 맺은 사실을 떠올리며 천연덕스럽게 대응했다.

"내 아버지는 너의 아버지이기도 하다. 이왕 삶으면 의리 없게 혼자 다 먹지 말고 나도 그 고기를 달라."

항우가 다시 제안했다.

"그렇다면 깨끗하게 우리 둘이 1 대 1로 대경을 벌여 결판 짓자."

유방은 비웃으며 받아들이지 않았다.

그 뒤 유방은 항우가 군사들을 숨겨 놓았다가 쇠뇌를 쏴 화살 1발이 가슴에 명중하는 큰 부상을 입기도 했다. 하지만 그 사실이 알려지면 전군이 무너질 수 있다고 생각하고는 갑자기 다리를 문지르며 자기 발에 맞았다고 말해 위기의 순간을 모면했다. 또한 장량의 진언에 따라 중상으로 누워 있으면서도 군사들을 돌아보면서 추스렸다.

한편 항우는 팽월이 후방을 교란하면서 초나라군의 식량이 모자라게 되고 지치자, 유방의 제안을 받아들여 천하를 반으로 나누기로 화친을 맺고 물러서기로 했다. 그에 따라 부모와 여치도 유방의 품으로 돌아왔다.

항우는 다시 한번 천하의 지배자로서 우세한 위치에 서게 되었다. 그렇지만 항우는 '홍문의 회'라는 다시 없을 기회를 놓친 마당에 이번에도 유방에 대한 승기를 잡은 기회를 활용해 유방을 죽여 전쟁을 끝내야 함에도 그렇게 하지 않은 채 현상에 안주해버려 스스로 후환을 자초하게 된다.

사실 항우는 처음 군사를 일으킨 이후 계속된 전투에서 거침없는 승리를 이어갔기 때문에 싸움이라면 누구든지 이길 수 있다고 생각하는 자신감이 넘쳤다. 하지만 이러한 과도한 자만으로 인해 툭하면 전쟁을 벌여 문제를 해결하려 했다. 그러다보니 너무 자주 군사를 일으켜 이러저리 휘젓고 다니다가 전선이 길어지고 군사들도 점차 사기와 힘을 잃어가 전쟁을 기피하게 되었다.

반면에 항우는 전쟁을 벌이면 확실하게 마무리지어 후환이 없도록 끝을 봐야 함에도 어느 정도 우세가 확보되거나 안정이 되면 그에 만족하고는 아내인 우미인과 시간을 보냈다.

그러다가 얼마 못 가 항우는 다시 제후들에게 강압적인 처신과 대우를 했다가 그들의 반발이 노골화되고 대립의 골이 깊어졌다. 이러한 상태에서 유방 진영이 현란한 이간계를 벌이고 한신의 공략이 이어지자, 애써 평정된 제후들까지 다시 유방에게 동조하면서 항우는 고립

상태가 되었다.

/ 최후의 결전 /

BC 202년이 되자 유방은 항우와 화친을 맺은 뒤 한숨을 돌리게 되었으나, 장량과 진평은 방심하는 항우를 역공할 것을 진언했다.

"항우가 동쪽으로 돌아가고 우리 군사들도 서쪽으로 물러나게 되면 초나라군은 이내 기세를 회복하게 되어 다음에는 한나라군이 맞서지 못할 것입니다. 이때를 놓치지 말고 퇴각하는 초나라군을 공격해야 합니다."

유방은 맞는 말이라고 여겼다.

"좋소. 그대들의 계략대로 하겠소."

유방은 장량과 진평의 책략을 그대로 따랐으며, 동시에 한신과 팽월에게도 출병하여 항우를 공격하도록 요청했다. 하지만 한신과 팽월은 공을 세우고도 유방에게 보상받지 못해 군이 힘들게 싸우러 오려 하지 않았다.

한신은 제나라를 기반으로 전혀 움직일 기미를 보이지 않은 채 웅거했다. 이에 유방은 장량의 진언에 따라 최후의 일전을 위해 하는 수 없이 큰 영지를 주겠다고 약속하면서 참전해 전투를 지휘하도록 명했다. 이 일로 유방과 한나라의 주도 세력들은 앞선 역이기의 죽음과 제나라 왕위의 요구에 이어 군주의 명에도 아랑곳하지 않다가 영지라는 선물을 받고서야 움직이는 한신에게서 정나미가 뚝 떨어졌을 것이다.

팽월에게도 사신을 보내 똑같은 약속을 한 뒤 참전하도록 했다. 한신과 팽월이 대군을 이끌고 유방의 진영에 합류하자, 유방은 항우보다 월등히 우세한 입장이 되었고, 상황을 주의깊게 바라보던 다른 제후들도 속속 유방 진영으로 가담하게 되었다.

드디어 유방은 초한전을 최종적으로 마무리 짓기 위해 한신을 총사령관으로 하여 백만 대군을 모아 총지휘하도록 했다. 한신은 전투를 벌일 지역도 미리 고른 다음에 그동안 준비해온 막강한 군대와 신병기를 배치하고 항우를 끌어들이고자 했다.

항우는 자신만을 믿고 화를 돋우는 한신의 계략에 넘어가 무모한 공격에 나섰다. 이렇게 되자 자신의 명마인 오추마를 타고 빠르게 앞서 간 항우와 대다수가 보병인 초나라군은 멀리 떨어져버렸다. 항우는 다수의 군대를 뒤로 한 채 자신을 따르는 일부 군을 이끌고 악전고투를 벌여야 했다. 그러나 한신의 포위 작전에 말려 이리 쫓기고 저리 쫓기면서 병사들은 눈에 띄게 줄어들었고 승패도 거의 눈에 드러나게 되었다.

항우는 안휘성 영벽 동남쪽에 있는 해하에서 완전히 고립되어 버렸다. 이렇게 되자 항우와 그를 따르던 군사들은 한나라군에 의해 병참선마저 끊어진 채 하나둘 수가 줄어드는 가운데 점점 지쳐갔다. 급기야 결사항전을 하던 군사들마저 얼마 되지 않는 상태에서 군량미마저 차단당한 채 다 떨어져버렸다.

마지막 전투 전날 밤에는 장량의 계책으로 한나라군에서 초나라 노래를 잘 아는 병사들을 골라 해하의 성벽에서 슬픈 가락의 초나라 노래를 부르게 했다.

명장인 종리매와 계포가 탈영하고 군사이자 자신의 숙부인 항백조차 유방에게 항복하는 등 초나라 군사들이 하나둘 고향과 어머니, 그리고 가족들을 그리워하며 군영을 떠나기 시작했고 아침이 되자 1000명도 남지 않았다. 여기에서 사면초가(四面楚歌)라는 고사성어가 유래되어 사방이 적으로 둘러싸여 고립무원의 처지에 빠진 상태를 나타내는 말로 사용되고 있다.

항우는 남은 초군을 이끌고 우리에 갇힌 짐승처럼 쫓겨 다니는 가운데 그나마 항우의 용전으로 포위망을 뚫고 남쪽으로 달려 안휘성 정원 서북쪽에 있는 음릉에 이르렀으나 길을 잃어버렸다. 한 농부에게 길을 물었지만 오래전 초나라군에 피해를 당한 농부가 일부러 정반대의 길을 가르쳐 주어 다시 한나라군의 추격을 받게 되었다. 항우는 남은 군사들을 이끌고 도망하여 정원 동남쪽에 있는 해동성에 이르렀으나, 한나라 장수 관영이 기마병 5000명을 이끌고 공격해왔다. 항우는 28명밖에 남지 않는 초나라 군사를 데리고 마지막 힘을 내 다시 포위망을 뚫고 동쪽으로 달려가 화현 일대에 흐르는 오강에 이르러 부하들을 배에 실어 보낸 다음에 우미인과 함께 자결했다.

/ 항우의 교만과 역발산기개세 /

항우는 진시황이 죽자 군사를 일으킨 뒤에 전국에서 벌어진 혼란을 주도적으로 수습했다. 8년 동안에 걸쳐 70여 차례의 전투를 하면서 단 1번도 패한 적 없이 모두 이겼으며, 한때는 천하의 주인 자리에까지 올랐다.

그렇지만 항우는 교만에 빠져 어리석은 행동을 거듭함으로써 유방에게 승리를 갖다 바친 꼴이 되었다. 초한전이 본격화하면서 한신에게 패배했을 때 반성을 했어야 한다. 하지만 여전히 자신의 능력을 고집했고, 상대의 능력을 자신과 비교조차 하지 않으려 했다. 결국 항우는 가장 자신 있어 하던 전투에서도 패배하여 군사들을 죽음으로 몰아넣었다. 뿐만 아니라 나라마저 멸망으로 몰아갔고, 자신도 죽음을 맞이해야 했다.

항우는 목표를 제시하고 민심을 얻는 지도력, 제후들을 이끌어가며 국면을 주도하는 통솔력, 실력 있는 참모 및 관료의 기용과 정책 추진, 법 · 제도와 행정 · 지방 체제의 정비, 체계적인 군사력의 구축과 유지, 재정의 충실한 확충, 백성들이 안정된 일상생활을 할 수 있는 경제성장과 사회안정의 확립 등과 같이 일국의 지도자로서 마땅히 해야 할 일들을 무시했다.

사실 싸움을 벌여 전투에서 승리해 천하통일을 이루는 일과 이후 천하를 다스리는 일은 전혀 다른 법이다. 항우는 이 평범한 사실조차 제대로 인식하지 못했다. 2번이나 천하의 패권을 잡고서도 진정한 주인이 되지 못했다.

다만 항우가 해하전투에 패배하자 술 몇 잔을 들이킨 다음에 읊은 시인 '해하가(垓下歌)'와 그 내용 중의 '역발산기개세(力拔山氣蓋世)' 즉 '힘은 산을 뽑을 만하고 기운은 세상을 덮을 만하다'는 문구는 지금도 유명하다. 이 시를 읊은 뒤 항우는 항전을 포기하고 스스로 목을 내놓고 죽었다. 이 장면과 시는 중국의 전통 연극인 경극(京劇, 북경에서 발전하여 그리 불림)과 영화 '패왕별희'의 배경이 되어 지금까지도 중국을 비롯한 세계인의 사랑을 받고 있다.

항우가 죽었을 때 30세였다. 일찍 핀 꽃은 일찍 진다고 하지 않았던가. 항우는 '권불십년 화무십일홍(權不十年 花無十日紅)'이란 말처럼 10년도 꽃을 피우지 못한 채 허망하게 져야 했다.

권토중래

권토중래(捲土重來)는 당나라 말 시인으로 우리가 잘 아는 노두(老杜) 두보와 구별해 소두(小杜)라고도 부르는 두목(803~52)의 7언절구시인 '제오강정(題烏江亭)'에서 유래되었다. 항우가 유방과의 전투에서 패배한 이후 오강에서 후일을 기약하기보다 낙담한 채 스스로 목숨을 버린 것을 안타깝고 어리석게 바라보며 지은 시이다.

항우가 패전 뒤에 달아나서라도 목숨을 구해 나중을 도모했더라면 어떠했을까. 역사에는 가정이 없다지만 다시 한번 패권을 잡을 기회를 얻었을지도 모른다.

이 시에서 '권토중래'라는 고사성어가 유래하여 '흙먼지를 말아 일으킬 것 같은 기세로 다시 돌아온다. 즉, 비록 하던 일에 실패하더라도 다시 준비하여 일을 이루어낸다'는 뜻으로 사용되고 있다. 이 고사성어는 금의환향과 좌천이라는 말과 더불어 모두 항우에 의해 유래되었다.

우리는 섣부른 승리에 빠져 함부로 금의환향하지 말아야 할 것이며, 비록 좌천되더라도 좌절하지 말고 힘을 키워야 현명한 사람이라 하겠다. 특히 밝은 미래를 꿈꾸며 오늘의 역경을 이겨 나가 권토중래를 이루어야 할 것이다.

항우가 지고 유방이 이긴 이유

항우는 초나라 최고 명문가 출신인 데다가 오늘날까지도 천하장사를 '항우장사'라고 부르고 있을 정도로 그 누구도 당할 수 없는 힘과 패기를 가지고 있었다. 수많은 전투에서 모두 이기며 천하를 손에 넣기도 했다. 그렇지만 항우는 유방에게 지고 천하를 넘겨주어야 했다.

반면에 유방은 시골의 미천한 출신으로 나이 들도록 하는 일 없이 빈둥거리다가 그나마 군대를 일으켜 싸웠지만 정작 항우와 직접 겨루면 어김없이 대패했다. 그렇지만 결국 유방은 승리했다. 그가 일어서는 과정과 초한전을 통한 한나라의 건국은 한족의 입장에서 보면 중국 역사에서 가장 중요한 사건이자 한편의 극적인 드라마였다.

항우의 패배와 유방의 승리는 크게 몇 가지 원인으로 살펴볼 수 있다.

1. 중국통일에 대한 대의명분과 권력의지에서 유방이 압도적이었으며 집요했다.

유방은 함양을 점령하자 참모의 진언에 따라 꾹 참고 어진 정치를 솔선수범했다. 항우의 명으로 영포(경포)에 의해 억울하게 죽은 초 의제의 죽음을 풀어주겠다며 출정했다. 수시로 '어지러운 전국을 수습하여 백성이 살기 좋은 나라를 만들겠다'며 대의명분을 강조했다. 그에 비해 항우는 항복한 진나라 군사 20만명을 생매장했고, 진나라의 수도 함양에 대한 방화와 약탈을 저질렀다. 힘은 없었지만 백성들이 좋아했던 자영을 죽였으며, 힘없는 초의제의 제위를 찬탈하고 그마저도 모자라 살해하여 스스로 대의명분과 천하의 민심을 잃어갔다.

특히 유방이 천하의 주인이 되기 위해 자신을 낮추는 처신을 한 것과 달리 항우는 수시로 무자비한 행동을 자행하고 독선적인 행동으로 민심을 자신의 품에서 유방으로 옮겨가도록 자초했다. 항우는 전투에서 늘 승리하고도 수습에 실패하여 확고한 지배력을 확립하지 못했다. 반면에 유방은 전투에서는 패했지만 제후들과 백성의 마음을 얻어나가는 한편 정치적 · 외교적 · 전략적 승리를 거두면서 천하의 국면을 장악해갔다.

2. 유방은 항우를 두려워하여 반드시 죽이려 했고, 항우는 유방을 경시하다가 패착을 두게 되었다.

항우는 누구도 자신의 상대가 되지 못한다고 여겨 유방은 물론이고 한신마저 너무 우습게 얕보면서 그들에 대한 대비를 거의 하지 않았다. '홍문의 회'에서 유방을 죽여야 했지만 그의 비굴한 처신에 녹아나 살려주었다. 한신이 거지처럼 밥을 구걸해 얻어먹고 깡패들 다리 사이를 기어간 것을 두고 경멸했을 뿐이지 내공을 기르던 한신을 보지 못했다.

그러다가 그들이 일으킨 전쟁에 대해서도 화풀이하듯 군대를 이끌고 출정해 이기면 그만이라는 식으로 처신했다. 전쟁을 벌이면 원래 목표한 바를 반드시 관철해야 하는 법이고, 적장이나 적의 지도자를 없애거나 처벌하여 후환을 없애야 함에도 그리 하지 않았다. 반면에 유방은 항우를 두려워하여 그를 상대하기 위해서라도 더 많은 장수들과 군대를 키워나갔고, 기회가 오자 집요하게 그의 숨통을 노렸다. 항우를 무서워하는 제후들과 백성들의 심리를 꿰뚫어보고는 항우에 대한 두려움을 자극하여 싫어하게 만들어갔고, 자신은 어질고 편안한 존재로 인식하도록 함으로써 천하의 패권자가 될 수 있었다.

3. 만고의 진리지만 결국에는 교만한 사람이 패배한다.

항우는 자신의 용력과 무예를 지나치게 믿어 참모나 장수들의 전략이나 역할을 가볍게 여겼다. 군주가 되어서도 나라를 다스리는 정치조차 우습게 여겨 원칙과 기준도 없이 제멋대로 펼쳐 나갔다. 젊은 시절에 학문은 자기 이름만 쓸 줄 알면 된다면서 글공부를 하지 않았던 항우였던지라 천하의 인물이 되기 위해 갖추어야 할 지력이 없는 상태에서 통치를 엉망으로 한 것이다.

그러면서 자신의 힘만 믿다가 완벽하게 패배했다. 더욱 한심하게도 해하 전투에서 패배하고 최후를 맞이하게 되자 '하늘이 버린 것'이라고 하면서 '자신이 싸움을 잘못한 것은 아니다'라고 항변하며 끝까지 인정하지 않았다. 끝없는 교만이라고 보지 않을 수 없다. 전쟁이나 천하의 대세는 물론이고 현대사회에서 일을 진행함에 있어서도 교만한 사람과 방심하는 군대나 구성원들은 반드시 실패하기 마련이다.

4. 인재등용과 용인술에서 유방은 항우보다 훨씬 앞서 있었다.

항우는 자신이 초나라 명문가 출신임을 중시하여 신분이나 출신성분을 따져 인사를 했다. 자신을 과신하여 부하 장수들마저 별로 중시하지 않은 채 나중에는 마지막 기둥이나 다름없었던 군사 범증마저 의심하여 죽게 만들고는 사리 분별력이 떨어지고 유방과 장량에 지나치게 호의적인 항백을 군사로 앉히기까지 했다.

반면에 유방은 자신의 능력은 떨어졌지만 소하, 장량 같은 천하의 인재들을 두루 모으는 한편 항우의 휘하에 있던 한신, 왕릉, 진평 등을 받아들여 승기를 잡아나갔다. 한때 항우의 휘하에 있던 팽월, 영포를 비롯한 거의 모든 제후들까지 끌어들여 국면을 장악해 나갔다. 무엇보다 유방 자신이 밝혔듯이 소하, 장량, 한신이라는 인재를 부려 각각 재정, 전략, 군사를 맡겨 패업을 이루어낸 것이다. 유방이 이끌어간 인재 구도와 배치는 오늘날 선거 캠프는 물론이고 국정과 기업 경영을 할 때에도 그대로 따라 하면 최상이라 할 만큼 좋은 사례로 활용할 수 있다.

빌 게이츠, 스티브 잡스, 마크 주커버그 등을 비롯한 21세기의 대표 기업가들도 재정에 해당하는 자금, 전략에 해당하는 기획, 군사에 해당하는 기술력 등을 갖춘 몇 사람과 창업하여 어지간한 나라보다 더 큰 기업을 일구어냈다.

여기에 더해 홍보와 마케팅이 중요해져 그 일을 맡아 할 사람을 핵심인력으로 참여시키고 있다. 현대사회에서는 앞서의 모든 기능을 1명이 소화하기도 하지만 날이 갈수록 분화되어 팀워크를 중시하고 있다.

유방이 직접 밝힌 천하를 잡은 비결

유방은 군주로서는 드물게 자신이 직접 패업을 이룰 수 있었던 이유를 밝힌 바 있다. 그가 항우를 이기고 난 뒤 신하들과 술자리를 하면서 물었다.

"내가 천하를 잡고 항우는 천하를 잃은 이유를 말해 보라."

고기와 왕릉이 대답했다.

"폐하는 공적이 있으면 아낌없이 영지를 주어 천하 사람들과 이익을 나누었습니다. 반면에 항우는 논공행상을 제대로 하지 못해 공적이 있는 사람에게도 상을 주려 하지 않아 서로 다투다가 망한 것입니다."

대답을 다 들은 유방은 전혀 아니라는 어조로 말했다.

"그렇지 않다. 나는 장량처럼 교묘한 책략을 쓸 줄 모른다. 소하처럼 행정을 잘 살피고 군량을 제때 보급할 줄도 모른다. 한신처럼 병사들을 이끌고 싸움에서

이기는 일은 따를 수 없다. 하지만 나는 이 세 사람을 제대로 기용할 줄 안다. 반면 항우는 단 한 사람, 범증조차 제대로 기용하지 못했다. 이것이 나는 천하를 얻고, 항우는 얻지 못한 이유다."

중국의 역사를 들여다보면 성공하는 인물의 비결이자 뛰어난 치세의 요체는 한결같이 '인재등용과 용인술'에 있음을 알 수 있다. 사실은 중국뿐만 아니라 한국을 비롯해 동서고금에 예외가 없다. 현대 사회에서도 다를 바 없다. 정부와 기업은 물론이고 사람을 1명이라도 고용하는 사업체는 누구를 쓰느냐에 따라 망하기도 하고 삼성이나 현대처럼 되기도 하는 법이다.

부드럽고 따뜻한 리더십으로 천하를 잡고 다스리다

유방은 중국통일 후 황제로 즉위한 뒤에 주나라의 봉건제와 진나라의 군현제에서 좋은 점을 절충한 군국제를 실시하여 대륙을 통치했다. 한나라의 건국에 공을 세운 장수와 신하들을 제후왕과 열후에 봉해 정국의 장악력을 확고하게 구축해나갔다. 다만 나중에는 중앙과 지방에 걸쳐 확실한 지배력을 확립하기 위해 유씨 일족만을 제후왕으로 삼는 것을 원칙으로 하는 한편 자신의 유훈으로까지 남겼다.

그렇지만 초기에는 나라가 어수선했다. 국내에서는 장도, 한왕 신, 진희, 한신, 영포 등이 잇따라 반란을 일으켜 이를 진압하느라 고생해야 했다. 국외에서는 흉노가 묵돌(모돈) 선우의 지도 아래 대제국을 건설하고 한나라를 위협해왔다. 특히 국내는 어느 정도 평정했지만 흉노에 대해서는 BC 200년 유방이 대군을 이끌고 친정했다가 대패한 뒤 한 무제 때까지 70년 동안 흉노의 신하국이 되어 조공을 바치며 굴욕을 겪어야 했다.

한신은 진희의 반란 때 공모한 죄로 붙잡혀 죽게 되자 과거 월나라의 범려가 말한 '토사구팽(兎死狗烹), 즉 토끼를 사냥하고 나면 사냥개마저 삶아 먹는다'는 말을 남겨 유방이 천하를 잡기 위해 실컷 부려 먹고는 막상 패권을 잡자 개국공신을 숙청했다는 악명을 남기게 되었다. 하지만 실상은 달랐다. 유방은 토사구팽하지 않았다. 유방이 패권을 잡은 뒤에 억울하게 후참을 당한 인물은 거의 없었다. 정국의 안정을 위해 적이라도 포용하려 노력했기 때문이다.

연왕 장도, 한왕 신 등은 제후왕이 되었지만 독자적인 군주처럼 행세하다가 반란을 일으켰고, 진희는 열후에 봉해진 뒤 북방의 군사력을 대부분 장악하고 과시하다가 반란을 일으켰지만 진압되었을 뿐이다.

토사구팽의 전형으로 손꼽히는 한신, 팽월, 영포 3인방은 원래 유방의 휘하 장수나 참모도 아니었다. 모두 항우의 휘하에 있다가 등을 돌려 유방에게 합류한 인물들이다. 이들 역시 처음에 각각 초왕 · 양왕 · 회남왕에 봉해졌으나 처신을 잘못하거나 반란을 일으킨 결과로 자초한 측면이 강했다(팽월은 다소 억울한 점이 있으나 그 역시 항우와의 마지막 전투 때 유방의 명에 응하지 않다가 한신처럼 큰 영지를 약속받고서야 출전했다. 개국 이후에는 자신을 유방과 동격의 위치로 여기며 거드름을 피우다가 여황후에 의해 처형되었다. 그의 몸은 젓갈로 담궈 모든 권신과 제후들에게 보내졌다).

이렇게 보면 왕조 수립 후 제거된 인물들은 거의 모반을 벌였다가 죽었다. 유방은 공신들이 춘추전국시대의 독립된 제후국을 꿈꾸던 것을 척결한 것이며, 그 사안에 관해서만은 관대함으로 대하지 않고 단호하게 제거한 뒤에 봉국에 유씨 황족을 봉해 통일국가의 기반을 다지는 기회로 활용했다.

유방은 항우의 일족들인 항씨들에 대해서도 무턱대고 죽이는 잔혹상을 보이지 않았다. 초나라의 마지막 군사였던 항백을 사양후에 봉했고, 도후, 평고후, 현무후 등과 같이 여러 항씨들을 두고서도 자신의 성인 유(劉)씨를 내려 갈무리했다. 항우에게 가장 중요한 장수 중의 1명이자 한때 유방의 목숨을 위태롭게까지 한 계포를 통일 이후 기용하였으며, 계포는 하동 태수로 일하다가 죽었다.

오히려 유방은 자신을 도와 한나라를 세운 소하, 조참, 왕릉, 진평, 주발, 관영, 하우영, 육가 등과 함께 한나라의 건국과 치세를 이어갔고, 이들은 개국공신이자 중신이 되어 명운을 누렸다. 뿐만 아니라 그들의 후손들까지 작위와 영지를 세습해가며 명문가로서 존속했다(심지어 유방은 소하, 조참, 주발, 하후영, 번쾌, 노관 등을 비롯해 고향에서 처음 일어설 때부터 함께 해온 사람들을 변함없이 중용하여 나라의 근간으로 삼았다. 이들은 거의 제대로 배우지도 못한 보잘것없는 동네친구이자 동료였지만 본인은 물론이고 후대까지 부귀영화를 누리도록 해주었다. 한신과 더불어 토사구팽의 전형으로 유방의 곁을 홀연히 떠난 것으로 잘못 알려진 장량은 통일 후 유방이 내린 3만호의 영지를 물리쳤으나, 유후에 봉해졌다. 그의 아들이 한때 불경죄로 제후에서 면직되어 영지를 몰수당하기도 했지만 얼마 안 가 후손들은 다시 명문가의 위상을 되찾아 이어갔다).

유방은 한나라의 개국 이후 안정을 확립하기 위해 노력하던 중에 영포의 반란을 진압하다가 화살에 맞은 상처가 악화되어 숨을 거두었다.

문제는 아내인 여치의 정치 개입이었다. 유방이 죽자 그의 아들인 혜제가 즉위했으나 여치가 실권을 잡고 친정을 끌어들여 여씨 천하를 만들었다. 이로 인해 오랜 혼란이 계속되었다가 그녀가 죽자 초한전의 주역이자 개국공신들인 진평, 주발, 관영, 육가 등을 중심으로 들고 일어나 여씨주멸사건을 일으켜 여씨들을 모두 멸했다. 이후 문제가 즉위한 뒤에 경제, 무제로 이어가며 좋은 치세를 펼쳐 한나라는 평화와 안정을 찾고 번영을 누렸다.

유방은 한족의 중국 제국을 처음으로 건국했다. 진시황이 폭정으로 민심을 잃은 전례를 뼈저리게 새겨 '부드럽고 따뜻한 포용의 지도력'을 발휘하여 민심을 얻고 한나라의 기반을 다져 놓았다.

한나라는 방대한 대륙에 걸쳐 중국 민족의 정체성과 문화의 원형을 형성했다. 유럽문명의 원형이 로마에 의해 이루어졌다면, 중국문명의 원형은 한나라에 의해 이루어진 것이다. 지금도 우리는 중국인을 한족(漢族)이라고 하는데, 이는 유방이 세운 한(漢)나라에서 유래한 것이다. 또한 한자, 한어, 한문이 정리되어 한국과 일본 등지로 전파되기도 했다(한국은 한글을 창제하고 한자를 활용하는 것과 달리 일본은 가나라 하여 발음은 한국어에서 빌리고 표기는 한자에서 빌려 사용하고 있다).

유방은 수도를 지금의 서안 일대로 삼고 장안(長安)으로 이름 붙여 수·당을 비롯해 무려 13개 왕조의 수도로 역할하는 기반을 만들었다. 그 뒤 중국 고대사의 중심무대로 이어지다가 당나라 시절에는 번영하는 도시로서 세계적으로도 유명했다.

오늘날 우리가 즐겨 하는 장기도 초한전을 바탕으로 삼국시대 이후에 만들어졌다. 장기알(말, 짝) 중에 가장 큰 것에 유방이 이끈 한(漢)과 항우가 이끈 초(楚)란 글자가 쓰여 있듯이 한나라와 초나라 사이에 벌어진 전쟁을 토대로 만든 것이다(일부에서는 장기를 두고 인도, 미얀마 등에서 시작되었다고 주장하기도 한다).

유방은 낙천적 성격, 의중을 드러내지 않은 채 견뎌내는 참을성, 제후와 백성을 끌어당기는 온화한 리더십, 집요한 권력의지와 승부욕, 인재를 과감하게 발탁하고 부리는 용인술, 적의 사람들도 안는 포용력과 선 굵은 호방함(호탕함) 등이 남다른 장점으로 여겨진다. 반면에 평민 출신의 자질 부족과 천박함, 배우지 못한 채 책 읽기를 싫어하여 배우려고도 하지 않은 지식의 결여, 조금만 잘 되면 힘을 주는 거만함, 신하들의 무시를 자초한 경박함 등은 그가 가진 흠으로 손꼽는다.

하지만 유방은 여느 위인들처럼 자신의 장점을 최대한 살리고 강화해나갔다. 특히 어려운 처지가 되거나 위기가 닥치면 자신을 감추고 어떻게 하든 살아남았으며, 한편으로는 사람들을 끌어모아 상황을 뒤집고 자신의 천하를 만들어갔다.

오랜 세월이 흐른 뒤에 명나라를 세운 태조 홍무제 주원장이 황제의 길을 논할 때 이선장이 진언한 말은 유방의 진가를 그대로 보여주고 있다.

"한 고조 유방처럼 하면 천하는 당신의 것이 될 것입니다."

지금도 누구든지 이 말을 새겨 유방을 따라 배우고 실천한다면 한국은 물론이고 지구촌 전체가 자신의 무대가 될 것이며, 언젠가는 나름대로 자신의 꿈을 이룰 수 있을 것이다.

4

일을 추진할 때

한 무제

중국을 강대국으로 만들다

한 무제의 정복사업과 한의 최대 영토

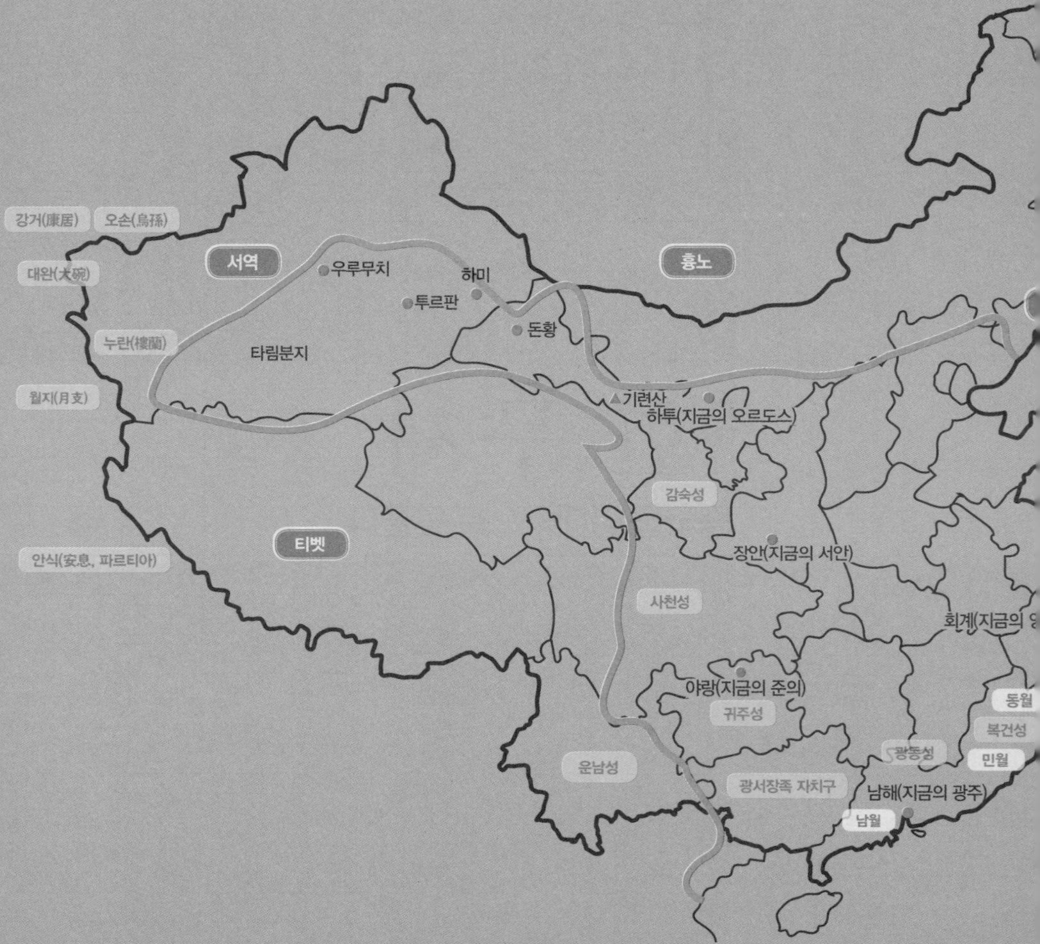

- 한 무제가 확장한 영역은 이후의 전한은 물론이고 후한까지 최대의 판도일 때에도 거의 비슷했다.
- 월지(月支)는 대월지국, 월지국 또는 대월씨국(大月氏國), 월씨국 또는 월씨로도 부른다.
- 서역은 한 무제 때 신강위구르 내의 타림분지 일대에 있던 '서역36국'에서 유래되어 점차 서쪽으로 확장되어 가게는 인도와 서아시아까지 포함한다. 지금은 신강위구르 자치구 지역(동투르키스탄)을 나타낸다.

한 무제

개척 리더십(대외확장형)

치밀한 접근으로 중국의 정신 · 시간 · 공간을 지배하다

한 무제는 힘이 넘치는 패기에 찬 지도자였다. 진시황과 유방에 못지않은 호방함은 물론이고, 선대인 문제와 경제에 못지않은 치밀함을 갖추고 있었다. 자신과 함께 시대를 경영한 문신과 장군들이 더 넓은 세상을 향해 눈을 돌리도록 만들었고, 목표를 향해 쉼 없이 내달리도록 이끌었다. 그 과정에서 자신이 앞장서서 거침없는 저돌적인 지도력으로 동서남북으로 뻗어나갔다.

한 무제는 중국인의 정신, 중국의 시간, 중국 대륙의 공간을 개척하여 지배했다. 유학을 통해 중국의 사상과 중국인의 정신세계를 가늠지었다. 연호를 정해 중국의 시간을 규정하고 지배했다. 활발한 대외사업을 벌여 중국 대륙의 공간적 기반을 다져 놓았다.

모든 위대한 지도자를 놓고 볼 때 동서고금 한결같은 공통점이 활발하게 외치를 벌인 인물들이다. 과거에 국가 지도자의 최대 과제는

인구와 물자를 더 확보하기 위해 영토를 늘이는 일이었다. 외세의 침입이 있을 경우 그에 시달려온 국민들은 강한 국력을 길러 문제의 근원을 해소해준 인물을 민족적 · 국가적 영웅으로 떠받들게 된다. 당대는 물론이고 후대까지 이러한 인물들을 두고 숱한 전설과 신화 그리고 민담을 만들어내고 풍성한 이야기 거리가 이어지며 사람들의 가슴속에 살아 숨 쉬게 된다.

오늘날 한국에서 필요한 지도자는 한 무제 같은 인물이다. 나라의 초석과 안정궤도는 어느 정도 갖추어졌다. 오히려 평화에 젖거나 안일한 사람들이 늘어났다. 어제 같은 오늘을 바라고 내일마저 대충 살아가려는 정치인, 관료, 기업가로는 대한민국이 대국의 길을 가도록 이끌지 못한다.

기업의 후계자들은 한 무제를 통해 자신부터 가다듬어 새로운 변화를 일구어가야 한다. 대기업 2세나 3 · 4세들 중에 편안한 내수시장을 상대로 옷 · 음식 장사를 하거나 호텔 · 골프장을 운영하는 짓거리를 그만두고, 본연의 모습에 걸맞은 제대로 된 접근으로 주력 기업을 성장시켜 가야 할 것이다. 또한 평범한 대학생이나 직장인일수록 패기에 찬 기상과 원대한 목표를 지향하는 도전의지가 필요하다.

한나라 건국 초의 혼란을 수습하다: 문경의 치

한나라는 국가를 세운 초기에는 여태후의 전횡과 통일 후의 잇따른 반란으로 극심한 혼란을 겪어야 했다. BC 180년에 여태후가 죽자, 숨죽이며 때를 기다리던 개국공신들이 정변을 일으켜 발호하던 여씨들을 멸하고 기강을 바로 세운 뒤에 성심을 다한 공을 들여 황제의 적임자로 문제를 옹립하면서 점차 안정을 되찾아갔다.

문제(재위 BC 180~57)는 유방의 4째아들로 5대 황제가 된 뒤 몸소 근검절약과 효도를 실천했다. 황후도 치마를 짧게 하며 사치를 멀리했고, 부부가 함께 농사와 길쌈을 하며 본보기를 보여 내정의 안정과 경제발전을 이루었다.

무엇보다 백성의 절대 다수를 차지하는 농민을 위해 토지세를 대폭 내렸다가 말년에는 아예 폐지하는가 하면 노역 부담을 줄여 주었다. 씨앗을 무상으로 나눠 주고 농기구를 만들어 보급하는 등 민생을 최우선으로 살피며 선정을 펼쳤다. 이렇게 하여 한나라는 건국 초기의 혼란을 수습하고 본격적인 안정기로 접어들게 되었다.

그리고 주발과 진평 같은 개국공신들이 여씨 일족을 타도하고 자신을 옹립했지만, 황제가 된 뒤에는 하나둘 나이가 들어 천수를 다 하는 동안 유학을 통치 철학으로 확립하면서 유학자인 가의, 조착(晁錯. 조조) 같은 신진 인사들을 기용해 정사를 맡기면서 개국공신들을 모두 제압하여 황제권을 명실상부하게 만들었다. 또한 유방이 일찍이 유언한 대로 모든 제후왕을 유씨로 앉혀 지방 제후들까지 친정화하며 황제권을 확립했다.

문제의 치세에서 당대의 현안은 크게 2가지로 지방 제후 세력들의 발호와 북방의 흉노 문제였다. BC 174년에 일어난 회남왕 유장의 반란을 계기로 가의와 조착은 제후들을 더 임명하여 제후국을 더 작게 나눠 힘을 약화시켜 지방세력화 하는 것을 막자는 중건제후론(衆建諸

侯論)과 흉노에 대해 화친이 아닌 강경정벌론을 주장했다. 문제는 둘 다 민생의 안정을 어렵게 만든다며 유방이 제도화한 군국제를 유지하고 흉노에 대해서도 여전히 굴욕적인 조공 외교를 펼치며 평화를 유지했다.

경제(재위 BC 157~41)는 문제의 아들로 제위에 올라 선대의 치세를 이어가 백성들이 더욱 살기 좋은 나라로 만들어 안정 속의 풍요를 실현했다. 그러면서 조착의 주도 아래 당대의 골칫거리였던 지방 제후 세력인 번왕들의 권력을 축소하여 위협을 제거하는 일에 착수했다. 당시 유씨의 제후왕들은 한나라 영토의 절반을 차지한 채 자신들의 영지에서 징세와 관리 임명권 등을 장악하고 세습하면서 거의 반독립국가와 다름없이 권세를 휘둘렀다. 이러한 현실을 타파하기 위해 봉지를 삭탈하는 삭번책(削藩策, 삭지책)을 통해 이들의 약화를 추진했다. 아울러 제후왕이 죽으면 아들들의 숫자대로 영토를 쪼개 힘을 줄이고 과실을 비롯해 이런저런 이유를 들어 영지를 몰수하기도 했다.

BC 154년이 되자 오왕 유비가 주도하여 초왕을 비롯한 7명의 제후왕들과 손잡고 '오초7국의 난'을 일으켰다(오왕 유비는 경제가 황태자일 때 자신의 아들인 세자와 바둑을 두다가 지게 되자 한 수 물러달라고 했으나 세자가 거절하고는 바둑을 두다 말고 나가버리자 화가 나 바둑판을 집어던져 죽여버렸다. 이후 오왕은 장안으로 가지 않았으며 반란을 주도하게 된 원인이 되었다. 소설《삼국지》의 주인공으로 삼국시대에 촉나라를 세운 유비는 경제와 가부인 사이에서 난 9째아들이자 한 무제와 치열한 후계자 경쟁을 벌였던 중산정왕 유승의 방계 후손으로 알려져 있다).

'조착을 죽여 황제의 측근을 깨끗이 하자.'

삭번책으로 인한 반발로 반란을 일으켰지만 명분으로는 엉뚱한 논리를 내세운 것이다. 이 반란은 초기에 세력이 매우 강했던 데다 조정 내부에서도 조착에 대한 반대 세력의 건의가 잇따랐다. 결국 경제는 조착을 죽이고 그의 목을 보내 화의를 추진했으나 오왕이 받아들이지 않자 주아부를 보내 토벌하게 했다. 주아부는 반란군의 보급로를 차단하면서 압박한 끝에 퇴각하는 반군들을 토벌해 7명의 제후왕들을 모두 죽이고 3달 만에 진압했다.

경제는 제후왕의 왕권을 박탈하고 관료인 제후상(諸侯相)을 보내 통치하고, 제후왕은 영지에서 징수되는 세만 받도록 만드는 한편 남은 제후들의 땅을 쪼개 세력을 크게 약화시키고 강력한 중앙집권제를 확립했다. 또한 황태자 책봉을 둘러싼 논란 속에 권세를 누리던 승상 주아부를 해임하고 자신의 측근을 임명했다. 한나라로서는 처음으로 황제가 개국공신과 그 일족에서만 차지하던 불문율을 깨고 황제의 친정권을 확립한 것이다. 다만 경제도 흉노에 시달리며 한나라의 건국 이후 계속되어 온 굴욕적인 조공 관계를 지속했다.

이렇게 하여 한나라는 문제와 경제 때에 이르러 대를 이어가며 내정의 안정 속에 태평성대를 열어 '문경의 치(文景之治, BC 180~41)'라 불리는 좋은 시절을 구가했다.

먼저 기반을 다져 놓아야 한다

한 무제 유철(BC 156~87, 재위 BC 141~87)은 경제의 10째아들로 15세의 나이로 황제에 올랐다. 그가 황제가 되었을 때는 이미 한나라가 건국된 지 60년이 지났고 선대의 뛰어난 치세 덕분에 나라는 안정되었고 백성들도 살기 좋았다.

한 무제는 가장 먼저 자신의 절대권력을 확고하게 다지는 일에 착수했다. 황제가 되기까지 워낙 경쟁자가 많았고 고비를 많이 겪은 덕분이다. 원래 그는 건국 이후 문제 · 경제까지 적장자 승계를 원칙으로 해오던 상황에서 어머니가 후궁에다 자신도 10째아들이라 후계구도와는 거리가 멀었다. 그렇지만 어머니가 계략에 뛰어나 아들을 경제와 절친한 누이 관도장공주의 딸과 결혼시킨 다음에 장공주와 힘을 합쳐 맏아들인 황태자를 모함하여 폐위시킨 뒤 자결하게 만들었다. 나중에는 두태후의 아들로 경제의 친동생인 양왕을 모략하여 탈락시키고 왕황후가 되고 나서야 황제가 될 수 있었다.

황제가 되자 자신에게 잠재적인 위협 대상이 될 수 있는 이복 형제들과 황족들을 제거했다. 한때 그와 군주의 자리를 놓고 경쟁했던 유승은 세태를 읽고 일부러 주색에 빠져 지냄으로써 한 무제의 의심과 탄압을 피해갔을 정도였다. 선대 시절 권세를 누리던 외척들과 권신들마저 척결함으로서 내부 갈등이나 권력투쟁을 일으킬 여지를 없애 버렸다.

반면에 한 무제는 권력을 좇지 않고 국정에만 전념할 새로운 신진 세력들을 대거 등용했다. 출신 배경을 따지기보다 인품과 실력을 기준으로 어질고 겸손한 성품과 맡은 일을 제대로 해낼 역량을 갖춘 인재들을 대거 기용해 일하는 조정을 만들었다. 오히려 신분이 낮거나 보잘것없는 인물들을 발탁해 관리로 일하게 했다. 서역이나 흉노 같은 이민족 포로 중에서도 유능하면 발탁했는데 곽거병이 흉노 원정 때 붙잡아온 김일제는 한 무제의 치세를 대표하는 실력자가 되었다.

지방에 대해서는 전국을 13주로 나눈 다음에 주마다 자사를 두고, 아래에 군을 두고 태수를 파견하여 자연스럽게 중앙집권화를 추진했다(이후 중국에서는 최고위의 지방관을 자사라 부른 경우가 일반적이며, 더러는 태수를 높여 부르기도 했다).

동중서의 진언을 받아들여 유학을 국가 이념이자 공식 학문으로 삼고 유학자들에게 중책을 맡겨 국정을 펼쳐 나갔다. 5경박사를 두어 유학을 장려했다. 다만 어머니 왕태후가 도가 사상에서 발전한 황노 사상을 숭상하여 조관 · 왕장 같은 유학자들을 뇌물죄로 걸고넘어져 자결하도록 만들기도 했다. 그러다가 6년 만에 그녀가 죽자 한 무제는 곧바로 공손홍을 비롯한 유학자들을 대거 기용했다. 사실 한 무제는 군주의 중앙집권적인 통치권을 적극적으로 옹호하고 권력을 탐하기보다 제대로 된 정치를 하겠다는 유학을 적극 활용한 셈이다.

이렇게 하여 선대의 치세에 더해 국력이 크게 강화되고 재정도 넉넉한 상태에서 자신의 내정 기반까지 안정되게 확립되었다.

한 무제를 통해 어떠한 나라나 기업이든 성패는 역시 사람에게 달려 있으며, 얼마나 객관적인 기준으로 좋은 인재를 기용하느냐에 좌우된다는 사실을 다시 한번 확인할 수 있다. 기용 후에도 부정부패와 세력화를 끊임없이 경계하여 내부에서 무너지는 것을 막아야 한다.

특히 통치의 관건이 '얼마나 백성들이 살기 좋은 세상을 만드느냐'에 달려 있음을 인식하고 그에 맞는 정책들을 마련하고 추진함으로써 민심을 얻어야 한다. 그렇게 하면 자연스럽게 국력이 강화되고 재정도 넉넉하게 확충되기 마련이다. 기업도 마찬가지다. '얼마나 소비자들이 좋아하는 상품을 만드느냐'에 성패가 걸려 있는 법이다. 그런 만큼 정책을 발표하거나 상품을 내놓을 때 국민이나 소비자의 기준에서 기획하고 시장조사와 연구 · 개발을 진행하면 최상의 결과를 얻을 수 있을 것이다.

기반을 다진 뒤에는 밖으로 나가야 한다: 황금기가 열리다

한 무제는 안정된 내정 기반을 바탕으로 국력을 강성하게 만들면서 군사력까지 막강하게 증강시켰다. 그 뒤에는 눈을 돌려 본격적인 대외 정복사업에 나섰다. 무엇보다 한나라의 숙원인 흉노에 대한 반격을 위해 온갖 힘을 기울였다.

이전까지 한나라는 한 고조 유방 이후 무려 70년 동안이나 흉노의 신하국이 되어 조공을 바치며 굴욕과 수모를 겪어야 했다. 그럼에도 불구하고 여전히 흉노의 위협에 시달리며 불안한 상태가 지속되고 있었다. 유방이 겪어야 했던 치욕은 차치하고 문제 때까지도 흉노의 선우와 주고받은 국서를 보면 당시의 상황을 잘 알려 준다.

"하늘에 선 흉노의 대선우가 삼가 묻노라. 황제는 무고한가?"

가의가 문제에게 눈물을 흘리며 말했다.

"흉노의 인구는 고작 한나라의 큰 현 정도에 지나지 않습니다. 넓은 중국을 지배하면서 겨우 한 현의 인구에 지나지 않는 그들에게 괴로움을 받는다는 것은 정치를 담당하는 이로서 수치가 아닐 수 없습니다."

BC 139년 한 무제는 흉노에 대한 협공을 위해 장건을 100명의 수행원과 함께 흉노와 적대관계였던 월지국으로 파견해 동맹을 맺으려 했다. 그러나 장건이 흉노에 붙잡혀 오랜 포로 생활을 했고, 겨우 탈출해 월지국에 갔지만 거절당한 채 동맹도 성사시키지 못하고 겨우 2명만 데리고 귀환했다. 다만 장건을 통해 서역과 실크로드(비단길)의 존재를 인식하는 계기가 되었다. 한 무제는 60여개 나라들이 있는 서방세계를 알게 되자 더욱 적극적으로 정벌의지를 불태웠다.

"만리(萬里)에 걸쳐 국토를 넓힐 수 있는 기회로다."

BC 127년이 되자 한 무제는 29세의 나이로 숙적 흉노에 대한 본격적인 공세에 나섰다. 한때 노예였던 2째 황후인 무사황후의 남동생 위청을 보내 흉노에 대한 대대적인 정벌에 나섰다. 위청은 흉노를 공격하여 무찌르고 하투 지역을 차지한 뒤, 성을 쌓고 농지를 일구며 정착촌을 건설하는 한편 흉노를 방어하기 위해 삭방과 오원에 군을 설치했다.

BC 119년에는 무사황후와 위청의 외조카인 표기장군 곽거병의 지휘 아래 1만 기병을 이끌고 감숙성 농서 일대로 진격해 흉노 주력군과 전투를 벌여 대승을 거뒀다(한나라 이후 장군의 직위가 대장군-표기장군-

거기장군-위장군의 순서였다). 같은 해 여름 곽거병은 다시 기련산으로 쳐들어가 적군 3만명을 포로로 삼는 한편 흉노의 군주도 붙잡았다.

그 뒤 흉노를 막고 서역의 교역로를 지키기 위해 한족을 이주시키는 한편 곳곳에 농사를 지으며 주둔하는 둔전(屯田)을 설치해 식량을 충당하도록 했다.

당시의 승리는 중국이 대초원 북방 민족을 상대로 벌인 대규모 전쟁에서 역사상 최초로 승리한 것으로 이에 자부심을 느낀 중국인이 자신을 한족이라 부르면서 지금까지 자칭하는 결정적인 계기가 되었다. 또한 서역 진출을 계기로 중앙아시아와 서아시아로 이어지는 교역로를 확보함으로써 활발한 교역이 이루어져 풍부한 물자들이 흘러들어오기도 했다.

BC 104년 한 무제가 52세의 나이 때 총애하던 이부인의 오빠로 흉노와의 전쟁에서 공을 세운 이광리를 보내 파미르 고원 북서에 있는 대완국(大宛國, 페르가나)을 정벌했다. 한혈마(하루에 천리를 간다는 명성으로 유명했고 '땀이 피 흐르듯 한다'고 하여 붙은 이름으로 한 무제는 천마라 불렀음)라는 명마를 얻기 위해 파병한 것으로 처음에는 풍토병과 완강한 저항으로 물러났다. 그러나 한 무제가 옥문관을 봉쇄해 못 들어오게 하고는 지원병을 보내자, 이광리가 다시 원정에 나서 수도를 포위하고 공격해 항복을 받아낸 것이다.

한 무제는 북쪽과 서쪽에 대해서는 물론이고 다른 지역으로도 활발하게 원정을 추진했다. 남쪽으로 당몽을 귀주성 야랑 지역에 보내 서남 7군을 건설했다. 또한 복건성과 절강성 일대에 있던 민월과 동월 두 왕국을 병탄하였으며, BC 111년에는 광동성에 있던 남월을 멸망시키고 9군을 설치했다. 뒤이어 사천성, 운남성, 귀주성에 이르는 여러 부족들을 복속시키고 6군을 설치했다.

동쪽으로도 손을 뻗었다. BC 112년부터 한반도 남부에 있던 진국(辰國)과 직접 교역하는 것을 막은 동북아시아의 고대 제국인 조선(고조선)에 대한 원정에 나섰다. 수차례에 걸쳐 육로와 해로를 통해 군사들을 보냈지만 모두 패배했으나, 때마침 조선에서 내분이 일어나자 그 틈을 타 BC 108년에 수도인 왕검성을 함락시켰다고 한다.

내정이 안정되고 국력이 강해지면 외부를 향해 눈을 돌리기 마련이다. 그렇게 하지 않을 수도 없다. 넘치는 힘을 외부로 뻗어 발산하지 않을 수 없는 것이다. 한 무제는 이러한 본성을 정확하게 꿰뚫고 있었던 지도자였다. 특히 외척이나 군부를 비롯해 권신이 될 가능성이 있는 인물일수록 적에 대한 토벌이나 영토확장에 투입하여 중앙에 권세가들이 만들어지고 서로 다투게 되는 상황을 자연스럽게 해소해버리기도 했다.

한4군은 존재하지 않았다

한 무제의 공격으로 한대륙(한반도에 대비되는 한민족의 대륙 지역 강역)의 일부 영토를 잃었지만 조선이 멸망한 것은 아니다. 중국 최초의 정사 역사서인 《사기》에서 낙랑 · 임둔 · 진번 · 현도의 4군(한4군)을 설치했다고 하나, 한 무제 점령 이후 겨우 30여년 만에 3개 군이 사라졌고, 가장 늦게 없어진 낙랑 역시 명목상 유지되었을 뿐이었다.

사기 이후에 나온 2번째 정사인 한서와 3번째 나온 후한서를 비롯한 후대의 역사서들도 사기의 기록을 그대로 옮겨놓아 위치와 내용이 빈약하고 유적과 유물 같은 실증 자료가 없어 날이 갈수록 사학계에서는 한4군이라는 용어 자체를 인정하지 않는 경우가 늘고있다.

사실 중국의 사서들은 자신에게 유리한 기록을 중심으로 정리해왔다. 중국 왕조가 주변국에 대해 직접 통치를 않더라도 조공과 책봉을 강행해 자신의 속국인 것처럼 하는 경우가 일반적이었다. 그리고 자국 영토 내부에 관부를 설치해 국경 밖의 해당 지역을 다스리는 것처럼 간접적 · 형식적인 방법을 동원하기도 했다. 심지어 후대에 가서 중국의 입장에서 일방적으로 군사행동이나 행정조치를 취하고는 자국의 일부로 여기기도 한다. 동북공정처럼 고구려 · 발해까지 자국의 일부라고 주장하는 경우도 많아 한4군을 두고 중국의 기록만으로는 도저히 믿기 어렵다.

한 무제 이후 계속된 흉노의 활약

흉노(匈奴)는 중국 고대사에서 가장 왕성하게 활약한 민족이자 국가였다. 하지만 한족의 입장에서는 워낙 시달린 까닭에 더 이상 나쁠 수 없는 이름을 지어 불렀다.

전국시대에 중국 북방에 나타나면서 역사의 전면에 등장했다. 이에 따라 가장 북방에 위치한 조나라를 비롯해 여러 제후국들이 흉노의 남하를 막기 위해 산성이나 장성을 쌓기 시작하면서 만리장성의 기초를 닦아 놓기도 했다.

전국시대 말이 되자 진나라가 가장 강력한 국가로 떠올랐고, 진왕 정이 중국통일을 이룩하고 진 제국을 성립했다. 이즈음 흉노는 두만 선우(單于, 몽골 제국이 칸이라 하듯 흉노는 선우라 하였음)의 지도 아래 일약 강대국으로 부상하고 있었다. 이에 진시황은 북방을 지키기 위해 몽염을 보내 흉노를 공격하는 한편 흉노의 남하를 막기 위해 이전의 장성들을 이어가며 만리장성을 축조했다.

그런데 한 고조 유방(재위 BC 202~195)이 진시황 사후 중국을 통일했을 즈음에는 흉노가 두만 선우의 아들로 뛰어난 군주였던 묵돌 선우(모돈 선우, 재위 BC 209~174)의 지도 아래 북방을 완전히 통합하여 강력한 대제국을 건설했다. 이후 묵돌이 중국 북방을 위협하자 한나라와 패권을 건 전쟁을 벌이게 되었다. BC 200년이 되자 유방은 초한전의 승리를 발판 삼아 몸소 32만 병력을 이끌고 원정에 나섰다.

그러나 유방은 묵돌의 유인 전술에 말려 고전하다가 '백등의 포위' 끝에 항복했다. 이후 한나라는 화친정책을 통해 흉노의 신하국이 되어 막대한 조공을 바치며 굴욕과 수모를 겪어야 했다.

그러다가 한 무제가 숙적 흉노의 내분을 틈타 공격하여 북방의 안정을 이룩한 것이다. 하지만 한 무제 이후 다시 한나라가 후퇴하고 흉노가 세력을 회복하여 한나라를 침공하면서 계속 위협했다.

후한에서도 흉노와의 대치와 전쟁이 계속 이어졌다. 다만 화제(재위 88~106) 때 반초의 활약에 힘입어 서역 정벌이 다시 이루어졌다. 반초는 대군을 이끌고 50여개국을 복속함으로써 후한에서 가장 활발한 대외활동을 벌였다. 그러나 102년에 반초가 71세라는 고령을 이유로 간청하여 귀향한 이후에는 곧바로 서역에 대한 영향력을 잃고 다시 흉노의 치하로 들어갔으며, 당나라 이전까지 다시는 진출하지 못했다.

한 무제는 잦은 정복 전쟁, 건축 사업, 봉선의례, 내순(순행) 등으로 엄청난 비용을 지출하다가 급기야 재정이 고갈되는 상황을 맞이하게 되었다.

툭 하면 대규모 원정을 벌여 엄청난 전비를 지출했고, 궁전과 별궁들을 잇따라 건축하여 막대한 노동력을 동원하고 세금을 거둬 사용했다. 불로장생에 좋다고 하여 막대한 비용을 들여 태산에서 하늘의 천신과 땅의 지신에게 제사를 올려 천하의 군주임을 과시하는 '봉선의례'를 올리고는 12년 동안이나 지속했다. 자신의 영토에 대해 각지를 순행하며 호화로운 연회를 벌여 재정을 갉아먹었다. 이러한 일들을 통해 황제의 위엄과 권위를 높이려 했지만 백성들의 고통과 불만을 불러왔을 뿐이다.

그러다보니 한 무제의 치세는 날이 갈수록 국가재정이 압박받고 백성들이 살기 어려워지면서 BC 99년에는 농민 반란이 곳곳에서 일어나기도 했다.

이러한 가운데 세월은 빠르게 흘러갔다. 그만큼 한 무제도 나이가 들어갔다. 그러나 한 무제는 자연의 법칙과 사람의 수명을 인정하지 않으려 했다. 진시황처럼 불로장생을 믿어 방사(도사)들을 모아 생명 연장을 위해 발버둥 치기도 했다. 이런 상황이 되자 후계구도는 엉망이 되었고, 황실은 분란과 살육의 죽음터가 되어 버렸다.

황족인 회남왕, 형산왕, 강도왕의 반역 음모가 차례로 발각되어 처형이 줄줄이 이어졌는데, 2만명이 넘는 사람이 한자리에서 처형되기도 했다.

BC 91년 65세 때에는 황태자를 둘러싼 참사가 벌어졌다. 이는 방사인 강충이 점괘라며 황태자인 여태자를 모함했기 때문이다.

"여태자가 역모를 꾸미고 있습니다."

황제권에 대해서 만큼은 누구보다 민감했던 한 무제는 후계자였지만 사이가 멀었던 여태자를 의심했다.

'사실일지도 모른다. 안 되겠다. 때를 봐서 반드시 짚고 넘어가야겠다.'

그러던 중에 여태자가 강충을 살해하자 한 무제는 여태자를 폐위시키고 체포하려 했다. 여태자는 불복한 채로 군사를 일으켰다가 결국 패배하여 자결하는 일이 벌어졌다. 한 무제는 여태자의 어머니인 위황후를 폐출해 자결하도록 하고 위황후의 일족은 물론이고 여태자의 장인과 장모를 비롯한 처족까지 깡그리 죽여버렸다. 나중에 한 무제는 여태자가 무고를 받아 아무런 죄가 없음이 밝혀지자 크게 후회했다.

한 무제는 사랑하던 이부인이 일찍 죽고 둘 사이에 난 장성한 아들인 창읍애왕을 다음 황제로 염두에 두었지만 BC 88년에 창읍애왕마저 죽자 총애하던 후궁인 구익부인 조씨의 아들을 후계자로 결정했다. 특히 14달(더러는 24개월이라고도 함) 만에 태어나자 요 임금과 같다고 하여 더욱 중히 여겼다. 그렇지만 황태자로 삼은 뒤에는 자신의 후계자가 너무 어려 젊은 어머니가 섭정을 하게 되고 외척이 발호할 것을 염려하여 자신이 마지막으로 사랑했던 구익부인마저 역모죄로 몰아 죽였다.

이러한 노력에도 불구하고 한 무제는 후대에 대한 안배에 실패했다. 죽음이 다가오자 죽기 직전에 곽광, 김일제, 상관걸, 상홍양을 불러 유언을 남겼다.

"황태자를 다음 황제로 즉위토록 하라. 그리고 그대들은 어린 황제의 후견인이 되어 보필하도록 하라."

소제(昭帝 재위 BC 86~74)가 8세의 어린 나이로 제위에 오르자 곽광은 흉노 정벌에 공을 세운 곽거병의 배다른 동생으로 오늘날의 총리격인 대사마 겸 군사권을 가진 대장군이 되어 권력을 잡았다. 흉노 출신으로 원정 때 붙잡혀 왔다가 출중한 능력으로 한 무제의 측근이 된 김일제마저 병으로 죽자 어린 황제를 대신해 정무를 주도했다. BC 80년에는 소제의 형인 연왕의 반란을 빌미로 상관걸 · 상홍양 같은 정적마저 제거하고 모든 실권을 장악했다.

소제가 죽자 창읍애왕의 아들인 폐제(廢帝, 창읍폐왕 재위 BC 74년)가 뒤를 이었다. 그러나 곽광은 소제의 빈소에 가면서 슬퍼하는 기색도 없이 길에서 고기반찬을 먹었다고 하여 폐위했다. 곽광은 선제(재위 BC 73~49)를 옹립한 뒤 허황후를 독살하고 자신의 딸을 황후로 만들어 권력 기반을 공고히 했다(선제는 억울하게 죽은 여태자의 손자로 외가인 위씨 일족에 의해 빼돌려져 겨우 목숨을 구했다가 황제가 되었다).

BC 69년에 곽광이 죽자, 선제는 그의 딸인 곽황후를 폐출하고 곽씨 일족을 반역죄로 몰아 모두 척결하고 친정을 시작함으로써 우여곡절 많던 왕권다툼이 정리되었다.

한 무제는 유학을 통해 정신적으로, 연호를 정해 시간적으로, 동서남북의 영토를 넓혀 공간적으로 한나라를 철저하게 지배했다. 그로 인해 중국의 정체성이 구체화되고 중국인들이 가치기준으로 삼아 따르게 되었다. 한나라의 최전성기를 이룩함으로써 인구도 늘어나 6000만 명에 달했다. 그의 치세 덕분에 중국이 중국 대륙에 국한된 국가를 넘어서서 서역과 중앙아시아, 몽골 초원, 인도차이나, 한대륙까지 뻗어나가는 한편 서아시아, 서양과도 연결된 세계 제국으로 발돋움했다.

동중서의 진언에 따라 유학을 국학으로 삼은 이후 효제의 덕목에 바탕을 두고 유교 경전의 가르침을 으뜸으로 삼아 예법으로 사회를 규율하고 유학의 지침에 따라 나라를 다스려 중국을 '유학의 나라'로 만들었다.

한 무제는 연호를 최초로 사용했다. 처음에 건원(建元)이라 한 이후 11차례나 연호를 바꾸며 사용하여 중국에서 황제가 연호를 가지게 되었다. 연호를 통해 황제가 다스리는 모든 공간(영토)에서 1원화된 시간적 지배를 확립하게 되었다. 또한 역법을 고쳐 진력(秦曆)에서 하력(夏曆)을 채택하고 한 해의 시작을 1월(음력 정월)로 바꿔 오늘날까지 이어지고 있다.

한 무제 시절은 한나라의 황금시대였다. 활발한 정복사업을 펼쳐 영토를 황하와 장강 일부에서 벗어나 사방으로 확장하는 시초이자 선례가 되었다. 그 결과 중국 대륙의 대략적인 공간적 영유를 확립하기도 했다.

한 무제 치세에서 사마천이 중국 최초의 정사 역사서인《사기》를 완성함으로써 중국사라는 도도한 역사의 물줄기를 만들었다.《사기》는 황제에 대한 기록을 '본기'라 하여 가장 앞에 두고, 왕과 제후는 '세가'로 두는 한편 왕과 제후가 아닌 영웅호걸, 정치가, 학자, 군인, 부자 등을 비롯하여 일반 서민에 이르기까지 역사적으로 중요한 다양한 사람들을 다룬 전기를 '열전'으로 하여 기록한 이후 중국 역사서의 전통으로 확립되었다. 사기는 단순한 역사를 넘어 인류문명의 고전 중의 고전으로 애독되고 있다. 게다가 한국과 일본을 비롯해 주변국이 당시의 기록이 없는 상황과 대비되며 사실 여부를 떠나 중국적 관점에 의한 역사적 우위 선점을 가능하게 만들기도 했다.

이렇게 한 무제가 이룩한 역사적 공적을 기반으로 후대로 가면서도 한나라의 선례를 최대한 활용함으로써 한족이 중심이 되는 중국사의 기틀을 다져 놓았다.

그러나 중국에서 한 무제 때 장건을 보내 서역으로 진출하면서 동 · 서양을 연결하는 실크로드를 개척했다는 주장은 지나친 중국 중심의 과장이자 틀린 주장이다. 실크로드는 그보다 훨씬 전인 BC 5세기경에 이미 존재하고 있었다. 대초원 북방 민족들이 동 · 서 교역로를 열고 활발한 교역을 전개하고 있었던 것이다.

다만 한 무제 이후 장건의 활약과 흉노에 대한 대대적이며 지속적인 정벌을 통해 실크로드와 서역의 존재에 대해 확실하게 인식하게 된 것은 틀림없다. 그에 따라 중국 서쪽 지역에서 서역으로 이어지는 영토와 활동공간을 개척하는 한편 유라시아 대륙을 지나 서아시아와 로마 제국까지 연결되는 인류문명사적 계기를 열어가게 된 것이다.

중국이 서역으로 진출해 실크로드를 차지하거나 교역을 주도한 적은 전한의 한 무제와 후한의 반초 시기에 딱 2번 있었을 뿐이었으며, 나머지 시기는 모두 대초원 북방 민족들이 주도했다(이후 당 태종 시절이 있었다지만 당나라는 북방계인 선비족의 왕조였다. 이전과 달리 잠깐이 아니라 오랜 시절 지배했던 청나라도 만주족의 나라였다).

한 무제는 주도면밀한 처세와 정치, 목표 달성을 위한 집요함, 어떠한 상대든지 과감하게 공격하는 저돌성 등이 남다른 강점이었다. 활발한 대외사업을 벌인 정복군주로서 화려한 치적을 통해 자신의 면모를 유감없이 발휘했다. 흉노를 치기 위해 수십년을 감내하며 준비하고 추진하는 자세도 놀랍다. 그 과정에서 선대에서 열심히 축적하여 물려준 안정된 기반과 넉넉한 재정을 활용하여 마음껏 기량을 펼치며 황금기를 구가했다. 또한 말년에는 다시 자신을 다잡고는 정복사업을 멈추고 내정에 힘을 쏟는 한편 세금을 낮추고 노역부담에 시달리던 변방의 둔전을 없애는 등 백성을 위해 일했다.

그러나 전반적으로 국민을 위한 정치를 펼치지 않은 상태에서 권력욕에 집착하여 형제 · 자식 · 부인에 대해서도 잔혹하게 다룬 애정 결핍, 소수의 측신에 대한 편애, 남의 범죄를 보거나 알고 잡지 않으면 범법자와 동일한 벌을 주는 견지법(見知法)과 같은 가혹한 법치, 무리한 정복과 잦은 전쟁, 엄청난 인력과 비용이 드는 건축사업과 순행의 계속적인 강행 등은 말년으로 갈수록 정치를 잘못하게 만들어 진시황에 비유되기도 한다. 독선적인 성격에 자기 관리나 절제가 거의 없었던 데다 사치스러운 생활, 불로장생 하려는 헛된 욕심 등으로 인해 스스로 자초한 측면이 강하다.

그렇지만 한 무제의 위대함은 여전히 빛을 뿜어내고 있다. 지금도 한 무제를 두고 진나라의 진시황, 당나라의 당 태종, 청나라의 강희제 등과 더불어 중국 역사상 가장 위대한 군주 중의 1명으로 손꼽는다.

무엇보다 한 무제가 정신, 시간, 공간이라는 3가지 측면을 놓고 치세를 이끌어간 것에 주목해야 할 것이다. 우리도 정신을 다스리기 위해서는 꼭 필요한 전문지식을 비롯해 인문학, 음악과 미술, 체육활동 등을 즐기도록 해야 한다. 시간을 지배하기 위해 10년 단위의 시간표를 짜고 다시 연간 계획과 그에 따른 달 · 날짜별로 계획을 세워야 한다. 공간을 활용하기 위해 5050만명이 사는 한국을 넘어서서 72억명이 살고 있어 140배가 넘는 드넓은 지구촌을 무대로 삼아야 한다. 이렇게 하면서 대상 분야와 지역을 정해 치밀하게 접근해 나간다면 훨씬 구체적이고 성공 가능성이 높을 것이다.

한 무제 이후 중국은 유학의 땅이 되다

원래 한나라는 유방을 비롯해 건국을 주도한 지배층 인사들이 주로 지식인이 아니다 보니 시중에서 생활할 때 널리 접하던 도가사상, 그중에서도 황노사상이 유행했고, 한 무제 이후로도 일정하게 성행했다. 사실 도가의 자유방임적인 통치술은 진나라의 강압통치에 시달린 백성들을 다스릴 때 효과적으로 활용되기도 했다.

한 무제는 진시황이 가혹한 법가를 따랐다가 실패한 전례를 생각하는 한편, 지나치게 방임적인 도가도 맞지 않는다고 보고 군주의 확고한 통치권을 지지하고 질서정연한 정치와 사회질서를 강조하는 유가를 중시한 것이다(원래 황노黃老 사상은 노자와 장자가 정립한 도가사상이 널리 전파되면서 전설상의 통치자인 황제黃帝와 도가의 창시자인 노자老子에서 머리글자를 따 부르게 된 것이다).

그 결과 후대로 가면서도 유학은 독보적인 위상을 유지하며 중국의 사상과 정치 윤리에서 중국인의 일상생활까지 지배하게 되었다. 또한 중국인들은 자연스럽게 신과 사후세계를 근간으로 하는 종교가 없는 '무종교의 민족'이 되었다.

5

경쟁자들이 많을 때

조조

중국에서 가장 드라마틱한 시대를 주도하다

영웅할거와 주요 지역 · 전투

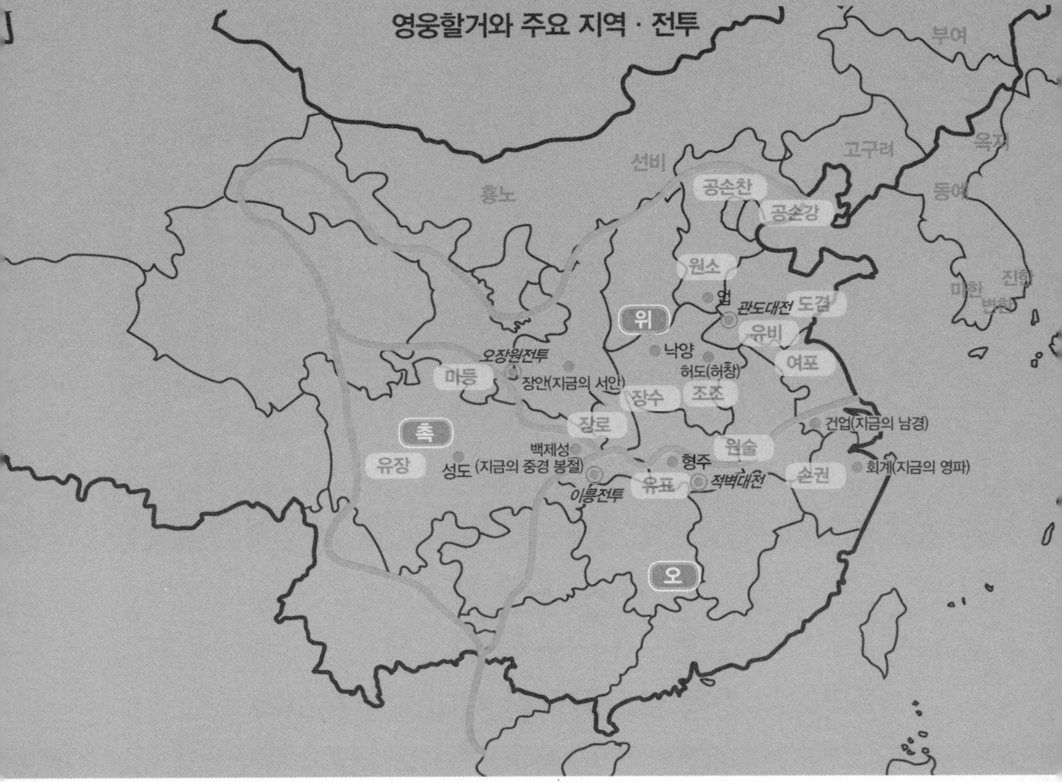

후한 말의 지방 13주

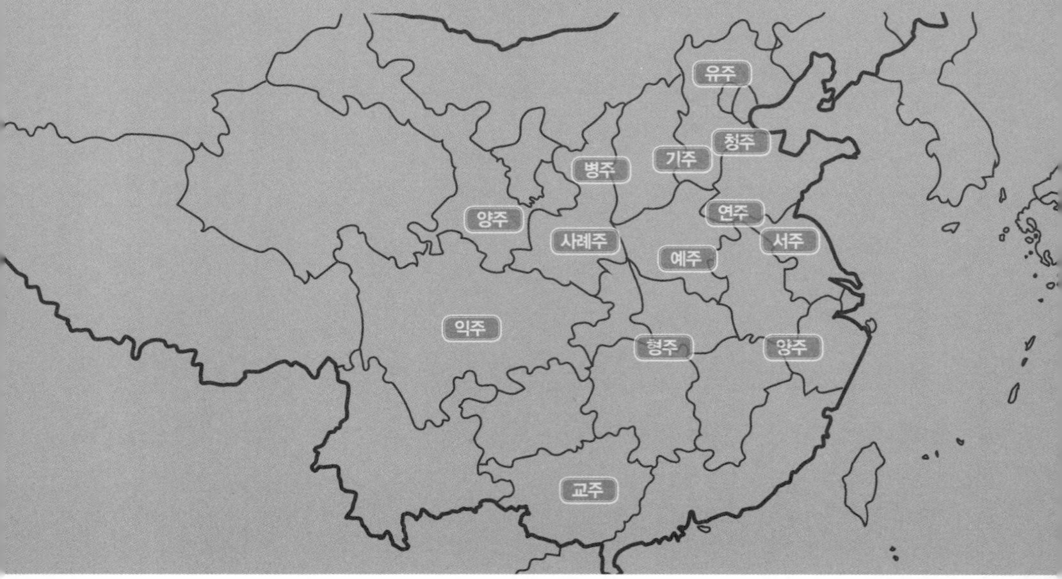

✚ 후한 말에는 중국을 13개 주로 나눠 자사를 파견해 다스렸다. 그 아래로 군을 두고 태수가 담당했다. 참고로 군 아래 현을 두고 1만호 이상은 현령이, 1만호 이하는 현장이 책임자였다. 또한 현 아래 향, 향 아래 정, 정 아래 리로 내려갔다. 한 고조 유방이 첫 벼슬을 한 정장은 정의 담당 관리이다.

조조

지략 리더십(전략전술형)

영웅호걸들의 역사 이야기를 이끌어가다

중국에서 가장 유명한 영웅호걸들의 대서사시

중국에 관한 한 가장 잘 알려진 시절은 단연 삼국시대이다. 유비, 관우, 장비, 제갈량, 조조, 사마의, 손권, 주유 등은 거의 모르는 사람이 없을 정도이다. 어느 시대를 막론하고 한 시대 인물을 이렇게 많이 아는 경우는 한국사에서도 찾기 어렵다. 심지어 주요 등장인물은 물론이고 전장을 누빈 어지간한 책사와 장수들의 이름까지 달달 외우는 사람들이 수두룩할 정도이며 족보까지 줄줄이 꿰고 있는 경우도 적지 않다.

그런데 재미난 사실이지만 대다수 한국인들은 삼국시대의 주역으로 유비를 생각한다. 그 다음으로는 제갈량을 손꼽고 관우와 장비를 자기 편인 양 좋아한다. 그러면서도 조조는 유비의 상대역이자 선과 악의 대칭자로서 부정적인 이미지가 강하다. 이는 우리가 흔히 《삼국지》라고 부르는 소설 《삼국지연의》 때문이다. 역사적 사실보다 소설이 성행하면서 소설 속 주인공이 현실에서도 그대로 적용되어 버린 셈이다.

그러나 실제로는 조조가 중국 대륙의 최강자가 되어 삼국시대를 끌어갔다. 한나라 황실을 손에 넣은 채 중국 대륙의 중심지인 화북(북부지역) 거의 전역을 장악하여 중심에 서고 유비의 촉나라와 손권의 오나라가 대응하는 형세였다. 특히 촉나라는 땅 덩어리만 넓었지 오나라보다도 인구나 물산에서 형편없이 뒤떨어질 정도로 국세가 미약했다.

삼국시대는 220~280년에 걸쳐 진행되었는데 초반의 각축전에서도 조조의 후광을 이은 위나라의 기세가 단연 압도적이었다. 그리고 날이 갈수록 위나라에 의한 삼국통일이 점차 현실화되어 갔다.

삼국시대를 기록한 정사인 진수의《삼국지》를 비롯해《18사략》,《자치통감》등의 정통 역사서에서는 위나라를 정통으로 명시하고 조조를 긍정하며 중심인물로 삼았다. 그 시초가 되는 정사《삼국지》에는 위나라를 정통 왕조로 보고 위서는 제기(帝紀)로, 촉서와 오서는 주전(主傳)의 체제로 넣어 조조를 황제에 준해 접근하는 한편 유비는 손권과 더불어 제후왕에 넣어 명확한 차이를 두었다.

이 시절은 격동의 세월 속에 역동적이며 흥미진진한 이야기들이 적나라하게 펼쳐졌다. 숱한 영웅호걸들이 맹활약한 시대로 방대한 규모를 자랑하는 전투들이 이어지는 가운데 그들이 펼치는 무용담과 선 굵은 인간사는 지금까지도 생생한 역사로 전해지고 있다. 재미난 이야기들과 우리가 널리 사용하는 고사성어나 사례들을 쏟아내며 중국사를 기름지게 만들고 아름답게 수놓았다. 지금도 중국에 관한 영화, 드라마, 애니메이션, 게임 등을 통해 가장 자주 활용되는 소재이기도 하다.

춘추전국시대가 사람이 할 수 있는 거의 모든 말과 행동, 국가에서 벌어질 수 있는 거의 모든 권력투쟁과 국정, 숱한 전쟁이 이어지며 난무하는 외교와 책략과 권모술수, 그 속에서 영웅적이기도 하고 애처롭기도 한 다수의 삶을 잘 담아 놓은 시절이라면, 삼국시대는 가장 압축적이고 집약적으로 격동의 역사가 펼쳐지는 가운데 너무나도 유명한 등장인물들이 다채롭게 활약을 펼치며 오늘날까지도 가장 각광받는 시절이다.

난세가 영웅을 부른다: 삼국시대의 개막

한(漢 BC 202~AD 220, 전한 · 서한 BC 202~ AD 8, 신新 AD 8~23, 후한 · 동한 25~220) 왕조의 부패와 수탈로 국세는 기울어가고 백성은 살기 힘들어졌다. 184년이 되자 지방 농민들을 파고들며 교세를 확장하던 태평도의 교주인 장각이 마침내 '황건의 난(황건적의 난)'을 일으켰다. 한때 황건적이 50만명에 이르는 세력을 이루기도 하면서 수십년 동안이나 이어지자 각지에서 웅거하던 군웅들이 이들을 토벌하고자 들고 일어나 막강한 군사력을 보유하게 되면서 난세가 시작되었다.

189년에는 영제(재위 168~89)가 죽고 소제(재위 189년)가 즉위했으나 혼란은 여전했다. 장양을 필두로 한 환관 십상시의 발호로 조정의 청류파 인사들과 누이인 하태후를 등에 업고 권세를 누리던 대장군 하진이 살해되었다. 이를 계기로 지방의 군벌 세력인 원소 · 원술 형제가 군사들을 이끌고 궁궐로 난입하여 환관들 전부를 비롯해 2000여명을 척살하는 '십상시의 난'까지 일어났다.

하지만 원소가 불러올린 동탁이 혼란을 틈타 정국을 장악해버렸다. 서량의 대군을 이끌고 오던 동탁이 궁을 빠져나와 도망쳐 시골을 방랑하던 소제와 동생 유협을 발견한 뒤 함께 데리고 수도인 낙양으로 쳐들어가 정권을 잡은 것이다. 이후 동탁은 소제와 하태후를 폐위시킨 뒤 살해하는 한편 유협을 후한 14대 황제이자 마지막 황제인 헌제(181~234, 재위 189~220)로 즉위시킨 다음에 스스로 상국이 되어 국정을 농단했다(상국은 한나라 초 개국공신인 소하와 조참 때에만 시행하다가 승상 제도로 바꾼 뒤 폐지되었으나 다시 제도화된 것이다).

190년에는 이를 명분으로 삼아 기회를 엿보던 원소를 중심으로 18명의 군벌들이 모여 반동탁 연합군을 결성하고 대항했다. 이때 조조와 유비 · 손견(손권의 아버지)을 비롯해 삼국시대의 주역이 되는 인물들이 군대를 이끌고 대부분 등장하기도 했다.

"동탁을 타도하자."

반동탁 연합군이 진격해오자 군사를 동원해 낙양의 백성들을 모두 장안으로 옮기게 하는 한편 전 황제들의 능묘를 파헤쳐 재물을 약탈하고는 낙양에 불을 질러 전부 태워버린 채 수도를 장안으로 옮겼다. 연합군이 도착했을 때 낙양은 이미 초토화되어 텅 빈 채 잿더미뿐이었다.

반동탁 세력들은 이참에 한 건 하려다가 아무것도 손에 넣지 못하게 되자 거창한 구호에 걸맞지 않게 자기의 근거지로 돌아가거나 내분으로 인해 어이없이 무너지며 해산되었다. 그러는 동안 동탁은 막대한 보물과 식량을 옮겨온 채 황제의 궁궐보다 더 큰 미오성을 건축하고는 사치와 향락에 빠져 지내는 한편, 힘없는 백성들을 마구잡이로 죽이는 것을 취미로 삼아 폭정을 거듭하며 전횡을 일삼았다.

192년에 왕윤은 도저히 참기 어렵게 된 상황을 틈타 어지러운 나라를 바로잡는다는 명분으로 중국의 4대 미녀 중 1명으로 유명한 천하일색 초선을 보내 미인계로 이간질하여 의부자 관계로 지내던 동탁과 여포를 대립하게 만들었다. 초선은 먼저 동탁의 양아들로 군대를 이끌던 여포의 여인이 되어 그의 마음을 사로잡은 뒤에 탐욕스런 동탁이 자신을 탐하는 것처럼 유도해 내분이 일어나도록 했다. 결국 여포는 아버지라 부르던 동탁을 황궁에서 죽였고, 왕윤은 친위 쿠데타로 정권을 잡았다. 이후 여포도 이내 인심을 잃고 도망다니는 처지로 전락했다(사실 정사에는 초선의 미인계 부분이 없다. 가공된 이야기로 소설에서 만들어 끼워 넣은 것이다).

그러나 왕윤은 동탁의 부하인 이각의 투항을 거절했다가 '이각 · 곽사의 난'이 일어나 장안을 점령하자 그 와중에 투신하여 죽었다. 이각과 곽사는 갑자기 실권을 잡았지만 수준 낮은 무장 출신으로 국정을 엉망으로 만들며 전횡하다가 조조에 의해 반란이 수습되었고, 멀리 도망가 도적질을 하다가 살해되었다. 결국에는 조조가 헌제를 보호하게 되면서 일약 실권자로 부상했다.

스스로 힘을 키워간다: 주어진 여건을 최대한 활용하다

조조(155~220, 위왕 216~220)는 안휘성 패국 초현 사람으로 환관 조등의 양아들이 되면서 하후씨에서 성을 바꾼 조숭의 아들로 태어났다. 비록 환관의 손자로 자랐지만 어릴 적부터 권세가인 양할아버지 덕분에 넉넉한 형편이었으며 원하는 대로 할 수 있었다.

조조는 20세에 낭관이 되어 수도 낙양의 북문을 지키는 북부위가 되었다. 별 볼 일 없는 자리였지만 엄정한 규율을 세우고 반드시 지키도록 선포했다.

"규정을 위반하는 사람은 누구든지 몽둥이로 처벌한다."

몇 달 뒤 십상시의 1명으로 권세를 부리던 건석의 숙부가 야간 통행 금지 규정을 어기자, 조조는 가차없는 처벌 방침을 밝히며 형틀에 묶어 몽둥이로 때려 죽였다. 이로 인해 환관들과 적대 관계가 되고 자신의 잔혹한 성품을 드러내기도 했으나 세도가조차 두려워하지 않는 인물로서 세상에 알려지며 인기를 끌기도 했다.

이후 지방의 현령으로 승진하기도 했으나 20대를 별다른 면모를 보이지 못한 채 보냈다. 184년에는 갓 30세가 되기 직전에 '황건의 난'이 일어나자 기도위가 되어 황건적을 토벌하여 제남 지역 책임자로 승진했다. 당시 조조는 확고한 법치를 앞세워 부패와 사치에 빠진 상급 관리 80%를 파면하고, 유행하던 사이비 종교나 미신을 금지시켰다. 그 뒤로도 여러 관직을 거쳤으나, 갑자기 관직을 내던지고 고향으로 내려가 사냥과 독서를 즐기며 은거했다.

조조, 승부수를 던지다

189년에 34세가 된 조조는 본격적인 승부수를 던지기로 결심한다. 동탁이 전권을 장악하고는 소제를 쫓아낸 뒤에 헌제를 황제로 옹립하고 소제를 암살했기 때문이다. 곧바로 사재를 들여 군사를 모아 일정한 군세를 형성한 다음에 원소를 맹주로 하는 반동탁 연합군에 가담해 장군이 되었다.

하지만 동탁군이 워낙 강해 여러 군웅들이 선뜻 나서지 않자 조조는 형양에서 동탁군과 싸워 승리를 거뒀다. 그 뒤 본영으로 돌아왔지만 군웅들은 각자의 속셈만 생각했지 자칫 희생이 뒤따를지 모르는 공격에는 나서려 하지 않았다.

맹주격인 원소마저 연합군 내부의 견제로 수송로가 막혀 움직이지 못하는 형편이었다. 그 와중에 원소가 헌제를 폐하고 유우를 새 황제로 옹립하려 추진했으나, 친동생인 원술이 앞장서서 반대하고 유우마저 거절함으로써 연합군은 사실상 해산되었다. 이때 조조는 동탁을 이기지 못할 것을 뻔히 알면서도 공격에 나서 호걸이라는 좋은 평판을 들으면서 차츰 자신의 이름을 알려 나갔다.

'조조가 나라를 바로잡기 위해 홀로 나섰다.'

조조는 원소와 손잡고 지내던 중인 191년에 자신을 패권자로 인식한 원소에 의해 동군 태수로 임명되었다.

192년에는 동탁이 여포에게 살해되며 정세가 급변하는 가운데 청주의 황건적이 연주를 공격하여 연주자사가 죽자, 조조는 가깝게 지내던 포신의 도움으로 연주자사로 추대되었다. 황건적과 전투를 하다가 부상을 입고 겨우 도망치기도 했지만, 전공에 따른 상벌을 분명히 할 것임을 직접 천명하고 다시 반격하여 승리한 뒤 자신의 휘하 부대로 재편하여 청주병이라 했다. 이후 청주병은 조조가 가장 신뢰한 주력 부대로서 눈부신 활약을 하게 된다.

이렇게 하여 조조는 단숨에 30만 병력을 가진 막강한 실력자로 등장하게 되었으며, 동탁 이후 가장 강력했던 원소와 대립각을 세우기 시작했다. 다행히 그즈음 원소는 형주의 유표와 손잡고 유주의 공손찬과 서주의 도겸과 손잡은 원술과 대립했다. 조조는 원소와 손잡고 원술 연합군을 5차례의 전투에서 모두 물리쳤고, 결국 견디다 못한 원술은 양주로 도망쳤다.

그러나 서주자사 도겸이 연주를 공격해와 아버지 조숭을 살해하자 193년부터 2차례에 걸친 대규모 공격에 나섰다. 당시 조조는 도겸군의 전투의지를 없앤다는 명목으로 주민들을 수십만명이나 죽여 그의 잔인한 성품을 드러내기도 했다.

한편 조조가 서주를 공격하는 동안 진궁이 배반하여 여포를 연주로 끌어들였다. 조조는 복양에서 위기에 처하기도 하고 전국을 휩쓴 메뚜기로 인해 한때 남아 있는 병사가 1000명에도 못 미칠 정도로 큰 타격을 받았지만 여포가 이끌던 1만 군사를 유인하여 대파하고 2년에 걸친 공격 끝에 결국 연주를 되찾았다. 그 과정에서 서주를 비롯해 여러 요충지를 포함하는 방대한 지역을 차지하며 세력을 넓혀 나갔다. 이렇게 되자 조조는 전국에 걸쳐 확고한 이름을 떨치게 되었으며, 천하를 자신의 손 아래로 넣으려는 포부가 현실이 되어 갔다.

드디어 수도와 황제를 손에 넣다

195년에 이각과 곽사가 권력과 재물을 둘러싸고 내분이 일어나 장안성 안에서 1년 이상을 서로 싸우며 장안을 거덜내고 있었다. 그때 동탁의 부하였던 장제가 홍농에서 세력을 길러 이각과 곽사를 능가하는 군사들을 보유한 채 돌아와 헌제를 넘겨받은 뒤 자신의 본거지인 홍농으로 옮겨가려 했다.

이에 이각과 곽사군이 추격해와 헌제를 붙잡으려다가 실패하는 등 굶주린 채 도망치던 헌제를 차지하기 위한 분란이 이듬해까지 이어졌다. 그러다가 겨우 낙양에 도착했지만 동탁의 방화로 더 이상 살기 어렵게 되자 헌제를 호휘하던 동승이 연주자사 조조를 불러들였다.

힘이 없더라도 황제를 손에 넣으면 천하가 자기 손에 들어오기 마련이다. 바로 직전의 동탁, 왕윤, 이각과 각사가 그랬다. 마침내 절호의 기회가 찾아온 것이다. 196년에 조조는 책사 순욱의 진언에 따라 황제를 보호한다는 명목으로 즉시 하후돈과 전위를 보내 헌제를 호위하게 했다. 때마침 이각과 곽사가 화해를 한 뒤 다시 손잡고 낙양을 공격해오자 조조는 이각과 곽사의 군사들을 격파하고 겁에 질린 헌제를 허도(나중의 허창)로 옮겨왔다.

이후 조조는 황제를 손에 넣게 되자 대장군이 되어 일약 중앙 정계의 실력자로 떠올랐다. 수도를 허도로 옮기고 국정에 전념하여 점차 안정을 되찾아갔다. 조조는 여러 현신들을 등용해 뛰어난 역량을 발휘하도록 함으로써 내정을 수습해나간 것이다. 특히 둔전제를 실시하고 농민들을 두루 모아 허도에서만 100만석을 확보하여 백성들의 생계는 물론이고 대군을 유지할 식량을 마련하게 되었다. 이때 조조의 나이는 41세였다.

이즈음 유비가 망나니나 다름없는 여포를 끌어들였다가 오히려 하비를 빼앗긴 채 조조에게 도망쳐오는 일이 벌어졌다. 이때 책사 정욱은 유비를 즉각 죽일 것을 진언했다.

"유비는 결코 남의 밑에 있을 인물이 아닙니다. 언제고 화근이 될 것이니 지금 없애야 합니다."

하지만 조조는 유비가 자신의 거처에서 텃밭을 일구고 농사일에 만족하며 즐겁게 생활하고, 자신과 만났을 때 갑자기 천둥이 치는 소리에 깜짝 놀라 겁에 질린 표정으로 젓가락을 떨어뜨리자 그의 인물됨을 낮게 보고는 그다지 경계하지 않은 채 끝내 듣지 않았다(물론 소설 속 내용으로 유비는 살기등등한 조조의 눈을 속이기 위해 일부러 그렇게 행동한 것으로 그려졌다).

197년에 조조는 장수를 공략해 항복시켰다. 그러나 장수가 나중에 배신한 뒤에 벌인 전투에서 패배하고 맏아들인 조앙과 부하인 전위를 잃은 것을 비롯해 큰 피해를 입었다. 당시 조조는 조앙의 죽음보다 전위의 죽음을 더 슬퍼하여 아내와 이혼하기도 했다.

198년이 되자 조조는 승승장구하며 천하를 장악해갔다. 먼저 장수와 유표의 연합군을 격파하고, 하비에서 여포를 붙잡아 처형했다. 이듬해에는 원술을 정벌하고 장수를 다시 굴복시키고 수하에 두었다. 원술은 군사를 모두 잃고 원소의 아들 원담에게 가려 하였으나, 유비의 방해로 가지 못한 채 피를 토하며 죽었다.

한편 유비는 조조가 원술을 공격하라고 보냈지만, 조조의 득세에 위협을 느낀 헌제가 조조를 죽여달라고 하자 배반하고는 조조군을 공격했다. 이에 조조는 직접 출정에 나서 유비를 무찌르고 급히 도망치느라 남겨진 가족을 포로로 붙잡고 관우까지 항복시켜 데리고 왔다.

유비의 시련

유비(161~223, 재위 221~23)는 한나라의 6대 황제 경제의 아들인 중산정왕 유승의 후손으로 나날이 가세가 기울어 돗자리 만드는 일을 하며 생계를 유지하고 있었다. 그러다가 황건적의 반란이 일어나자 어려운 형편 속에서도 보관하고 있던 황족의 족보를 내세우며 의병을 모집해 군대를 편성했고, 비슷한 시기에 관우와 장비를 만나 봉기했다.

초기에는 황건적과 싸우며 전선을 누볐지만 워낙 세력이 약해 공손찬에게 의탁하였으며, 공손찬이 원소에게 멸망하자 도망쳐 도겸에게 몸을 맡겼고, 다시 조조가 아버지의 원수를 갚는다며 서주를 공격해오자 달아났다. 겨우 하비에 둥지를 틀었으나, 세력을 늘인다면서 여포를 끌어들였다가 오히려 배신을 당해 패배한 뒤 쫓겨났다.

그즈음 유비는 갖은 고생 끝에 조조와 힘을 합쳐 여포를 죽였으며, 조조를 따라 허도로 들어가 식객 신세가 되어 상황을 살피고 있었다. 조조에게 의탁하여 지내면서도 헌제와 만나 황숙 비슷한 처신을 하며 친분을 쌓았으며, 헌제가 조조의 위협 속에 불안한 나날을 보내다가 충신들에게 조조를 처단해달라고 밀명을 내리자 거사에 참여했다.

조조가 그 사실을 모른 채 원술을 공격하기 위해 유비에게 군사를 내주며 출정시켰다가 유비의 거사 참여 사실을 알고 공격해오자 급히 도망쳤다. 그때 장비와 헤어지고, 유비의 가족을 지키던 관우마저 함께 조조의 포로가 되었다.
유비는 자신의 목숨만을 겨우 지켜 달아나 조조와 자웅을 겨루던 북방의 원소에게 달려가 의탁했다.

내 손으로 얻어야 내 것이다: 난적 원소에 이겨 패권을 잡다

200년 45세가 된 조조는 천하 제패를 눈앞에 두고 있었다. 허도의 내부 적까지 모두 척결하자 이제 남은 장애물은 단 하나 원소였다. 원소 역시 조조의 기세를 막기 위해 군사를 일으켰다.

"황제를 겁박하며 권세를 훔친 조조를 타도하여 천하를 바로잡자."

조조 역시 피할 수 없는 결전이라 여기고 즉시 군사를 일으켰다.

"마침내 때가 왔다. 반역자 원소를 처단하여 천하를 평안하게 만들자."

드디어 조조는 대륙의 패권을 놓고 원소와 피할 수 없는 승부를 벌이게 되었다. 먼저 백마에서 전투가 벌어졌지만 원소가 잇따른 승리를 거두며 기세를 올렸다. 그러다가 원소군의 선봉에 선 맹장 안량을 관우가 죽이면서 전세를 역전시키기 시작했다. 화가 난 원소는 관우가 유비의 부하임을 들어 유비를 잡아죽이려 하자 유비는 재빨리 몸을 피해 형주의 유표에게 도망쳐 의탁했다.

조조와 원소는 크고 작은 전투를 거듭하며 팽팽한 소강 상태를 유지했다. 그러나 조조는 원소의 10만 대군에 밀려 전세가 불리해지고 식량마저 떨어져가자 고민이 깊어갔다.

바로 그때 조조에게 원소의 책사로 지내던 옛 친구 허유가 뇌물 문제로 어려운 처지가 되자 투항해왔다. 허유는 먼저 조조의 심각한 상황을 정확하게 짚어낸 뒤에 원소의 병참사령부인 오소의 위치와 상황을 알려주며 기습하면 일거에 전세가 뒤집힐 것이라는 계교를 알려 주었다. 조조는 5000명의 특공대를 구성해 원소군으로 위장한 채 직접 이끌고 가 습격하여 원소의 식량과 군수물자들을 모두 불태워버렸다. 이후 조조는 지도부 간의 내분이 일어난 상태에서 당황한 원소군을 밀어붙여 완전한 승리를 거두었다.

바로 그 직후 조조는 원소와 내통하던 부하들의 편지들이 무더기로 나오자 말했다.

"원소의 대군을 상대로 나 자신조차 어떻게 될지 몰라 불안했다. 하물며 다른 사람들은 어떠했겠는가?"

그러면서 조조는 담대한 기질을 내보이며 모든 편지를 불태워버리고 아무 일 없다는 듯이 넘어갔다.

조조는 삼국시대의 3대 전투 중에 1번째 전투인 관도대전의 승리 이후 확실하게 승기를 잡자 계속하여 북상했다. 반면에 원소는 패전 후 얼마든지 재기할 수 있었지만 도주하던 중에 스스로 자신감을 잃고 패배를 못 이겨 화병으로 피를 토하며 죽어버렸다.

한편 조조는 북상을 하던 중에 원씨 일족들 간에 일어난 내분을 이용하자는 곽가의 계책을 받아들여 직접 공격하지 않고 기다렸다. 실제로 원소의 3째아들로 후계자가 된 원상과 1째아들로 후계다툼을 벌이던 원담 형제는 극심한 내부 대립을 벌였다. 결국 원담은 조조의 진영에 가담하여 원상의 군사를 공격했고, 여기에다 원소의 조카인 고간마저 원상의 진영에 있었으나 자신이 패권을 잡을 야심을 품고 있다가 원상이 협공을 받자 배신하고 조조에 항복했다. 204년이 되자 조조는 큰 힘을 들이지 않고도 업(업성)을 함락하며 결정적인 승기를 잡았다.

조조는 원소의 잔당에 대한 토벌에 고삐를 늦추지 않았다. 먼저 205년에 원담이 업 함락 이후 반기를 들자 공격하여 죽였다. 다음해에는 고간이 항복했다가 반기를 들었지만 여의치 않자 흉노에게 달려가 도움을 요청했다가 거절당한 채 도망가던 것을 붙잡아 죽였다.

207년에는 원상과 원소의 2째아들로 원상을 지지해온 원희가 오환(동호의 후손)을 거쳐 요동으로 도망가 재기를 도모했다. 이번에도 조조는 곽가의 계책에 따라 움직이지 않은 채 상황을 관망하자, 그곳 군벌인 공손강이 조조군이 몰려올 것을 두려워하여 이들 형제를 살해하면서 완전히 진압되었다. 마침내 조조는 최대의 난적 원소에 승리하며 중국 대륙의 북방을 차지하고 업을 자신의 근거지로 삼았다.

유비가 일어서다

207년이 되자 유비는 조조에게 쫓겨 이번에는 남쪽의 형주로 도망쳤다. 다행히 형주자사 유표가 같은 한나라 황족이라 하여 신야성을 내주자 머물게 되었다. 유비는 모처럼 안정을 되찾고 군사들을 기를 수 있었다. 이 소식을 들은 관우도 유비의 아내인 감부인과 미부인을 호위하여 조조가 선물로 내준 적토마를 타고 달려왔고, 오는 길에 장비와도 만나 유비에게 합류했다. 무엇보다 유비는 전략가의 부재를 절감하고 있던 중에 책사인 서서를 통해 와룡선생 제갈량에 대한 말을 듣고는 그의 초막을 3번에 걸쳐 찾아가 삼고초려(三顧草廬)를 한 끝에 자신의 휘하에 두게 되었다. 이때 유비의 나이는 46세로 천하의 혼란을 바로잡겠다며 일어선 지 꼭 20년을 지나고 있었다.

제갈량(181~234)은 26세의 나이로 군사가 되어 유비 진영의 정무와 군사를 총괄하게 되었다. 당시 제갈량은 유비에게 천하의 정세와 향후 대책을 제시했고, 유비는 그대로 따랐다.

"대륙을 놓고 볼 때 북쪽의 조조와 남쪽의 손권이 형세를 이루고 있습니다. 비어 있는 서쪽으로 가 넓고 기름진 땅을 얻어 힘을 기른 뒤 남방을 차지하면 천하를 3분하게 됩니다. 그 뒤 손권과 손잡고 조조를 징벌합니다. 그렇게 한 뒤에 손권마저 없애면 중국 대륙을 하나의 천하로 만들 수 있습니다."

이렇게 하여 유비는 제갈량 덕분에 비로소 정세를 정확하게 읽고 전략적인 행보를 하면서 점차 대륙의 남서 지역을 기반으로 세력을 구축해나갈 수 있었다.

208년이 되자 조조는 53세의 나이로 하북을 평정한 이후, 이미 가지고 있던 대장군 직책에 더해 3공의 지위를 없애고 승상이 되어 명실공히 후한의 정권과 군권을 모두 장악했다. 하지만 이 정도에 만족할 조조가 아니었다. 남쪽으로 시선을 돌려 남은 영토까지 모두 차지해 천하를 차지하려 야심을 불태웠던 것이다. 때마침 형주자사 유표가 갑자기 병사하면서 향후 삼국시대에서 최대의 전략 요충지가 되는 형주의 정세가 급변하자 호시탐탐 노리게 되었다. 유표의 부인이 계교를 부려 맏아들인 유기를 제쳐 두고 그녀의 아들인 유종이 그 자리를 차지했다. 유기는 자신에게 적대적인 유종이 계승하자 제갈량의 계교에 힘입어 강릉태수를 자청하여 형주를 벗어나 목숨을 구할 수 있었다. 이러한 사정을 안 조조는 형주의 내분을 틈타 10만 대군을 이끌고 진격해왔고, 유종이 겁에 질려 곧바로 항복하자 형주를 거저 손에 넣게 되었다.

그즈음 유비는 제갈량이 조조보다 먼저 유종을 공격해 형주를 차지하자고 제안해오자 자신이 어려울 때 의탁했던 명분을 내세우며 거절했다. 급히 나서 도망가는 길에 유종의 부하들과 백성들이 침략자인 조조군을 두려워하여 뒤따라오자 이들까지 받아들여 10만명이나 되는 사람들을 이끌고 퇴각했다. 당시 유비는 조조를 두려워하면서도 참으로 멋진 말로 자신의 의지를 밝혔다.

“땅이 아무리 넓으면 무엇하는가. 백성들이 따라야 군주인 것이다.”

유비는 관우를 미리 강릉으로 보내 일전에 벌어진 형주에서의 후계다툼 때 도와준 유기와 만나 하구에서 배를 타고 안전하게 피신할 수 있도록 안배했다. 유비는 맹추격을 해온 조조군에 의해 궤멸에 가까운 타격을 입었지만, 그나마 다행스럽게 유기에게 군사를 빌려 온 관우의 도움으로 한숨을 돌리게 되었다. 이렇게 하여 유비는 초라한 처지를 완전히 벗어난 것은 아니었지만 유기의 배려 속에 강릉을 근거지로 하여 어느 정도 군사적인 기반까지 확보하게 되었다.

적벽대전과 삼국의 정립

조조는 더 이상 유비를 뒤쫓아 전투를 벌이는 것을 중단했다.

"오합지졸의 무리를 따라가 무엇하랴. 곧바로 강동을 공격한다."

여기에서 조조는 최대의 패착을 저지른다. 통일을 완수하기 위해 남방에 대한 평정을 서두르며 유비를 배후에 남겨둔 채 성급하게 움직인 것이다. 다 따라잡은 유비를 완전히 소탕하지 않음으로써 나중에 협공을 자초하고 적벽대전 이후 삼국시대를 초래하게 되었다.

조조는 천하통일의 기치를 내걸고 강남의 오나라를 정벌하기 위해 대군을 이끌고 장강 변에 진을 치고 군사훈련을 벌이며 전쟁을 준비했다. 장강을 건너야 했기 때문에 해전이 불가피하자 수군을 이끌 오나라 출신의 채모와 장윤을 기용해 지휘관으로 삼아 만반의 준비를 갖추어갔다. 조조의 아들인 조비는 배후의 안전을 위해 미리 화용도를 지나 오림에 도착해 진을 치고 있었다.

드디어 조조는 20만 병력으로 남하를 감행하려 했고, 손권에게는 항복을 권유하며 압박했다. 다급해진 손권이 조조와 화친을 추진할 것인지를 두고 고심하던 중에 유비의 명에 따라 사신으로 온 제갈량이 찾아와 협상을 제안했다.

"조조가 침략하려 합니다. 넓고 기름지며 물산이 풍부한 땅을 차지하고 강동의 미녀들까지 첩으로 만들겠다며 큰소리를 치고 있습니다. 그러나 백만 대군이라지만 허풍입니다. 유비군 10만 정예 병력이 조조를 배후에서 공격할 수 있습니다. 항복하시겠습니까, 함께 연합군을 이뤄 막아내시겠습니까?"

손권은 젊고 패기에 찬 군주였고, 뛰어난 참모와 장수들이 포진하고 있어 유비와 협공한다면 충분히 승산이 있다고 생각했다.

"이제 조조와 결판을 내겠다. 화친을 권하는 자는 그 누구라도 목을 치겠다."

손권은 결사항전을 천명한 뒤 아래동서로 '3만 병력만 내주면 승리하겠다'고 장담한 주유를 총사령관에 임명하고 유비와 손잡고 연합군을 구성해 5만의 병력을 모아 대응에 나섰다(과장이 심한 소설《삼국지》에서는 조조군을 83만 대군으로 부풀렸고, 더러는 백만대군이라고 했지만 실제로는 20만 병력이었으며, 유비군도 10만이라지만 실제로는 1만명 수준의 병력에 지나지 않았다).

주유는 뛰어난 지략을 가진 장수로 이 전쟁을 기회로 천하2분지계를 실현하려 했다. 조조의 대군을 막기 위해 유비와 제갈량의 힘을 빌리는 한편 조조군을 막아내면 곧바로 형주를 차지하고 유비마저 정벌해 명실공히 중국 대륙의 남쪽을 차지하며 북쪽의 조조와 정립하는 형세를 갖추려 한 것이다.

일단은 조조를 막는 일이 시급했다. 그즈음 제갈량은 주유의 진영에 머물면서 조조의 침공을 대비했다. 이렇게 하여 삼국시대의 대표적인 3대 전투이자 가장 대규모 전투였던 적벽대전이 벌어지게 되었다.

주유와 제갈량은 조조가 배멀미에 역질까지 돌자 수군의 함선을 모두 쇠사슬로 연결하고 널판지를 깔아 진영을 갖춘 것을 이용했다. 염초 화약을 가득 실은 배를 전진시켜 갈고리로 조조의 함선에 걸어둔 뒤 화공을 펼쳤다. 때마침 불어준 강한 동남풍을 타고 불길이 조조의 함선들로 옮겨 붙으면서 거침없이 타들어갔다. 그 뒤를 따라 연합군이 일제히 공격하여 조조군을 휩쓸었다. 조조군은 압도적인 수적 우위에 있었지만 불길 때문에 혼란에 휩싸인 채 도망치기 바빴다.

조조는 적벽대전 단 1번의 전투로 궤멸적인 패배를 당하고는 겨우 목숨을 구해 도망친 뒤 허도로 귀환했다. 반면에 손권은 남방의 맹주로서 확고한 위상을 확립하게 되었다. 유비도 적벽대전이 끝나자마자 손권과 주유보다 한발 먼저 군사를 이끌고 재빨리 형주를 차지함으로써 비로소 나라다운 일정한 영토적 기반을 갖추게 되었다.

바야흐로 중국 대륙은 조조, 손권, 유비가 3대 세력으로 정립하면서 본격적인 삼국시대의 판도가 형성되었다.

쉼 없이 달렸지만 목표를 이루지는 못하다: 치열한 3파전

조조는 적벽대전의 완패에도 불구하고 여전히 우세한 세력을 유지해갔다. 적벽대전에서 대군을 잃었다지만 불에 탄 조조의 함선은 거의 대부분 형주의 함선들이고, 불길에 놀라 도망친 병사들도 형주의 수군이었다. 조조의 청주병은 조비가 닦아 놓은 길을 따라 발빠르게 후퇴하여 대부분 건재할 수 있었다.

210년 조조는 55세가 되자 관록과 경륜까지 몸에 붙었다. 패전 후 흐트러진 내정을 수습하고 군사력을 회복하기 위해 노력하는 한편 구현령(求賢令)을 통해 인재를 구해 조정을 이끌어갔다.

'신분을 비롯한 출신 여부를 묻지 않는다. 역량만을 기준으로 해 인재라면 누구든지 등용하겠다.'

술지령(述志令, 명본지령明本志令)을 내려 자신이 가지고 있던 4현 3만호 중에 3현 2만호를 헌제에게 되돌려주고, 황제위에 대한 야망이 없음을 공개적으로 밝혔다. 이렇게 하여 패전 이후의 어수선한 민심까지 추스르며 안정화시켰다.

211년에는 마초와 한수 등이 관중에서 반란을 일으키자 직접 토벌에 나서 큰힘 들이지 않고 진압했다. 그 뒤 조조가 기세를 몰아 익주를 공격하려 하자 다급해진 익주자사 유장은 유비에게 도움을 요청했다. 이를 빌미로 유비는 익주로 들어가 더욱 안정된 분위기에서 군사력과 세력을 강화해나갔다.

그즈음 조조는 천하통일을 위해 다시 손권에 대한 공세에 나섰다. 이에 손권은 유비에게 동맹임을 들어 구원을 요청해왔다. 유비는 출전을 위해 유장에게 1만 병력과 군수 물자를 요청했다. 그러나 유장이 늙은 병사 4000명과 당초 요청한 물자의 절반만 보내오자 서로 사이가 틀어졌다. 이런 상황에서 유장이 출병하려는 자신을 도우려던 장송을 처형하자 유비는 반격에 나서 전면전에 돌입했다. 당시 조조는 이러한 정세를 틈타 다시 반격해온 마초를 물리쳤다.

213년이 되자 조조는 활발한 군사활동을 계속하는 가운데 위공(魏公)이 되어 천하인이 되기 위한 발걸음을 더욱 재촉했다.

한편 유비는 유장과의 전쟁에서 압도적인 군사력으로 잇따라 승리를 거두거나 항복을 받으며 진격해갔다. 214년에는 유장의 아들 유순이 지키던 낙성을 포위해 공격한 지 1년 만에 함락했다. 마침내 유비는 제갈량, 장비, 조운 등과 더불어 성도까지 진격해 포위하여 유장의 항복을 받아냈다. 이로써 유비는 형주에 이어 익주를 차지해 장차 성립할 촉나라의 기반을 확보했다. 비록 험준한 땅이지만 촉의 41주까지 손에 넣음으로써 확실한 삼국시대의 지리적 판도를 형성한 것이다.

215년에 조조는 서쪽으로 진격하여 한중의 장로에 대한 공격에 나서 항복시켰으며, 이따금 일어나는 반격에도 번번이 승리를 거두었다.

216년이 되자 조조는 61세의 나이로 위공에서 한 단계 더 올린 위왕(魏王)에 올랐다. 아직은 독립국가의 왕이 아니라 후한에 의해 제수받은 제후왕이었지만 나중에 위나라를 건국하는 발판을 마련하게 되었다. 조조로서는 얼마든지 스스로 황제가 될 수 있었지만 사양했다. 아직은 명분이 부족하고, 때가 아니라고 판단했기 때문이다.

219년이 되자 유비는 조조와 벌인 한중 쟁탈전에서 황충을 보내 조조의 장수인 하후연을 죽이고 승리하면서 한중을 차지한 뒤 위왕이 된 조조에 대응하여 한왕(한중왕)에 올랐다. 이에 조조는 군사를 일으키려다 참고 손권과 동맹을 맺고 협공하는 전략을 추진했다.

이러한 정세가 형성되자 손권은 형주를 차지하기 위한 절호의 기회로 여기고 여몽을 보내 총력을 기울였다. 주유와 노숙의 뒤를 이은 여몽은 젊은 지략가이자 장수인 육손과 협력하여 형주를 수비하던 촉나라군을 기습 공격하여 차지하고, 뒤이어 속은 줄 알고 달려오던 관우와 그의 아들 관평을 붙잡아 참수했다.

220년 조조는 국사에 전념하던 중에 극심한 편두통으로 고생하다가 65세의 나이로 병사했다. 아들인 조비는 위왕에 올랐다가 이내 헌제의 양위를 받아 위(魏, 220~65) 문제가 되었다. 이렇게 하여 한 고조 유방

이후 400년간 이어지던 한나라는 멸망했다. 그러자 이듬해인 221년에는 유비도 촉(촉한)나라를 세우고 황제에 올랐으며, 시간을 끌던 손권도 229년에 황제에 올라 명실상부한 삼국시대가 확립되었다.

유비·관우·장비의 죽음과 촉나라의 몰락

219년이 되자 조조는 유비가 한왕이 되고, 관우가 번성을 공격하여 우금을 붙잡고 방덕을 참수하자 그 대응을 놓고 고심하다가 사마의를 비롯한 참모들의 의견에 따라 손권과 동맹을 맺었다. 원래 손권은 자신의 아들과 관우의 딸을 혼인시키려 했다. 그러나 사신으로 간 제갈량의 친형인 제갈근이 관우의 모욕을 받고 쫓겨나자 화가 난 상태에서 조조의 제안이 오자 형주를 되찾을 절호의 기회로 보고 받아들인 것이다.

손권은 조조와의 협공이 가능해진 정세를 최대한 활용하여 관우에 대한 공격에 나섰다. 당시 형주를 지키던 관우는 여몽과 육손의 계략에 빠져 여몽이 병을 핑계로 물러나자 새로 총사령관이 된 젊은 장수 육손을 애송이로 업신여기고 성을 비워둔 채 군사를 이끌고 조인이 지키던 번성을 공격했다. 이때 그 틈을 노린 육손의 공격으로 형주를 빼앗겼다. 관우는 소식을 듣고 급히 돌아오는 길에 붙잡혀 손권에 의해 참수되었다.

이에 따라 한창 기세를 올리던 유비는 삼국시대 최고의 전략 요충지인 형주를 잃고 관우마저 죽자 큰 충격을 받고 흔들리며 몰락의 길을 걷기 시작했다. 221년에는 한나라의 멸망으로 위나라의 기세가 날로 높아지는 가운데 유비가 관우의 죽음과 형주의 상실로 실의에 빠져 있자, 제갈량이 그의 의지를 북돋우기 위해 여러 신하들과 함께 황제에 오를 것을 강력하게 권유했다.

"망한 한 왕조의 정통을 이을 분은 오직 한 분뿐입니다."

유비는 사천성의 성도를 수도로 삼아 촉나라를 건국하고 초대 황제로 등극하였으며, 제갈량은 승상이 되어 국무를 총괄했다.

그러나 그 직후 장비도 관우의 죽음에 분개하며 복수전을 준비하던 중에 군사들에게 지나치게 강압적으로 독촉하다가 책임을 추궁당하던 부하 장달과 범강에 의해 살해당했다. 이들은 장비를 죽인 뒤 목을 갖고 손권에게 도주했다. 이에 유비는 분별력마저 잃고 복수를 다짐하며 명분 없는 손권과의 대규모 전쟁을 추진했다.

유비는 제갈량의 반대에도 불구하고 10만 대군을 이끌고 오나라에 대한 대대적인 공격을 벌였다(소설 《삼국지》에서는 75만 대군이라지만 부풀려진 숫자일 뿐이다). 그러나 이번에도 육손의 계략에 빠져 1년이 넘는 시일을 끌며 제대로 된 전투 한번 못하다가 유인책에 속아 이릉전투(221.7~222.8)에서 화공을 당해 전멸을 당한 뒤 백제성으로 퇴각했다.

유비는 관우와 장비를 잃고 복수전도 대패한 뒤, 그나마 남은 의지마저 잃은 채 실의에 빠져 지냈다. 그러다가 백제성을 영안궁이라 고쳐 부르며 머물다가 후사와 국정을 제갈량에게 맡기고는 8개월 만에 병으로 앓다 죽고 말았다.

유선(207~71, 재위 223~63)은 유비의 뒤를 이어 촉나라의 2대 황제가 되었으며, 제갈량은 촉의 전권을 장악한 채 유선을 충실하게 보좌했다. 그렇지만 제갈량은 선대의 유업이란 명분 아래 위나라에 대한 5차례의 북벌을 감행하였다가 모두 실패했고, 그 뒤로도 제갈량의 유업을 이어 북벌을 벌였지만 번번이 실패하면서 국력도 쇠락했다.

어리석은 유선은 말년에 가 환관 황호를 총애하며 주색에 빠져 촉한을 멸망시키는 원인을 제공했다. 마침내 등애가 이끌고 온 위나라 군사들이 수도 성도를 기습하여 포위하자 겁에 질려 항복함으로써 촉나라는 2대 42년 만에 멸망했다. 유선 자신도 촉의 멸망 뒤에 일어난 종회의 모반에 휘말려 죽었다.

소설 《삼국지》는 한족의 입장에서 유비와 촉나라를 가장 앞세웠지만 실제로는 유비가 조조를 피해 가장 멀리 떨어진 지역으로 가 기반을 구축해야 했다. 영토는 덩그러니 넓었지만 실상은 산악지대에다 척박한 땅이었다. 모든 면에서 위나라와 비교하면 1/10 정도의 규모에 지나지 않아 상대가 되지 못했다. 심지어 오나라에게조차 인구나 물산에서 비교가 되지 않을 정도였다. 또한 3국 중에서 가장 먼저 멸망하기도 했다.

뜻을 이루기 위해 인재, 민심, 법 3가지를 중시하다

조조는 당대 최고의 전략가이자 군인으로 전투 시에 늘 선두에 서서 장병들을 직접 지휘했다. 내정을 혁파하고 국정을 잘 펼쳐 뛰어난 정치가로 정평이 나 있다. 무엇보다 일생 동안 인재, 민심, 법치 3가지를 중시하며 철저하게 지켰다.

조조는 정치와 세상의 근본을 인재에 두고 있었다. 천하의 인재들을 찾아내 등용하는 것이 패권을 얻는 비결이라고 생각했다. 그래서 늘 인재에 목말라하며 구하기를 즐겨했고, 용인술에서 발군의 실력을 보였다.

210년에 구현령(求賢令)과 217년에 구일재령(求逸才令)을 내려 인재를 널리 구한다고 발표해 천하의 인물들을 모으고자 했다. 지금의 시각에서 보면 별것 아니라고 생각할지 모르지만, 중국이 자랑하는 과거제가 처음 시행된 것도 그로부터 약 400년 뒤인 수나라 때 였음에 비추어 보면 인재를 구하기 위해 공개 모집을 시행한 것은 실로 대단한 것이었다. 더욱 재미난 사실은 그 내용이다.

'성공한 군주는 현인이나 군자가 있어 가능했다. 천민 출신이거나 지금은 적이라 해도 상관없다. 불인불효해도 좋다. 청렴하고 결백하지 못해 비웃음을 받아도 좋다. 오직 치국 · 용병의 역량만 있다면 천거하여 그냥 있도록 두지 마라.'

조조는 인재를 구함에서 결코 도덕성에 얽매이지 않았다. 그가 살 당시의 난세에서 오직 능력만을 가장 중요한 가늠자로 삼은 것이다. 조조의 이런 노력으로 그의 주변에는 늘 인재들이 많이 포진해 있었고, 어떠한 분야든지 1가지라도 뛰어나면 중용했다. 적이었더라도 의탁해오면 받아들였고, 막상 등용하면 정성껏 대우하고 중책을 맡겼으며, 자신의 아들보다 중시하기도 했다. 인연이나 감정에 흔들리지 않았으며 탁월한 리더십을 발휘해 수많은 인재들을 잘 이끌어갔다.

이처럼 조조의 성공비결은 인재등용이었다. 그의 휘하에는 천하의 전략가와 명장들이 즐비하게 포진했다. 책사로 가후 · 곽가 · 순욱 · 순유 · 정욱 · 허유 등이, 장수로 서황 · 우금 · 장료 · 장합 · 전위 · 조인 · 조진 · 조홍 · 하후돈 · 하후연 · 허저 등이 활약하며 보필했다. 그 덕분에 조조는 유비나 손권보다 단연 막강한 최강자로 군림할 수 있었다.

다만 아무리 뛰어나도 자신에게 오지 못하면 제거했다. 자신의 마음을 읽거나 선을 넘으면 주변인들조차 가차 없이 죽여 비정한 모습을 보이기도 했다. 관도대전의 최대 공로자인 허유가 자신 때문에 승리한 것을 자랑하자 죽였고, 아끼던 아들이 죽자 한때 사위로 생각했던 주불의가 지나치게 뛰어나다고 여겨 위협이 될 것을 걱정해 자객을 보내 암살했다. 위나라 건국에 둘도 없는 공을 세운 순욱이 자신이 위공이 되는 것을 반대하자 빈 찬합을 보내 자결하도록 만들었고, 발군의 실력을 보인 사마의도 의심하여 죽이려 했다.

조조가 양수를 죽인 이야기는 유명하다. 유비와 한중을 놓고 싸울 때 하후돈이 들어와 암호를 물었다.

마침 조조는 닭 갈비국을 먹다가 '한중이 계륵과 다름없어 버리기는 아깝지만 그렇다고 힘들게 지킬 만한 땅은 아니다'는 생각이 들어 명했다.

"계륵(鷄肋)으로 하게."

암호를 전해들은 양수가 조조의 속내를 읽고는 짐을 꾸리자 하후돈이 양수를 불러 물었다.

"이보게, 승상의 암호를 듣고는 곧바로 짐을 싸고 있다고 들었네. 무슨 이유인지 말해보게."

양수는 대답했다.

"닭 갈비는 먹을 만한 살은 없지만 그냥 버리기에는 아깝소이다. 승상께서는 한중이 계륵과 같다는 말씀을 한 것입니다. 그래서 곧 돌아가려 하는 것입니다."

다음날이 되자 조조가 철수 명령을 내렸다. 하지만 이 일을 알게 된 조조는 계속하여 자신의 속내를 간파한 양수를 죽여버렸다. 이후 '계륵'이라는 고사성어가 유래되기도 했다.

조조는 민심의 향배를 끊임없이 살폈으며, 백성들의 마음을 얻는 일에 최우선을 두었다. 이미 오래전부터 황제가 될 수 있었지만 죽는 날까지 황제에 오르지 않았다. 이유는 오로지 하나였다. 민심을 잃을까 두려워한 탓이다.

조조가 중원의 패자가 된 것은 막강한 군사력과 더불어 중국의 중심지역인 황하유역 즉 화북을 대부분 차지한 것도 있지만 둔전제(屯田制)를 통해 경제적으로 기반을 확보하고 민심을 얻었기 때문이다. 군량을 자급자족하고 비축하는 한편 언제라도 대군을 소집할 수 있게 되었으며, 전란 속에 시달리던 백성들에게 삶의 터전과 식량을 마련하게 해준 것이다. 그 밖에도 지방호족의 토지겸병을 막아 농민들을 지켜주었고, 백성들의 형편에 맞게 세금을 낮춰 민심을 얻었다. 전투를 벌이다 자신을 위해 죽은 군인들을 위해서는 가족들에게 농지를 주어 생계에 지장이 없도록 배려했다.

조조는 근검절약을 강조하며 옷 1벌로 10년 동안 기워 입기도 했고, 고기와 생선을 차리지 않고 조밥에 나물을 먹으며 생활하여 대신과 백성들이 검소한 삶을 뒤따르게 했다. 또한 자신이 가진 엄청난 재산을 모두 기부해 어려운 백성들에게 나누어줌으로써 훌륭한 군주감임을 내보였다. 조정 신료들도 어쩔 수 없이 자신들이 가진 재산을 모두 내놓아 백성들에게 나누어주기도 했다. 이 또한 백성들의 마음을 얻기 위한 것이었다.

조조는 강력한 법치를 표방하고 솔선수범하여 법을 바로 세우고 지키도록 노력했다. 정치를 법에 따라 펼치면서 적용과 상벌에서 자신과의 친분은 물론이고, 신분 또는 지위의 높고 낮음에 차이를 두지 않았다. 그리고 법치에 관한 한 자신 또한 예외로 하지 않았다.

198년에 장수를 토벌하러 나서면서 농민을 생각해 명을 내렸다.

"보리를 밟으면 지휘 고하에 상관없이 참수하라."

그런데 조조가 타고 가던 말이 보리밭을 지나다가 큰 새가 날아오르자 놀라서 날뛰다가 보리를 밟아버렸다.

조조는 단호하게 말했다.

"내가 명을 내려놓고 지키지 않으면 어찌 하겠는가? 군법에 따라 참수해야 한다."

그러면서 조조가 자신의 목을 자르려 하자 책사인 곽가가 달려들어 말렸다.

"안 됩니다. 참으십시오.《춘추》에 '법도 존귀한 데에는 미치지 못한다'고 했습니다. 승상께서는 이 난세를 이끌어가셔야 합니다."

한참 실랑이를 벌이다가 조조가 말했다.

"그렇다면 그 대신에 내 목을 자르는 것과 다름없는 머리카락을 자르도록 하라."

조조는 머리카락을 잘라 장대에 묶어 전군에 보여주었으며, 각 군영에도 돌려 전했다.

"승상이 보리를 밟아 머리카락을 잘라 목을 대신했다."

실제로 당시만 해도 머리카락을 자르는 곤형(髡刑)은 대역죄와 같은 국사범에게 적용되는 치욕적인 형벌이자 목을 베는 참수형과 다름없는 무거운 형벌로 여겼다.

그 뒤로 어떠한 군인도 군법을 두려워하며 지켰다. 이처럼 조조는 처음 관직을 얻어 성문지기를 할 때부터 일생 동안 법을 엄정하게 세우고 지키는 것을 원칙으로 삼아 실천했다.

힘으로 천하 위에 군림했지만 천하를 아우르지는 못했다

삼국시대의 중심인물이자 진정한 주인공은 조조라고 해야 정확하다. 후한의 마지막 황제인 헌제를 보호하며 실권을 잡은 이후 일관되게 정국을 주도했다. 208년에 승상, 213년에 위공(魏公), 216년에 위왕(魏王)이 되었다. 그는 실질적인 황제나 다름없는 위세를 휘둘렀고 언제든지 황제에 오를 수 있었다. 그러나 끝까지 '후한의 충신'이란 명분을 앞세워 황제로 즉위하지 않았다.

또한 유비와 손권이라는 상대를 만나 천하통일의 뜻을 이루지 못한 채 죽었지만 그의 주도적인 활약으로 본격적인 삼국시대와 위나라의 주도에 의한 결말을 예비해 놓았다.

사실 정사에서는 조조가 220년에 죽고 그의 아들이 대를 이어 실권을 장악한 뒤 위나라를 세움으로서 그때부터 삼국시대가 시작된 것으로 본다. 이 때문에 정작 삼국시대는 그의 사후 220년에서 280년에 걸쳐 전개되어 소설《삼국지》에 나오는 대부분의 줄거리는 그 전조에 해당하는 내용들이다. 조조도 예고편에서 활약한 셈이다. 결과적으로 중국 대륙에서 가장 강한 존재로서 힘으로 천하 위에 군림했지만 중국통일을 완수하지는 못한 것이다.

그런데 조조에 대한 평가는 그야말로 극과 극이다. 가장 대표격인 정사 《삼국지》와 소설 《삼국지연의》에서 정반대로 평가했다. 진수는 《삼국지》에서 공정하고 합리적이며 진취적인 인물로 호평한 반면에 나관중은 《삼국지연의》에서 잔꾀를 부리는 교활하고 잔인한 간웅으로 악평했다. 당대의 인물인 교현은 '치세의 무협도이자 난세의 대영웅'으로 보기도 했고, 허소는 '태평시대에는 간적이 될 것이고 난세에는 영웅이 될 것이다(淸平之奸賊 亂世之英雄)'라고 말해 '난세지영웅'이란 고사성어가 유래되었다(허소의 인물평을 들은 조조는 크게 기뻐했다고 한다).

하지만 주로 부정적인 평가를 하고 있다. 간계와 속임수를 부리는 악인, 시대를 어지럽힌 간웅(奸雄), 인정 없고 잔인한 성품 등은 그에 관한 대표적인 인상이다. 이러한 인식은 주로 남송 때 성리학을 집대성한 주자 때문이다. 주자는 자신이 편찬한 《자치통감강목》에서 한족의 나라인 한나라를 기준으로 한 대의명분론에 입각해 유비가 세운 촉나라를 정통으로 떠받들고, 조조는 한나라를 멸망으로 이끌어가고 찬탈한 도적으로 악평을 한 것이다. 이후 나관중에게도 결정적인 영향을 미쳐 소설로 고정관념화한 것이다.

다만 현대 중국 이후에는 입장의 변화가 두드러지고 있다. 중국 문자혁명의 아버지로 불리는 호적은 1917년에 신문화운동(1915~20)을 이끌던 잡지 〈신청년〉에서 조조에 대한 적극적인 재평가를 제안했다.

"안타깝게도 중국인은 주자 같은 사람으로 인해 모두 조조를 미워하고 매도해왔다."

《아큐정전(阿Q正傳)》을 쓴 노신은 1927년에 열린 학술강연회에서 조조에 대한 나쁜 평판의 배경과 향후의 접근법까지 제시했다.

"조조는 누린 시대가 아주 짧아 후대인들이 그의 나쁜 점들을 많이 기록했다. 역사적 인물로서의 조조와 소설 속의 조조를 엄히 구분해야 한다."

그 밖에도 조조에 대해 다양하고 긍정적인 평가가 늘어나고 있다. 특히 모택동은 조조를 두고 '간신이라고 한 것은 봉건적 전통관념에 따른 것으로 바로잡아야 한다'며 재평가했다.

"조조는 진취적인 영웅이다."

모택동은 제도개혁과 둔전제 같은 정치적 치적과 뛰어난 군사역량뿐만 아니라 그의 문학까지 격찬하며 역사인물 중에서 가장 많이 언급했다. 한국에서도 조조를 두고 긍정적인 시각에서 보려는 접근이 늘어나고 있다.

누가 뭐래도 조조는 중국사를 대표하는 군주이자 정치가였으며, 지략과 용병술에 뛰어난 전략가이자 군인이었다. 그러면서도 수시로 사색에 잠기며 늘 책을 가까이 한 학자이자 뛰어난 시문을 지었던 시인이자 문장가로서 다재다능한 인물이었다. 그의 아들인 조비, 조식과 더불어 당대 문학계의 이름 있는 사람들이라 하여 '3조(三曹)'로 불렸다. 이후 당송8대가로 유명한 소순과 그의 아들들인 소식(소동파) · 소철을

'3소(三蘇)'라고 부르는 전통을 남기기도 했다.

또한 공자가 편찬한 6경 중의 하나이자 노나라의 역사서인《춘추》를 가장 잘 해석하고 주석을 달아 지금도 전하고 있다.《손자병법》을 13편으로 정리하여 오늘날까지 애용하게 만든 장본인이기도 하다.《손자병법》의 주석 작업을 끝마친 뒤에는 소박한 민요에 지나지 않았던 악부(樂府)를 공식 문학의 한 장르로 정착시키기도 했다. 무엇보다 시를 좋아하여 주옥 같은 작품들을 남겨 당대를 대표하는 시인으로 손꼽힌다.

조조는 카리스마 강한 리더십으로 정치와 군사를 주도했고, 부하들을 아꼈으며, 인재를 귀하게 여기며 잘 부렸다. 자신을 비롯해 돌아가는 정세와 주변 인물들에 대해 객관성을 잃지 않고 냉철한 판단력을 유지했다. 재산과 탐욕을 경계했고 근검절약을 실천했다. 그렇지만 아집과 오만함에서 벗어나지 못한 자기 한계, 지나치게 지모를 부린 책사형, 강한 시기질투, 너무 넘치는 호기, 잔인성과 비정함 등은 그의 단점이다.

그런 만큼 현대인들은 조조를 통해 좋은 점을 강화하고 나쁜 점은 약화시켜 자신을 키워가야 할 것이다. 그중에서도 뚜렷한 주관을 가지고 자신의 의지대로 세상을 살아가는 모습은 본보기로 삼음 직하다. 특히 큰 꿈을 품고 있거나 높은 직위에 있을수록 적의 인재라도 기꺼이 안으려 했고 인물에 맞게 잘 활용한 실용주의적인 용인술은 본받을 만하다. 반면에 의리와 명분을 가벼이 여기고 인성이 비정하고 모략을 즐긴 면모로 인해 천하의 주인이 되지 못했음은 반면교사로 삼아야 할 것이다.

삼국시대의 불편한 진실 3가지와 진정한 승자

사실 삼국시대(220~80)는 중국사의 일부인 것은 분명하지만, 나라들이 쪼개져 분립하며 전란이 이어진 시절이라 별달리 평가할 만한 부분이 없고, 중국문명 차원에서 보더라도 긍정적인 영향이 거의 없다시피 했다.

그럼에도 불구하고 중국사에서 중국인은 물론이고 한국인과 일본인을 비롯해 세계인에게 가장 잘 알려진 시절이다. 나관중이 지은 소설 《삼국지연의》 덕분이다. 이 소설로 인해 이름만 들어도 익숙한 인물들이 숱하게 등장해 맹활약한 영웅시대로 알고 인식하게 되었기 때문이다.

하지만 인물과 역사를 통해 교훈을 얻으려고 한다면 크게 3가지의 잘못된 인식만은 고쳐야 한다.

1. 삼국시대의 주역이 조조임에도 불구하고 유비로 알고 있다는 것으로 앞에서 충분히 설명한 바 있다.
2. 이들조차 진정한 삼국시대가 본격화가 되었을 때는 거의 사라졌다는 사실이다.
3. 화려한 영웅시대의 뒤에 있던 대다수 사람들의 고통과 비극이 가려져 있다는 사실이다.

《삼국지》의 주인공과 삼국시대의 주역은 전혀 다르다. 정말 우스꽝스런 사실이지만 우리가 익히 아는 영웅호걸들은 삼국시대가 본격화하는 즈음에 거의 죽었기 때문이다. 219년에 관우와 장비, 220년에 조조, 223년에 유비, 234년에는 제갈량마저 죽어 《삼국지》의 주역들은 삼국시대가 전개되기 전에 죽거나 갓 시작된 초기에 역사의 무대에서 사라졌다.

그래서 조조, 유비, 손권의 《삼국지》와 위(220~65)나라, 촉(촉한, 221~63)나라, 오(229~80)나라가 정립한 삼국시대의 판도는 전혀 다른 국면이 된다. 어찌 보면 팥소 없는 빵처럼 삼국시대가 빠진 소설 《삼국지》인 셈이다.

그렇다면 1가지 의문이 남는다. 주인공인 유비가 저토록 일찍 허무하게 죽는데 왜 그를 주인공으로 삼아 소설까지 쓰고 중국인들은 그토록 열광했을까 하는 점이다.

이는 아마도 오랜 중국 왕조사를 거치는 동안 한족이 세운 첫 왕조인 한나라가 망하자 다시 세우려 한 유비에 주목하여 그와 그를 둘러싼 인물들의 활약에 주안점을 둔 것으로 보인다. 더욱이 이 소설이 쓰인 시기 자체가 중국 대륙이 거란족의 요나라, 여진족의 금나라, 몽골족의 몽골 제국(원)에 이르기까지 오랜 세월에 걸쳐 외세 이민족의 지배 아래 통치를 받아야 했기 때문에 한족의 민족의식을 일깨우고 한족의 나라를 다시 세우기 위해 유비와 촉나라를 높여 중시한 것이다.

여기에 더해 한족 출신의 지은이가 1명이라도 더 많은 한족들이 읽기를 바라면서 상상의 나래를 펼치며 가공적 내용을 가미하고 흥미진진한 소설적 재미를 덧칠하여 오늘날까지도 '이보다 더 재미난 책이 있을까'라는 평가를 받으며 인기를 누리도록 만든 것이다.

무엇보다 삼국시대를 통일하는 주역은 엉뚱하게도 사마씨의 진나라였다. 그래서 영웅호걸들이 펼치는 무용담은 맛배기 역할처럼 되고 정작 역사적인 대업을 성취하고 승리자가 되는 주인공은 사마염과 진나라라서 허탈함을 지울 수 없다.

239년이 되자 조조의 손자이자 조비의 아들인 조예가 죽고 8세의 어린 조방이 황제가 되었다. 이에 조상이 권력을 잡고 촉나라를 공격했지만 실패하고 세력과 민심을 잃었다. 당시 조상에게 심한 견제를 받으며 집 안에만 틀어박힌 채 미치광이처럼 행동하며 때를 기다리던 사마의는 마침 조상이 사냥을 나가자 정변을 일으켜 조상과 추종세력들을 한꺼번에 척결하고 위나라의 실권을 장악했다. 삼국시대 최후의 주인공이 사마씨가 되어 엉뚱한 인물로 바껴버린 것이다.

그 뒤 사마의의 아들로 위나라의 실권자인 사마소는 촉나라가 오랜 북벌과 내분으로 국력이 소진되고 혼란이 심해지자 263년에 명장 등애와 종회를 보내 멸망시켰다. 265년에는 사마의의 손자이자 사마소의 아들인 사마염(무제, 재위 265~90)이 선양의 형식으로 제위에 올라 진(晋, 서진 265~317, 동진 317~420)나라가 성립하면서 위나라마저 멸망했다.

280년이 되자 진 무제는 명장 두예와 왕준를 보내 마지막으로 남은 오나라를 정벌하려 했다. 이에 오나라의 4대 군주인 손호가 잔인한 폭정을 일삼으며 백성들을 수탈하고 괴롭히다가 진나라의 대군이 몰려오자 겁에 질려 항복하면서 삼국시대를 마감하고 천하를 통일했다. 결과적으로 보면 삼국시대를 마감하고 최후의 승리를 거두는 주역은 진나라가 되었다.

그러나 진나라 역시 최후의 승리자는 아니었다. 진나라에 의해 삼국시대가 마감되었지만 너무 오랜 세월 동안 한족들이 서로 간에 전란을 벌이면서 기초체력까지 잃게 되었다. 그 와중에 진나라 내부에서는 극심한 후계다툼과 내전이 치열하게 벌어졌다. 게다가 대초원 북방 민족들에게 군사 지원을 받기 위해 손을 내밀면서 그들이 중국 대륙으로 남하하여 정착하는 결정적인 계기를 제공했다. 결국 흉노가 진나라를 멸망시킨 이후 북방 민족들이 주도권을 장악한 채 5호16국시대(304~439)와 남북조시대(420~589, 남조 420~589, 북조 439~581)를 거쳐 선비족의 수당시대에 이르기까지 화북 지역 또는 대륙 전역을 지배했다.

그나마 7세기 초가 지나서야 당 태종의 치세 이후 뜨겁게 달궈졌던 중국 대륙은 평화를 되찾고 조용해졌다. 이렇게 보면 삼국시대의 진정한 승자가 누구이며, 과연 최후의 승리자가 있기나 했는지 다시금 생각해보지 않을 수 없다.

중국 역사상 백성들이 가장 살기 힘들었던 고난의 시절

소설 《삼국지》의 영향으로 인해 흥미 위주의 접근이 보편화되어 삼국시대를 영웅호걸이 멋지게 활약하며 패기와 활력이 넘쳤던 시절로 여기고 있다.

그러나 삼국시대는 당시를 살았던 대다수 중국인들에게는 그보다 더 힘들고 고달픈 시절이 없었다.

한나라 말 이후 황실과 조정의 혼란이 극심해진 와중에 가뭄과 기근이 되풀이되면서 2세기 중반 즈음에는 수도인 낙양 근처에서도 노약자가 길거리에 버려지고 심지어 인육을 먹는 일마저 공공연히 벌어지는 참혹한 국면으로 내몰리고 있었다.

이러한 상황에서 184년에 '황건의 난'이 일어나 수십만명의 농민들마저 봉기하여 전국 곳곳에서 반란이 일어나 한나라의 몰락과 더불어 군벌들의 할거 시대로 접어 들었다.

삼국시대가 열리면서 영웅들의 눈부신 활약과는 정반대로 이들이 치열한 패권다툼을 벌이면서 유별나게 길게 진행된 전란으로 인해 중국인의 실생활에서는 중국사를 통틀어 어느 때보다 살기 힘든 비참한 시절이었다. 내란과 전쟁이 쉴 틈 없이 벌어지는 가운데 병사로 동원되어 전선에서 다치거나 죽어가야 했다. 또한 전비를 조달하기 위해 감당하기 어려운 세금을 바치면서 목숨을 겨우 연명하며 힘겨운 삶을 견뎌내야 했다.

이런 까닭에 한나라 중기에 5600만명이었던 인구가, 후한 말 혼란기에는 3000만명으로 줄었다가 삼국시대를 거치면서 1600만명으로 급감했다. 진나라가 통일했을 때는 인구가 1000만명에 지나지 않았다(일부에서는 후한 말에 5000만명을 헤아리던 인구가 삼국시대 초기에 이미 500만명으로 줄어들었다고 주장하기도 한다).

진나라에서는 '8왕의 난(291~306)'과 '영가의 난(307~12)'이 이어졌다. 그나마 난을 수습하고 황실의 권력다툼이 끝났지만, 이내 흉노, 선비, 저, 갈, 강의 5호를 비롯한 대초원 북방민족들이 중국 대륙을 차지해 5호16국시대와 남북조시대가 이어지며 극심한 고통과 비극적인 삶은 여전했다. 이후 589년에 북방 선비족이 수(581~618)나라를 세워 중국의 통일 왕조를 성립한 뒤 전성기 시절에 인구가 4600만명으로 회복되었다. 하지만 수 양제의 핍박과 폭정으로 백성들의 고초는 다시 계속되었고, 같은 선비족이 세운 당(618~907)나라가 성립하면서 비로소 안정을 되찾고 오랜 중국인들의 고단했던 환란도 끝이 났다.

이런 까닭에 오늘을 사는 우리들은 전쟁 영웅들을 높이 평가하기만 할 것이 아니라 평화와 안정을 간절히 바랐던 대다수 사람들의 처지와 염원을 잊어서는 안 될 것이다.

《삼국지》와 《삼국지연의》

《삼국지》는 한국인을 비롯해 전 세계인이 좋아하는 역사소설이다. 한국의 서점에 나온 《삼국지》 책만 해도 400종이 훨씬 넘어선다. 여기서 우리가 흔히 말하는 《삼국지》는 나관중(1330?~1400)이 쓴 소설 《삼국지통속연의(三國志通俗演義)》 즉 《삼국지연의》를 줄여 말하는 것으로 중국권에서는 '삼국연의'라고 부르기도 한다.

원래《삼국지》는 진나라 때 진수(233~97)가 쓴 중국의 정사 역사서 제목이다. 역사서인《삼국지》를 두고 주석, 야사, 전승, 일화, 잡기 · 잡전 등이 추가되면서 소설《삼국지연의》의 내용이 풍부해져 갔고, 나중에는 드물게 소설이 정사의 책 이름을 대신한 것이다.

진수가 지은《삼국지》는 중국의 정사인 '24사'의 하나로서 중국의 첫 정사 역사서인《사기》에 이어《한서》,《후한서》를 이은 4번째 정사로 위서(魏書) 30권, 촉서(蜀書) 15권, 오서(吳書) 20권 등 총 65권으로 구성되어 있다.

《사기》와《한서》처럼 사람 전기 위주로 되어 있고, 진나라의 녹을 받으며 편찬작업을 했던 진수 입장에서 당연히 진나라의 전신인 위나라를 정통 왕조로 보고 쓴 역사서이다. 위나라를 중심으로 전개하여 위서, 촉서, 오서로 구성하되, 위서가 전체 65권 중 30권으로 압도적인 비중을 차지하고 있다. 황제들의 전기인 본기를 위나라의 황제들만으로 구성하여 제기로 하고, 촉서와 오서의 경우에는 유비와 손권 모두 그보다 낮은 주전에 편입시켜 편찬했다.

그러나 진수가 원래 촉나라의 한족 출신이라 삼국지를 편찬할 때 객관성을 유지하면서도 최대한 촉에 비중을 둠으로써 은근히 유비와 촉에 대한 애정이 배여 나기도 한다(삼국지 위서의 마지막 30권에는 위서 동이전(위서 오환 · 선비 · 동이전)이라 하여 부여, 고구려, 옥저, 동예, 한, 왜 등의 한민족과 일본에 관한 내용으로 구성되어 있어 당시만 해도 중국이 한국과 일본을 바라보는 무게감에서 엄청난 차이가 있었음을 알 수 있다).

《삼국지연의》는 몽골 제국(원) 말과 명나라 초 때 나관중이 쓴 중국의 대표적인 장편역사소설로 읽기 쉽게 쓴 책에다 박진감 넘치는 흥미진진한 내용으로 인해 출간과 함께 중국인에게 선풍적인 인기를 모으며 읽혔다. 《수호지》·《서유기》·《금병매》와 더불어 중국 4대 기서의 하나지만 그중에서도 최고로 손꼽힌다(일부에서는 《금병매》 대신에 《홍루몽》을 넣기도 한다).

이 소설은 한족을 중심에 두고 유비를 주인공으로 하여 관우와 장비, 제갈량의 활약 속에 조조와 손권 진영이 대응하면서 전개된다.

황건의 난, 유비 · 관우 · 장비의 도원결의, 유비의 황건적 토벌, 반동탁 연합군의 결집과 전투, 여포와 원술의 활약, 강동의 영웅 손책의 활약, 조조와 원소의 대결(관도대전), 유비의 삼고초려와 제갈량의 합류, 유비의 분투로 형주에서의 기반 확보, 조조와 유비 · 손권의 대결(적벽대전), 유비의 익주 차지와 촉의 기반 확립, 유비 · 손권의 형주 쟁탈전, 관우와 장비의 잇따른 죽음, 삼국시대의 개막, 유비의 패전과 죽음(이릉전투), 제갈량의 남만 정벌, 제갈량의 출사표와 북벌(촉의 위 정벌), 제갈량의 북벌 실패와 죽음(오장원전투), 촉-위-오 3국의 간략한 결말 등으로 구성되어 있다.

일부에서는 일본의 《삼국지》 영향을 받기도 하여, 유비가 벽에 붙은 방을 보며 한숨을 쉬는 장면으로 시작하는 나관중의 것이 아니라 유비가 차를 사러 떠나거나 요시카와 에이지가 창작한 홍부용이 등장하는 내용이 들어 있는 경우도 적지 않다.

중국에서는 한족 출신인 유비가 한족의 정신적 지주로서 독보적인 위치에 서 있는 가운데 장비도 솔직하고 우직한 성격으로 많은 사랑을 받았지만, 관우가 가장 많은 중국인들의 사랑을 받았다. 한국에서도 조선시대 이후《삼국지》가 즐겨 읽혔으며, 일본인의《삼국지》사랑도 남다르다.

가공된 역사소설의 극치: 유비 중심의 야사가 정사를 뒤엎다

《삼국지연의》는 소설이다 보니 창작이 많다. 주요한 역사적 사건이나 중요한 일부 사실을 뼈대로 하여 가공된 내용을 덧붙인 글이 대부분이다.

초반부에 나오는 유비 · 관우 · 장비의 형제결의 즉 도원결의(桃園結義)를 비롯하여 적벽대전의 승리를 위한 방통의 연환계(連環計)나 오나라 황개의 고육책(苦肉策) 등과 같이 내용 전부가 창작된 경우도 많다. 또한 제갈량과 비교하며 최고의 책략가로 등장하는 방통과 같이 실제 삼국시대 때 있었던 인물이지만, 이름만 빌어 제갈량에 버금가는 천하의 책사로 만들어 적벽대전에 끼워 넣기도 했다.

유명한 명의인 화타를 비롯해 활동한 시대가 전혀 다른 인물들도 적지 않게 등장한다. 208년에 벌어진 적벽대전에서 206년에 풍토병에 걸려 이미 죽은 태사자를 등장시켜 주유의 무장으로 묘사했다. 중국 중심의 사고에 지나치게 몰입한 나머지 조조가 군사를 이끌고 장성을 넘어 흉노의 묵돌 선우(재위 BC 209~174)를 죽였다고 쓰기도 했다.

그러나 묵돌은 흉노 역사상 가장 뛰어난 군주로서 방대한 대제국을 건설한 인물로 한나라가 처음 건국할 때 활약한 인물이라 조조와는 무려 400년 정도 시차가 난다. 당연히 조조가 묵돌 선우를 죽였다는 내용은 나관중이 한족 입장에서 너무나도 시달렸던 묵돌에 대해 소설에서라도 복수하려는 의도로 집어넣어 꾸며낸 이야기다.

한술 더 떠 관우의 전속부관으로 늘 관우와 함께 하다가 죽자 뒤따라 자결한 주창, 관우를 상대한다면서 큰소리쳤지만 실제 싸움에서 죽임을 당한 하후존, 남만의 수장인 맹획의 아내 축융 등과 같이 전혀 실존하지 않은 가공인물들도 여럿 나온다.

특히 과장이 심하다. 관우가 원소의 양대 맹장인 안량과 문추를 상대로 대결해 단칼에 목을 베고는 차가 식기 전에 돌아와 아무 일 없었다는 듯이 차를 마셨다는 이야기, 제갈량이 조조의 명으로 유비를 공격해온 조인과 하후돈의 군사를 놀라운 지략으로 대파해 전국적인 인물로서 유비와 제갈량의 등장을 본격적으로 알리게 되는 이야기, 조운(조자룡)이 적진 속을 누빈 끝에 감부인이 우물에 빠져 자결하자 남은 미부인과 유선을 구한 이야기, 장비가 도망가는 유비에게 시간을 벌어주기 위해 장판교에 혼자 서서 호통을 쳐 추격해오던 조조의 대군(실제로 추격해온 조조군은 5000명의 병력이었음)을 퇴각하도록 만들어 유비가 도망갈 시간을 벌어주었다는 장판파 전투 이야기 등은 소설《삼국지》의 가장 중요한 등장인물인 관우, 제갈량, 조운, 장비를 미화하기 위해 대표적인 무용담으로 만들어낸 내용이다.

심지어 삼국시대의 정립을 가져온 가장 중요한 전투로 여겨지는 적벽대전에서 촉 · 오 연합군이 조조의 대군을 상대로 제갈량과 주유를 비롯한 여러 책사와 무장들이 등장해 펼친 무용담 중에 대부분은 가공된 사실들을 실제처럼 그려낸 가장 대표적인 사례다.

주유와 제갈량이 사용한 3가지 계략인 연환계 · 반간계 · 고육계, 제갈량이 주유와 내기를 벌인 뒤 짚으로 덮은 배를 끌고 가 조조군으로부터 적군이라며 쏘게 하여 화살 10만대를 구해온 일, 하늘의 움직임을 알고 바람이 역방향으로 불 때를 예측하고 결전의 날이 되자 제사를 지내 북서풍을 동남풍으로 바꿨다는 내용들은 모두 소설 속 이야기일 뿐이다.

나관중의 관우 사랑이 빚어낸 허구

나관중은 관우를 너무나 존경했다. 그래서 소설《삼국지》에 흠모하던 관우를 놓고 온갖 이야기를 덧칠하거나 자신의 상상을 가공해 그럴싸하게 그려냈다. 키가 270cm를 넘는 9척에 수염 길이가 46cm에 해당하는 2자로 얼굴이 몹시 붉고 멋진 모습의 풍모로 그려냈지만 정작 정사에는 그에 관한 기록이 거의 없다. 그의 상징과도 같은 청룡언월도 역시 특수 제작하여 무게가 82근(80근이 요즘 48kg, 보통 무사들이 3근(1.8kg) 사용)에 언제나 그와 함께한 것으로 나오지만 북방 민족의 무기로 한나라 때는 아예 없었다.

관우는 유비를 맏형이자 대장으로 하여 장비와 함께 3명이 복숭아나무 아래에서 의형제로서 천하를 도모할 것을 도원결의한 뒤 일생 동안 2인자로서 유비와 생사고락을 함께했다고 하지만 앞에서 말한 것처럼 도원결의 자체가 소설에서 만들어낸 광경이다.

관우가 조조에게 붙잡혀 항복한 뒤 식객으로 있다가 원소와 대결할 때 원소의 양대 맹장인 안량과 문추를 차가 식기도 전에 단칼에 목을 벴다고 썼지만 문추는 조조의 장수인 서황에 의해 패전하고 죽었다. 관우가 유비의 편지를 받고 그에게 가기 위해 조조를 벗어날 때 5개의 관문을 돌파하고 6명의 장수들 목을 베어 유명한 '5관참6장(五關斬六將)'의 전설도 완전히 만들어낸 것이다.

조조가 관우를 떠날 때 그와의 이별을 아쉬워하며 내주었다는 적토마는 198년에 죽은 여포가 타던 명마로 219년에 관우가 죽을 때까지 함께 전쟁터를 누볐다고 말했지만, 말의 평균 수명이 길어야 30년 정도인 것을 감안하면 여포가 타던 말일 가능성은 없다. 또한 관우가 붙잡힌 이후 적토마는 아무것도 먹지 않다가 관우가 죽자 따라 죽었다고 하지만 당연히 소설 속 내용일 뿐이다.

원래 관우는 《삼국지》를 대표하는 적벽대전 때 별다른 전과가 없었다. 이에 소설에서는 의리를 지키는 인물로 그려냈다. 제갈량이 조조의 패퇴를 예상하고도 "조조의 운명이 아직 다하지 않았기 때문에 관우에게 의리를 갚게 해주는 것도 좋다"라고 말하며 관우를 출진시켜 화룡도로 가게 한 뒤 조조를 죽이게 했다. 하지만 관우는 눈물을 흘리며 살려줄 것을 빈 조조를 전날의 의리 때문에 놓아주었다. 제갈량은 관우가 맨손으로 돌아오자 "규율에 따라 참수하라"고 명령했다. 놀란 유비가 한사코 막아서자 없던 일로 하였으며, 이후 자존심 강한 관우가 제갈량 앞에서 머리를 들지 못하게 되었다고 한다. 그러나 이 이야기들은 처음부터 끝까지 전혀 존재하지 않았던 내용이다.

관우가 번성을 공격할 때 방덕의 공격으로 입은 왼쪽 팔꿈치 부상으로 뼈까지 썩어 들어가자 뼈를 긁어내며 치료할 때 고기를 먹으며 참아냈다고 한다. 그렇지만 당시에 존재하지도 않은 화타를 등장시켜 뼈를 깎는 수술을 하는 동안에 마량과 태연하게 바둑을 두며 치료를 받아 감탄했다고 쓸데없이 미화하기도 했다.

반면에 관우의 무례를 두고서는 손권조차 하수로 여긴 호방함으로 그려냈다. 219년에 유비의 기세가 올라갈 때 관우가 번성을 공격해 우금을 사로잡고 방덕을 죽이자, 손권은 자신의 아들과 관우의 딸의 혼인을 추진했다. 그러나 관우는 사신으로 온 제갈근을 크게 나무라며 "범의 딸을 어찌 개의 아들에게 시집보낸다는 것이냐"고 말해 지나친 무례를 저질렀다. 그 뒤로도 번성을 포위하고 있을 때 손권의 군사에게 지난날 개로 조롱한 것도 모자라 오소리로 비유하는 무례를 범했다. 무엇보다 관우의 교만에 찬 처신으로 인해 손권과 조조의 연합을 유도한 꼴이 되어 불리한 정세를 자초했음은 물론이고 형주까지 내주고 자신의 목숨도 잃었다.

그런가 하면 관우에 대해 불리한 내용은 빼버렸다. 그즈음 관우는 여몽과 육손의 계책에 속아 출전했다가 우금을 물리친 뒤에 번성과 양양을 포위했다. 그렇지만 식량이 모자라게 되자 오나라의 군량미를 약탈하기도 했으나, 관우에게 불리한 내용이라 보았는지 소설에는 없다.

여기에 더해 미방이 번성에 대한 군수 지원을 제대로 하지 못하고 남군의 물자까지 불태우자, 관우가 처벌하겠다고 하는 바람에 손권군에게 항복했다. 이로 인해 손권군이 결정타를 입은 관우군을 기습해 남군을 차지했다. 관우는 번성과 양양을 포위하고 있다가 번성을 지키던 조인을 지원하기 위해 온 서황이 훈련조차 받지 못한 주민들로 급조된

부대를 이끌고 왔지만 패배함으로써 번성의 포위를 풀어야 했다. 이때 남군이 손권의 손에 넘어갔다는 말을 들은 관우가 양양의 포위를 풀고 손권군과 싸웠으나, 여몽의 계략에 빠져 제대로 싸우지 못한 채 맥성으로 달아났다. 나중에는 맹달과 유봉에게 원군을 요청했다가 거절당한 상태에서 포위를 벗어나기 위해 손권에게 시도한 거짓 항복마저 들키자, 몰래 달아나려다 아들 관평과 함께 붙잡혀 참수된 뒤에 그의 목은 오나라의 수도인 건업으로 보내졌다.

무엇보다 관우의 죽음을 두고 억울하다는 시각으로 일관하면서 그의 죽음과 관련있는 사람들을 혹평하거나 비참하게 죽었다고 썼다. 여몽이 손권의 축하를 받던 중에 관우의 혼백에 씌어 피를 흘리며 죽었으며, 장흠과 감녕도 비슷한 이유로 죽자 손권이 관우의 후환을 피하기 위해 그의 머리를 조조에게 보냈고, 조조도 관우의 머리를 바라보며 인사를 하다가 갑작스레 눈을 뜬 관우를 보고 크게 놀란 뒤 깜짝 깜짝 놀라다가 죽었다고 한다.

그러나 여몽은 오랜 지병으로 죽었다. 장흠은 관우와의 싸움에서 이긴 뒤 돌아오다가 병사했고, 감녕은 한참 세월이 흐른 뒤 유비와 결전할 때 풍토병에 걸려 죽었다. 특히 조조는 오랜 지병인 편두통에 시달리다가 지나친 격무까지 겹쳐 죽었다.

실제 관우를 죽이는 계략을 짠 육손은 관우의 저주를 받았다지만 아무렇지도 않게 지내다가 이릉전투에서 유비의 대군까지 물리쳤고 위나라군이 수시로 침입해왔지만 그 또한 번번이 막아냈다. 244년에 승상이 되어 태자인 손화와 태자 대우를 받던 손패의 후계자 다툼에서 손화의 편에 섰다가 손권의 의심을 사 질책을 받자 63세의 나이로 화병으로 죽었다.

사실 관우는 제갈량의 합류 이후 서로 2인자의 자리를 놓고 보이지 않는 경쟁을 벌이며 계속하여 대립함으로써 유비 진영이 양대 세력으로 분리되는 결정적인 단초를 제공했다. 제갈량조차 안중에 두지 않는 지나친 2인자 행세와 안하무인적인 행동으로 인해 촉나라 내부는 물론이고 오나라 등과도 끊임없는 감정적 갈등을 불러왔다. 결국에는 자신의 무모한 행동으로 인해 자신의 죽음은 물론이고 삼국시대 최대 전략 요충지인 형주를 빼앗기고 의형제인 장비와 유비를 죽음으로 이끌기도 했다.

일부에서는 유비의 삼고초려 끝에 제갈량이 합류하자 관우와의 갈등과 대립이 본격화했다는 시각과 달리 실제로는 유비의 정책 참모에 지나지 않아 무장인 관우와 대립각을 세우지 않았으며, 유비 직속의 관우 · 장비 대 제갈량을 더 따른 조운 · 황충으로 갈려 촉의 정국을 이끌어갔다는 것은 허구라는 주장도 있다.

어쨌든 관우에 관한 내용에는 지나친 과장에다 허구의 가공과 각색된 미화가 너무 많다. 그러다보니 실제의 뛰어나고 멋진 모습마저 어느 것을 믿어야 할지 의심하게 되기도 한다.

정사에서도 관우를 가리켜 '만인지적(萬人之敵)'이라 하여 능히 1만명의 적을 상대할 수 있는 용맹한 장수라 했다. 후대의 왕조에서는 그를 두고 무조건적이며 절대적인 충성의 본보기라 하여 만고의 충신으로 기렸다. 무엇보다 그의 멋스런 모습, 풍운아적인 삶, 의리와 용맹이 넘치는 무용담은 오늘날까지도 진한 향기를 날리며 후대인의 마음을 붙잡고 있다.

또한 관우에 관해서는 존경과 회자로만 끝나지 않았다. 중국에서는 도교에서 신격화해 전쟁의 신인 관성제군(關聖帝君)이라 하며, 공자의 사당을 문묘(文廟)라 하듯이 그의 사당을 무묘(武廟)라 하여 무의 화신으로 존숭했다. 관제묘(關帝廟, 관왕묘)는 명나라 말에 조선-일본 전쟁(조일전쟁 · 임진왜란, 1592~98)에서 이긴 것을 관우의 덕분이라고 여겨 세워진 이후 중국은 물론이고 한국과 일본 등지에도 건립되었다.

서울 종로구 숭인동에 있고 지하철 1호선과 6호선의 환승역인 '동묘앞' 역에서 말하는 동묘도 동관제묘의 줄임말로 관우를 기리는 묘당이며, 전국에 걸쳐 여러 곳이 있다. 관제교(關帝教)라 하여 민간 신앙이 생겨나기도 했다. 다만 실제 관우의 유해가 묻힌 곳은 알지 못하고 기록조차 전하지 않는다. 그래서 관우의 묘는 그의 위패를 모신 묘이다.

6

경영자가 되었을 때

당 태종

중국 정치의 진수를 보여주다

당 초기 당 태종 때의 판도

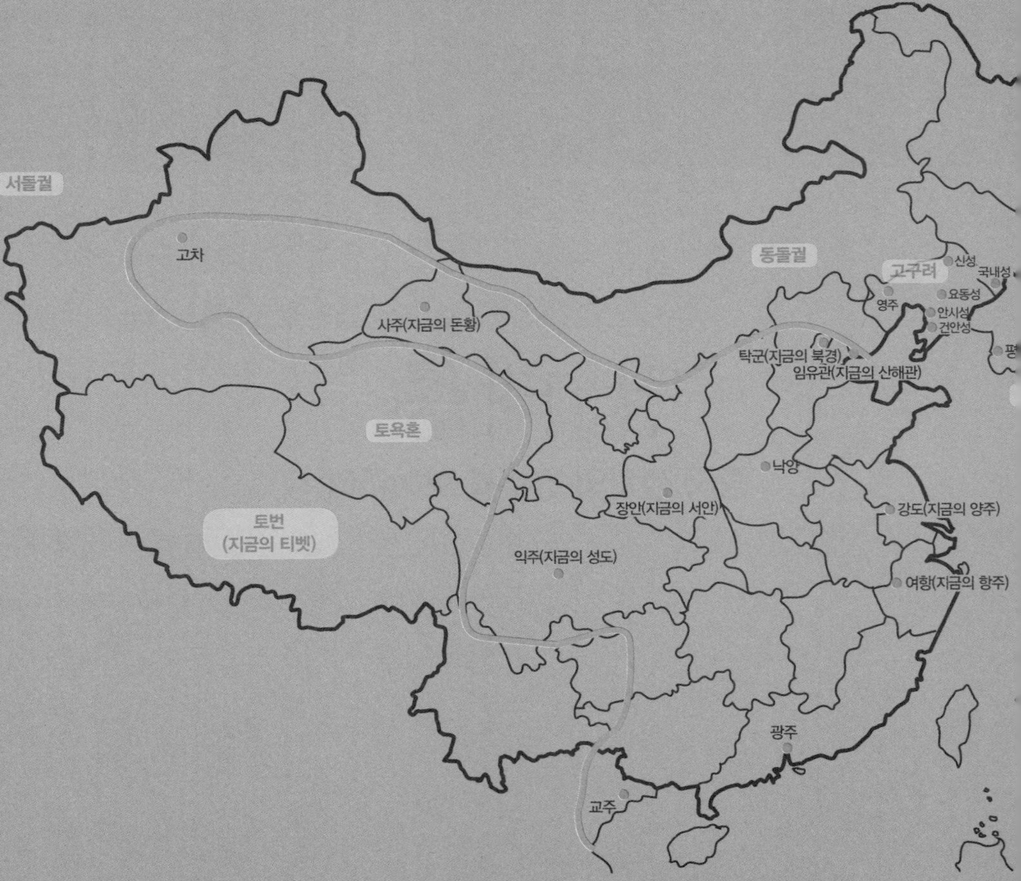

+ 주필산은 안시성의 동남쪽에 위치하고 있으며, 주필산 전투는 고구려와 당이 벌인 1차 전쟁에서 4대 전투 중에 종이 유일하게 승리한 전투였다.
+ 임유관은 만리장성의 동쪽 끝이자 북경 이북에 위치하여 당나라의 경계를 이루었다. 지금은 산해관으로 불리며 성 진황도에 있다.

당 태종

포용의 리더십(지도통합형)

인재들을 옆에 두고 여론을 모아 국정을 이끌다

당 태종은 한국사와도 관련이 깊어 매우 익숙한 이름이다. 고구려-당 전쟁(고당전쟁, 645~68)이 벌어졌을 때 양만춘이 안시성에서 결사적인 수성 전략으로 지친 당나라군이 후퇴하도록 만들었고, 당 태종을 향해 활을 쏴 한쪽 눈을 실명해 애꾸눈이 되도록 만들었다는 전사는 또렷한 기억으로 남아 있다.

물론 고구려와의 전쟁에서 실패한 것은 분명하다. 하지만 그게 다는 아니다. 당 태종은 오랜 위진남북조시대(220~589)를 마감하며 중국 대륙을 통일한 수나라를 멸하고 당나라를 세운 주역이었다. 그리고 치열한 후계다툼에서 승리하면서 자신의 치세를 열기도 했다. 군주가 된 이후에는 현신과 명장들을 기용하여 국내적으로는 당나라를 안정시키고 경제와 문물이 번영하도록 만들었으며, 국외적으로는 활발한 정복을 통해 대국의 판도를 형성했다.

무엇보다 당 태종이 치세 과정에서 보여준 지도력은 중국 정치의 진수로 유명하다. '정관의 치'로 불리는 시대를 열었고, 《정관정요》를 통해 한 조직의 지도자가 해야 할 바를 몸소 보여주기도 했다.

누구보다 가슴 뜨겁게 살았던 영웅이자 백성들이 살기 좋은 세상을 만들어준 역사적 인물이다. 뚜렷한 목표의식을 가지고 많은 인재들을 주변에 두고 적절히 활용하여 모두 신이 나서 일하도록 만들어 목표를 이루어냈다.

아무리 잘해도 후계자를 잘못 세우면 망한다: 수 문제와 수 양제

5호16국시대를 거치는 동안 대초원 북방 민족들이 번갈아가며 중국 대륙 북방을 장악한 채 여러 나라들의 흥망성쇠가 이어졌다. 남북조시대에는 선비족이 북위를 건국한 이후 북조의 5개 왕조를 이어갔으며, 마지막으로 존속한 나라 역시 선비족이 세운 북주였다.

북주의 군주였던 무제는 선비족을 비롯한 북방의 관습에 따르기를 거부한 채 자신의 아들에게 황제의 자리를 물려주기 위해 형제들을 죽이거나 스스로 자결하도록 만들었다. 그러나 정작 위협이 되는 외척인 양견(나중의 수 문제)을 경계했어야 함에도 형제들만 견제하고 숙청하는 어리석음을 범했다.

무제가 죽고 그의 아들이 선제로 즉위했지만, 이미 새로운 황제를 지켜줄 사람이나 세력조차 다 없어지면서 양견의 권세는 더욱 막강해졌다. 그는 가장 강력한 황제후보이자 선제의 삼촌인 우문헌부터 제거했다. 또한 무제의 9형제 중에서 그나마 살아남은 4형제를 모두 지방으로 쫓아보냈다가 다시 불러 올리기를 거듭하면서 힘을 뺀 뒤 제거했다. 나중에는 선제가 폭정을 일삼다가 죽자 정제를 옹립한 뒤 외척으로 섭정이 되어 실권을 장악하고, 우문씨들의 반란을 뛰어난 전술로 모두 제압하면서 새로운 왕조를 열었다.

양견은 선비족의 왕조인 수(隋, 581~618)나라를 세워 남북조시대를 마감하며 중국 대륙 전역을 통일했다. 북주의 군주 벼슬을 하던 중에 권력을 장악한 뒤, 581년에 북조 최후의 나라인 북주를 멸망시키고 수나라를 세웠으며, 뒤이어 589년에는 남조 최후의 나라인 진(陳) 왕조마저 멸망시켜 400년 동안 이어오던 위진남북조시대를 마무리하고 천하통일의 대업을 이룩했다.

수 문제(재위 581~604)는 군주의 이상적인 모습을 실현한 인물이다. 스스로에게 엄격하여 근검절약을 솔선수범하고 백성을 위한 통치를 펼친 뛰어난 군주였다. 이전의 혼선과 악정을 과감히 혁파하면서 법·제도를 확립하여 내정을 정비했다. 중앙정부를 3성6부제로, 지방을 주-현 2단계로 간편하게 재편하였으며, 과거제의 시행 등을 통해 인재들을 모아 국정을 맡도록 했다. 그 결과 '개황의 치'라 불리는 시절을 만들었고, 그가 다져 놓은 치세의 기반이 워낙 체계적이고 알차 뒤이어 성립한 당나라도 거의 대부분을 물려받아 이후 300년 동안 큰 변화 없이 지속되었다.

그러나 수 문제가 병으로 눕게 되자 황태자인 수 양제(재위 604~18)가 아버지 수 문제를 죽이고 제위에 올랐다. 처음에는 황태자가 되기 위해, 그 다음에는 황제가 되기 위해 위선과 계교를 최대한 부렸고 막상 황제가 되자 본색을 드러냈다.

수 양제는 사치와 향락에 빠진 채 폭정을 거듭했다. 북방에 만리장성의 축조, 북경과 항주를 잇는 대운하 공사, 낙양에 동경 신축 등과 같은 초대규모의 토목사업을 벌여 국고를 거덜냈고, 백성들은 노동력 착취와 가혹한 세금으로 고통받아야 했다. 무엇보다 고구려와 전면전을 벌여 몰락의 결정타가 되었다.

고구려-수 전쟁(고수전쟁, 598~614)은 수 양제가 아버지 수 문제 때 고구려와 벌인 전쟁에서 패배한 것을 설욕하기 위해 야심 차게 진행했지만 3번에 걸친 전쟁에서 모두 패전하며 뜻을 이루지 못했다. 그 와중에 양현감의 난을 필두로 견디다 못한 백성들이 곳곳에서 반란을 일으켜 겨우 38년 만에 멸망했다.

중국 왕조사에서 진시황의 진나라와 왕망의 신나라 그리고 이후 등장하는 무측천의 주(무주)나라가 모두 15년 만에 멸망한 것보다는 길게 존속했지만 매우 단명한 대표적인 왕조였다.

수 문제가 그렇게 열심히 국정을 보고 백성들을 사랑하며 통치했지만 후계자를 잘못 세우는 바람에 자신도 비극적으로 죽고 얼마 못 가 나라마저 멸망했다. 일찍이 수 문제는 국호를 수나라로 정하되 '책받침 변(辶)'이 있으면 나라가 빨리 망한다고 하여 수(隋)로 바꾸었지만 아무 소용이 없게 된 것이다.

고구려-수 전쟁

중국사에서 이민족과 치열한 패권 다툼을 벌인 경우로는 융족, 흉노, 선비족, 돌궐(투르크, 지금의 터키), 한민족, 거란, 여진족, 몽골, 만주족(여진족) 등이 대표적이다. 특히 수당시대에는 한민족과 피할 수 없는 대결전을 벌였다.

수나라는 중국 대륙을 통일한 상태에서 북방의 양대 위협세력인 고구려와 돌궐을 예의주시하고 있었다. 때마침 6세기 말에 돌궐이 동 · 서 돌궐로 분열되자 서돌궐과 손잡고 동돌궐을 공격해 굴복시키고 군신관계를 확립했다. 이렇게 돌궐에 대한 문제가 어느 정도 해결되자, 동북아시아의 패권을 놓고 고구려와 대규모 전쟁에 돌입했다.

고구려-수 전쟁(고수전쟁, 598~614)은 고구려의 영양왕(재위 590~618) 때 4차에 걸쳐 진행되었고 모두 고구려가 승리했다.

1차 전쟁에서 고구려의 영양왕이 처음에는 친교를 추진하다가 고구려를 정벌하려는 수나라의 의도를 알고서는 중원과 동북아시아의 쟁패를 놓고 대립할 것을 대비했다. 598년에는 말갈족(나중의 여진족, 만주족)이 포함된 1만 병력을 보내 요서를 선제 공격하고 거란족이 포함된 군사를 보내 바다를 건너 산동반도를 공격했다. 이에 수 문제가 30만 병력을 일으켜 반격에 나섰지만 고구려의 명장 강이식이 기마부대를 중심으로 한 5만 병력을 이끌고 지구전을 벌였다. 결국 수나라군이 식량이 떨어지고 전염병이 돌아 퇴각하게 되자, 강이식이 이끌던 고구려군은 곧바로 맹추격하여 임유관(산해관, 오늘날 북경의 관문) 전투에서 궤멸적인 피해를 입혔다.

수 양제는 수 문제 때의 패전을 설욕하고자 3차례에 걸쳐 고구려와의 대대적인 전쟁에 돌입했다.

2차 전쟁은 612년에 수 양제가 오랜 준비를 한 끝에 무려 113만 병력을 일으켜 우문술과 우중문의 지휘 아래 전면전을 감행했다. 이번에는 고구려의 명장 을지문덕이 펼친 계략에 휘말려 유인책에 빠져 전선이 길어졌다. 지구전으로 인해 식량이 떨어져 굶주림에 시달렸다. 또다시 어쩔 수 없이 퇴각하다가 맹추격해온 고구려군이 벌인 살수대첩에서 거의 전멸을 당하고는 겨우 수천명의 군사들이 살아 돌아갔다.

이후에도 613년 3차에는 30만 병력으로, 614년 4차에는 수군까지 동원해 전쟁을 벌였지만 제대로 싸우지도 못하고 고구려 장수들의 뛰어난 전략과 주력군인 철기군단을 비롯한 막강한 기마부대의 활약으로 패배만을 거듭했다. 그런데 3차 전쟁 과정에서 수나라 내부에서 양현감이 10만 병력으로 반란을 일으킨 것을 필두로 전국 곳곳에서 반란이 잇따라 일어나면서 얼마 안 가 나라마저 멸망하고 말았다.

고구려-수 전쟁은 뒤이은 고구려-당 전쟁과 더불어 무려 70년에 걸쳐 진행되면서 중국에 일대 변화를 가져왔다. 뿐만 아니라 초대규모의 국제전으로서 동아시아 질서를 뒤흔들며 인류문명사의 흐름을 가늠한 10대 전쟁의 하나로 손꼽을 수 있다.

난세는 새로운 기회가 된다: 이세민 일어서다

당 태종 이세민(599~649, 재위 626~49)은 수나라 시절 지배층인 선비족 출신의 당국공 이연(나중의 당 고조)의 2째아들로 태어났다. 아버지 이연은 북주와 수나라를 거치는 동안 대를 이어 대장군을 지내며 당국공으로 봉해져 막강한 위세를 떨쳤다(당이라는 국호는 여기서 나왔다).

이세민은 614년에 같은 선비족인 장손씨와 결혼했고, 다음해에 16세의 나이로 장교가 된 이후 18세부터는 10년 이상 전선을 누볐다.

그가 군인의 길에 막 들어설 무렵 중국에서는 난세가 본격화하며 새로운 시대를 예고하고 있었다. 수 양제가 고구려-수 전쟁과 대운하 건설로 인해 민심을 잃자 각지에서 반란이 일어난 것이다.

617년이 되자 이세민은 아버지 이연을 따라 태원에 있을 때 친한 벗이자 관리로 있다가 친척인 이밀의 반란으로 감옥에 갇혀 있던 유문정을 만나 천하를 얻는 묘책을 듣게 되었다.

"지금 수 양제는 멀리 강도에 있고, 이밀은 동쪽의 거점인 낙양을 공격하느라 바쁘다네. 그리고 곳곳에서 반란이 일어나 혼란스럽기 그지없네. 바로 이때가 천하를 차지할 절호의 기회일세. 자네 아버지의 병사 수만에다 내가 나선다면 10만을 어렵지 않게 모을 수 있네. 자네가 그만한 군사들을 이끌고 수나라 수도인 장안을 도모한다면 반년도 안 가 천하를 차지할 수 있을 것이네."

이세민은 집으로 돌아와 결심을 굳히고 아버지 이연을 설득했다.

"아버님, 우리가 군사들을 이끌고 북방의 돌궐을 공격했지만 번번이 실패했습니다. 게다가 반란이 각지에서 일어나 아버님의 힘만으로 평정하기는 어렵습니다. 설령 토벌해도 의심 많은 황제로 인해 더 위태로워질 뿐입니다. 이젠 어쩔 수 없습니다. 우리도 거병하여 살길을 찾아야 합니다. 군사들을 모아 수도인 장안을 차지하면 위기를 벗어날 뿐만 아니라 천하를 잡게 될 것입니다."

이세민은 아버지 이연이 자신의 말에 따르기로 하자 유문정을 감옥에서 빼낸 다음에 군사들을 모아 군세를 키워갔다. 다른 곳에서 반란을 진압하고 있던 큰형 이건성과 동생 이원길까지 불렀다. 그러고는 곧바로 군대를 편성해 대장군이 된 이연의 지휘 아래 3만 병력으로 장안을 향해 진격했다.

여기에 더해 장안으로 가는 도중에 계속 군사들이 합류하면서 나중에는 20만 병력으로 불어나 막강한 위세를 더해갔다. 결국 사기가 떨어지고 저항할 의지조차 잃은 장안을 큰 힘 들이지 않고 함락했다. 이연은 즉시 약법12조를 선포하고 수나라의 가혹한 법령을 모두 폐지하여 민심을 달래는 한편 수 양제의 손자를 허수아비 황제로 세우면서 실권을 장악했다.

618년에는 수 양제가 수도인 장안을 잃고서도 강도에서 아무런 대책 없이 머물다가 그의 시위장이자 우문술의 아들인 우문화급과 우문지급 형제에게 살해당하는 일이 벌어졌다. 이연은 절호의 기회가 왔다고 생각하고는 국호를 '당(唐)'으로 정하고 스스로 황제가 되었다.

이연과 이세민은 발빠르게 정국을 장악해갔고, 이에 반발하는 전국의 반란과 저항을 수습해갔다. 이세민은 군사를 이끌고 출정하여 왕세충, 두건덕, 설인고, 유무주 등과 같은 쟁쟁한 군벌들을 상대로 모두 이겼다. 아버지 이연은 그의 무공을 높이 칭찬하며 '천책상장(天策上將) 즉 하늘이 내린 장수 중의 장수'라는 별호를 내리기도 했다.

언제나 난세는 있다. 지금의 한국사회도 툭하면 위기라는 말이 떠나지 않는다. 미국마저 늘 위기론에 휩싸여 있다. 그렇다면 누군가에게는 결단을 하고 새로운 일을 기획하고 추진한다면 뜻을 이루기에 더할 나위 없이 좋은 시절인 셈이다. 위기를 기회로 만들어야 한다. 위기라는 말 자체가 위험과 기회의 합성어 아닌가.

이세민은 때가 왔음을 느끼고는 과감하게 결단을 내렸고 있는 힘을 다 끌어모아 가장 중요한 전략 거점부터 차지했다. 오늘을 사는 우리라고 다를 바 없다. 자신의 미래를 놓고 중요한 순간이 왔을 때 무엇을 할 것인지 결단하는 일은 '인생의 승부수'로서 결정적으로 중요하다. 머뭇거리거나 미루다 보면 이도저도 아닌 처지가 되기 십상이다.

승부처를 노린다: 결정타를 준비했다가 나의 것으로 만든다

당(唐 618~907)나라가 건국되자 당 고조 이연은 내정의 정비를 통해 중앙에서부터 안정을 찾아가는 한편 반란군이나 저항세력들을 진압하면서 나라의 기틀도 빨리 잡아나갔다. 그렇지만 이연이 황제가 될 때 적장자를 황태자로 삼아야 한다는 명분으로 인해 맏아들인 이건성이 황태자가 되었고, 이세민은 진왕(秦王)에 봉해졌다.

사실 이연이 당나라의 황제로 즉위했지만 실제로 왕조를 열고 안정을 찾기까지 이세민이 가장 결정적인 역할을 했다. 그의 힘과 인기도 나날이 높아져갔다.

상황이 이렇게 되자 본격적인 후계다툼이 본격화하기 시작했다. 날이 갈수록 황태자 이건성과 이세민 진영으로 세력 판도가 형성되면서 견제와 충돌이 강도를 더해갔다. 특히 이건성은 이세민을 몹시 불안하게 여겨 제거하기 위해 온갖 노력을 기울였다. 자신의 세력을 불려나

가는 한편 고조에게 이세민을 모함하는가 하면 황궁을 장악하려 했다. 고조의 4째아들인 제왕 이원길을 같은 편으로 끌어들이게 되자 판세마저 차츰 유리하게 돌아갔다.

626년이 되자 이세민은 나름대로 자기 방어는 물론이고 큰 야심을 품고 정국을 장악하기 위해 고심하고 있었다. 그러다가 이건성과 이원길이 위징, 왕규 등과 함께 자신을 죽이려는 모의를 하고 있다는 사실을 알게 되었다. 더 이상 마냥 지켜볼 상황이 아님을 느끼고는 처남인 장손무기를 비롯해 이정, 이세적(이적, 서세적) 등을 불러 역습을 하기로 한 뒤 고조에게 가 직설적으로 읍소했다.

"황태자와 제왕이 아바마마의 후궁들과 온갖 추잡한 짓을 벌이고 있습니다. 뿐만 아니라 저를 죽이려 하고 있습니다."

그러면서 이세민이 흐느끼며 눈물을 쏟아내자 깜짝 놀란 고조는 이세민을 달래 돌려보냈다.

"그저 지나칠 일이 아니로다. 내일 너의 형제들을 다 같이 불러 직접 심문하겠다."

고조는 두 사람을 궁궐로 불러들였다. 이세민은 이미 준비한 군사들을 황궁의 현무문에 배치한 뒤 현무문의 수비대장도 매수하여 두 사람이 궁으로 들어오면 죽이기 위한 작전을 실행에 옮겼다. 한편 이건성과 이원길은 고조의 부름을 받자 별다른 생각 없이 서로 만나 함께 궁궐을 향했다.

이세민은 직접 현무문에 자리 잡은 뒤에 이건성과 이원길이 현무문으로 들어서자 신호를 보내 매복한 군사들이 화살을 쏴 그 자리에서 죽였다. 후일 이 사건은 '현무문의 변'으로 일컬어진다.

이세민은 즉시 수하 장수를 보내 궁궐 호수에서 대신들과 배를 타고 즐거운 시간을 보내고 있던 고조에게 알렸다.

"황태자 이건성과 제왕 이원길이 반란을 일으켰습니다. 두 분은 이미 돌아가셨습니다."

고조와 함께 있던 신료들은 이제 이세민의 세상이 되었다는 현실을 직감하고는 제 살길을 떠올렸다. 눈치 빠른 재상 소우가 말했다.

"이건성과 이원길은 원래 큰 공이 없었습니다. 두 분이 죽은 것은 슬픈 일이오나 어찌 보면 어쩔 수 없는 일이었습니다. 이제 국사를 진왕 이세민에게 맡기십시오. 그러면 아무 일도 없을 듯 하옵니다."

고조는 아들 간의 죽고 죽이는 참사에 슬픈 마음을 가눌 길이 없었지만 이미 벌어진 상황을 짐작하고는 소우의 말에 따라 명을 내려 병권을 이세민에게 주었다. 3일 뒤에는 이세민이 황태자가 되었고 이후에는 국정 전반을 모두 맡게 되었다. 그 뒤 고조는 양위 압력을 받자 2달 만에 이세민에게 황위를 넘기고 태상황이 되었다.

지도자는 일로 평가받는다: 정관의 치

626년 27세의 혈기왕성한 이세민은 그토록 열망하던 당나라의 2대 황제에 올랐다. 여느 뛰어난 지도자가 그렇듯이 당 태종도 권좌에 오른 뒤에는 먼저 자신부터 솔선수범하는 한편 함께 일할 좋은 인재들을 두루 모아 국정을 이끌게 했다.

당 태종은 자신의 손으로 멸망시켰던 수나라가 수 양제의 사치 ·

향락과 폭정으로 인해 망해가는 모습을 똑똑히 바라보았다. 더욱이 수양제가 아버지와 형제를 죽이고 패권을 잡아 늘 정통성과 도덕성의 결함에 시달린 것처럼 자신도 집권을 하기 위해 친형제를 둘이나 죽이고 아버지에게 거의 반강제로 권력을 넘겨받은 만큼 민심을 얻는 일이 절실함을 잘 인식하고 있었다.

당 태종은 다른 어떠한 일보다 제대로 된 군주의 모습을 보여주기 위해 노력했고, 백성을 위한 정치를 펼치는 일에 온 정열을 기울였다.

당 태종은 황태자가 된 이후부터 그동안 창업을 위해 무장으로서 전쟁터를 누비던 시절과 달리 수성을 위해 자신부터 변화했다. 책을 즐겨 읽으며 제왕학과 치세의 방책을 두루 공부했고, 당대의 학자들로부터 가르침을 받으면서 내공을 키워갔다. 황제가 되자 더욱 자신을 엄격하게 다스려 몸소 부지런함과 검소함을 생활화하여 실천했다. 사치를 금해 황족과 대신들이 따르게 하여 위징을 비롯한 많은 중신들이 청렴한 생활을 하며 국정에 전념했다. 그리고 신료들로 하여금 자신이 혹시 잘못한 바가 있으면 가차 없이 지적하도록 하여 고쳐 나갔다.

당 태종은 창업과 수성을 어찌 해야 할지를 놓고 답을 찾으려 노력했다. 어느 날 경연이 열리자 신하들에게 질문했다.

"창업과 수성 중에 어느 쪽이 더 어렵소?"

방현령이 대답했다.

"군웅들이 많아 그들과 싸워 이겨야 했기 때문에 창업이 더 어렵습니다."

위징은 정반대로 답했다.

"예로부터 군주들이 자리를 어려운 중에 얻었지만 가볍게 여기다가 잃었습니다. 그래서 수성이 더 어렵습니다."

당 태종은 나름대로 절충을 한 뒤 말했다.

"방현령은 나와 함께 천하를 얻어 창업이 어려운 것을 잘 알고 있다. 위징은 나와 함께 천하를 편안하게 하느라 수성이 어려운 것을 잘 알고 있다. 이미 창업은 이루어냈다. 이제 수성을 잘해야 한다. 부귀로 인해 교만과 사치에 빠지기 쉽고, 나태로 인해 재화와 혼란이 생긴다는 것을 알기에 두렵도다. 그래서 늘 수성의 어려움을 새기도록 합시다."

당 태종은 수성을 위해 인재등용과 용인술을 중시했다. 특히 결단력이 좋은 두여회, 계략을 잘 세우는 방현령, 강직하고 입바른 위징, 너그럽고 청렴한 왕규 등을 요직에 두고 자신을 보필하도록 하는 한편 소신 있게 국정을 끌어가도록 했다.

이를 위해 당 태종은 오래전부터 함께 해온 방현령과 두여회 등은 물론이고 아무리 적이었더라도 능력이 있으면 무슨 수를 쓰든 자신의 사람으로 만들어갔다. 황태자 이건성의 편에 서서 자신을 죽이려 했던 위징과 왕규 같은 현신을 기용하여 명재상이 되도록 했다. 갓 건국한 당나라에 새로운 기운을 불어넣기 위해 과거제를 실시해 신진인사들을 등용해 국정을 수행하게 만들었다. 이렇게 하여 개국공신들을 통해 건국 초의 안정 기반을 다지는 한편 신진 세력들을 배치하여 국가 운영의 참신함과 활기에 찬 나라를 지향할 수 있었다.

당 태종은 수나라에서 중국 역사상 처음으로 시행한 과거제를 비롯해 관료제, 지방행정기구, 균전제, 조용조 제도, 부병제 등과 같이 수문제가 만들어놓은 좋은 제도들을 그대로 이어받았다. 중앙은 3성6부 제도를, 지방은 주 · 현 2단계로 간편화하고 중앙에서 지방관을 파견하는 주현제를 확립했다. 이렇게 하여 중국 정치의 표본이 된 정치 · 행정 제도가 당 태종 시절에 정착되었다. 그런가 하면 10년에 걸쳐 실정에 맞게 법과 제도를 정비하여 이른바 '당률'이라는 당나라의 근간을 확립했다.

백성을 위하는 정치의 기본을 지켜 명군이 되다

당 태종은 군주로서 제대로 치세를 펼쳐 민심을 다잡기 위해 백성을 정치의 중심에 두고 늘 입버릇처럼 말하곤 했다.

"천하는 한 사람을 위한 것이 아니라, 만인의 것이다."

"백성을 어렵게 하면 나라를 망치는 정치일 뿐이다."

황제인 자신 이하 모든 대신과 관리들에 이르기까지 백성들이 살기 좋도록 만드는 일을 국정의 요체로 두게 만들었다. 그러면서 국가재정을 넉넉하게 확충하는 일에도 공을 들였다.

먼저 인구의 절대다수를 농민이 차지하는 현실에 맞게 균전제(均田制)를 실시해 18세 이상의 백성들에게 토지를 균등하게 나누어 주었다. 조용조(租庸調) 제도를 통해 성인 남성을 기준으로 조(租)는 토지를 받은 백성이 생산한 곡물 2석을 징수하고, 용(庸)은 1년 중에 20일을 나라를 위해 부역하도록 하였으며, 조(調)는 호(戶)에 부과해 직물과 토산품 같은 공물을 거두었다. 이러한 제도의 추진으로 백성들의 생활수준이 높아지고 살기 좋아졌으며 국고도 넉넉해졌다. 이렇게 되자 당 태종은 명군 중의 명군으로 신망이 높아져갔다.

그리고 황제의 가장 중요한 책무인 국방을 튼튼히 하기 위해 부병제(징병제)를 통해 병농일치의 군사제도를 채택하여 전 백성들의 참여 속에 안정적인 군사력을 확보했다. 이렇게 하여 국가재정, 농업, 군사 등의 전반에 걸친 제도가 정비되어 정착되자 당나라는 날이 갈수록 놀라운 국력을 바탕으로 번창해갔다.

당 태종은 문화예술의 진흥에도 열정을 기울였다. 자신부터 서예를 워낙 좋아하여 중국이 '서예의 나라'가 되는 전기를 만들었다. 오죽하면 '서성(書聖)'이라 불리는 왕희지의 글을 너무나도 사랑하여 그의 모든 글을 모으도록 하여 죽을 때 자신의 관에 넣어 묻게 하여 오늘날까지 전하는 진품이 별로 없을 정도였다. 또한 음악과 춤에 큰 관심을 보여 한족과 북방 민족의 예술을 바탕으로 새로운 종합 예술을 창시하기도 했다.

사실 한, 송, 명과 같은 한족의 왕조에서는 유학만이 번창한 것과 달리 당나라는 북방 민족이 지배층이다 보니 도교와 불교가 번창했다. 오히려 당 태종은 지나친 종교화를 경계하여 《5경정의》를 편찬하도록 하는 등 유학을 장려하여 균형을 맞추려 했다.

당 태종의 용인술에서 주목할 것은 자신의 명을 따르도록 한 것이 아니라 소신과 권한을 갖고 일하도록 한 점이다. 어떠한 신료든지 자신의 권위에 주눅 들어 제대로 의견을 밝히지 못하거나 소신을 펴지 못하는 것을 극히 경계했다. 그래서 먼저 부드러운 분위기를 만들고 따뜻한 모습으로 대해 오늘날의 기준에서 보더라도 참기 어려운 독설조차 침착하게 꾹 참고 받아내며 그들의 능력을 최대한 발휘하도록 이끌었다.

위대함을 얻기 위해서는 대외 치적을 쌓아야 한다: 서역을 차지하다

당 태종은 내정의 안정을 기반으로 활발한 영토 확장을 추진했다. 먼저 당을 위협하는 외세로 크게 두 이민족을 경계했다. 바로 돌궐과 고구려였다. 당시 동아시아의 정세는 당나라와 돌궐과 고구려가 팽팽한 3각관계를 유지하고 있었다. 더욱이 당나라로서는 고구려와 돌궐이 같은 혈통과 시원을 가진 대초원 북방 민족으로서 주로 형제국으로 지내며 전통적인 우방관계였던 사실을 고려해야 했다. 또한 전대의 수나라가 어슬프게 고구려와 전쟁을 벌였다가 나라마저 멸망하는 것을 두 눈으로 목격한 만큼 착실하게 준비를 진행했다.

당 태종은 돌궐부터 정리해갔다. 원래 당나라가 건국되었을 때는 세력을 회복한 돌궐의 막강한 군사력에 눌려 그들의 요구에 굴복하며 신하로서 복종해 군신관계가 성립되었다. 심지어 고조는 직접 돌궐에 신하처럼 몸을 낮춰 행동했고, 당 태종이 즉위할 무렵에도 돌궐이 수도인 장안까지 공격해 들어와서 치욕을 겪어야 했다.

그러다가 때마침 돌궐에 내분이 일어났다. 당 태종은 이간책을 벌여 분열과 대립을 조장해나갔다. 630년이 되자 군사를 일으켜 내분으로 인해 약화된 동돌궐을 기습 공격하여 정복했다. 그 뒤에는 다시 더 진격해 서역의 토욕혼과 토번(지금의 티벳)까지 공격하는 한편 더 서쪽의 고창 · 구자 등을 비롯한 여러 나라들을 정복하여 중앙아시아 일대까지 병합해 영토를 확장했다. 이렇게 하여 당 태종은 실크로드(비단길) 일대를 장악하고 당나라의 영토를 수나라보다 2배 정도 더 크게 넓혀 놓았다. 스스로도 '텡그리 가한(天可汗) 즉 하늘에서 내린 가한'이라는 칭호를 얻으면서 중국의 군주일뿐만 아니라 북방의 맹주임을 과시했다.

드디어 고구려와 정면 승부를 하다

당 태종은 북방의 위협세력 중에서 서쪽을 정리하자 이번에는 동쪽으로 눈을 돌려 유일하게 남은 고구려를 정조준했다. 당시 고구려는 수나라마저 멸망으로 이끌었던 동북아시아의 강대한 제국이었으나 국내 정세가 급변하고 있었다.

영류왕(재위 618~42)이 사치와 향락에 빠진 채 정치를 멀리 하여 대신과 백성들의 민심을 잃은 상황에서 당과의 대응에도 소극적이었다. 이에 연개소문이 정변을 일으켜 영류왕을 죽이고 정권을 잡은 다음에 보장왕(재위 642~68)을 세우고 군사력 강화에 노력을 기울였다.

당 태종은 일단 고구려와 동맹을 맺어 시간을 번 뒤 첩자를 보내 정세와 지리를 파악하는 한편 남쪽으로 베트남 북부까지 진격하여 남방으로 영토를 대폭 확장하기도 했다.

이렇게 하여 당 태종은 어느 정도 국내 · 외의 정세를 수습하게 되자 고구려에 대한 대대적인 전쟁에 돌입했다.

645년 46세가 된 당 태종은 고구려-당 전쟁(고당전쟁 645~68)을 일으켰다. 연개소문의 쿠데타를 빌미로 삼아 육군과 수군의 50만 전투병력이 출정하고, 당 태종이 직접 이끄는 친위대 20만 병력으로 뒤따르는 가운데 무려 100만 대군을 이끌고 요서를 지나 요동으로 진격해갔다.

그러나 초기의 승리에도 불구하고 4대 전투로 손꼽는 북쪽의 신성 전투와 남쪽의 건안성 전투에서 승리를 거두지 못했다. 이에 요동의 전략요충지인 안시성을 공격하기 위해 대군을 결집하자 고구려도 대대로 고정의가 지구전을 당부하면서 15만명의 지원군을 보냈다. 하지만 고연수와 고혜진이 성급하게 행동하다가 계략에 빠져 4대 전투의 하나인 주필산 전투에서 패배함으로써 나중에 달려온 고정의가 이끌던 고구려 본진도 손을 쓰지 못했다.

이런 상황에서 당나라군은 안시성으로 진군하여 마지막 4대 전투로 유명한 안시성 전투에 전력을 결집했다. 그러나 1년여에 걸쳐 당 태종의 독려 속에 총력을 기울여 공격했지만 안시성주인 태수 양만춘에게 번번이 막혀 성을 함락하지 못했다. 결국 추운 겨울이 다가오고 식량마저 떨어지자 당나라군은 서둘러 퇴각하지 않을 수 없었다. 그때 당 태종은 고구려군이 쏜 화살에 맞아 한쪽 눈을 실명하면서 서둘러 철수했다(일부에서는 양만춘이 적장인 당 태종을 향해 정조준하여 쏜 것이라고도 한다). 역사학자 신채호는《조선상고사》에서 고구려의 실력자 연개소문이 도망치는 당나라군을 뒤따라 추격하여 북경 일대 또는 중국 내륙 깊숙이 치고 들어갔다고 주장하기도 했다.

이렇게 되자 당 태종은 우회 전략에 들어가 646년에 돌궐의 한 갈래인 철륵마저 복속한 뒤 고구려를 향해 재공격을 하려 했다. 다만 곧바로 대규모 전면전을 벌인 것이 아니라 고구려의 국경 일대 변방을 계속 공격하여 국지적인 소모전을 지속함으로써 고구려의 변방과 요하 일대를 피폐하게 만든 다음에 고구려를 침공하는 방식으로 전략을 전환했다. 이에 따라 당나라군은 100여 차례에 걸쳐 고구려의 변경을 공격하는 한편 대규모 전쟁을 위한 준비를 진행했다. 그렇지만 원정군을 보냈을 경우에는 번번이 실패했다.

당 태종은 치세 말년을 고구려와의 전쟁에 매달려 지내면서 대대적인 전쟁을 준비하던 중인 649년에 50세가 갓 지난 한창의 나이로 숨을 거두었다.

대외정책의 틀을 형성해놓다

당 태종은 고구려를 제외한 동아시아 질서를 장악했고, 서역과의 교역로를 확보하여 활발한 교역이 이루어졌다. 그 결과 당나라는 세계제국으로서의 모습을 갖추고 온갖 외국인과 물자들이 오가며 번영했다. 수도이자 중심지인 장안은 남북 11개와 동서 14개의 도로를 중심으로 반듯한 격자형으로 질서정연하게 배치되는 한편 국토 전역으로 연결되어 중국 대륙을 비롯한 방대한 지역으로 뻗어나갔다.

또한 당나라를 중심으로 한 조공(朝貢)과 책봉(冊封) 제도를 상당히 제도적인 차원으로 확립해놓았다. 그 요체는 기미(羈縻) 정책이다. 기미는 '말의 굴레'라는 기(羈)와 '소의 고삐'라는 미(縻)가 합쳐진 용어로 '직접 지배하지는 못할지언정 느슨하게나마 굴레와 고삐를 잡아둔다'는 뜻이다.

당나라는 기미정책에 입각하여 소수민족과 이민족에게 관직과 물자를 주는 대신에 종주권을 인정받는 방식을 제도화했다. 명목상 지배하지만 내정에는 관여하지 않으며, 대표적인 형식으로 책봉과 조공이 중요하게 이루어졌다.

당나라는 주변 이민족들에 대해 황제가 다스리는 제후국이라 하여 독립국으로 인정하지 않되, 직할령으로 만들 수도 없었던 현실에서 명목상으로 부주현(府州縣)을 두었다. 이민족의 왕을 비롯한 군주에게 도독 · 자사 · 현령 등에 임명하여 자치에 맡기는 한편 도호부 등을 설치하여 감독하는 방식을 정립했다. 한창 때에는 거란, 돌궐, 위구르, 티벳, 묘족 등에 걸쳐 시행되었다.

이 정책은 한나라 때 느슨한 조공과 책봉이 확립된 이후 당나라에 의해 제도화되고 일정하게 지속되었다. 그렇지만 실제로는 한족이 세운 나라가 한, 송, 명 정도로 몇 나라가 되지 않는 데다 이 정책도 다분히 형식적인 성격이 강했다. 중국과 주변국 간의 상징적이며 우호적인 의례로서 역할하는 정도였다. 설령 중국이 강성할 때 주변국이 조공과 책봉의 체계를 수용한 것도 중국의 속국이나 번국이 된 것이 아니라 중국과의 불필요한 대립과 전쟁을 피하면서 활발한 교류와 무역을 위한 차원이었다.

그렇다고 이 제도가 중국만의 일방적인 형태도 아니었다. 주변 이민족이 강해지면 오히려 중국을 지배하던 왕조가 이 정책에 따라 화친이란 명분 아래 굴복하여 복종한 것이다. 당장 시초가 된 한나라부터 흉노에게 조공을 바치며 눈치를 봐야 했다. 당나라도 다를 바 없어 돌궐이나 토번이 강성해지자 중국의 주장과는 달리 실제로는 군사력을 두려워하며 더 눈치를 봤다. 이후 성립한 한족의 나라인 송나라는 가장 많이 이민족 왕조들에 시달렸다. 요, 서하, 금, 몽골 제국(원) 등의 북방 왕조들에게 잇따라 굴욕적인 신하국이 되거나 조공을 바치며 힘겹게 존속했다. 이렇게 볼 때 중국 왕조가 조공을 바친 경우도 많아 정작 외세 왕조들이 더 잘 활용한 셈이다.

중화 사상

중국은 한족 특유의 민족사상으로 중화(中華)라 하여 중국을 세상의 중심에 두고 여기에서 비롯하여 세상으로 퍼져나간다고 보았다. 그에 반해 주변 민족이나 국가들을 외세 이민족으로 선을 긋고 오랑캐, 야만인이라 하여 비하하면서 교화·복종시켜야 한다고 생각했다. 또한 진위 여부를 무시하고 한민족을 비롯한 주변국의 도움을 받거나 영향받은 일체의 사실 자체를 부정하고, 인쇄술을 비롯한 모든 발명과 창안마저 오로지 중국에서 비롯되었다고 결론 짓고 강변하고 있다.

이를 확인하는 절차로서 한나라 이후 주변 국가들로 확대되어 황제가 제후국들에 대해 행하는 조공과 책봉이 중요하게 이루어졌다. 그러나 실은 형식적인 차원이었으며 황제도 이러한 내용에 대해 잘 알지 못하는 경우가 많았다.

조선이나 영국·프랑스 등도 이러한 외교 방식을 서로 간의 우의를 다지는 측면에서 받아들였다. 중국과 주고받는 상품과 문물을 비롯해 오가는 길에 활발한 교역이 이루어지는 실질적인 차원을 중시한 것이다.

돌궐의 이후

돌궐(突厥)은 투르크의 음역으로 지금의 터키로 이어지고 있다. 6~8세기에 걸쳐 본격적인 활동을 펼치다가, 10세기 이후 대대적인 이동을 벌여 몽골 제국과 더불어 중앙아시아와 지중해 · 중동에 걸쳐 주도적인 역할을 했다. 특히 셀주크, 오스만 등 강대한 대제국을 이룩하며 19세기까지 근대사를 이끌었다. 1차 세계대전 이후 오스만 제국이 해체되자 잠깐의 혼란을 거쳐 1923년에 소아시아(아나톨리아)를 중심으로 터키 공화국을 건국한 이후 오늘에 이르고 있다.

돌궐은 대초원 북방 민족으로는 처음으로 고유 문자인 돌궐어(투르크어)를 만들어 사용했으며, 자신들의 기록인 돌궐 비문을 남기기도 했다.

한때 대초원 북방지역에 대제국을 건설했다가 583년 수나라 때 동 · 서 돌궐로 분열되면서 동돌궐은 몽골 초원을, 서돌궐은 중앙아시아를 지배하게 되었다.

동돌궐은 한때 번성하다가 수나라와 서돌궐의 협공으로 위기를 겪었다. 그러다가 막강한 군사력을 구축하여 힘을 회복하자 당나라는 건국 초 동돌궐에게 신하국으로 복종하면서 군신관계가 성립되기도 했다. 하지만 동돌궐에 내분이 일어나고 자연재해에 경제난까지 겹치자 당나라는 동돌궐의 내분을 부추겼고 630년에는 대규모 공격을 벌여 무너뜨렸다. 그 뒤 동돌궐은 682년에 다시 몽골 초원에서 세력을 형성하며 강대한 국가를 세우고 중앙아시아까지 장악했다. 나중에는 내분이 일어나 쇠퇴하다가 744년에 돌궐의 한 갈래인 위구르에게 멸망했다.

서돌궐은 중앙아시아를 본거지로 하여 세력을 확장해 나갔으며, 한때 동로마 제국과 손을 잡고 페르시아 사산 제국을 공격하기도 했지만 내분으로 둘로 나눠지면서 약화되었다. 그 뒤 서돌궐은 한때 재통일을 이루기도 했으나 657~58년에 고종이 보낸 당나라군의 공격으로 결정타를 맞고 7세기 말에 멸망했다.

이후 돌궐은 다시 일어나 후돌궐시대(제2 돌궐시대)를 열었다. 일부 세력들은 당나라의 멸망에 관여하는 한편 중국 대륙 북부를 근거로 후당, 후진, 후한을 성립하며 5대10국시대를 주도하며 활약했다.

나머지 세력들은 대거 중앙아시아로 진출했다. 이에 따라 돌궐은 점차 동양에서 자취를 감추면서 중앙아시아, 서아시아, 유럽에서 모습을 드러냈다.

돌궐은 이슬람화한 뒤에 크게 2갈래로 나눠 진출하여 제국을 형성했다. 한 갈래는 가즈니(가즈나), 고르(구르), 셀주크, 오스만, 티무르 등으로 이어지는 제국들을 성립했고, 오스만 제국(1299~1922)은 서아시아를 석권하고 유럽 중 · 남부와 북아프리카 일대까지 방대한 제국의 판도를 형성하며 지배했다. 다른 한 갈래는 인도로 진출하여 가즈니와 고르 때 전조를 보인 뒤 델리 술탄 왕조(1206~1526)로 불리는 이파탄 왕조(노예 왕조), 할지 왕조(힐지 왕조), 투글루크 왕조, 사이이드 왕조를 거치며 델리를 중심으로 인도 북부를 지배했다. 그 뒤 델리 술탄의 5대 왕조 중에서 아프간계 왕조인 로디 왕조만이 돌궐계가 아닌 채 잠깐 존속했지만, 이내 돌궐이 바부르의 지도 아래 무굴 제국(1526~1858)을 성립하며 인도 전체를 지배하며 19세기 중반까지 존속했다.

지도자는 말년을 조심하고 마무리를 잘해야 한다

당 태종은 말년에 가서 3가지의 큰 실책을 저질렀다. 후계자로의 권력 이양 실패, 고구려와의 무리한 전쟁 고집, 사치에 이은 불로장생을 위한 노욕이다.

당 태종은 나라가 오랜 평화와 번영을 누리게 되자 이전의 훌륭한 군주에서 벗어나기 시작했다. 위징이 죽은 뒤로는 신하들의 간언을 잘 받아들이지 않았으며, 점차 군신 관계가 벌어지며 제대로 된 말을 꺼내기도 어려워져갔다.

그런 중에 후계자로 맏아들인 이승건을 황태자로 삼았지만 방탕한 생활에 빠진 채 황제에 빨리 오르기 위해 역모를 획책했다. 이에 당 태종은 이승건을 폐하고 평소 아끼던 유능한 4째아들 이태를 다음 황태자로 세우려 했다. 그러나 당대의 실력자이자 처남인 장손무기를 비롯한 원로들이 이태의 비리를 앞세워 심약하고 능력이 떨어지는 어린 9째아들 이치를 강력하게 밀자 결국 제위를 물려주었다.

그리고 고구려와 전쟁을 벌였으나 실패하여 그의 치세에 오점을 남기게 되었다. 이후에도 고구려와의 전쟁을 그만두라는 신하들의 진언을 듣지 않고 고집스럽게 정벌을 강행하려다가 죽었다. 일부에서는 고구려 원정에서 입은 부상으로 인해 고생하다가 죽었다고 한다.

그래서인지 당 태종은 죽음을 앞두고 고구려 원정을 반대한 방현령의 진언을 물리친 것과 위징이 살아있었다면 결국 막았을 것임을 말하며 후회했고, 다음 황제에게는 유언까지 남기고 죽었다.

"고구려에 대한 전쟁을 중단하라."

위대한 지도자들의 죽음을 둘러싸고 온갖 풍설이 전하기 마련이다. 당 태종도 죽게 된 원인을 놓고 여러 가지 설이 전한다. 일반적으로는 사인이 수은 중독이라 하여 불로장생을 염원한 당 태종이 묘약을 먹다가 죽었다고 본다.

하지만 앞에서도 언급한 대로 고구려와의 전쟁에서 입은 상처로 인해 내내 상당한 고생을 하다가 죽었다고 한다. 다만 외세와의 관계에서 불리한 내용은 사서에 기록하지 않는 중국의 특성상 거의 기록을 남기지 않거나 왜곡 · 조작한 것으로 보여진다. 하물며 중국인이 가장 좋아하는 명군의 죽음을 놓고서야 두말할 필요조차 없는 것이다.

사실 중국에서는 당 태종의 말년에 대해 거의 모르고 있다. 고구려와의 전쟁에 대해서도 당 태종이 명백하게 패배한 역사인지라 아예 덮여져 있다시피 하다(고구려-당 전쟁만 제대로 배웠어도 고구려와 발해를 중국사의 일부로 하려는 억지 주장을 감히 생각하지도 못했을 것이다).

어찌 보면 제대로 전하지도 가르치지도 않아서 당연할지 모른다. 그러나 단점과 추한 모습까지도 그대로 밝혀 전해야 한다. 그래야 후대인들이 배울 것은 배우되 잘못하여 따르지 말아야 할 것도 배워 긍정의 행동뿐만 아니라 부정의 행동에서도 교훈을 얻을 수 있는 법이다.

위인들의 경우 보통 사람들과 크게 다를 바 없다. 어느 누구도 제대로 살펴보면 장점과 단점, 강점과 약점 등을 두루 갖고 있기 마련이다. 그렇지만 당 태종처럼 장점과 강점을 살리고 단점과 약점을 최소화해 자신을 발전시키고 성공한 것이다. 사실 너무 완벽하고 뛰어나면 우러러보이기는 하지만 마음에 와 닿거나 따르기는 어렵다. 그래서 배우고 따라야 할 위인일수록 단점과 약점을 물론이고 과오까지도 제대로 알도록 해야 한다.

중국에서는 당 태종에 대한 인기가 대단하다. 중국인들이 가장 자랑스럽게 생각하는 나라가 당나라인데, 그 기틀과 안정을 다지고 전성기까지 누렸기 때문이다. 무엇보다 중국 역사상 가장 정치를 잘한 군주로 손꼽기 때문이다. 이후로도 당 태종 덕분에 당나라는 626~741년에 걸쳐 무측천의 '무주의 치', 현종의 '개원의 치'로 이어지면서 '당나라의 3대 전성기'를 이어갔다고 보기도 한다.

사실 그 바탕에는 당나라를 한족의 왕조로 생각하기에 가능하다. 아마 중국인 중에 당 태종이 대초원 북방 민족인 선비족 출신이라는 사실을 아는 사람은 거의 없을 것이다. 그나마 약간의 인식을 하고 있다고 해도 '사실상 동화된 한족이나 다름없는 왕조'로 생각할 것이다. 더욱이 현대 중국 이후에는 선비족 출신이라는 자체를 일부의 주장으로 치부하고 한족화하고 있는 실정이라 정확한 실체를 알기가 더욱 어려워지고 있다.

어쨌든 당나라는 당 태종으로 인해 영토와 영향력을 확장하고 문물이 발전하여 당대에서는 아랍의 이슬람 제국과 더불어 인류문명사의 대표적인 강대국이자 번영을 누린 세계 제국으로 여겨진다. 특히 당 태종의 치세를 두고 훌륭한 정치를 펼쳐 백성들이 평화와 번영을 누렸다고 하여 그의 연호에서 따 '정관의 치(貞觀之治)'라 부른다. 이상적인 시대의 전형으로 손꼽는 요순우 3대 시대 이후 2번째의 태평성대라고 손꼽기도 한다. 그렇다면 요순우가 신화시대의 인물인지라 현실 세계에서는 태평성대를 역사상 처음으로 실현한 셈이 된다.

또한 치세 기간인 23년 동안 45명의 신하들과 나눈 문답을 기록한 《정관정요(貞觀政要)》가 전함으로써 '제왕학의 왕도이자 중국정치의 교과서'라고 불리며 후대의 본보기로 큰 가르침을 전하고 있다. 현종 때 오긍이 항목을 분류하여 엮은 이 책은 한국에서도 고려 이후 군주를 비롯하여 널리 읽었으며, 일본에서는 지도층의 필독서로 여겨질 정도이다.

당 태종의 성공적인 통치는 권력을 잡은 뒤 창업과정의 무인적 행동과는 달리 수성에 걸맞은 리더십을 발휘했기 때문이다. 힘 있게 국정을 운용하면서도 신하들이 소신을 갖고 일하도록 해주었다. 이른바 '납간(納諫) 즉 간언을 잘 받아들인' 것이다.

당 태종은 자신에게 직언하는 것이 어렵고 힘들며 두려운 일임을 누구보다 잘 알고 있었다. 그래서 신하들에게 먼저 자신의 뜻을 명확하게 밝히고 충실하게 실천했다.

"충언에 온갖 힘을 다해 나의 잘못을 바로잡아주어야 한다. 끝까지 직언하여 거스른다고 해도 화를 내거나 꾸짖지 않을 것이다. 어떠한 경우에도 책임을 묻지 않겠다."

이를 위해 아무리 직설적이고 참기 힘든 충언이라도 기어코 참아내고 그들의 의견을 받아들여 국정에 반영했다. 심지어는 상까지 주며 직언을 권장했다.

요즘 말로 하면 소통의 리더십이다. 그렇다고 인기에 매달리거나 여론에 좌우되는 것이 아니라 다양한 이해가 걸린 국정을 놓고 소외 · 불만 집단이나 반대 세력의 주장에도 귀 기울여 갈등을 조정하고 최선의 해결책을 찾아간 것이다.

그러면서도 신하에게 끌려다니거나 권신이 등장해 조정의 권력을 잡고 세력다툼을 벌이도록 만드는 무능함과는 한참 거리가 멀었다. 이러한 정치력은 쉬워 보일지 모르지만 실제로 절대권력을 행사하던 왕조시대에서는 참으로 찾기 어려운 사례로 중국사 전체를 통틀어도 강희제를 빼고는 찾기 어려우며, 조선의 세종대왕과 비견될 정도이다.

당 태종의 치세를 기록한 《정관정요》를 놓고 본질만은 제대로 이해해야 한다. 이전에는 중국의 역사서를 두고 정사일지라도 사마천의 《사기》, 반고의 《한서》, 유송 · 범엽의 《후한서》, 진수의 《삼국지》처럼 개인이 편찬하던 것이 일반적이었다. 그러던 것을 당 태종은 학문 연구기관인 홍문관에서 방현령이 주관한 《진서》를 시작으로 《양서》, 《진서》, 《북제서》, 《주서》, 《남사》, 《북사》, 《수서》 등의 8권에 이르는 과거 왕조 역사서를 편찬하게 하면서 기록의 주체를 조정으로 전환했다. 양도 워낙 방대하여 중국의 정사를 통틀어 지칭하는 24사 중에서 1/3에 해당하는 역사서를 편찬했다.

그러다보니 풍부한 자료가 모아지고 다각도의 검토가 이루어졌으며 특정한 개인의 생각에 좌우되지 않게 되었다. 반면에 왕조의 입장에 구속되는 어용화 경향이 나타났고, 기록자가 비판적인 직필을 하지 못하거나, 당나라를 정당화하기 위해 수나라의 실정을 과장하고 당 태종이 저지른 '현무문의 변'을 미화 · 왜곡하기까지 했다. 특히 한국 고대사와 관련된 것을 비롯해 외세 주변국과의 관련에서는 반대적인 자료를 두고 보지 않으면 사실 그대로 받아들이지 못할 정도가 되었다.

이렇게 되자 학자들은 역사책 대신에 정치론을 저술하여 황제를 간접적으로 비판하거나 견제하는 한편 자신들의 역할을 부각함으로써 '명군이 되려면 신하들의 말을 잘 듣고 따라야 한다'고 넌지시 강조했다. 대표적인 사례가 《정관정요》로 당 태종 정치의 정수를 담았다지만, 지나친 미화와 과대포장이 있음은 물론이고 좋은 정치를 하려면 신하들에게 달려 있다는 사고를 저변에 깔은 것이다.

이러한 경향은 일정하게 지속되며 점차 강화되다가 송나라 때 성리학(주자학)을 완성한 주자에 이르러서는 당 태종마저 비판을 넘어 부정하다시피 했다.

"당 태종이 한 일은 모두 사리사욕에서 비롯된 것이었다."

주자는 한족 중심의 대의명분에 집착하여 선비족 출신이자 강력한 지도자였던 당 태종을 부정적으로 바라보았다. 대신에 고대의 신화적인 명군인 요순 임금을 받들자고 강조했다(성리학이 고려에 전파되면서 정도전 이후 조선 내내 신권주의를 강조하여 국왕과 대립하며 이러한 입장을 관철하기 위해 노력했다).

당 태종은 대범함, 놀라운 친화력(대인관계), 때가 오면 칼을 뽑는 승부사적 기질과 결단력(과단성), 뛰어난 지략, 민첩한 행동 등의 남다른 강점을 가지고 있었다. 특히 정치에서 '이청득심(以聽得心) 즉 들음으로써 사람의 마음을 얻는다'는 평범하지만 힘든 원칙을 실천하여 역사상 손꼽는 명군이 되었다. 반면에 형제들을 죽이고 권력을 잡은 비정함, 말년의 사치스러운 생활, 고구려와의 전쟁을 고집한 자기 명예에 대한 집착 등은 그의 약점으로 평가받는다. 하지만 그는 자신의 장점을 잘 살려 난세 속에서 대세를 잡고 창업과 수성을 모두 성공적으로 이루어냈다.

끝으로 다시 한번 강조하지만 당 태종이 적이라 할지라도 끌어들였고, 남의 지혜를 빌려 자신의 모자람을 극복하였으며, 다수의 힘을 모아 큰 성취를 이루어낸 것만은 꼭 본받아야 한다.

미국의 링컨 대통령이 비록 당선되기 위한 약속이었지만 당선된 뒤에 정적들을 정부 최고의 요직에 배치하고, 남북전쟁의 승리 이후에는 남부 정치인이나 군인들에게 보복을 가한 것이 아니라 하나의 미국을 위해 끌어안으려 노력했다. 케네디는 1962년에 쿠바 사태가 일어나 미사일 위기로 전쟁 위험이 고조되자 다양한 사람들을 통해 국정자문을 구해 위기를 해결했다. 레이건도 집권 내내 여소야대의 상황이었으나 야당을 국정의 동반자로 인식하여 역대 대통령들 중에 가장 많은 쟁점 법안들을 통과시켰을 뿐만 아니라 미국 내부와 동맹국의 힘을 결집해 소련을 굴복시키고 냉전을 끝내 역사상 최고의 대통령으로 평가받는다.

한국에서도 다를 바 없다. 상대를 비민주적이라 하여 인정하지 않거나 뜻이 다르고 자신을 비난한다고 하여 거부하면 결코 자신부터 좋은 평가를 받지 못할 것이다. 가장 하기 쉬운 방식으로 제멋대로 처신하며 정치를 하면 절대로 성공하지 못한다. 집권당이나 지지 세력 내부의 경쟁자들, 야당이나 소수자들, 불만 · 소외 세력 등을 가볍게 여기지 않고, 함께 아울러 가며 소통할 때만이 국정을 제대로 이끈 성공한 대통령, 훌륭한 정치 지도자로 남을 수 있을 것이다.

7

여성으로서 최고가 되고자 할 때

무측천

중국 역사상 유일한 여황제가 되다

당 전성기 때의 판도(무측천)

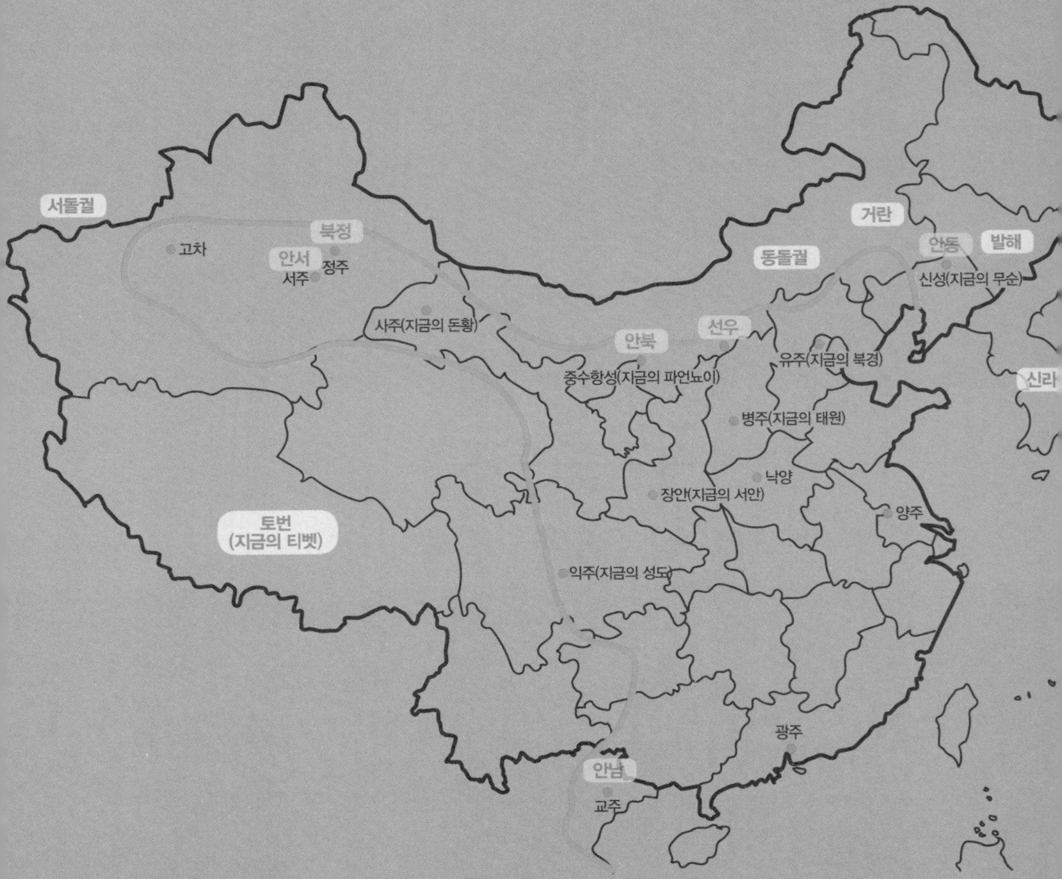

- 당의 6도호부 는 당 태종 때 안서(710년 고차로 옮김), 안북, 선우 도호부를, 고종 · 무측천 때 안동, 안남, 북정 부가 설치되었다(당 초기부터 8세기 중반까지 존속하였으나, 실질적인 지배는 거의 하지 못했다).
- 당의 지방행정조직은 당 태종의 영토 확장 이후 도호부, 부병제, 번진 등으로 운영했다. 현종 때 부병제가 부실 자 변방 이외에도 번진을 설치하고 710~21년에 걸쳐 10곳의 절도사를 두고 지방의 군사, 행정, 재정의 3권을 관 다. 후기로 갈수록 폐단이 커지다가 돌궐계의 절도사인 안록산이 일으킨 안 · 사의 난 이후 절도사들이 정국을 하며 당을 멸망으로 이끌었다. 이후 송 태종 때 폐지되고, 요 · 금에서도 명칭이 사용되었지만 유명무실한 존재 예적인 호칭에 지나지 않았다.

무측천

여성 리더십(권력추구형)

여성임을 최대한 살려 권력을 잡고 정치도 성공하다

한국에서는 신라 때 선덕여왕, 진덕여왕, 진성여왕의 세 여왕이 있었다. 일본에서는 백제 무왕의 딸이자 의자왕의 누이로 백제가 멸망당하자 군사를 보내 도우려 하여 우리에게도 잘 알려진 제명여왕(齊明天皇, 사이메이덴노)을 비롯해 8명의 여왕이 있었다(그중에 2명은 여왕으로 2번 즉위했다).

반면에 중국에서는 딱 1명만이 군주가 되었다. 바로 무측천이다. 가녀린 여인에서 무서운 권력자로 변모해갔고, 정적과 반대세력에 잔혹하고 무자비했을 뿐만 아니라 자신의 아들과 딸까지 죽여가며 권좌에 올랐다. 황제가 된 이후에는 정치를 잘 해 당 태종에서 시작되어 현종까지 이어지는 가교 역할을 하며 당나라의 황금시대를 구가했다.

왕조 시대라는 특성에다 중국사회의 분위기를 감안하면 여성으로서 권력을 잡기란 결코 쉽지 않았다. 집권 이후 정면에 나서 국정을 이끌어가고 지속하기란 더욱 어려웠다. 그러나 무측천은 모든 고비를 넘어가며 황제가 되어 오늘날까지 책은 물론이고 영화와 TV에서 그녀에 대한 많은 이야기들이 다루어지고 있다.

한국에서는 삼국시대의 치열한 전란을 끝내는 과정에 등장하여 남다른 인연을 가지고 있다. 무측천의 주도 아래 당나라가 신라와 연합하여 백제와 고구려를 차례로 멸망시키고 뒤이어 신라와도 패권 전쟁을 벌였으나 뜻을 이루지 못한 채 요동 서쪽으로 물러섰다. 698년에는 무측천이 황제로 있던 시절로 대조영의 지도 아래 발해(698~926)가 건국되어 한반도의 신라와 한대륙의 발해가 정립하는 남북국시대가 확립되기도 했다.

뭔가 되려면 호랑이굴로 가야 한다: 점차 권력에 눈뜨다

무측천(武則天 624~705, 재위 690~705)은 원래 이름이 무조였으며, 황후로서의 호칭으로는 측천무후(則天武后), 무후(武后), 천후(天后), 측천후(則天后) 등으로, 황제로서는 측천제(則天帝), 측천여제(則天女帝), 측천여황(則天女皇) 등으로 불린다.

624년에 사천성에서 수 양제의 토목공사로 인해 거부가 된 부유한 목재상의 딸로 태어났다. 그녀의 아버지는 617년에 당 고조 이연이 반란을 일으키자 참여했고, 그 공적으로 인해 작위까지 받았다. 620년이 되어 아내를 잃자 새로 맞이한 아내이자 수나라 때 재상을 지낸 양달의 딸인 양씨에게서 낳은 세 딸 중에 2째가 무조다.

637년에 무조가 13세일 때 미모로 소문이 나자, 황후 장손씨를 잃은 당 태종 이세민이 무조를 불러 무미(武媚)라는 칭호를 내리며 궁에서 살도록 했다. 이후 사람들은 그녀를 무미랑(武媚娘)이라 불렀다. 그즈음 무조는 아버지가 죽은 뒤에 가세가 기울어 어머니와 가난한 생활을 하다가 입궁하게 되자 반갑게 받아들였다. 하지만 막상 궁에 들어가자 어려운 형편으로 인해 후궁 중에서 낮은 지위의 재인(才人)에 봉해졌고, 다른 후궁들의 구박을 받으며 힘든 궁중 생활을 보내야 했다.

그렇지만 여느 남성들도 상대하기 어려운 담대한 기질을 가지고 있었다. 어느 날 당 태종이 성질이 몹시 사나운 말 한 마리를 두고 대신들에게 물었다.

"저 말을 누가 다룰 수 있소?"

아무도 나서지 못한 가운데 무조가 선뜻 나서며 아뢰었다.

"신첩이 해보이겠나이다. 철편, 철추, 비수 단 3가지 물건이 있으면 됩니다. 먼저 철편으로 말을 때려 다루어보고, 듣지 않으면 철추로 머리를 치고, 그래도 듣지 않으면 비수로 머리를 잘라버리겠나이다."

이 말을 들은 당 태종은 무조의 놀라운 기개를 칭찬하면서 상까지 내렸다.

무조는 황제의 사랑을 받기 위해 온갖 총애다툼이 벌어지는 궁중에서 그런 행동을 하지 않았다. 그러다보니 당 태종의 사랑을 받지 못해 그가 숨을 거둘 때까지 무려 12년 동안이나 승은을 받지 못했고, 당연히 자식도 두지 못했다.

한편 무조는 무미건조한 궁중생활을 하던 중에 황태자 이치와 사랑에 빠졌다. 황태자가 당 태종을 만나러 갔다가 무조를 보고는 한눈에 반했고, 무조 역시 그를 사랑하게 되었다.

그즈음 황태자였던 이승건이 방탕에 빠져 있던 중에 아버지를 없애고 황제가 되려다가 들키자, 당 태종은 이승건을 반역죄로 폐하고 4째 아들인 이태를 황태자로 삼으려 했다. 하지만 당대의 실력자였던 장손무기를 비롯한 원로들이 야심이 크고 능력 있던 이태를 두려워하여 행실을 내세워 반대했다.

당 태종은 하는 수 없이 원로들의 권유를 받아들여 9째아들인 이치를 황태자로 세웠다. 사실 이치는 나이 어린 막내아들에다 소심하고 병약하여 군주의 역량이 모자랐다. 또한 자신이 황태자가 되는 것을 원치도 않았다. 바로 그때 무조가 나서 이치에게 황태자가 될 것을 강력하게 권유하자 그도 받아들였다. 그때가 643년으로 무조의 나이 19세였다.

하나하나 이루어가는 것 이상 성공의 길은 또 없다

649년이 되어 당 태종이 죽자 황태자로 있던 이치는 황제에 올라 고종(628~83, 재위 649~83)이 되었다. 그의 치세 초기에는 장손무기가 사실상 권력을 잡고 나름대로 안정적인 치세를 이어나갔다.

당시 무조는 전혀 원하지 않았지만, 자식을 두지 못한 선대 황제의 후궁은 비구니가 되어야 한다는 법도에 따라 머리를 깎고 출가하여 비구니가 되어 감업사로 들어가 있었다. 그러던 중에 고종이 분향을 위해 감업사에 들렀다가 무조를 보자 다시 사랑에 빠졌고, 무조도 고종에게 여의낭(如意娘)이란 시를 지어 몰래 보냈다.

사실 무조가 고종을 다시 만나 황궁으로 돌아올 수 있었던 것은 궁중 여인들의 총애다툼 덕분이었다. 고종의 정비인 왕황후는 후사가 없어 애태우는 가운데 고종이 가장 총애하던 소숙비가 낳은 아들을 황태자로 삼으려 했다. 이에 고종을 그녀에게서 떼어놓기 위해 마음속으로 좋아하던 무조를 이용했다. 그래서 무조에게는 머리를 기르게 하고, 고종에게는 무조를 후궁으로 삼으라고 권유한 것이다.

무조는 다시 궁으로 돌아왔다. 왕황후의 시녀가 되어 매우 공손하게 행동했고, 이에 왕황후는 무조를 철석같이 믿게 되었다. 이런 중에 왕황후는 고종에게 자주 무조를 칭찬했고, 고종이 무조를 소의에 봉할 것을 제안하자 왕황후도 기꺼이 승낙하여 무조는 이내 왕황후와 소숙비 다음가는 지위가 되었다.

무조는 고종과의 사이에서 4남2녀를 낳으면서 고종의 총애를 차지하기 시작했다. 한편으로는 왕황후와 손잡고 소숙비의 꼬투리를 잡아 폐출시켰고, 자신은 비(妃)가 되었다. 하지만 야심에 불타오른 무조는 그 자리에 만족하지 않았다. 조용히 황궁 안의 환관을 비롯한 궁인들을 자신의 편으로 끌어들이고 황궁 내의 사정을 정확하게 파악했다.

그러던 중에 무조는 딸을 낳자 모성으로서는 하기 힘든 악독한 결심을 했다. 마침 왕황후가 아이를 좋아하여 보러 왔다가 돌아가자 딸을 목 졸라 죽이고는 이불로 덮어 그대로 두었다. 한참 뒤에 고종이 딸을 보러 찾아오자 눈물을 흘리며 한없이 슬픈 얼굴로 읍소했다.

"이 어린 딸 아이가 황후께서 다녀가시고 난 뒤에 죽어 있었습니다."

무조의 모략에 왕황후가 걸려들었다. 분별력이 떨어지는 고종은 분노에 가득 찬 채 왕황후가 저지른 일로 확신해버렸다. 세상의 어느 누가 어머니가 자신의 딸을 죽였다고 상상이나 했겠는가. 이 일로 황실의 권력지형은 일대 변화를 가져오게 된다.

여성이 오를 수 있는 최고의 자리인 황후에 오르다

654년에 고종이 왕황후를 폐서인하고 무조를 황후로 세웠다. 이후 측천무후는 점차 정무에 개입하기 시작했다. 이때가 그녀의 나이 30세였다. 당시 장손무기를 비롯한 원로 대신들이 고종의 결정을 막으려 했으나 되돌리지는 못했다.

왕황후는 소숙비와 함께 사방이 막힌 좁은 방에 감금되었다. 그러다가 고종이 두 여인을 그리워하여 몰래 찾아가 음식을 넣어주었다. 이를 알게 된 측천무후는 왕황후와 소숙비를 심하게 때린 다음에 손발을 잘라 술독에 가둬 처참하게 죽였다. 그러고도 모자라 왕황후와 소숙비의 성을 망(蟒, 이무기)과 효(梟, 올빼미)로 바꿔 부르도록 했다. 권력을 향한 집념이 한 아름답던 여인을 이렇게 무서운 권력자로 탈바꿈시킨 것이다.

측천무후는 보다 확실하게 권력을 잡기 위한 수순에 들어갔다. 가장 먼저 고종의 외숙부이자 승상인 장손무기를 숙청하여 자결하도록 만들고 장손씨 일가를 멸문시켰다. 656년에는 소숙비의 아들로 황태자였던 이충에게 여러 죄를 덮어씌워 폐위시키고 자신의 맏아들인 이홍을 황태자로 세웠다. 이젠 당나라의 미래 권력까지 측천무후의 손에 들어간 것이다. 661년 이후에는 고종의 병세가 본격화하자 국정까지 그녀가 관장하게 되었다.

한때 고종은 그녀의 전횡을 막기 위해 병약한 몸으로 대신들을 몰래 불러 측천무후의 폐위를 논의했다. 그러나 그의 주변에 박혀 있던 그녀의 심복들이 곧바로 보고해왔다. 측천무후는 대신들을 폐황태자인 이충과 역모죄를 꾸몄다는 이유를 들어 모두 처형했다(이충은 유배를 갔다가 사약을 받고 죽었다). 그 뒤로 측천무후는 병든 고종마저 무력화시키고 모든 권력을 손안에 넣고 정사를 관장했다.

674년이 되자 그녀는 50세의 나이로 황제의 칭호를 천황(天皇)으로, 황후를 천후(天后)로 바꾼 뒤 공동통치자로서 행세하기 시작했다. 사실상 황제의 위상을 세우고 황제처럼 정치를 펼친 것이다.

그러다가 이듬해에 고종이 깊은 병이 들자 황태자 이홍에게 제위를 물려주려 했지만, 측천무후가 겸손하고 인품이 좋으며 유능한 그를 견제하여 독약을 보내 죽였다. 이전부터 이홍이 어머니의 전횡을 걱정하며 직언을 자주 하고 소숙비의 딸들이 유폐된 것을 안타깝게 여겨 시집보내 줄 것을 고종에게 주청하자 자신의 정치에 걸림돌로 여기고 있었다. 그러던 차에 고종의 건강이 날로 나빠지면서 황태자 이홍에게 황제를 물려주려 하자 독살해버린 것이다.

측천무후는 2째아들인 이현(李賢)을 황태자로 세웠다. 그러나 이현도 죽은 형처럼 유능하고 고종의 신임을 받자 위기감을 느낀 나머지 680년에 이현마저 방탕하다고 모함하여 황태자에서 폐했다. 비록 고종의 간청으로 죽이지는 않았지만 다음해에 멀리 귀양을 보냈다(이후 이현은 귀양 생활을 하던 중에 황대과사라는 시를 지었다가 널리 퍼지자, 이 사실을 알게 된 측천무후가 684년에 조사를 빌미로 자결하도록 만들었다).

측천무후는 3째아들인 이현(李顯)을 새 황태자로 책봉했다. 그는 형들과 달리 여리고 그녀의 말에 순종하여 별 탈 없이 지냈다.

683년에 고종이 병으로 고생하다가 죽자 황태자 이현이 황제에 올라 중종(재위 684, 705~10)이 되었다. 하지만 겨우 2달 만에 위황후와 그녀의 아버지인 위현정이 국정을 장악하려 한 것을 빌미로 중종을 폐하고 자신의 하나 남은 막내아들인 이단을 황제에 앉혀 예종(재위 684~90, 710~12)이 되었다.

하지만 측천무후는 실권을 장악한 채 모든 국정을 직접 관장했다.

'이젠 그 누구도 나를 넘볼 수 없다. 내 손으로 황실과 나라를 이끌어가겠다.'

그녀가 낙양을 신도(神都)라 고치고 관제를 재편하자 대신들이 반발했다. 또한 같은 해에 서경업 · 서경유 형제가 일부 황족들과 손잡고 반란을 일으켰지만 30만 병력을 보내 40일 만에 진압했다. 688년에도 당 태종의 아들인 이정이 다시 반란을 일으켰지만 곧바로 진압하며 모든 반란을 평정했다. 그 과정에서 자신에게 반발하거나 반란에 동조했던 대신들을 처형하는 한편 충성스런 측근들을 기용해 조정의 면모를 일신하고 공포정치를 펼치며 자신의 입지를 다져갔다.

측천무후는 무씨들을 중용하여 주변을 강화하는 한편 계교를 부려 자신의 신격화를 벌이며 황제가 되는 발걸음을 재촉했다. 그녀의 조카인 무승사가 '성모임인 영창제업(聖母臨人 永昌帝業), 즉 성스러운 어머니가 군림하니 황제의 위업이 영원토록 번창하리라'라고 쓰인 돌을 가져오자 몹시 기뻐하며 연호까지 영창으로 바꿨다.

특히 여성 미륵보살이 지상으로 내려와 번영하는 세상이 도래한다는 내용을 주로 하는 《대운경》을 만들어 바치게 한 뒤 스스로를 미륵보살의 환생이라고 선언한 다음 자신을 황제로 옹립하도록 분위기를 만들고는 제위에 올라 성신황제로 칭했다. 또한 당 고조 이연의 11남인 이원가가 반란을 일으키자 다시 군사를 보내 진압하여 자신이 황제가 되는 모든 걸림돌을 없애버렸다.

숙원사업을 벌여 역사에 남다: 고구려에 승리해 패권을 확립하다

654년 측천무후는 황후가 되자 궁 안에서는 왕황후와 소숙비를 제거하는 한편 궁 밖에서는 자신을 반대하여 폐황후 왕씨를 밀던 장손무기를 비롯한 개국공신들을 가차 없이 처단한 뒤 모든 실권을 장악하고 당나라 내부를 수습해갔다. 이렇게 하여 내정이 어느 정도 안정을 되찾자 고구려와의 전쟁에 돌입했다. 고종 역시 선대의 유업으로 여기고 적극적으로 나선 가운데 전운이 높아져갔다.

비록 당 태종의 유언으로 전쟁을 중단했고, 왕권 교체기를 맞아 고구려와 별다른 마찰 없이 소강상태를 이어갔지만, 이젠 묵혀 두었던 복수와 외치를 마무리 지을 때가 되었다고 본 것이다.

같은 해 고구려가 당에 빼앗겼던 거란을 손에 넣기 위해 장수 안고를 보내 고구려 · 말갈(지금의 만주족) 연합군을 이끌고 거란을 공격했다. 거란이 이굴가의 지도 아래 고구려의 침공을 막아냈지만 본격적인 전쟁에 돌입하는 형세가 되어갔다. 또한 고구려의 배후에 있던 신라가 군사강국으로 떠오르면서 당나라와 연합하여 백제와 고구려를 정복하기 위해 접근해오자 당나라에 유리한 구도가 형성되었다.

그즈음 신라는 태종무열왕(재위 654~61)이 된 김춘추와 군사를 맡은 김유신의 주도 아래 3한통일의 목표를 본격화해 나갔다. 그런 중에 655년에 고구려가 백제와 손잡고 신라의 북방 국경을 침공해 33개 성을 점령했다. 다급해진 신라는 당의 힘을 빌어 고구려와 백제의 공격을 막기 위해 나당 연합이 성사되었다.

당나라는 신라와 동맹을 맺은 뒤 양쪽에서 대규모의 군사를 일으켜 협공했다. 먼저 660년에 소정방의 지휘 아래 13만 병력을 보내 해상을 통해 진공하여 육로로 진격해온 김유신이 이끌던 신라의 5만 병력과 합류해 백제를 멸망시켰다. 다음해에는 당나라군이 기세를 몰아 곧바로 고구려를 공격했지만 여의치 않자 철수했다.

하지만 665년에 고구려에서 연개소문이 갑자기 죽고 후계다툼을 둘러싼 내분이 격화되었다. 이에 따라 666년이 되자 당나라는 대규모 전쟁을 준비한 뒤 다음해에 이세적(이적, 서세적)의 지휘 아래 출정했다. 고구려의 1차 방어선인 요하를 뚫고, 2차 방어선인 요동 성곽을 무너뜨린 뒤, 3차 방어선인 압록강까지 돌파한 다음에 신라에게 고구려에 대한 협공을 요청했다. 신라도 문무왕(재위 661~81)의 명으로 문무왕의 동생인 김인문과 김유신의 동생인 김흠순의 지휘 아래 대군을 일으켜 출정했다. 양국 연합군은 고구려의 수도인 평양에서 합류해 평양성을 포위 공격해 함락하면서 고구려를 멸망시켰다.

그 뒤 당나라는 신라와 맺은 협정과 달리 백제와 고구려의 옛땅을 직접 지배하는 한편 나중에는 신라마저 지방정부로 삼아 복속하려 했다. 이에 670년에 신라군 1만 병력과 고구려 유민군 1만 병력이 연합하여 압록강을 건너 당나라군을 선제 공격하면서 신라-당 전쟁(나당전쟁, 670~76)이 발발했다.

신라가 맹공을 펼쳐 백제의 옛땅을 회복하는 가운데, 당나라는 해전에서 설인귀의 수군이 패배하는 한편 육전에서도 675년에 이근행이 20만 대군을 이끌고 벌인 매소성 전투에서 대패하면서 결정적인 패인이 되었다. 결국에는 676년에 설인귀가 이끄는 당나라 수군이 신라의 명장 시득이 이끄는 수군에게 기벌포 해전에서 패배하면서 철수했다.

당시 고구려 유민들은 부흥운동을 치열하게 벌였다. 그중에서도 대조영이 지도하던 세력들이 가장 돋보였으며, 698년이 되자 고구려의 계승자로서 발해를 성립하여 옛 고구려 영토를 거의 되찾고 연해주, 사할린 일대를 포괄하는 한대륙 동부 지역으로 세력을 확장해 방대한 제국을 이루어내며 한반도의 신라와 더불어 남북국시대를 형성했다.

그렇지만 측천무후는 이름뿐인 고종을 대신해 전권을 장악한 채 수나라와 당 태종이 이루지 못한 숙원을 성취했다. 당나라로서도 큰 실리를 얻었다. 숙적 고구려를 멸망시키고 한대륙 서부(만주, 요동, 동북3성) 일대로 진출하는 전기를 만들며 동아시아의 패권을 확립한 것이다. 이후에는 서돌궐을 공격해 서역으로 영토와 영향력을 확장하기도 했다.

고구려-당 전쟁

고구려–당 전쟁(고당전쟁, 645~68)은 3차에 걸쳐 진행되었다. 1 · 2차는 고구려가 승리했고, 3차는 당나라가 신라와 연합하여 승리하면서 고구려는 멸망했다.

당 태종은 뛰어난 국정운영으로 내부를 안정시키고 군사력을 증강해갔다. 그런 중에 북방의 양대 위협 세력의 하나였던 돌궐이 다시 내분에 휩싸이자 분열을 더욱 이간질시키는 한편 일부 세력과 손잡고 공격하여 돌궐을 제압했다.

이렇게 되자 당 태종은 유일하게 남은 북방의 위협 세력인 고구려와의 일전을 준비했다. 그러다가 642년에 연개소문이 영류왕을 죽이고 보장왕을 옹립하고는 자신이 막리지가 되어 고구려의 실권을 장악하고 당에 대해 강경책으로 일관하며 중국까지 정벌하려 들자 대규모 군사를 일으켜 전쟁에 돌입했다.

1차 전쟁(645년)에서 당나라군은 돌궐에다 거란까지 참여시켜 80만 병력을 이끌고 출병했다(수송부대까지 합치면 100만이 넘는 규모였다). 그러나 초기의 승리에도 불구하고 긴 전선을 형성하게 되어 어려움에 처했고, 안시성의 양만춘에게 고전하다가 추운 겨울마저 다가오자 패퇴했다. 이후 당 태종은 돌궐의 한 갈래인 철륵(정령의 후신)마저 제압하자, 수시로 당나라군을 출병시켜 고구려를 공격했지만 실패했다. 649년에 다시 전쟁을 준비하다가 죽게 되자, 고구려에 대한 전쟁을 하지 말 것을 유언으로 남겼다(일부에서는 양만춘의 활에 맞아 한쪽 눈을 잃고 전쟁에서 입은 상처로 고생하다가 죽었다고 한다). 고종이 즉위하자 실권자인 장손무기의 주도 아래 양국 사이에는 고구려의 요서 지역을 중심으로 한 변경에서 소소한 전투와 분쟁이 이어지는 가운데 소강 상태를 유지했다.

2차 전쟁(661~62)에서 당나라는 40만이 넘는 대군을 이끌고 전쟁을 벌였으나 이번에도 뜻을 이루지 못했다. 그렇지만 당은 고구려를 제외한 주변국을 모두 제압하고 신라와 연합하여 백제를 멸망시킴으로써 1차 전쟁 때와 달리 고구려는 완전히 고립된 처지가 되었다. 또한 고구려는 남쪽에 한층 강성해진 신라군이 압박해오게 됨에 따라 전선을 남북 양쪽에서 상대해야 했다.

그러나 고구려가 연개소문의 지휘 아래 해상 침공을 막아낸 것을 비롯해 당나라 군에 막대한 피해를 입히자 고전을 거듭하던 차에, 철륵이 반란을 일으켜 또 다른 전쟁을 벌여야 했기 때문에 철수했다. 이후 당나라는 전쟁의지를 완전히 잃고 손을 뗀 상태가 되었다. 다만 이 전쟁으로 백제를 멸망시키고 고구려를 고립시킨 상태에서 신라라는 원군을 배후에 두게 되었다.

3차 전쟁(667~68)은 신라와 함께 전면 공세를 벌여 승리했다. 연개소문이 죽고 고구려가 내분에 휩싸이자 신라와 남북에서 협공에 나섰다. 당나라군은 치열한 전투 끝에 고구려의 수도인 평양성까지 진군했고, 신라군과 연합하여 평양성마저 함락해 고구려를 멸망시키며 승리했다.

당시 당나라는 돌궐과의 관계를 두고 돌궐이 강력한 세력이 되면 돌궐에 복속하였다가, 돌궐이 분열되면 이간책을 통해 변방의 안정과 세력 확장을 시도했다. 그리고 돌궐과의 대립이 현안화하면 고구려와 전쟁을 벌이지 못했고, 돌궐을 수습하고 나면 고구려와의 전쟁에 돌입했다. 반면에 고구려는 돌궐이라는 강력한 우호 세력을 잃은 데다 나중에는 백제마저 패망하자 양쪽에서 협공을 당하는 처지가 되면서 홀로 분투했지만 패전하고 멸망한 것이다.

고구려군의 병력 규모나 전투력에 관한 내용은 부실하다. 우리의 역사 기록이 소실되거나 빈약한 상황에서 중국이 당 왕조 위주로 기록하다 보니 더욱 알기 어렵게 된 것은 어찌보면 당연하다. 다만 고구려는 보병 위주의 당나라와 달리 기마부대 중심이란 점은 꼭 감안해야 할 것이다.

신라-당 전쟁과 발해

신라-당 전쟁(나당전쟁, 670~76)은 신라군이 당나라군을 선제 공격하면서 일어나 전면전에 돌입했다. 육전과 해전을 통해 양측의 전투가 치열하게 전개되었다. 그러다가 육전에서 이근행이 매소성(지금의 경기도 연천) 전투에서 대패했고, 해전에서도 설인귀가 금강 하구에서 벌인 기벌포(지금의 서천군 장항) 해전에서 패배하면서 당나라는 더 이상 전쟁을 지속할 수 없게 되었다. 이에 따라 676년에 당나라는 평양에 설치했던 안동도호부을 요동성으로, 웅진도독부는 건안성으로 철수하면서 전쟁이 끝이 났다.

이후 당나라는 안동도호부를 옮긴 요동 지역에서 고구려 백성들이 강력하게 저항하자 다시 신성으로 옮기기도 했다(유명무실했던 웅진도독부는 자연스럽게 없어졌다).

결국 신라는 660년 백제 멸망, 668년 고구려 멸망, 676년 나당전쟁의 승리를 이어가며 3한통합을 마무리했다. 한편 일본은 백제의 부흥운동이 일어나자 663년에 지원군을 보냈다가 백강전투에서 패배한 뒤에 670년에는 국호를 '일본'이라고 새로 정하면서 백제와 전혀 별도의 분리된 국가로 독자화했다.

당나라는 고구려의 멸망 뒤에 고구려인의 재기를 막기 위해 대규모의 이주를 단행하고, 학살과 탄압을 벌였다. 그렇지만 고구려인들은 그에 굴하지 않고 안시성을 비롯한 수많은 성에서 들고 일어나는 한편 검모잠, 고연무, 고정문 등이 나타나 고구려 유민들을 이끌고 부흥운동을 주도했다.

고구려의 부흥운동이 여러 갈래로 벌어지던 중에 대조영의 지도 아래 고구려 유민들을 이끌고 고구려가 멸망한지 30년 만에 발해(698~926)를 성립했다. 발해는 신라가 되찾지 못한 한대륙 서부 지역을 중심으로 한 고구려의 옛 영토를 대부분 되찾는 한편 연해주를 비롯한 한대륙 동부 지역까지 차지하면서 한민족 역사상 가장 넓은 영토를 형성했다.

이렇게 하여 당나라는 한대륙 서부 지역 중에 요서 지역으로 일정하게 진출하게 되었고, 반면에 한민족은 신라와 발해로 정립되어 남북국시대(나진남북국시대)가 형성되었다. 신라는 고구려의 영토를 대부분 잃어 영토적인 면에서 한계가 있었지만, 한반도를 기반으로 한 민족국가의 정체성 확립과 통합을 이루어내 고려와 조선으로 이어지는 한민족 단일국가 수립의 토대가 되었다.

그 뒤 당은 신라와 50여년간 소원하게 지내기도 했으나, 발해가 강대한 제국으로 성장해가자 서로의 필요상 다시 가까워지면서 무역과 문화교류가 활발해졌다. 732년에는 발해가 당을 공격하자, 신라가 당의 요청으로 발해 남쪽 국경에 군대를 보냈다가 폭설을 핑계로 중도에 철수하면서 서로 간에 본격적인 우호관계가 형성되었다.

동북아시아는 새롭게 형성된 질서가 안정을 되찾아갔다. 아울러 당나라는 물론이고 신라와 발해를 비롯해 일본도 본격적인 번영기로 접어들었다. 그중에서도 신라의 수도 경주, 발해의 수도 상경용천부(상경성 · 홀한성, 지금의 흑룡강성 영안 일대), 일본의 수도 헤이죠쿄(平城京, 지금의 나라)는 동아시아의 경제 · 문화 중심지로 번창했다. 특히 경주는 천년왕국의 수도이자 인구 100만명이 넘는 대도시로서 장안, 바그다드, 콘스탄티노플(지금의 이스탄불), 로마와 더불어 인류의 도시문명을 대표하는 5대 도시의 하나였다. 실크로드의 동쪽 끝으로 진정한 종착지이자 출발지로서 역할했고, 해상 교역도 활발하게 벌어져 페르시아와 이슬람 상인들이 오가며 번창하는 국제도시이기도 했다.

690년에 측천무후는 66세의 나이로 예종을 폐위시키고 황제에 올랐다. 중국 최초이자 유일한 여황제가 된 것이다. 그리고 당나라마저 폐하고 국호를 주(周)로 하고 연호를 천수(天授)라 하였으며, 도읍을 장안에서 신도(神都)로 이름을 바꾼 낙양으로 천도했다. 일반적으로 그녀가 성립한 주나라를 중국사의 정통 왕조로 여기지 않으나, 굳이 언급할 때는 고대의 주나라와 구분해 그녀의 성인 무를 따 무주(武周)라고 부른다.

무측천은 황제가 되자 자신이 신임하던 인물들로 조정에 포진시켜 당나라의 황족과 대신들을 쫓아내고 잔혹하게 척결했다. 확실한 권력 기반을 다져 놓으려는 조치였다.

이렇게 무측천은 경쟁자를 잔인하게 처단하는 공포정치를 펼치기는 했지만 국정만은 잘 이끌어갔다.

'당 태종이 참으로 정치를 잘 펼쳤다. 그를 배워 따라하면 성공할 수 있을 것이다.'

당 태종의 치세를 눈여겨보았던 만큼 철저할 정도로 따라 했다.

먼저 엄정하고 공평한 정치를 펼치면서 국법을 확고하게 세워 나라의 기강을 확립했다. 요숭, 송경 같은 인재들을 발탁해 내정을 정비하여 백성들의 생활이 안정되게 만들어갔다. 과거제를 다시 시행하여 이전까지 귀족에 의한 신분 · 혈통 중심에서 능력 위주의 관료제를 확립했다. 과거제를 다시 시행하되 회시, 공사, 전시의 순으로 하여 보다 틀이 잡힌 제도화를 통해 신진인사들을 조정에 끌어들이고 적재적소에 배치하여 국정에 새로운 기운을 불어넣었다. 그러면서 적인걸, 장간지 같이 당나라 때의 인물이라 할지라도 능력이 있으면 중용했다. 또한 불성실한 관리들은 파면하고 처형하기도 하며 기강을 세워나갔다.

무측천은 내정의 안정 속에서 민생 현안을 잘 파악하고 해결하여 백성들이 살기 좋아졌고, 그로 인해 후대의 치세를 위한 발판도 잘 마련되었다.

백성들이 변방에서 외세의 침입과 위협에 시달리고, 홍수를 비롯한 천재지변까지 겹치는 사정을 파악한 뒤에는 둔전의 경영, 수리공사의 전개, 실질적인 균전제의 시행 등을 통해 농업을 진흥했다. 한편으로는 상업과 수공업도 장려하여 민생을 안정시켰다.

무측천은 문화를 중시하고 17글자의 측천문자로 불리는 문자를 스스로 제정하여 사용하기도 했다. 그녀는 자신이 황제가 될 때 크게 기여한 불교를 중흥하여 전국에 많은 불교 사원을 세우고 불경을 펴내면서 승려들을 양성했다. 불교를 통해 자신의 권위를 세우고 정당성의 기반을 다지는 한편 중국사회의 통합을 위해 적극적으로 활용한 것이다(사실 당나라 황실에서는 도교를 가장 중시해왔다. 그녀의 집권 동안 잠깐 불교가 성행하게 된 것으로 현종 이후에는 다시 도교가 부흥했다).

마무리를 잘못해 오점을 남기다: 다시 당나라로 돌아가다

무측천은 자녀에게 매우 엄격하여 법을 지키도록 강조하고 교육에도 열심이었다. 그러나 말년으로 갈수록 그녀가 가장 사랑한 태평공주가 정사에 개입하기 시작했고, 조카이자 재상인 무승사와 승려인 설회의가 그녀의 총애를 등에 업고 권세를 부렸다.

특히 무측천은 친정인 무씨 사람들을 중용하여 신료들의 반감이 날로 높아져갔다. 더욱이 만년에는 무승사에게 황위를 물려주고 무씨 왕조를 세우려 하였다가 적인걸과 요숭 등의 강력한 반대에 부닥치자 예전의 기력이 아닌 탓에 뜻을 접어야 했다. 이에 699년에는 유폐되어 있던 중종 이현을 불러 다시 황태자에 세웠다.

705년이 되자 무측천은 81세의 병든 할머니가 되어 무기력해진 가운데 대신들은 그녀의 총애 아래 발호하던 장역지 · 장창종 형제의 척결을 건의했다. 그러나 무측천이 거부하자, 재상 장간지를 비롯한 최현위, 환언범, 경휘, 원서기 등이 정변을 일으켜 군사들을 이끌고 황궁으로 들어가 장씨 형제를 척살하고 병으로 누워있던 전각으로 들어가 그녀의 퇴위와 당 왕조의 복원을 강권했다(장간지를 비롯한 5명의 주역은 중종을 복위시킨 뒤 5왕五王이 되었다). 무측천은 대세를 받아들이고 승낙함으로써 15년 만에 자연스럽게 당나라가 복원되었다.

중종이 다시 황제에 오르자 그녀는 여성으로 유일무이하게 태상황이 되었다. 그러다가 병세가 깊어져 죽게 되자 중종과 막내아들 예종 이단, 막내딸 태평공주 등을 불러놓고 유언을 남겼다.

"무씨 일가를 잘 부탁하오. 내가 죽거든 황제가 아닌 황후로 칭하시오. 억울하게 죽은 왕황후와 그 일가를 사면복권해 주시오. 끝으로 나의 묘비에는 단 한 글자도 쓰지 말아 주시오."

마침내 여걸 무측천이 죽자 고종과 함께 섬서성에 있는 건릉에 합장되었다.

일반적으로 그녀가 세운 주(690~705)나라는 엄연한 왕조로서 성립하여 존속했으나, 진시황이 세운 진(BC 221~06)나라 및 왕망이 세운 신(AD 8~23)나라와 더불어 15년간 존속하다가 이내 사라진 데다 그녀 스스로 주나라를 폐하고 당나라를 복원했고, 후대에서는 그 역사마저 별도로 다루지 않아 중국사에서 하나의 왕조로서 보지 않는다.

당나라를 뒤흔든 여인천하: 위황후, 안락공주, 태평공주, 양귀비

당 태종은 신라에서 여성인 선덕여왕이 제위에 오르자 이를 비꼬기를 그렇게도 즐겼다. 삼국유사에는 632년에 선덕여왕이 즉위하자 당 태종이 중국을 상징하는 꽃인 빨강, 자주, 흰색의 모란(목단)이 그려진 그림과 씨앗을 선물로 보내왔다. 그런데 여왕이 그림을 보고는 정색하며 말했다.

"이 꽃은 향기가 없을 것이오."

나중에 씨앗을 심어보니 과연 향기가 없었다고 한다. 이에 신하들이 물어왔다.

"폐하, 말씀하신 대로 그 꽃은 정말 향기가 없었습니다. 어떻게 꽃이 피기도 전에 향기가 없다는 것을 아셨는지요?"

선덕여왕은 대답했다.

"그 그림에 나오는 모란 꽃에는 나비가 없소. 이는 남편이 없는 나를 희롱한 것이오."

하지만 아이러니하게도 당나라는 중국의 어느 왕조보다 여인들이 발호하면서 나라를 어지럽혔다.

특히 당 태종 자신이 중국 역사상 가장 극심한 여인천하를 만들었다. 무측천이 자신의 후궁이었다가 자신의 아들인 고종과 사랑을 나누는 패륜이 벌어졌고, 나중에는 유약한 고종을 밀어내고 당나라를 통치했다. 급기야 당 태종이 거의 건국하다시피 한 당나라를 폐하고 중국사에서 유일무이했던 여황제에 올라 주나라를 세우기도 했다.

그 뒤로도 여인들의 발호가 계속되었다. 위황후, 안락공주, 태평공주 등이 실권자가 되어 황제를 비롯한 당 왕조를 농단했다. 또한 얼마 못 가 현종 때 이른바 '개원의 치'라는 황금기를 누리다가 양귀비로 인해 국정이 파탄나버렸다.

위황후는 궁녀로 들어왔다가 중종의 사랑을 받아 황태자비까지 되었다. 그 뒤 684년에 중종이 황제가 되자 잠깐 황후가 되었다가 친정 아버지와 힘을 합쳐 정권을 장악하기 위해 모의를 꾸미다가 이내 폐위되어 밀려났다.

705년에 무측천의 퇴위와 함께 다시 황후가 되자 온갖 패행을 저질렀다. 장역지·장창종 형제를 숙청한 5왕을 견제하여 무삼사와 손잡고 모두 숙청했고, 자신의 전횡에 대해 중종이 알게 되자 위기를 느껴 자신의 딸이자 중종의 7녀로서 권력욕이 강하고 매관매직과 사치가 심한 안락공주와 모의하여 중종을 독살했다.

위황후는 시어머니인 측천무후를 꿈꾸며 중종과의 사이에 난 그녀의 아들을 황제에 앉힌 뒤 전횡하면서 예종 이단마저 죽이려 했다. 그러나 그의 3남인 이융기(나중의 현종)가 고모인 태평공주와 손잡은 다음 군사들을 이끌고 위황후를 비롯한 위씨 일가와 안락공주를 모조리 죽이고 1달도 안 된 황제를 폐위하고는 자신의 아버지인 예종을 다시 황제로 옹립한 뒤 자신은 황태자가 되었다.

태평공주는 무측천의 딸이자 중종과 예종의 누이로서 고종이 막내딸로 몹시 사랑하여 정치에 관여해도 그냥 두었다. 무측천의 이쁨도 각별하게 받아 토번(지금의 티벳)이 공주를 원하자 딸을 먼 곳에 시집보내기 싫어 도교 사원을 짓고 공주가 도사가 되었다고 속여 거절했을 정도였다. 그러나 705년에 재상 장간지 등과 함께 장씨 형제를 죽이고 무측천을 퇴위시키는 정변에 참여하기도 했다.

태평공주는 외모와 성격은 물론이고 권력욕마저 어머니를 빼닮았다. 오빠인 예종과 긴밀한 관계를 형성한 뒤 또 다른 오빠인 중종의 위황후와 그녀의 딸인 안락공주와 대립했다. 위황후와 안락공주가 중종을 독살하자 예종의 아들인 조카 이융기와 함께 위황후와 안락공주를 척살하고 예종을 복위시켰다.

그녀는 예종이 자신을 믿고 의지하는 가운데 점차 세력을 키우는 이융기에게 위협을 느끼고 황태자로 책봉되는 것을 반대하였으나, 예종의 맏아들이 황태자가 되는 것을 극구 사양해 겨우 책봉되기도 했다. 그 뒤로도 황태자를 견제하여 예종에게 파당행위를 고변하거나 대신들을 모아 폐태자를 시도했다. 황태자는 이를 알고 예종에게 권해 태평공주를 도성에서 내보냈다.

712년에 태평공주는 예종과 황태자를 이간하여 자신의 복권을 꿈꿨다. 그러나 예종은 제위마저 양위하고 태상황으로 물러나버렸다. 황제가 된 현종이 조정의 실권을 장악한 그녀로 인해 국정을 주도하지 못하고 있던 중에, 이듬해가 되자 태평공주가 군사를 모아 현종을 없애기 위해 정변을 시도하려다 실패하자 사찰로 피신했다. 이에 현종은 3일 뒤에 환관 고력사를 보내 태평공주가 자결하도록 했다.

이로써 무측천 이후 위황후와 안락공주를 거쳐 태평공주에 이르는 여인천하를 타도하여 여인들이 정권을 전단하던 시대가 막을 내렸다.

하지만 당나라의 여풍이 완전히 가라앉은 것은 아니었다. 현종 역시 재위 초·중기의 전성기를 지나 말년에 가면서 양귀비에 빠져 실정을 거듭했다. 급기야 그녀로 인해 사촌오빠인 양국충과 돌궐계 군벌인 안록산이 정면 대립하면서

'안 · 사의 난(안록산의 난, 755~63)'이 일어나 말년을 망쳐버린 채 쓸쓸히 퇴위해야 했고, 당나라마저 거덜내며 본격적으로 쇠락하는 참담한 결과를 가져왔다.

여성이 정치를 해 성공하는 선례를 남기다: 무주의 치

무측천은 이른바 '무주의 치(武周之治)'라 하여 자신의 치세를 성공시켰다. 당 태종 시절에 이어 나라는 안정되었고, 백성들의 생활이 좋아져 넉넉했다. 그 결과 당 태종이 이룩한 '정관의 치'를 이었으며, 성공적인 정치를 펼친 뒤에는 당 현종 이융기에 의해 '개원의 치'가 이어지도록 발판을 만들기도 했다. 무측천이 발굴한 많은 인재들은 현종의 국정 초기와 중반을 주도하며 당나라의 번영을 계속하여 이끌었다.

그럼에도 불구하고 무측천에 대해서는 일반적으로 부정적인 인식이 강하다. 자식마저 죽이고 황제에서 내쫓은 비정한 어머니이자 권력을 위해 더할 나위 없이 잔인했던 독재자로 보고 있다. 한 고조 유방의 아내인 여치, 청나라를 멸망으로 이끈 서태후와 더불어 중국의 3대 악녀로 손꼽기도 한다. 이는 중국인의 자부심이 강한 당나라를 폐했기 때문이기도 하다. 더욱이 유학의 나라인 중국에서 남성 위주의 왕조 시대를 거치면서 결코 우호적이고 긍정적인 시선으로 바라보지 않았다.

하지만 무측천은 그만한 능력이 있었기에 여성으로서 천하의 지배자로 군림했다. 끈질긴 생존능력, 정확한 정세판단, 과감한 실행력, 집요한 권력의지, 균형잡힌 결정능력 등은 그녀의 돋보이는 강점이다. 반면에 자기애 과잉과 인간성 결핍, 정적에 대한 잔인함, 지나친 승부욕,

가족마저 살육을 거듭한 비정함, 친정에 대한 경도로 말년의 실패 자초 등은 약점이라고 볼 수 있다.

어쨌든 그녀는 자신의 지도력을 견고하게 확립하는 한편 유능한 인재들을 전면에 내세우고 국정을 잘 이끌어 여성이라면 성공의 본보기로 삼을 만하다. 최근에는 대처, 메르켈, 바첼레트, 호세프, 박근혜 등을 비롯한 여성 정치 지도자들이 많다. 기업가들은 하도 많아 일일이 이름을 거론하기 힘들 정도이며, 군대를 비롯해 거의 모든 분야로 진출하고 있다. 한국에서도 이미 여성 지도자들이 엄청난 기세로 늘어나며 일상화되어 가고 있다.

선비족의 활약

선비족은 흉노의 재기와 쇠퇴를 즈음하여 내몽골 동부 지역을 근거지로 삼아 역사의 전면에 등장하여 점차 세력을 키워 나갔다(일반적으로 선비족을 몽골계인 동호, 오환의 후손으로 여긴다. 일부는 한민족으로 통합된 맥족의 한 갈래로 합쳐진 것으로 보기도 한다).

삼국시대 이후에는 흉노와 선비가 대초원 북방 민족을 주도했다. 흉노가 삼국시대를 통일한 진나라를 멸망시키며 5호16국시대를 열고 5세기까지 한(304~29,나중의 전조), 북량(397~439), 하(407~31) 등의 나라를 세웠으며, 북량이 북위에 멸망당해 5호16국시대를 마감하기도 했다.

비슷한 시기에 선비족도 본격적인 활약을 시작했다. 전연(307~70), 후연(384~409), 서진(385~431), 남량(397~414), 남연(398~410) 등의 5개 왕조를 세우며 활약했다. 후대로 갈수록 흉노가 사라져가며 중앙아시아와 서아시아로 서진을 거듭한 것과 달리 남북조시대 때 북위, 동위, 서위, 북제, 북주로 이어지는 북조의 5개 왕조를 성립하며 중국 대륙 북부를 지배했다. 이후에는 수나라와 당나라를 성립하여 중국 대륙 전역을 차지하며 후한 말 이후 무려 430년 이상에 걸친 중국 대륙의 혼란을 수습하고 번영을 누렸다(선비족은 중국에 왕조를 연 5부족이 중심이 되었다. 5호16국시대에는 전연 · 후연 등을 세운 모용, 서진을 세운 걸복(흘복), 남량을 세운 독발부족이 주로 활약했다. 남북조시대 이후에는 북위를 세운 탁발과 북주 이후 수당까지 활약한 우문 부족이 주도해갔다).

그런데 위진남북조시대부터 수당시대까지 주도한 선비족 중에서도 이른바 관롱(關隴) 집단이 실질적으로 중국을 이끌어갔다. 이들은 군사력에 기반한 지배층 세력이자 귀족계층으로 북조의 마지막 왕조인 북주에서 수나라와 당나라에 이르기까지 지배집단으로 활약했다. 수나라에서 당나라로 이어지는 역사 전개조차 수 양제 양광과 당 고조 이연이 이종4촌으로 이들 내부 세력 간의 수평적인 왕조 교체였다.

관롱집단은 당나라의 건국과 황제를 지키는 핵심 세력으로 존속하는 가운데 더러는 황제를 위협하기도 했다. 그러던 것을 무측천이 치열한 권력투쟁 끝에 척결하고 과거제를 통한 새로운 세력으로 채워가며 관료제에 근거한 능력주의 국가로 전환한 것이다.

8

난세 속에 살아야 할 때

조광윤

중국의 자랑인 문화를 꽃피우다

✚ 편의상 송 태조 조광의 때 영토까지 포함하며, 이후 요, 서하, 금, 몽골 등에 의해 영토를 잃었기 때문에 남송 등 후로 갈수록 훨씬 줄어든다.

조광윤

소통의 리더십(인화덕치형)

혼란을 잠재우고 문화가 꽃피는 시절을 열다

오랜 혼란을 잠재우고 한족의 나라를 세우다

중국에서는 한족의 왕조인 한, 송, 명에 대한 애정이 남다르다. 송나라는 한나라의 멸망 이후 위진남북조 시대, 당나라, 5대10국 시대에 이르는 오랜 북방 이민족에 의한 통치를 끝내고 한족의 왕조를 다시 세워 소중히 여긴다. 한나라가 한족의 틀과 원형을 형성했다면, 송나라는 찬란한 문물을 발전시켰다고 하여 가장 중시하는 왕조이기도 하다. 그래서인지 지금까지도 선비족의 왕조인 당나라를 한족화한 것으로 미화하면서 당송 시대를 중국 문명의 전성기로 간주하고 있다.

이렇게 보면 송나라는 중국인의 자존심인데, 그 시대를 연 장본인이 조광윤이다. 당 멸망 이후 뛰어난 무장으로 활약하며 혼란한 5대10국 시대를 평정하고 백성들의 신망을 모은 가운데 난세를 종식시키면서 한족의 송 왕조를 성립했다. 이후 귀족정치의 만개 속에 학문과 문화예술이 화려하게 펼쳐지면서 중국 문화를 풍요롭게 만들었다.

하지만 송나라는 그야말로 문약한 나라였다. 또한 중국 대륙을 완전하게 통일한 것이 아니었다. 송의 성립 당시에 이미 북방민족의 일원인 거란족이 요나라를 세우고 대륙 북부를 차지한 채 세력을 떨치고 있었다. 이후 요를 비롯해 서하, 금, 몽골(원)의 순서로 왕조를 열며 중국에 대한 지배권을 행사했다. 그 사이 송나라는 유약한 모습에서 벗어나지 못한 채 북방 제국들에게 머리를 조아리며 생명을 연장한, 약하고 비굴하기까지 했던 왕조였다.

난세에 군인이 되어 천하의 주역으로 성장해가다

송 태조 조광윤(927~76, 재위 960~76)은 하북성 출신으로 5대10국시대 때 후당의 수도였던 낙양에서 후당과 후한의 장군이었던 조홍은과 두씨(나중의 두태후)의 2째아들로 태어났다(삼국시대 촉나라의 유비와 고향이 같다). 형이 일찍 죽는 바람에 맏아들의 역할을 했다.

그는 좋은 인성에다 독서광으로 수많은 책을 통해 지식을 쌓아갔다. 겸손하고 근검절약하는 어머니로부터 지혜로운 교육을 받아 훌륭한 인품과 반듯한 처세를 통해 주변의 믿음을 얻으며 돋보였다(아버지를 송나라의 선조로 추대하며 존경심을 잃지 않았지만, 어머니에 대한 사랑이 남달라 961년에 죽은 뒤에도 일생 동안 그리워했다).

조광윤은 아버지의 영향으로 946년에 19세의 나이로 군에 입대했다. 넉넉치 않던 군인의 아들이라 집을 떠나 후한의 장수로 절도사인 곽위의 수하로 들어갔다. 워낙 무공이 출중해 이내 곽위의 눈에 들어

신임을 받았다. 948년에는 곽위를 따라 전장터를 누비면서 두루 전과를 올리며 두드러져 갔다.

951년. 곽위가 후한을 멸망시킨 뒤에 후주를 건국하는 과정에서 큰 공을 세워 24세의 한창 젊은 나이에 개국공신이 되어 군부의 요직을 차지하며 승승장구했다. 2년 뒤 근위대장이 되어 수도인 개봉(카이펑 · 開封, 대량, 량, 변량, 변경으로 불리워왔으나 이 책에서는 개봉으로 통일해 사용)에서 일했다. 그러던 중에 태자 시영(柴榮, 곽위의 아들들이 일찍 죽자 양자로 들어가 태자가 되었음)의 측근이자 친구가 되었다가 954년에 세종으로 즉위하자 군부의 실력자로 떠올랐다.

그는 북한과의 고평 전투 때 죽을 뻔한 세종을 구하고 전투를 승리로 이끌어 명성을 높였고, 이후로도 5번 전쟁에 나가 모두 승리를 거둬 절도사에 임명되었다.

5대10국 시대, 요-서하-송-금, 몽골 제국에 의한 중국 병탄

당나라가 황소의 난 이후 몰락하자 중국 대륙은 분열과 난세로 접어들어 5대10국 시대가 열렸다. 중국사에서는 당나라가 완전히 멸망한 해를 907년이라 하지만 실제로는 875~84년에 일어난 '황소의 난'으로 거의 무너져 있었다. 이후에는 장안을 중심으로 한 관중 지역을 겨우 유지하는 처지로 전락했다. 이미 대륙은 주전충, 이극용 같은 절도사들이 난립하는 혼란의 시대가 전개되었다. 당 멸망 이후에도 지방행정권과 군권을 가진 절도사들이 힘을 앞세워 왕조를 세우는 방식이 되풀이되었다.

5대10국 시대(907~60)는 주로 북방의 5대라 불리는 후량, 후당, 후진, 후한, 후주가 잇달아 성립하며 주도했다(이중에 후당, 후진, 후한 왕조들은 돌궐계의 북방민족이 세운 왕조다). 반면에 10국은 오월, 민, 형남, 초, 오, 남당, 남한, 북한, 전촉, 후촉을 말하며 작은 왕국이거나 황제국을 칭하지 못한 미미한 세력들이다.

혼란기에는 군대를 가진 무장들이 주인공이 되기 쉽다. 이 시절도 마찬가지였고, 위진남북조 시대 이후 300여년 만에 벌어진 혼란기였다. 그런데 중국 대륙에서 혼란이 벌어지면 늘 그랬듯이 북방세력들이 몰려왔다. 가장 먼저 진출한 세력은 거란족의 요나라(907~1125)였다. 사실은 중국 왕조가 거란의 군사력을 빌리려 끌어들였다고 봐야 한다. 어찌 보면 돌궐 출신의 석경당이 거란의 도움을 받아 후진을 세워 북방세력이 북방세력을 끌어들였다고 보는 것이 더 정확하다.

요나라가 936년에 후진의 헌납으로 대륙 북부의 요지인 만리장성 남쪽의 연운16주를 차지한 채 폭정과 수탈을 일삼다가 민심을 잃고 후퇴하자, 이번에는 여진족이 강성해져 북부로 진출해 대부분의 지역을 차지하며 금나라(1115~1234)를 세웠다. 한편 서역 일대에서는 티벳계의 탕구트족이 서하(1038~1227)를 성립해 제국을 세운 뒤에 세력을 확장했고 송나라를 몰아세웠다.

당시 송나라는 요, 서하, 금이 활약하던 시절에 한결같이 저자세로 일관하며 조공을 바치고 신하국이 되어 왕조를 연명했다.

그러다가 대초원을 통일해 몽골부를 성립한 칭기즈칸(칸 1189~1206, 대칸 1206~27)이 동서남북 전역에 걸친 정복사업을 펼치며 역사의 전면에 등장했다. 특히 몽골을 속국으로 삼아 괴롭혀온 철천지 원수이자 반드시 넘어야 할 숙적인 금나라에 대한 정복을 벌여 북방 지역을 차지하며 몽골의 시대를 본격화했다. 또한 후대에 이르러 몽케(4대 대칸, 헌조, 재위 1251~59)와 쿠빌라이(5대 대칸, 세조, 재위 1260~94)가 중국 대륙으로 남하하며 점차 병합해가다가 1279년에는 남송마저 멸망시키고 직속령으로 삼아 원나라를 성립하며 방대한 몽골 제국(1189~1635, 원 1271~1368)의 5한국을 완성했다. 이렇게 하여 송 멸망 이후 중국 대륙은 명나라 시절만 제외하면 20세기 초가 될 때까지 북방민족이 지배하게 된다.

* 5대10국 시대 때 가장 먼저 당의 절도사 주전충이 당나라를 멸망시키고 후량(後梁)을 건국했다. 이후 그의 왕조는 17년 만에 후당(後唐)으로 넘어갔고, 후당은 14년 만에 후진(後晋)으로, 후진은 11년 만에 후한(後漢)으로, 후한은 4년 만에 후주(後周)로 바뀌었다.
이렇게 5왕조가 숨가쁘게 바꼈으나 이들 왕조들은 화북 일대를 장악했을 뿐이고, 다른 지역에서는 오월(吳越), 민(閩), 형남(荊南), 초(楚), 오(吳), 남당(南唐), 남한(南漢), 북한(北漢), 전촉(前蜀), 후촉(後蜀) 등 10개의 작은 왕조들이 명멸을 되풀이하면서 혼란을 거듭했다(그 밖에도 독립적인 절도사들이 여럿이다).

힘을 앞세워 권력을 빼앗다: 진교의 변

조광윤은 후주의 2대 황제인 세종(시영, 재위 954~59. 곽위의 양자라 곽영이라고도 함)의 수하 장수로서 군부의 요직을 거쳤다. 세종의 각별한 신임 아래 가장 뛰어난 정예병인 금군(禁軍)을 이끌었고, 거란과 남당과의 싸움에서 공을 세워 금군총사령이 되었다.

세종은 5대10국 시대에 가장 대표적인 군주이자 유일한 명군으로 손꼽히는 인물로 굳은 믿음이 있었다.

"이 난세를 반드시 내 손으로 끝내겠다."

세종은 천하통일을 향해 원정에 나섰고 내정도 잘 펼쳐 나라를 안정시켰지만, 959년에 거란 원정길에서 병사하고 말았다. 그즈음 조광윤은 세종의 남정 때 그를 따라 참여하여 양주 등지를 공격하며 전공을 세웠다.

그러다가 세종이 갑자기 죽고 그의 아들로 후주의 3대 황제이자 마지막 황제가 되는 공제(시종훈, 재위 959~60)가 6세의 어린 나이로 즉위하자 정세가 급변했다. 재상 범질과 왕부가 보정대신이 되어 보필했으나, 시중에서는 조광윤의 황위 찬탈 야심이 풍문으로 떠돌았다.

960년. 북한과 요나라가 연합하여 후주를 침입해왔다. 조광윤은 대군을 이끌고 도성인 개봉에서 출전했다. 북상에 나서 도성을 떠난 다음날 밤에 개봉에서 20리 떨어진 진교에서 숙영했다. 바로 그때 그의 동생인 조광의와 책사 조보가 술에 취해 잠든 조광윤을 깨워 마당으로 이끌고 나갔고, 석수신과 왕심기를 비롯해 모두 모여 늘어선 장수들이 큰 목소리로 외쳤다.

"부디 황제가 되어 어지러운 이 나라를 바로 세워 주십시오."

조광윤은 몇몇 장수에 의해 잠에서 깨어난 뒤 곧바로 미리 만들어 놓은 황제의 옷인 황포가 입혀졌고(여기서 황포가신(黃袍加身)이라는 고사성어가 유래), 주변의 장수들을 비롯한 모든 병사들이 크게 외쳤다.

"만세, 만세, 만만세."

회군한 조광윤은 조정대신들의 내응으로 쉽게 도성을 장악했다. 이후 장수들이 후주의 재상인 범질과 왕부를 데리고 오자, 조광윤은 난처한 표정을 지으며 말했다.

"세종의 태산 같은 은덕을 어찌하오? 장수들이 나를 이렇게 만들었는데 어찌 하면 좋겠소?"

범질과 왕부는 놀라 어쩔 줄 몰라했다. 그러자 옆에 서 있던 장수가 소리 높여 말했다.

"우리는 조광윤 장군을 천자로 옹립하고야 말 것이오."

범질과 왕부는 분위기에 압도당한 채 그에게 승복을 뜻하는 절을 했다. 이렇게 하여 조광윤은 어린 군주인 공제로부터 억지로 양위 받아 황제가 되었다(이 사건을 '진교의 변(진교병변)'이라 한다).

그러나 위에서 말한 이야기는 거짓말이다. 조광윤이 무력을 앞세워 힘으로 제위를 찬탈했기 때문이다. 이러한 도덕적 결함을 감추기 위해 조작해낸 일화일 뿐이다.

북한과 요나라의 공격만 하더라도 사실무근에다 조광윤 같은 인물이 사령관이 되어 출정하면서 몸을 못 가눌 정도로 술을 마셨다는 것부터가 말이 되지 않는다. 자신의 부하 장수들과 미리 입맞춘 대로 억지로 황포를 입고 마지 못한 척 황제에 올랐을 뿐인 것이다.

실제로는 조광윤이 황위찬탈을 결심하고 치밀한 계획을 세워 예정된 각본대로 진교에서 군사들을 모아 회군해서 개봉을 공격했다. 이에 후주의 금군 총사령관인 한통이 결사적으로 항전하자 조광윤의 군대가 공격해 전사시켰다(더러는 조광윤이 자객을 보내 암살했다는 말도 있다). 이후 수순은 일사천리로 진행되었다. 얼마 안 가 공제를 겁박하여 선양이라는 형식적인 절차를 거쳐 제위에 올랐다.

이렇게 하여 그의 치세에서 1번째 고비가 된 권력 장악을 성공적으로 마무리하면서 공제의 양위를 받아 태조 황제에 즉위해 300년 송 왕조의 건국자가 되었다.

덕을 베풀어 과오를 덮는다: 전 황실을 보호하다

조광윤이 진교의 변 이후 회군하여 군사들과 함께 황궁으로 난입했다. 바로 그때 한 후궁이 어린아이를 안고 있는 것을 보고는 물었다.

"이 아이는 누구의 아이인가?"

옆에 있던 누군가가 답했다.

"세종의 아들입니다."

조광윤은 옆에 있던 조보와 반미를 비롯한 측근들에게 다시 물었다.

"그러면 이 아이를 어떻게 처리하면 좋겠소?"

조보 등이 강력하게 주장했다.

"마땅히 죽여 후환을 없애야 합니다."

조광윤은 잠깐 생각한 뒤에 결론을 내리고는 명하듯이 말했다.

"선양을 받은 마당에 전 황실의 사람들을 마구 죽일 수는 없소."

조광윤은 아이를 반미에게 넘겨주며 키우라고 명했고, 이후 다시는 아이에 대해 묻지 않았다(그 아이는 성인이 되어 유길이란 이름으로 자사를 역임했다).

이러한 상황에서 범질과 왕부는 조광윤이 선위를 압박해오자 공제의 안위를 위해 한 가지 제안을 했다. 제위를 넘겨주는 대신에 공제를 비롯한 황실의 시씨 가문을 보호해 줄 것을 요청한 것이다. 속이 너른 조광윤은 흔쾌하게 맹약을 맺었고 이후 충실하게 약속을 지켰다. 또한 그의 자손들까지 유업을 계승하도록 하여 송나라가 멸망할 때까지 보호했다(시종훈이 황제에서 물러나 조용히 살다가 젊은 나이로 병사하자 조광윤은 황제의 예로 장례를 치러 주었다).

송 태조 조광윤의 처사는 즉위 직후 세종의 신하였다가 찬탈했다는 비난에서 벗어나 단박에 민심을 다잡아 초기의 약하고 혼란스럽던 송나라의 기반을 다지는데 큰 도움을 주었다. 조선 태조 이성계가 고려의 임금인 우왕, 창왕, 공양왕을 차례로 척살하고 왕씨들을 대거 씨를 말리듯 죽여 민심을 제대로 얻지 못한 것과 대비된다.

이렇게 하여 그의 치세 초반기에 맞았던 2번째 고비를 포용력 있는 처세로 넘어섰다. 통 큰 처신으로 백성들의 신임을 얻어내 황제가 되기까지의 결함을 극복하고 민심까지 얻은 것이다.

집안부터 다져 놓아야 한다: 군벌의 발본

조광윤은 33세의 나이로 송나라(宋, 960~1279, 북송 960~1127, 남송 1127~1279)를 성립했다(정식 국호는 대송大宋이다. 당, 명 등도 위대한 제국임을 내세우려 대당, 대명이라 국호를 정했고, 국내외적으로 대당, 대명으로 불렀다. 더러는 춘추시대의 송, 남북조시대의 송 등과 구별하려 그의 성을 따서 조송趙宋이라고도 부르며, 1127년 금나라에 밀려 장강 이남으로 옮기긴 전인 북송과 옮긴 후를 남송이라 구분해 부르기도 한다).

그는 곧바로 권력 기반을 다지고 정세를 안정화하는 일에 골몰했다.

무엇보다 기세등등한 부하 장수들이 개국공신이 되어 발호하는 것을 걱정했다. 당나라가 멸망하고 5대10국의 혼란이 벌어진 것이 군벌의 폐해 때문이라 여겨 더했다. 지금은 비록 자신의 휘하에 있지만 막강한 군사력을 보유한 장수들이 언제든지 군벌이 되어 과거의 혼란을 되풀이할 가능성을 염려한 것이다. 이에 오랜 고민 끝에 한 가지 계책을 생각해내고는 연회를 열었다.

961년. 황제가 된 몇 달 후, 진교에서 자신을 황제로 옹립한 5대 공신이자 무력을 손에 쥔 장수들인 석수신, 왕심기, 고회덕, 장령탁, 조언휘를 불러 거나하게 술을 주고받았다. 한참 술자리가 무르익자 조광윤은 갑자기 주변을 물러나게 한 뒤에 장수들만 남긴 채 말을 꺼냈다.

"고맙소."

장수들은 당연한 듯이 응대했다.

"폐하, 무슨 말씀입니까? 황은에 감사드립니다."

조광윤은 계속해 말을 이어나갔다.

"만일 그대들의 도움이 아니었다면 짐이 어떻게 이 자리에 있었겠소? 진심으로 감사하오. 그렇지만 황제가 되고 보니 편히 잠을 잘 수가 없소이다."

장수들이 놀라 되물었다.

"어째서 잠을 드시지 못합니까?"

조광윤은 그제서야 본론을 끄집어냈다.

"그대들이 두려워 그렇소. 그대들의 군사들이 두려워 그렇소. 그대들의 권세가 두려워 그렇소."

장수들은 깜짝 놀라 대답하듯 말했다.

"저희가 어찌 폐하를 위협하겠습니까? 어찌 다른 마음으로 군사들을 부리겠습니까? 어찌 폐하의 위엄에 대들겠습니까?"

조광윤은 기다렸다는 듯이 다시 말했다.

"그대들은 나를 도모하지 않는다고 칩시다. 그러나 부하 중에 권력을 탐하는 자들이 나타날까 두려운 것이오. 만일 누군가가 황포를 걸쳐주면 내가 그러했던 것처럼 그대들도 뿌리치기 힘들 것이 아니겠소."

장수들은 혼비백산하여 그 자리에 엎드린 채 되물었다.

"그러시다면 어떻게 하면 폐하께서 안심하실 수 있겠습니까?"

조광윤은 계속 술을 돌리며 낮지만 힘 있게 말했다.

"사실 인생에서 가장 중요한 것은 부귀가 아니겠소. 그대들이 병권을 내놓고 고향으로 내려가주는 대신에 부귀를 누리시오. 그대들의 자녀와 짐의 자녀를 혼인시켜 인척으로 지내는 것이 어떻겠소?"

장수들은 그제서야 그의 속내를 알아채고 그 다음 날로 한꺼번에 사직서를 내고 서둘러 지방으로 내려갔다. 조광윤은 장수들을 해임하고 군사들을 황제 직속의 관병으로 편입시켰다. 이후에도 같은 방법으로 왕언초를 비롯한 여러 절도사들을 설득해 군사들을 복속시켰다. 권력다툼과 내분의 소지에 대해 미리 단호하게 대처하여 지방 군벌들에 의한 군웅할거와 혼란이 지속되는 국면을 막아낸 것이다. 이렇게 하여 그의 치세에서 3번째 고비를 술자리를 빌려 자신의 고충을 밝혀 장수들의 양해를 얻어내며 지혜롭게 해결함으로써 송 왕조의 기반을 닦았다(술자리 한 방에 공신들의 군권을 없애 배주석병권杯酒釋兵權이라 한다).

사실 왕조를 건국한 지도자들을 보면 이전의 지도자와 왕실을 처참하게 도륙한 경우가 일반적이다. 견제 세력에 대해서는 대대적인 숙청과 학살을 벌여 권력을 장악해갔다. 그렇지만 조광윤은 대화를 통해 흉금을 터놓으며 서로 간의 신뢰를 잃지 않으면서 자신의 뜻을 관철했다.

이후로도 조광윤은 군벌의 힘을 억제하는 데 많은 노력을 기울였다. 전란의 주역인 절도사들의 힘을 빼앗아 단순한 명예직으로 남겨버리는 등 권한을 줄여나가 내정의 안정을 다져나갔다. 이처럼 그의 정치는 피 한 방울 흘리지 않은 채 만사를 풀어가는 방법으로 진행되었다.

이 점에서 어린 황제의 선위를 받아 역성혁명을 벌였지만 즉위 후 자신에게 제위를 넘겨준 어린 황제를 비롯한 전 왕조의 황족을 살육했던 수 문제와 달리 시종훈과 그 친인척들을 정중히 대접하면서 나라의 안정을 얻어냈다. 또한 명 태조 주원장 같은 창업 황제들과 달리 개국 공신들을 토사구팽시키지 않고 한 고조 유방처럼 제대로 대접하여 대대로 송나라를 지키는 충신이자 충직한 가문들로 만들었다.

내정을 닦아 안정된 기반을 갖추다

태조 조광윤은 혼란의 시대를 끝냈다. 막상 왕조를 열자 해야 할 일이 너무 많았다. 오랜 전란으로 전국이 폐허처럼 변했고, 변방도 안정되지 않았다. 다행히 그는 독서광이라 신료와 학자들을 뛰어넘는 지식으로 정치를 잘 펼쳤다. 먼저 내정을 닦아 안정된 기반을 갖추는 일에 전력했다.

수도는 계속하여 개봉으로 삼았다. 당시 중국의 중심지를 그대로 활용해 빠른 안정이 이루어지길 원했다. 개봉이 대운하의 개통 이후 중국 대륙의 경제와 교통의 중심지가 된 것도 감안했다(개봉을 수도로 한 왕조로는 전국시대 위(魏)나라(당시의 대량), 5대10국 때 후량(907~23), 후진(936~47), 후한(947~51), 후주(951~60), 송(960~1127), 금(1115~1234) 등이 있다. 나중에 송은 금의 공격으로 수백만 명이 강남으로 옮겨가 임안(臨安, 지금의 항주杭州)을 수도로 삼아 남송으로 명맥을 이어가 개봉 시대를 북송(北宋), 임안 시대를 남송(南宋)이라 한다. 참고로 중국사 이래 수도로 역할한 대표적인 곳이 시대 순서대로 장안, 낙양, 개봉, 북경 4곳인데, 개봉은 장안, 낙양에 이어 3번째로 자주 도읍지로 역할했다).

5대10국 때는 국정의 중심이었던 추밀원과 달리 무관과 대귀족을 제외한 채 재상부를 강화해 군사는 추밀원의 황제 직속 비서관들이 맡고, 그밖의 국정은 재상부에서 맡도록 만들었다. 무관의 정치 개입을 억제했고, 문관도 재상부를 넘는 권한을 행사할 수 없게 만들면서 황제권을 강화했다.

특히 그는 중앙집권적 관료제를 구축하면서 모든 권한을 중앙정부로 집중시켜 독재권을 확립했다(2대 태종도 충실히 뒤따라 송의 기초는 안정되었고, 독재정은 청나라 때까지 이어졌다). 원래 독재 제도는 강력한 군대와 효율적인 관료제에 의해 유지되는 만큼 군대 수를 늘려 지속시키려다 보니 군사비가 재정의 80%를 차지하여 종래의 양세(兩稅) 수입으로 충당할 수 없어 차 · 소금 · 술 · 백반 등 일용필수품의 전매수입으로 방대한 군사비를 감당했다(이 정책은 안으로 밀매를 부추겨 비밀결사를 조직하면서 반란의 온상을 형성했고, 밖으로 외부민족을 자극하여 강력한 국가를 형성해 송나라를 공격하게 만들었다).

조광윤은 유학적 문치주의를 확립했다. 그 자신이 무장 출신이라 군인들을 멀리 했고, 정치에서 철저하게 배제했다. 중앙에서는 무인정치를 완전히 폐지하고, 금군을 강화해 황제의 군사권을 강화했다. 무인보다 문인이 상위에 서서 정치를 펼치는 문관 우위 정치체제를 세웠다. 지방에서는 절도사의 독자적인 군사지도자적 지배체제를 폐지하고, 중앙에서 직접 임명하고 파견하되 행정, 사법, 군사 재량권을 대폭 줄였으며, 중앙정부에 늘 보고하고 통제를 받도록 했다. 또한 그들을 중앙에서 파견했다가 일정한 임기를 마치면 교체되는 문관 출신으로 대체해 지방의 반란 가능성에 쐐기를 박았다. 지방관 역시 중앙에서 직접 파견해 행정 측면에서도 독자세력화를 막았다. 아울러 지방 관리들의 재량권도 대폭 축소하고 재정까지 조정에 귀속해 중앙에 정무 · 군사 · 재정의 3권을 집중시켰다.

정치를 펼치려면 일할 인재가 필요한 법이다. 그는 유학자 출신인 조보의 제안에 따라 과거제도를 정비해 직접 과거시험을 주관하면서 인재 선발과 등용에 관심을 기울였다.

"실력 있는 인재를 지역과 신분에 상관없이 널리 구하라!"

전시(殿試) 제도를 처음 도입해 황제가 직접 문제를 내고 급제자를 선발했고, 규모와 횟수를 크게 늘린 과거에서 선발한 관리들을 세습 귀족들의 몫이었던 관직에 채웠다. 평등한 경쟁을 통해 전국 곳곳에서 신진인재들을 대거 발굴해 문관으로 일하게 했다. 또한 지방 관리까지 과거제를 통해 채용했다. 특히 자신이 직접 과거시험을 주관하는 전시와 어시를 중시했다. 이런 까닭에 과거제가 실질적인 관료 선발제도로 기능한 것은 송나라 때부터로 본다. 이런 과정을 거쳐 중앙 귀족과 지방 호족의 신분과 위상을 보장하면서도 과거제의 점진적 확대를 통해 자연스럽게 새로운 인물들로 채워나갔다.

조광윤은 필요로 하는 모든 것을 책을 통해 얻었다. 독서는 물론이고 강독에도 최대한 참여하는 한편 신료들에게 책 읽기를 자주 권했다. 이런 상황에서 지식인을 중시하고 우대하다 보니 독서 풍토가 자연스럽게 조성되기도 했다.

정치의 요체는 백성들이 잘 살게 만드는 일이다. 농업국가인 중국의 특성상 그 기간이 되는 수리사업을 본격 추진했고, 황무지를 개간하여 농토로 만들거나 나무 심기와 숲 조성을 장려했다.

이렇게 하여 조광윤은 그의 치세에서 4번째 고비가 되는 내정체제를 온건한 개혁을 통해 주변, 중앙, 지방의 지배세력들을 수습해갔다.

내정을 다진 뒤 외치에 나서다: 5대10국의 통일을 거의 완수하다

조광윤은 내정을 어느 정도 안정되게 다지자 외치에 본격적으로 나섰다. 아직도 전국 곳곳이 혼란스러웠고, 변방에서는 외세의 침략도 여전했기 때문이다. 963년이 되자 36세의 나이로 몸소 출병하여 통일 전쟁을 벌여나갔다.

'불안정한 중국 대륙을 평정해서 천하통일이란 원대한 목표를 이루겠다.'

이후 자신의 뛰어난 역량을 앞세워 거침없이 밀어부쳐 송의 영토를 넓혀갔다. 그는 조보의 선남후북(先南後北) 전략을 받아들여 먼저 남쪽의 지방정권들을 공략해 나갔다. 먼저 후주 유신의 반란을 진압하여 화북의 땅을 확보하고, 가장 중요한 요지라 할 수 있는 호북성의 형남을 합병했다. 965년에는 사천성의 후촉을 병합하고 풍부한 식량과 물산을 손에 넣고 전비로도 충당했다. 970년이 되자 중국 북부 지역을 거의 통합하게 되었다. 또한 요나라가 남진을 꾀하자 정벌에 나서기도 했다. 다만 정벌을 단행했지만 워낙 군사력이 강했던 요나라인지라 후진 때 빼앗겼던 연운16주를 되찾지 못하고 끝내 실패했다.

971년에 조광윤은 더 남쪽으로 기치를 돌려 광동을 지배하던 남한을 멸망시켰다. 975년에는 오 · 월을 제외한 강남을 장악한 채 최대의 세력을 가진 남당을 오월과 이간질해 싸우게 한 다음 복속했다.

남당의 군주가 사신을 보내 항변했다.

"우리는 후주 때부터 대국에 대해 도리를 지켜왔소. 어째서 공격하는 것이오?"

조광윤은 목소리 높여 답했다.

"천하는 하나의 집이다. 너는 너의 집에서 남이 잠자고 있다면 가만히 있을 수 있겠느냐?"

북부(화북)에 이어 강남의 국가들까지 병합하면서 송의 영역을 넓혔다. 남은 것이라고는 5대10국 중에 남쪽의 오 · 월과 북쪽 산서의 북한 뿐이었고, 후대에 가서 동생 조광의가 978년과 979년에 각각 병합했다(이로써 태종 조광의 대에 이르러 전국 통일은 아니었지만 5대 10국 시대를 종식했다).

이렇게 하여 그의 치세에서 5번째 고비가 되는 외치를 완수하면서 송나라의 영토를 확대해 대륙 대부분을 차지하며 천하를 거의 평정한 채 왕조 기반을 확고하게 다져 놓았다. 그래서 중국 재통일을 완수하지는 못했지만 재통일의 기틀을 마련한 군주로 평가받는다.

그렇지만 한족 외부의 강성해지는 북방세력에 대한 대응은 제대로 하지 못했다. 최대의 강적인 거란에 대해 무력으로 맞서지 못함을 인식하고는 막대한 공물을 바치면서 회유하려 했다. 나중에 태종 때 거란의 원조를 받던 북한에 대한 거란이 적대하고 있음을 알게 되자 공격해 멸망시켰지만, 여세를 몰아 요나라에 넘겨준 연운16주를 되찾으려 했다가 실패함으로써 거란족의 요나라, 탕구트족의 서하, 여진족(지금의 만주족)의 금나라, 몽골족의 몽골 제국 등으로 이어지는 외침을 불러와 늘 시달리게 된다.

후계자를 잘 잇다: 황제권의 안정된 계승

976년이 되자 49세의 조광윤은 당돌에서 북벌을 계획하다가 갑자기 병에 걸려 자리에 눕게 되자 친동생 조광의를 불러 대리청정을 시킨 뒤에 죽었다.

당시 그는 돌에 '맹서비'를 새겨 후손에게 유언격인 유훈을 전했다.

2가지였다.

'후주의 시씨 가문의 자손을 죽이지 말고 돌봐주라'.

'뜻이 다르다고 하여 사대부와 상소를 올린 사람을 죽이지 말라.'

여기에 '아무리 불손한 말을 하더라도 죽여서는 안 된다'고 새겨놓고, 끝에는 '이를 어긴 자는 천벌을 받을 것이다'는 경고까지 덧붙였다. 이후에는 송 왕조의 황제가 즉위를 하면 반드시 이것을 보는 관행이 정착되었다(태묘에 있던 이 비의 존재는 비밀사항이었던 데다 궁중에서만 전해 재상조차 몰랐다가 금나라군이 침입하여 황궁을 점령했을 때 발견되면서 드러났다).

이 유훈은 송 왕조 대대로 지켜졌다. 이 맹약을 지켰음은 나중에 시씨의 자손이 남송이 멸망하는 결정적인 고비가 된 애산 전투에서 운명을 함께 했음에서 알 수 있다. 뿐만 아니라 항복한 나라들의 군주들을 살려주었다. 그래서 많은 개국 군주들이 후환을 없애기 위해 이전 군주와 왕실 사람들을 죽인 경우와는 분명 다르다.

그가 사대부를 최우선한 방침은 송나라 내내 문치가 지속되도록 만들었다. 왕안석의 변볍개혁으로 신법파와 구법파가 대립할 때조차 정쟁으로 실각한 사대부일지라도 사마광과 진회처럼 처형되지 않고 좌천되었을 뿐이며, 그러다가 일정한 시기에는 다시 중앙에 복귀했다.

그의 사후 조광의가 내부 정변을 주도하면서 그의 적자들을 제거하고 제위에 올랐다. 원래 조광윤은 생전에 후계 문제가 없었으나, 사후에는 왕권다툼을 둘러싸고 달라진 것이다. 그의 급사 이후 송황후는 아들에게 제위를 물려주기 위해 빨리 입궐하라 했는데 조광의가 먼저 들이닥쳤다. 조광의는 놀란 황후에게 태조의 유언장이라는 것을 내놓았다.

'동생 조광의를 다음 황제로 하라.'

재상 조보를 비롯한 대신들도 추인해 조광의는 재빠르게 2대 황제에 올랐다(유언장을 놓고 조광윤의 독살과 함께 조광의의 책략으로 보기도 한다. 더러는 송황후가 황제 위를 탐하는 것을 막으려 한 조광윤의 결정이라고 한다). 이렇게 하여 후계자의 안정적인 계승은 이루어지지 못했지만 건국 초 혼란이 여전한 시기에 강력한 지도력을 가진 황제가 대를 이으면서 정치를 맡게 되었다.

사실 조광윤은 송나라를 '사대부의 나라'로 만들었다. 태종은 사대부를 중시하면서 형 조광윤의 문치주의를 더 거세게 밀어붙였다. 그러다보니 사대부의 위치는 뒤를 이은 몽골(원)은 물론이고 명, 청 때보다 훨씬 높았다.

문과 무는 함께 가야 한다: 문약해진 송나라

조광윤은 황제가 되기 전이나 그후로도 밤낮 말에 올라 전쟁터를 달린 군인이었다. 죽을 때도 전장터에서 숨을 거두었다. 그러나 그는 확고한 믿음이 있었다.

'말 위에서 천하를 얻을 수는 있어도, 다스릴 수는 없다.'

그는 무(武)로 나라를 얻었으나 문(文)의 나라로 만들기 위해 애썼다. 힘을 믿고 설쳐대며 혼란을 초래한다면서 무장의 행세와 정치 참여를 극도로 제한했고, 문관에 의한 우위와 무관 통제를 제도화했다.

장수들의 군권을 해체해 중앙과 지방의 모든 군사들을 관군으로 귀속시켰다. 지방의 절도사와 군사 지휘관들을 중앙에서 파견하고 독자세력을 형성하는 것을 경계해 세력 약화와 황제의 직접 통제에 중점을 두었다.

송나라는 사대부의 나라가 되었다. 학문과 문화예술이 번창했다. 태종 조광의도 친형인 조광윤의 문치주의를 뒤따랐다. 2대에 걸친 역사상 최고의 문치주의로 인해 문화는 찬란하게 꽃을 피웠다. 신당서 · 신5대사 · 자치통감 같은 역사 서적들이 편찬되고, 수묵화 · 산수화를 중심으로 소철 · 채양 등이 유명했으며, 송악이라 불린 음악이 발달했다. 경덕진으로 대표되는 도자기 문화도 화려하게 꽃피웠다.

증공, 소식(소동파), 황정견 같은 뛰어난 문인들이 활약했고, 구양수, 사마광, 왕안석 같은 정치가 겸 학자들도 쏟아졌다. 소옹, 주돈이, 장재, 정호, 정이와 남송의 주희(주자), 육구연 같은 유학자들이 유학의 최전성기를 만들었다.

과학기술의 발전도 남달랐다. 심괄 같은 만능 과학자가 돋보였고 중국의 4대 발명품 중에 종이를 뺀 나침반, 화약, 인쇄술이 나타났다고 보기도 한다(화약은 몽골과 고려, 인쇄술은 고려에 의해 창안되고 발전되었다는 국제적인 통념과 달라 중국이 지나치게 자기중심적인 접근을 한 것으로 비판받아 마땅하다).

그러나 문치주의는 군벌의 발호를 막았을지 모르지만 나라가 문약으로 흘러 분열과 혼란을 자초했다. 지나치게 무를 경시하다 보니 존립 내내 중앙의 정치 대립과 지방의 국방 약화를 자초했다. 또한 군의 전투력을 크게 약화시켜 늘 군사력이 약했고 좋은 무장이 없어 외세의 발호를 막지 못했다. 결과적으로 경제와 외치에서도 어두운 그림자를 드리웠다. 취약한 군사력으로 인해 백성들이 외세의 침입으로 인한 전쟁에 시달리는 결과를 초래했다.

그중에서도 북방민족에 대해서는 대비는 고사하고 비굴한 처신으로 일관하며 연명했다. 요나라의 힘에 압도당한 채 시달렸고, 급기야 1004년에 굴욕적인 '전연의 맹약'을 맺고 신하국이 되어 평화를 구걸해야 했다.

1127년에 여진의 금나라에 화북 지방을 빼앗기고 쫓겨나 남송으로 명맥을 이어갔고, 1279년에는 몽골에게 수없이 유린당하다가 멸망당했다. 중국의 역대 왕조 중에 송나라보다 외세의 침입에 무력했던 경우는 없었다고 해도 지나친 말이 아니다.

군주와 신료들은 물론이고 국민들마저 문치에 얽매여 자신들의 생명과 재산을 연명하기 위해 굴욕과 비굴한 처신을 대수롭지 않게 여겼다. 요, 서하, 금, 몽골에 잇따라 조공을 바치고 복속했다. 그러다가 나날이 국력이 약화되면서 외적의 도발을 막지 못하다가 몽골에 의해 멸망당하는 가장 큰 원인이 되었다.

한족의 틀에 내용을 담다: 중국을 가장 알차게 채워 넣다

송 태조 조광윤은 검소함, 자신의 결함에 대해 곧바로 고치는 자세, 장수로서의 뛰어난 역량, 남다른 배포, 적조차 살려주는 포용력, 설득을 통한 내부 통합, 후대에 대한 안배와 포석 등에서 남달랐다.

자신을 낮출 줄 알았으며, 옷을 빨아가며 오랫동안 입었고, 생일 상조차 보통 가정 집처럼 차리는 등 내내 검소하게 생활했다. 힘이 넘치는 무인답게 더러 화를 내기도 했지만 자신의 잘못을 알면 이내 사과하며 고쳤다.

대표적인 독서광으로 엄청난 독서량은 자신의 풍부한 정신세계는 물론이고 나라를 다스림에 있어 긴요하게 활용되었다. 정사를 펼침에 있어 많은 독서가 젊음에서 오는 부족함을 메워주었을 것이다. 이런 측면은 송의 주축이 된 사대부의 신뢰를 얻는 데도 큰 힘이 되었다.

조광윤이 장군이 되어 전쟁에 나섰을 때다. 전쟁에 나서면서조차 늘 책을 가득 싣고 다녀 수레가 무거운 것을 두고 그를 시기하던 인물이 참소를 했다.

"저 수레에는 뇌물이 가득합니다. 그래서 저리 무거운 것입니다."

후주의 황제 세종이 수레로 직접 가서 확인했다.

"아니, 모두 책이 아닌가!"

이후 세종은 더 이상 조광윤을 의심하지 않았으며, 그의 독서에 크게 놀랐다고 한다.

조광윤은 송나라의 건국자로서 건국 초의 치세를 잘해 중국의 황제 중에서 한 고조 유방, 광무제 유수, 당 태종, 강희제 등과 더불어 명군 중의 명군으로 평가받는다. 또한 오랜 분열과 혼란을 극복해 통일왕조를 세운다는 사명을 훌륭히 완수했고, 그 과정에서 거의 피를 흘리지 않아 수 문제보다 훌륭하게 평가되기도 한다.

그는 입버릇처럼 말했다.

"나는 백성을 위해 이 자리에 있노라."

그야말로 현명하고 멋진 군주의 원칙이자 신념이라 하지 않을 수 없다. 실제로도 그는 백성들을 위해 일했다. 당대에 대부분의 혼란을 수습하고 개봉이 번창하게 만들면서 평화를 누리는 기반을 다졌다. 놀라운 치적을 남긴 명군이면서 솔선덕치형이자 문화창조형 리더로 평가할 만하다.

다만 과음을 비롯한 자기관리의 부재, 측근과 참모에 대한 불신, 지나친 문치주의, 상무정신의 약화 등은 약점이었다. 젊은 나이에 출세하고 천하통일을 이루어내 그랬는지는 몰라도 술독에 빠져 자신의 건강관리를 너무 가볍게 여겼다가 50세를 넘기지 못했다(일부에서는 조광의의 독살 의혹을 주장하기도 한다).

그는 송나라를 함께 세운 인물들과 더불어 힘 있는 나라를 만들기 위해 군사력을 유지하며 기반을 다져야 했다. 그러나 황제권에 대한 위협에 초점을 맞추다가 유능한 군인들을 옷 벗기고 군사력이 취약해져 유별난 내분과 외침을 겪어야 했다. 어찌 보면 건국 초에 한두 명에 의한 권력의 발호나 후계다툼을 겪더라도 제압하면서 폭넓은 치세를 펼쳐가는 게 더 정상이다.

사대부들을 너무 중시하여 이들이 발호하면서 탁상이론에 얽매여 문약에 빠지는 결과를 초래했다. 경제나 외교 · 안보를 등한시했다. 관념과 윤리에만 매달려 세상과 거리를 둔 채 시나 읊고 세월을 보냈다. 그러다보니 북방민족들에 의해 존속 내내 시달리게 되었다.

조광윤의 역량과 치적에 비추어 볼 때 당연한 평가지만 한족 출신의 황제라서 더욱 높은 평가를 받은 측면도 있다. 송나라 때 성리학(주자학)을 완성한 주자를 비롯해 중국인들은 한족 출신으로 송나라를 세운 건국자로서 남달리 높여 보았다. 중국사에 대한 평판에서 결정적인 영향을 미친 시절이 송나라 시절이고, 그 중심에 주자가 있었으며, 송나라 사람이던 주자의 평가라 두말할 필요조차 없기도 하다.

사실 후대의 과오에 대한 책임을 조광윤에게 묻기는 어렵다. 그는 자신의 치세를 잘했기 때문이다. 아무리 그로 인해 후대에 미치는 영향이 컸더라도 그 뒤의 일은 후대의 몫일 뿐이다.

어쨌든 조광윤이 이루어놓은 송나라의 역할은 남다른 측면이 분명히 있다. 우리는 송나라로 인해 중화사상의 근본이 정립되어 중국인의 정신세계를 형성했다는 점에 주목해야 한다.

유방이 국내적으로 숱한 나라들로 이루어져 있었던 춘추전국시대를 마감한 진나라를 멸하고, 국외적으로 융족(서융)과 흉노를 상대하면서 중국 역사상 최초로 한나라를 성립하여 한족이라는 단일민족 인식이 형성되었다.

한의 멸망 이후 흉노과 선비를 비롯한 대초원 북방민족들에 의해 침입받거나 지배받기 시작했고, 위진남북조 시대를 거치면서 선비족이 중국 대륙의 북방인 화북(북부 지역)을 차지한 이래 수와 당을 세우며 대륙 전역에 걸친 외세의 지배가 이어졌다. 이후에는 돌궐이 등장해 5대10국 시대를 주도하며 위협하거나 북방을 지배하던 것을 조광윤의 활약으로 송나라를 세워 중국인의 세계를 구체적으로 확립한 것이다.

이후 중국 대륙은 다시 북방세력의 거센 남하에 시달리며 중국 역사상 가장 힘들게 외세의 힘에 무릎 꿇고 신하국이 되어 조공을 바치거나 아예 지배를 받게 되었다. 요, 서하, 금, 몽골로 이어지며 점차 북에서 남으로 영토를 잃기 시작했고, 몽골 시절에는 대륙 전역이 지배를 받으면서 다른 어느 시대보다 천시받고 박해받는 결과를 가져왔다.

반면에 북방세력들의 중국 지배가 이루어지자 중국 대륙이 한대륙, 몽골 초원, 신강위구르, 티벳 등지와 자연스럽게 연결되어 일부는 하나의 확장된 중국으로 편입되는 결과를 가져왔다. 특히 19세기 이후 총 · 포 · 함선을 앞세운 해양의 시대가 열리게 되자 북방민족들의 지배력과 기마군단의 군사적 우위가 끝나면서 소수민족으로 전락했고, 왕조의 교체 속에 본거지의 일부 또는 전부를 한족에 빼앗긴 채 지배를 받게 된 것이다.

여기에 더해 송나라가 확립한 중화사상은 이후 명나라를 성립하면서 중국인을 하나로 결합시킨 시대정신이자 구호가 되었으며, '중화회복'이란 깃발 아래 의식화를 유지하게 되었다. 이후로 외세의 침입에 대한 대응논리이자 한족의 구심점을 만든 중심사상으로 역할하고 있다.

후대에 이르러 송대의 문화를 찬양하고 화려한 중국 문화의 정수로 떠받들면서 중화사상이 자리 잡게 되자, 명 이후 다시 만주족의 청나라에 의해 지배를 받게 되었지만 건국 초와 후반에 반청복명이라 하여 중화사상에 따른 저항을 내걸고 중국인의 민족적 결집이 이어져 현대 중국의 건국으로 결실을 맺게 된 것이다.

송나라의 굴욕외교를 통한 비겁한 처신과 멸망이라는 대가

송나라의 역사는 내내 문치주의와 외세의 침입이라는 2가지 현안을 중심으로 전개되었다. 태조와 태종을 거쳐 진종이 황제가 되자 문약과 외침이 본격화하기 시작했다. 먼저 거란족이 대거 침입해오자, '전연의 맹약'이라는 굴욕적인 화친 조약을 체결하며 은 · 비단 등을 바치고 구걸한 평화가 지속되는 가운데 경제와 국가재정은 좋아졌다.

진종은 굴욕 외교를 가린 채 천자의 위엄을 과시하고자 풍부한 재정을 이용해 일찍이 진시황이나 한 무제가 행했던 산동성의 명산인 태산에서 봉선의식을 지내 막대한 경비를 소모했으나 재력은 아직 여유가 있었다.

그러나 다음 인종 때는 서하와 수년간에 걸쳐 전쟁을 치렀다. 서하는 송의 소금 전매제 확립으로 자국산 청백염(青白鹽)의 수출이 금지되자, 이미 태종 때부터 송에 반항하다가 이때 독립을 선언하고 대대적으로 침입했다. 이 전쟁으로 서하도 큰 타격을 입었으나 송나라는 경제공황에 빠져 재정은 적자에 허덕이고 실업자가 속출했고, 경제의 심장부라 할 수 있는 동남지방에서 반란이 일어났다.

이 위기를 타개하기 위해 인종의 뒤를 이은 신종 때는 왕안석을 등용해 신법(新法)을 실시했다. 서하와의 전쟁으로 중산층이라 할 수 있는 농민층의 몰락 속에 부호와 빈민이 대립하는 상황에서 왕안석의 신법은 국가재정의 재건과 함께 빈농이나 영세상공업자를 구제해 중산층으로 육성하는 데 있었다.

신법은 왕안석의 재임 중 상당한 성과를 올려 국가재정은 적자에서 흑자로 전환되고 위기는 해소되었다. 그렇지만 지주 · 관료 · 상인 · 종친 등 기득권 계층의 이익을 침해하면서 강력한 반대에 부닥쳤다. 여기에서 신 · 구 양당의 분쟁이 일어났고, 신종이 죽자 구법당(舊法黨)의 사마광 등이 등용되면서 신법은 폐기되고 인종 이전의 구법으로 되돌아갔다.

그러나 구법당이 뚜렷한 정책 방향조차 없자 나라는 다시 혼란에 빠졌다. 신종의 아들인 철종이 성장해 친정을 하게 되면서 구법당을 내치고 신법당 관료를 기용했다. 다음 휘종 때 중도정치를 행하고자 한때 구법당의 관리를 함께 등용한 일도 있으나 결국 북송 말기까지 신법당이 정국을 맡았다. 하지만 북송 말의 신법당 관리는 구법당 관리와 별로 다를 것이 없어 당쟁이 끊이지 않다가 마침내 만주에서 일어난 금나라에 의해 멸망했다(정강의 변).

1127년 남송 시대가 되자 신법당에 의해 폐출되었던 후비 맹씨가 남송의 초대 황제이자 송의 10대 황제인 고종(재위 1127~62)의 즉위를 인정한 관계로 구법당 관리가 많이 등용되었다. 강남 땅으로 쫓겨난 뒤 일부 정치가 · 군인 · 학자 사이에 주전론이 나왔지만 문약한 송나라는 도저히 감당할 수 없었다. 금나라와 싸울 때마다 패하면서 군사비가 늘어나 백성은 무거운 세금에 허덕이고 반란이 그치지 않았다. 재상 진회는 명장 악비를 비롯한 군벌들을 누르고 금나라에 굴욕적인 화의를 맺었으나 금나라에서 정변이 일어나 그나마도 얼마 가지 못했다. 또한 툭 하면 화평이 깨져 그때마다 평화조약이 체결되었고, 송나라는 늘 전시상태에 처한 채 군비 마련에 허덕여야 했다. 백성들은 세금 부담에 시달리는 가운데 화폐가 남발되고 물가는 치솟았으며 민생고는 극심해졌다. 게다가 북송 때 서방에서 유입되던 은이 남송 시대에는 거꾸로 서방으로 유출되자 자금의 결핍으로 산업이 위축되거나 침체되고 실업자가 늘어나 곳곳에서 반란이 일어났다.

한편 오래전에 신종의 관제개혁(1078~85)으로 재상의 권한이 강화되었는데 후대로 가면서 진회, 한탁주, 사미원, 가사도 등이 전권을 장악한 채 국정을 이끌었고, 반대로 황제의 독재권은 무력화되어 국가기강이 문란해졌다. 정치와 경제를 비롯해 사회 전반도 무너져갔다. 바로 그즈음에 몽골이 공격해오자 송나라는 무기력하게 멸망했다.

몽골의 세계제패로 지구촌을 하나로 묶다 : 인류 역사상 가장 위대했던 세계경영사

몽골의 힘은 군사력, 개방, 통치력 등에 바탕했다. 무력의 근간은 천하무적 기마군단에 있었다. 케식이라는 친위대 1만명을 결성하되, 부족을 초월하고 오로지 칭기즈칸과 몽골을 위해 충성하게 만들었다. 기병–포병–보병의 적절한 배합, 혁신적인 입체적 전술, 연막을 이용한 교란전, 공포 분위기 조성을 통한 심리전, 학살을 통한 항복 강권, 위장과 매복, 회피와 반격의 되풀이, 전쟁에 이기기 위한 무기개발 등으로 승리의 나날을 보냈다. 사실 몽골인이 제국의 군대로 편성되자 체력, 생리, 사고방식 등에서 유리했다. 시력 4.0 이상에다 수십리 밖에서 밥 짓는 냄새를 맡고, 날씨의 변화를 감지해 추위와 더위를 이겨내는데 초인적인 야성을 발휘했다. 여기에 투지, 직관력, 본성 등이 잘 어울어져 발휘되면서 유라시아를 평정해 최대의 제국을 개척할 수 있었다.

개방정책을 통해 유교, 불교, 기독교, 이슬람을 모두 허용하고 공존하게 했다. 동양, 중앙(중동 · 서아시아), 서양을 하나의 세계로 통합했다.

몽골은 전쟁이라면 무자비하게 이기되, 평화와 질서를 확립하고, 통치는 너그럽게 펼쳐 종교, 언어, 문화, 전통, 생활풍습 등을 관용적으로 허용해 차별이 없게 했다. 누구라도 세금만 제대로 내면 자율권을 가진 채 원래의 삶을 유지할 수 있었다. 기존의 지도자를 비롯한 지배체제를 인정하여 안정을 지향했다.

그렇지만 반란에 대해서는 무자비하게 처리했다. 몽골에 적대하면 가차 없이 척결했다. 몽골의 지배적 위치를 인정하지 않으면 역적이고, 하늘에서 세계 정복의 임무를 부여받았다고 믿고 관철했다. 저항세력은 악이며, 학살은 선한 행동으로 불가피하게 여겼다. 특유의 공포전술도 소수의 군사력으로 방대한 영토와 이민족들을 다스리기 위한 불가피한 방식으로 즐겨 사용했다.

몽골 제국은 인류 역사상 가장 강력하고 넓은 영토를 다스렸다. '팍스 몽골리카' 시대를 열어 '세계'라는 개념을 정립했다(이후 국제라 하여 연계와 네트워크가 강조되었고, 지금은 글로벌이라 하여 지구촌 망라가 강조되고 있다). 유럽이 대초원 북방민족에 의한 아시아의 위협과 총포무기의 위력을 절감하면서 근대화로 가는 기폭제가 되었다. 그 과정에서 중국 대륙 전역을 차지해 직속령으로 다스렸는데, 중국조차 드넓은 대제국의 일부에 지나지 않았다.

9

기회가 오지 않을 때

주원장

한족의 나라를 다시 세워 중국의 명맥을 잇다

명나라 초 주원장 시절의 판도

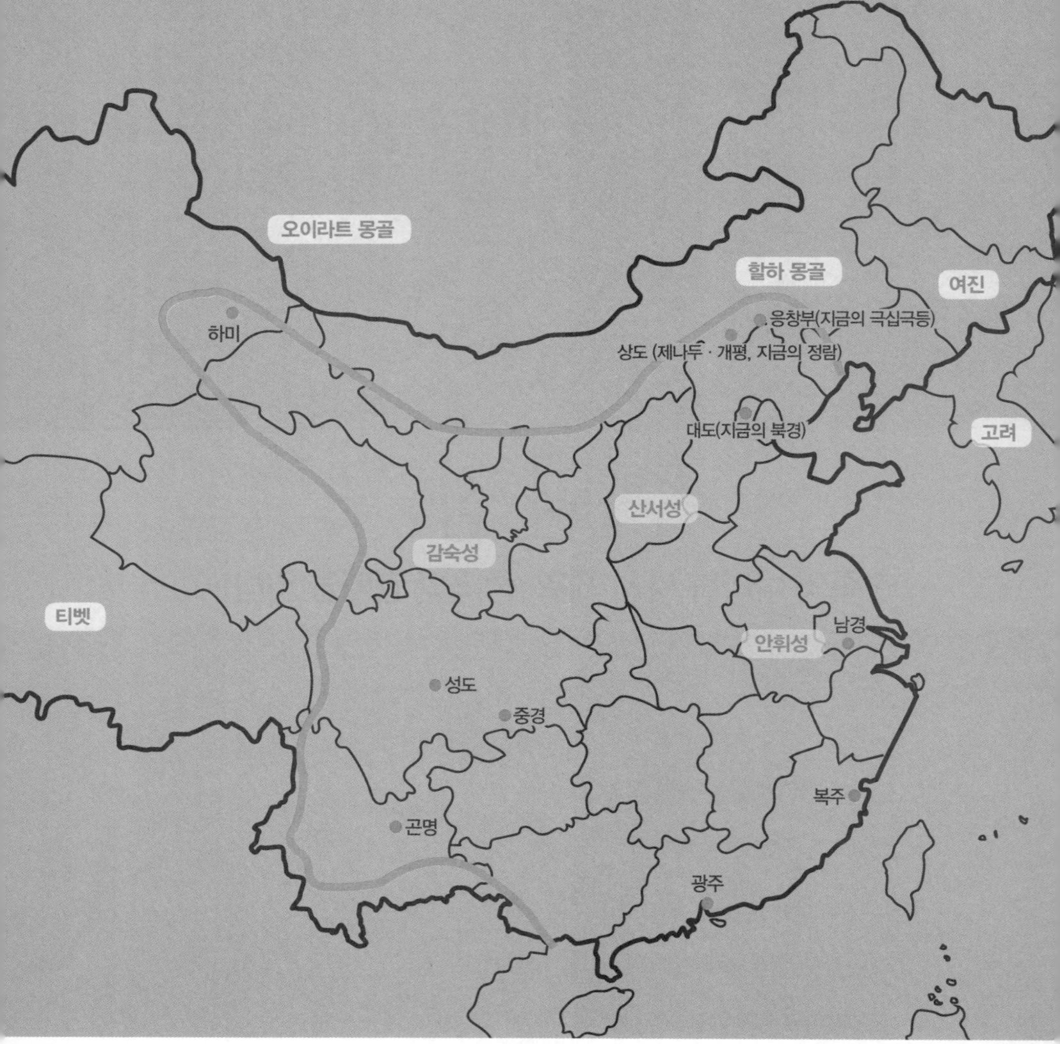

✚ 몽골 제국의 수도는 카라코룸이었다가, 5한국 중에 쿠빌라이 대칸이 직속령으로 세운 원(元)나라 이후에는 1258년 상도(제나두 · 개평, 나중에 여름 수도)로 옮겼다가 1279년에는 남송을 멸망시킨 뒤에 대도(북경, 겨울 수도)로 옮 유지되었다.

✚ 북경은 몽골 제국(원) 이후 대도로 불리다가 명의 3대 황제인 영락제에 의해 수도로 정해지고, 명칭도 북경으로 확 되어 오늘에 이르고 있다.

주원장

술(術)의 대가(기회포착형)

철저하게 자신의 뜻대로 움직여 천하를 손에 넣다

주원장은 자신의 뜻을 이루기 위해 언제든지 몸을 굽혔으며, 수단과 방법을 가리지 않고 자신을 키워갔다. 필요하다면 우정과 동지애를 헌신짝 버리듯 했고, 배신이나 결탁도 서슴치 않았다.

그러다가 막상 정권을 잡고 나자 황제 독재권을 확립하고 공포정치를 펼쳤다. 자신 외에는 아무도 믿지 않았으며, 이해하려고도 하지 않았다. 자신의 적통을 이은 맏아들과 대를 이은 손자만을 자신의 후계자로 여기고 나머지에 대해서는 누구든지 필요하면 숙청하고 죽였다.

한국에서는 범려와 한신이 말한 '토사구팽(兎死狗烹)'이라는 고사성어의 표본적인 인물이자 창업과 수성 세력을 달리 하여 널리 알려져 있다. 창업 세력을 새로운 나라의 걸림돌로 여기고 피의 숙청을 벌여 유명하다. 이러한 그의 처신과 치세로 인해 자신이 누구보다 고독하게 살아야 했고, 막상 나중에는 후계자를 지켜줄 사람조차 없어져 그토록 소중히 지키고자 한 후계자마저 실각하도록 만들었다. 그나마 자신과 후계자를 지키기 위해 믿어마지 않았던 환관들은 명 왕조 내내 나라를 어지럽히고 황제마저 죽음으로 몰고 가거나 농단한 경우가 적지 않다. 이런 까닭에 명 왕조에서는 관리와 학자로 하여금 충성심과 열정을 다하는 기풍을 없애 버렸고, 끊이지 않는 내분과 혼란 속에 그리 오래 가지 못한 채 멸망했다.

그렇지만 주원장에게서 성공을 이루기 위해 어떻게 살아야 하는지를 배울 수 있다. 물론 그의 일생에서 보여준 비도덕적이며 반인간적인 모습은 배워서는 안 될 것이다. 황제가 된 이후의 독재정치도 결코 본받지 말아야 할 전형이다. 그나마 배운다면 '이렇게 살아서는 안 된다'는 반면교훈이다.

그럼에도 불구하고 주원장은 중국인에게는 물론이고 성공을 꿈꾸는 사람들에게 희망을 주는 존재이다. 한 사람의 일생에서 주원장만큼 극적인 인물도 없을 것이기 때문이다. 아무것도 없는 빈털터리 땡중 신세에서 난세 속에 기회를 잡아 명나라를 건국해 천하의 주인이 되었다. 외세 이민족이 중국을 차지한 채 지배하던 오랜 역사를 타파하고 모처럼 한족의 나라를 세웠다. 한편으로 전대 왕조의 기반까지 상당 부분에서 중국화하여 후대로 물려주었다.

이보다 더 나쁜 처지일 수는 없다: 그래도 희망을 품고 자신을 키웠다

명 태조 홍무제 주원장(1328~98, 재위 1368~98)은 안휘성의 작은 시골에서 가난한 농부의 4째아들로 태어났다. 소작농이던 형편이라 늘 어려운 환경에서 살아야 했고 교육을 제대로 받지도 못했다. 1344년 16세 때 대기근이 덮친 데 이어 전염병마저 돌아 부모와 형제들과 조카들까지 잃고 2째형과 둘만 겨우 살아남았다. 당시 동네 지주에게 묘지로 쓸 땅을 부탁했다가 면박을 당한 뒤에 같은 동네 이웃사람이 땅을 내줘 묻어주었다. 그때 주원장은 세상 인심을 뼈저리게 느꼈다고 한다.

주원장은 나홀로 신세가 되어 먹고살기 위해 출가해 승려가 되었다. 이후 탁발승으로 떠돌아다니면서 힘들게 연명하며 세월을 떼우고 있었다.

그렇지만 시대가 영웅을 만든다고 하지 않았던가. 때마침 중국 대륙은 난세였다. 인류 역사상 최강대국이었던 몽골 제국(1189~1635, 원 1271~1368, 북원 1368~88)은 후계다툼이 벌어져 내분이 격화되고 있었다. 당시 몽골은 한족을 노예처럼 천시하고 탄압하여 민심을 잃고 있었던 데다 천재지변이 일어나고 전염병까지 창궐해 견디다 못한 백성들이 반발하기 시작했다. 그중에서도 백련교가 세력을 키워가다가 1351년이 되자 '홍건의 난(홍건적의 난, 1351~66)'을 일으켜 전국으로 확산되었다.

당시 주원장은 하북 지방을 떠돌아다니다가 홍건적의 대장 중의 1명인 곽자흥의 수하로 들어갔다. 이러한 상황은 주원장에게 먹을 것과 일자리를 만들어 주었다. 드러내기 힘들었던 그의 역량을 맘껏 발휘할 수도 있었다. 1352년에 주원장은 24세의 나이로 곽자흥이 대군을 이끌고 안휘성을 공격할 때 병졸로 참가했다가 뛰어난 지략을 발휘해 몽골군을 잇따라 격파하면서 능력을 인정받게 되었다.

그 뒤 곽자홍의 눈에 띄어 참모가 되었으며, 자신의 입지를 넓혀가던 중에 곽자홍의 양녀인 마씨와 결혼해 사위가 되어 조용히 신망을 높이며 세력을 키워나갔다. 이제 주원장은 먹고살기 위해 천하를 떠돌던 예전의 처지가 아니었다. 새로운 시대의 주역으로 떠오르기 시작한 것이다.

그의 아내는 주원장이 자신의 뜻을 크게 펼치는 데 누구보다 큰 힘이 되어 주었다. 그녀는 어진 성품에 검소하였으며 지혜로웠다. 주원장이 황제가 되자 명나라의 첫 정비인 마황후가 되어 송렴을 비롯한 공신과 관리들을 지켜주며 건국 과정에 크게 이바지했다. 부부 간의 금슬도 좋아 나중에 마황후가 죽자 주원장은 신하들의 집요한 간청에도 불구하고 황후를 다시 세우지 않았을 정도였다.

기반을 만들고 다지는 일이 가장 중요하다

주원장은 곽자홍의 휘하 장수가 되어 활약하면서 조용히 독자적인 군사력을 키워나갔으며, 곽자홍의 군대가 분열되자 더욱 영향력을 강화했다. 1355년에 곽자홍이 병으로 죽은 뒤에는 명목상의 아들이 있었지만 실제로는 군사들을 자신의 휘하로 넣고 이끌어갔다.

1356년이 되자 28세가 된 주원장은 남방의 최대 전략거점인 남경을 점령하고는 응천부로 개명하고 본거지로 삼았다. 스스로를 무공(武公)이라 칭하고 직접 찾아온 학자들의 도움을 받아 행정을 처리하는 한편 농민들에게 아직 개간되지 않은 땅을 내주어 농업을 장려했다. 이렇게 하여 주원장은 진우량 · 장사성과 더불어 홍건적 군벌 중에 가장 강력한 3대 세력의 하나로서 위상을 확립했다.

주원장은 남달리 학자들을 주목하여 자신의 사부나 참모로 삼아 지적 판단을 하면서 정책을 펼칠 수 있는 역량을 갖추게 되었다. 자신부터 그들로부터 중국어를 시작으로 중국사와 유학을 배웠다. 주원장은 놀라운 독서를 하며 정치를 비롯한 다방면의 지식을 섭취했고, 나중에 군주가 되어 정책을 펼칠 때 바탕이 되어 주었다.

무엇보다 주원장이 직접 말한 바 있듯이 정책과 지모를 아는 이들 덕분에 다른 군벌을 상대할 때 큰 힘이 되었다.

"진우량은 군사력이 강했고 장사성은 재정이 넉넉했다. 반면에 나는 특별한 장점이 없었다. 그렇지만 나에게는 세상을 헤쳐가고 움직일 인재들이 있다."

사실이 그랬다. 그에게는 강남의 학자들이 있었던 것이다. 진우량과 장사성은 눈에 보이는 힘만을 중시해 학자들을 가볍게 여기고 제 마음대로 처신했다. 그에 반해 주원장은 송렴, 유기, 장일, 섭침 같은 '4대 선생'을 비롯해 많은 학자들의 보좌를 받았다.

주원장은 그들의 도움을 받아 명분을 세워 민심을 얻는 한편 실리를 좇아 군사력과 재정을 강화하는 일에 주력했다. 또한 세상에 자신의 존재를 널리 알리면서 일정한 위상과 권위를 확보하는 일에도 게을리하지 않았다. 그리고 송 황실의 후계자로 자처하며 백련교 교주의 적통이자 홍건적의 총대장인 한산동의 아들 소명왕 한림아를 인정하면서 그의 전폭적인 신뢰를 얻어냈다. 이렇게 하여 한림아가 비록 명확한 정통성은 없었지만 그를 통해 부원수의 직함을 받아 나름의 명분과 권위를 확보한 것이다.

주원장은 무엇보다 민심을 얻기 위한 기치를 내걸었다.

"멸몽흥한(滅蒙興漢), 북방의 오랑캐인 몽골을 무찌르고 한족의 세상인 중화를 회복한다."

"절대로 백성들을 괴롭히지 마라. 이를 어기면 아무리 지위가 높아도 처단한다."

또한 실질적인 방안을 세우고 구체적인 조치를 단행하면서 강남을 중심으로 한족 백성들의 광범위한 지지를 얻어나가 중국에서 그의 명성은 나날이 높아져갔다.

주원장은 아직 힘이 남아 있는 몽골군과 직접 맞서기보다 먼저 강남을 평정하여 기반을 단단하게 다지는 일에 역점을 두었다. 이후 10년 이상 다른 홍건적들의 북벌에 참여하지 않은 채 강남에서 세력을 확장하는 일에만 공을 들였다. 그의 전략적 선택은 적중했다. 자신의 힘과 세력이 나날이 강해지는 가운데 과욕에 차 북벌에 나선 홍건적은 몽골군에게 패배했고, 몽골군도 오랜 내전으로 기력을 잃고 지쳐갔다.

하지만 주원장 앞에는 극복해야 할 난관이 많이 남아있었다. 여전히 강력한 군벌들인 동쪽의 장사성, 서쪽의 서수휘, 북쪽의 한림아, 남쪽의 진우량에 의해 둘러싸인 형세를 헤쳐가야 했던 것이다.

1363년이 되자 진우량이 서수휘를 격파한 뒤에 기세를 몰아 장사성과 힘을 합쳐 주원장을 협공하려 했다. 반면에 그나마 한 편이 될 수 있는 한림아는 몽골군을 상대하느라고 바빴다. 이에 주원장은 전력을 남쪽의 진우량에게 집중한 뒤 선제공격을 가했다. 이후 두 진영은 전열을 수습한 뒤에 파양호에서 대규모 병력과 함선이 동원되어 일대 격돌을 벌였다. 주원장은 결국 진우량을 전사시키며 승리했다. 다음해에는 진우량의 영토를 모두 손에 넣은 뒤에 1365년에는 장사성을 공격하여 1년에 걸친 공방전 끝에 붙잡아 죽이고 승리했다.

1366년이 되자 주원장은 스스로를 명왕(明王)이라 하고 멸몽흥한의 기치 아래 남방에 대한 지배력을 거의 잃어가던 몽골을 향해 칼날을 겨누기 시작했다.

이듬해에는 더 남쪽에 해안선을 끼고 있던 해상 세력의 항복을 받아 흡수하고 몽골군의 잔당까지 모두 처리해 강남 전역을 평정했다. 때마침 한림아마저 죽자 한족의 세계는 그의 손안에 들어갔다(일부에서는 한림아가 주원장을 믿고 방심했다가 강물에 빠져 암살당했다고 한다).

1368년이 되자 주원장은 40세의 나이에 마침내 남경에서 국호를 명(明)으로 하고 연호를 홍무(洪武)라 하며 황제에 올랐다.

주원장은 '1세1원(一世一元) 즉 한 황제의 통치기간에 하나의 연호만 사용하는 제도'를 확립해 황제의 칭호도 시호나 묘호를 쓰지 않고 연호에 따라 사용하게 되었다. 이후부터 주원장을 홍무제라 하고, 후대의 황제들을 영락제, 숭정제 등으로 부르게 되었으며, 청나라 때까지 이어져 강희제, 옹정제, 건륭제로 불린 것이다.

반드시 필요한 승부라면 정면돌파 한다: 몽골과의 최후의 결전

주원장은 명(1368~1644)나라를 건국한 직후 명장 서달을 총사령관으로 하여 20만 대군을 이끌고 북벌에 나섰다. 막상 명나라군이 기세 좋게 북상하자, 몽골군은 스스로 물러나 별 힘 들이지 않고 대도(북경)를 점령했다.

몽골 제국의 대칸 토곤 티무르(혜종, 순제, 재위 1333~70)는 오랜 전란에 지친 데다 내분마저 겹치자 주원장을 상대할 수 없다고 생각해 대도를 버리고 더 북쪽이며 몽골 초원의 남쪽 끝에 있던 여름 수도인 상도로 도망쳤다. 이렇게 되자 주원장은 인류 역사상 가장 강력했던 몽골 제국을 중국 대륙에서 내쫓고 만리장성 이남을 모두 차지하며 중국 통일을 이룩했다.

그 뒤로도 주원장은 몽골과 치열한 전투를 계속하여 벌였다. 나중에는 자객을 수시로 보내 토곤 테무르와 황태자 아유르시리다르를 암살하려 했지만 모두 실패하기도 했다.

이듬해에 재공격에 나서 상도마저 점령하자, 토곤 테무르는 상도의 북쪽에 있던 응창부로 다시 천도해야 했다. 1370년에는 토곤 테무르가 황태자 아유르시리다르에게 대칸 지위를 물려주고 응창부에서 죽자, 아유르시리다르(소종, 재위 1370~78)는 토곤 테무르와 고려 출신 기황후의 맏아들로 카라코룸에서 대칸에 올랐다(몽골 제국의 17대 대칸, 원나라의 12대 황제, 북원의 2대 황제에 해당한다. 그의 황후 역시 고려 출신의 권황후와 김황후였다. 나중에 권황후의 딸은 조리그투 대칸의 부인이 되었다).

주원장은 몽골에 대한 공세를 멈추지 않았다. 1372년에는 서달이 북원까지 정벌하려 나섰다가 코케 테무르의 반격으로 2만의 병력을 잃고 대패했다. 다행히 뒤이어 감숙성에서 다시 전투를 벌여 승리를 거둬 몽골군을 고비 사막으로 쫓아내며 전세를 뒤집었다. 하지만 그 뒤에도 명나라로 진군해 산서성까지 점령한 코케 테무르를 상대로 힘겹게 전투를 벌이기도 했다.

그런데 1375년에 몽골 제국의 마지막 보루나 다름없던 코케 테무르가 죽고, 뒤이어 1378년에는 아유르시리다르마저 죽자 얼마 동안 몽골의 중국에 대한 본격적인 진출은 어렵게 되었다. 그리고 토구스 테무르(재위 1378~88)가 토곤 테무르의 아들이자 아유르시리다르의 동생으로 즉위하자 중국 대륙을 다시 차지하기 위해 명나라를 압박하며 노력했지만 뚜렷한 성과를 내지 못한 상태에서 내분이 일어났다.

1388년이 되자 주원장은 그 기회를 틈타 몽골을 만리장성 너머로 쫓아낸 것만으로 안심할 수 없다고 여겨 2차례에 걸쳐 원정군을 몽골로 보냈다. 수도인 카라코룸까지 공략했고, 몽골의 일부 세력과 손잡으면서 큰 타격을 입혔다. 하지만 너무 멀리 원정 간 것을 걱정하여 몽골에 대한 위협을 과시하고 곧바로 회군했다. 그때 몽골에서는 카라코룸을 탈출하던 중에 토구스 테무르가 살해되어 쿠빌라이 혈통도 끝이 나고 쿠빌라이의 동생이자 숙적이었던 아리크 부케 가문의 조리그투(재위 1388~92)가 대칸이 되었다.

이렇게 하여 주원장은 몽골과의 전쟁에 돌입한 지 20년 만에 공세를 멈추면서 몽골과의 혈투가 막을 내렸다(그렇다고 주원장이 몽골 제국을 멸망시킨 것은 아니다. 중국에 있던 몽골을 북쪽으로 밀어냈을 뿐이다. 그 이후를 중국에서는 북원이라 하여 1368~88년간 짧은 기간 존속한 것으로 여기지만 이 또한 사실이 아니다. 몽골 제국은 북원일 때를 포함해 다시 몽골 초원을 기반으로 수도를 카라코룸으로 삼았고, 본거지인 초원 일대는 여전히 몽골의 천하였으며 온전하게 유지되었다. 실제 몽골은 1635년에 35대 대칸인 에제이(재위 1634~35) 때 후금(나중의 청나라)에게 공식적으로 멸망했다. 물론 이후에도 몽골을 비롯한 세계 곳곳에서 무굴 제국, 준가르 등을 비롯한 여러 계승국들을 통해 몽골의 역사는 이어졌다).

주원장은 몽골의 세력을 북방으로 몰아내면서 계속 내달아 만주까지 원정하여 남만주 지역을 명나라에 편입하고 직접 행정관을 파견해 복속시켰다. 또한 류구(지금의 오키나와), 베트남, 일본 등지에도 사신을 보내 종주권을 확립했다.

그 과정에서 다른 지역은 별다른 문제가 없었으나 조선은 요주의 대상으로 주목했다. 때마침 몽골의 몰락과 함께 1388년이 되자 고려가 국초부터의 국시인 북진책에 따라 최영의 주도 아래 고토인 한대륙(특히 서쪽 지역인 요동)을 되찾고 북방의 안정을 확보하기 위해 전투병력 5만을 비롯해 20만 대군을 일으켜 출정했다. 그러나 우군도통사이자 일선 지휘관이었던 이성계가 압록강 사이에 있던 위화도에서 회군하여 개경을 무력으로 장악하며 무산되었다. 그렇지만 고려를 멸망시키고 조선을 건국한 이성계는 주원장도 익히 잘 아는 뛰어난 군사지도자였다. 게다가 2인자로 조선을 설계하던 정도전이 담대한 포부를 갖고 명나라 정복을 꿈꾸며 군사력을 키우고 있음을 알고 극도로 경계하며 민감하게 대립했다(여기에서 중국 입장에서는 고려든 조선이든 북방세력으로 바라본다는 사실에 주목해야 한다. 당시 명나라만 해도 몽골을 비롯한 북방세력이 밀려 내려오는 것을 경계했다. 그래서 배후의 안전 때문에 조선의 동태를 끊임없이 살핀 것이다. 참고로 중국의 동쪽은 고려나 조선이 아니라 바다였다).

주원장은 서역으로 원정군을 파견하여 고비 사막에 있는 하미를 함락시키고 중앙아시아 지역에 있던 여러 부족들을 복속시켰다. 이번에는 남쪽으로 눈을 돌려 남중국해와 동중국해 연안에 걸쳐 약탈을 일삼던 왜구를 여러 번 정벌하도록 했다(하지만 별다른 성과를 내지 못했다).

한편 티무르(재위 1370~1405)가 등장하여 몽골 제국의 후신으로 자처하며 중앙아시아를 기반으로 서아시아, 인도 북부, 러시아 등지에 걸쳐 방대한 제국을 건설했다. 그는 자신을 칭기즈칸의 계승자로 내세우며 몽골 제국의 부활을 천명한 다음 몽골을 쫓아낸 명나라를 정벌하기 위한 대규모 정벌을 준비했다. 1404년이 되자 티무르는 직접 20만 대군을 이끌고 출정했다. 그러나 진격하던 중에 이듬해 갑자기 병이 나 죽으면서 명나라가 안정되기도 했다(사실 티무르는 대제국을 건설했을 뿐만 아니라 단 1번도 전쟁에서 패배한 적이 없어 그가 병사하지 않았더라면 중국사는 또 한번 요동쳤을 것이다).

만리장성

중국의 상징을 하나만 꼽으라면 단연 만리장성이다. 인류 최대의 건축물이자 달이나 위성에서 바라보면 보이는 유일한 인공 건축물이라 하여 중국인의 자부심

또한 대단하다(실제로는 달은 고사하고 위성에서도 보이지 않는다).

만리장성이란 말은 중국의 가치관에서 '하늘은 둥글고 땅은 방형(4각형)'이라고 생각하여 1변이 1만리인 정4각형의 북쪽 1면을 따라 장대한 장성을 축조했다고 하여 붙은 이름이다.

만리장성(萬里長城, The Great Wall)은 고대 시절부터 대초원 북방민족으로부터 중국 대륙을 분리시켜 폐쇄적 안정을 꾀하려 노력하면서 중국 세계를 지키기 위한 방어벽으로 축조했다.

이후 한족이 성립한 명나라에서 그다지 실효가 없었음에도 몽골에 대한 군사방어시설로 본격적인 축조에 나섰다.

사실 명나라는 몽골 제국을 일단 북방으로 내쫓기는 했지만 그 뒤에도 몽골 제국이 온존하면서 다얀, 에센, 알탄 칸 등으로 이어지며 지속적으로 명나라를 공격하고 압박해오자 괴로움을 당해야 했다.

1449년에는 몽골군의 공격에 대응하다가 명 황제 정통제가 포로로 붙잡히는 '토목의 변'을 겪기도 했다. 16세기 초반에도 3차례에 걸쳐 몽골군의 원정에 시달렸고, 1550년에는 명나라는 수도인 북경까지 진격해와 포위당하기도 했다. 17세기 초에도 링단 대칸(재위 1604~34)이 명나라를 정벌했다. 1618년에는 명나라와 화의를 맺고 후금을 견제하는 대가로 매년 막대한 은화를 받기도 했다. 이런 일련의 과정을 겪으면서 명나라는 15~16세기에 걸쳐 수도인 북경을 보호하고 몽골의 침입을 막기 위해 대대적인 장성 축조와 개보수 사업을 벌여 약 2700km에 이르는 장성을 최종적으로 완성했다. 그래서 오늘날 우리가 보는 만리장성은 명나라 시절에 축조한 것이다.

그러나 명나라가 멸망하고 들어선 청나라는 만리장성이 군사적 가치가 없다고 여겨 방치했다. 실제로 만리장성은 100여m 간격으로 망루를 설치해 군대를 주둔시켰지만 군사적 · 방어적 측면에서 보자면 지극히 과시적이고 낭비적일 뿐, 실제 남하의 저지에는 거의 아무런 역할을 하지 못했다(청나라는 북방민족인 만주족의 나라다. 청의 입장에서는 만리장성의 존재 자체가 필요 없을뿐만 아니라 자신들의 고향이자 본거지와 당연히 오가는 길을 막는 장애물이라 여겨 중시할 이유가 없었다).

다만 현대 중국 정부가 관광을 위해 손질하여 오늘에 이르고 있다.

그런데 2012년 이후 중국은 만리장성과 자국의 위대함을 강조하기 위해서인지 만리장성이 6000km라고 주장하면서 길이를 실제보다 엄청나게 늘였다. 하지만 지나친 과장에다 억지 주장이라 하지 않을 수 없다. 주변의 온갖 성벽이나 장성까지 포함해 북방의 것들을 이것저것 다 합친 수치에다 과장까지 더해진 거리에 지나지 않기 때문이다. 특히 한민족이 고구려 시절에 쌓은 성까지 포함하고 있어 도저히 인정하기 어렵다. 소위 '장성공정'까지 벌이고 있는 것이다. 하지만 이렇게 할수록 위대한 만리장성이 과장과 허위의 사실로 인해 전반적인 불신을 얻을 가능성만 높아질 것이다. 자칫하면 세계인들로 하여금 중국을 경계하게 만드는 상징물이 될지도 모른다.

변발과 속발

머리 모양을 제대로 알면 중국의 지배 왕조를 쉽게 구분할 수 있다. 재미난 접근이지만 한족은 속발을 하는 풍습을 이어온 반면에 대초원 북방 민족은 변발을 하여 머리 모양을 놓고 속발을 한 한족의 시대와 변발을 한 이민족의 시대로 중국사를 구분할 수 있기 때문이다. 중국 대륙을 지배한 가장 마지막 왕조인 청나라가 변발을 한 만큼 이민족이 지배한 나라였음을 곧바로 알 수 있는 것이다.

청나라 변발　　몽골 변발　　속발

변발은 2가지 형태가 있다. 몽골 제국은 앞머리와 좌우 양쪽 머리를 남기고 양쪽 귀 뒤쪽으로 2가닥으로 땋아 내리도록 했다. 청나라는 머리 둘레를 깎고 후두부만 남기고 정수리에서 뒤로 1줄기로 길게 땋아 내렸다. 반면에 속발은 머리를 가지런히 기르고 땋아 올려 한데 묶은 뒤에 관을 쓰는 것을 기본으로 했다.

북방 지역은 북방인에 의해 지배되거나, 아닐 경우에도 다른 북방 세력이 침입해 병합한 경우가 대부분이라 별다른 문제가 없었다. 반면에 중국 대륙에서는 10세기 이후에만 하더라도 명나라 때를 빼고 나면 요, 금, 몽골, 청 등에 이르기까지 북방 민족들이 압도적인 영향을 미치거나 직접 지배했다. 그러다보니 이들 나라들은 다른 종교와 문화와 생활풍습까지 인정하고 전통에 따르는 것을 허용했다. 하지만 머리만은 한결같이 자신들이 하는 변발을 철저하게 강요했다. 단순히 두발 형태나 전통 차원이 아니라, 그 수용 여부로 북방 민족의 지배에 대한 한족의 인정과 승복의 기준으로 여겨 결코 용납하지 않은 것이다.

반면에 한족은 자신들의 전통인 속발을 고집하려 했다. 오죽하면 명나라를 세운 주원장이 몽골을 쫓아내면서 '한족의 중국'을 기치로 내세우며 주요 정책으로 '변발 폐지와 속발 부활'을 내걸고 민심을 얻어 나갔을 정도였다. 그러나 명나라 이후 다시 청나라가 중국 대륙을 지배하게 되자 이번에는 만주족식 변발을 강요했다. 이에 따라 나중에 한족들이 '태평천국의 난'을 일으켰을 때 다시 '속발의 부활'을 최우선 과제로 내세웠다.
하지만 청나라 멸망 이후에는 한족도 더 이상 속발에 연연하지 않았다. 근대 이후 서구식 짧은 머리가 보급되었기 때문이다. 중국 지도자였던 손문이나 장개석 · 모택동도 더 이상 속발을 하지 않았으며, 오늘날 중국인들도 마찬가지다. 지금은 변발도 속발도 세월 속에 사라지고 사람마다 자신의 개성을 살리는 시대가 되어 그야말로 제각각이다.

일은 잘하고 봐야 한다: 정책만은 똑부러지게 해내다

주원장은 명나라를 건국한 직후부터 법 · 제도 차원의 개혁과 인적 차원의 개혁을 대대적으로 추진했다. 대명률(大明律), 대명령(大明令) 등과 같은 방대하고 상세한 법률과 법령을 제정하여 나라의 기틀을 다져 놓았다. 특히 주원장의 의도에 따라 집대성되면서 과거와는 비교도 되지 않게 자세하고 엄정하게 확립되었다.

그리고 한족의 나라가 성립한 만큼 유학(특히 성리학)을 국시로 삼았다. 유학자들을 관리로 양성하여 조정에 기용하고 과거제를 되살려 인재등용을 하기 위해 노력했다. 무엇보다 이들 신진학자들로 하여금 기세 높던 공신 세력들을 견제하고 대체해나갈 인적 자원으로 키웠다.

1369년에 직접 칙령을 내려 지방 행정구역별로 학교를 설립하도록 했다. 관리를 육성하는 학교의 학생에게는 학비를 제공했다. 실력이 뛰어난 학생은 과거를 보지 않고도 중앙의 한림원에 입학하게 했다. 한림원은 학문을 가르치는 일 외에 교육정책을 기획했고 각급 학교의 행정을 관리했다. 그 결과 중국 각지에 서원과 서당이 세워지면서 중국 역사상 어느 나라보다 많은 학교가 설립되었다.

또한 백성들을 교화하여 국가의 기강과 도덕적 윤리를 세우기 위해 '6유(六諭)'를 발표하여 실천하도록 했다.

'부모에게 효도하라.

어른을 공경하라.

이웃과 화목하라.

자손을 올바로 가르쳐라.

자신의 일에 충실하라.

옳지 않은 일을 행하지 마라.'

주원장은 공신이나 관리들에게 가혹하게 대했지만 백성에 대한 사랑만은 진심이었으며, 그들이 살기 좋은 세상을 만들기 위해 전력을 기울였다. 자신이 찢어지게 가난한 가정에서 태어나 어려운 시절을 뼈저리게 체험한 탓에 백성이 무엇을 필요로 하는지 정확하게 알았으며, 누구보다 더 백성에게 필요한 정책을 수립해 추진했다. 특히 농본주의에 바탕하여 농업을 국가의 기반으로 삼아 자급자족하는 농촌 사회를 정착시키기 위해 가족이 굶주림에 시달리는 것을 막고 농민의 생활수준을 향상시켰다.

또한 몽골을 비롯한 일부 지역에 대한 대외사업을 벌였지만 내정의 안정과 함께 점차 외정을 줄여 나가 백성들이 무거운 세금을 내거나 병사로 나서 농사를 짓지 못하거나 가족의 생계를 제대로 해결하지 못하는 것을 피했다.

전국에 걸쳐 농촌의 토지와 인구조사를 벌여 정확한 실상을 파악했다. 이에 따라 이갑제(里甲制)를 시행하여 잘사는 가구 1호와 다른 10호를 묶어 갑(甲)으로, 10갑이 모이면 리(里)라 하여 농촌의 기본단위로 삼은 뒤에 징세와 노역의 의무를 부과했다. 위소제(衛所制)를 시행하여 징병제와 모병제의 장점을 절충한 병농일치의 군사제도를 통해 병사가 있는 집을 따로 분리해 군호로 하여 안정적인 병력을 충당하되 나라에서 토지를 주어 자급자족하도록 했다. 그리고 지방에서 식량이 부족해지면 내려 보내기도 했다.

토지대장인 어린도책(魚鱗圖冊)과 부역대장인 부역황책(賦役黃冊)을 작성하여 조세의 징수와 부역의 부과를 공평하게 하는 한편 가급적 백성들의 부담이 줄어들도록 조정해갔다. 한편으로는 정부가 직접 나서 개간과 둔전 사업을 적극적으로 벌여 농지를 늘렸으며, 치수와 관개 사업에도 노력하여 농업 생산력을 높였다.

주원장은 이러한 모든 국정을 진행하는 과정에서 중요한 정책결정은 물론이고 행정사무에 이르기까지 자신이 직접 관장해 정책이 차질 없이 수행되도록 챙겨 백성이 안정된 생활을 하도록 만들었다.

하지만 주원장은 국내적으로 '농본억상(農本抑商)' 정책에 따라 상업을 최소한으로만 제한하고 화폐 유통마저 대부분 금지시켜 지나치게 통제 중심으로 국정을 운영했다. 또한 국외적으로는 대외무역을 금지해 한족의 사고방식과 기질대로 중국 대륙만의 평화와 안정을 지향함으로써 북방민족들이 활발한 상업과 교역을 벌인 것과 달리 철저하게 폐쇄적인 쇄국정책을 고집했다.

"바다에 한 조각의 널빤지조차 띄우지 마라."

이러한 방침에 따라 무역에서도 그나마 조공을 바치는 나라와만 유지하도록 했다. 중국은 다시 농본주의와 자급자족을 지향하며 내부의 울타리 안에서 사는 시절로 접어들었다. 그 결과 동 · 서양이 하나로 이어지던 초원길과 바닷길은 활기를 잃게 되었다. 밀무역이 성행했고 이마저도 막자 왜구가 출몰하여 몽골과 더불어 북로남왜라 하여 외세에 골치를 앓아야 했다. 사실 당시 출몰한 왜구들도 실제로는 최소한 70~80%가량이 중국인이었을 정도로 명나라 상인들이 왜구로 둔갑하여 해적이 되어 교역을 벌이는 상황까지 연출되었다.

한족의 왕조인 한, 송, 명 중에서 송나라를 제외하면 대외 개방성이 거의 없었다. 중국 내부의 안정을 중시했기 때문이다. 그중에서도 명나라는 가장 강력하고 고집스럽게 외부 세계와의 문을 닫아걸고 문화 교류나 사람 간의 이동조차 막으려 했다.

이러한 전통은 한족의 나라가 된 현대 중국에서도 일정하게 나타나고 있다. 1978년 이후 등소평이 개혁 · 개방을 했지만 중국에서 필요로 하는 공장, 외화, 기술, 자원 등을 끌어들이는 개방을 했을 뿐이다. 물론 일정하게 해외시장 진출에 노력했지만 자연스러운 시장의 현상이었지, 정책적으로 근대 유럽이나 한국 · 일본처럼 해외로 치열하게 나가는 방식을 취하지는 않았다.

또한 세계화와 함께 자유주의 무역에 치중하는 국제사회의 흐름과는 달리 국제법이나 관행에는 거의 얽매이지 않은 채 중국 입장에 따라 임의적이고 자의적인 대외정책을 펼치는 경우가 일상적이다. 개방 초기와 달리 외국 기업에 대해 자유로운 활동을 보장하지 않고 중국의 입장에서 편의적으로 처리하는 경우도 늘고 있다. 특히 습근평(시진핑)의 5기 지도부 집권 이후에는 내수경제로의 일대 전환에 박차를 가하고 있어 내부지향성이 날이 갈수록 강해질 가능성이 높다.

창업보다 수성이 더 중요하다: 불신과 통제의 시대로 흐르다

주원장은 명 왕조를 성립하자 황제의 지배력 확립에 최우선 가치를 두고 그에 따른 모든 조치를 강행했다. 1380년에 개국공신인 호유용의 역모를 빌미로 중앙과 지방의 제도를 황제 직속으로 두고 관장하는 한편 자신의 아들인 황자들을 제후왕으로 삼아 전국으로 보내 확고부동한 황제 독재권을 확립했다.

주원장이 가장 역점을 둔 황제권 강화는 크게 제도 개혁과 인적 청산으로 나눠 2갈래로 진행되었다.

제도 개혁 차원에서 중앙과 지방으로 나눠 정부조직과 법령에 대한 전면적인 쇄신에 나섰다. 중앙 차원에서는 6부 중심제로 하되 황제 직속으로 하여 직접 관장하고 결제를 받도록 했다(이후 승상제는 없어지고 6부 중심제가 되어 청나라까지 이어졌다). 군사의 핵심기관으로는 5군도독부를 설치해 황제 직속으로 관장했다(병부는 6부의 하나로 인사 · 예산 등을 맡는 군정기관인 것과 달리 대도독부는 실제로 군대를 통솔하는 군령권을 가진 군사기관이었는데 5개로 나눈 것이다).

지방 차원에서는 행정 · 군사 · 감찰을 분할해 나눈 뒤에 각각 중앙에 직속시키고 황제가 직접 관장하도록 만들었다. 또한 지방관의 파견을 비롯해 인사를 직접 관장하여 중앙의 지방 통제권을 강화했다. 그러면서 황자 24명을 전국의 요지에 제후왕으로 봉해 파견하되 독자적인 행정과 조세징수권을 없애고 군사권만 가지도록 하여 지방과 변방을 군사적으로 장악했다.

황족에 대해서는 관료와 무장들보다 우대하여 명 왕조의 기반을 공고히 하기 위한 통치의 틀을 갖추도록 한 반면에 황족이라 할지라도 황제와 후계자를 제외하고는 정치 개입을 금지했다.

그렇지만 황자들을 국경 지역까지 보내면서 몽골 같은 외적에 대한 침입을 막기 위해 병권을 내주는 바람에 주원장이 죽자 후계자인 건문제에 반발하여 정변을 일으키는 원인이 되었다. 또한 대신과 관료들의 권한이 줄어든 상황에서 후대로 갈수록 황제를 대신한 환관들이 정사를 농단하는 계기가 되기도 했다.

황제권 확립을 위한 공포정치

주원장은 왕조의 기반을 다지기 위해 황제권의 확립과 자신의 후계자에 대한 원활한 계승을 위해 대대적인 피의 숙청을 벌이는 한편 금의위를 설치하여 감시와 통제의 정치를 휘둘러 공포정치를 펼쳤다.

무엇보다 개국공신들을 두려워하여 권세를 부리지 못하게 깡그리 숙청하다시피 하며 씨를 말려버렸다. 자신을 가르쳐온 '4대 선생'조차 권력자가 될 가능성이 높다고 여겨 1375년에 낙향해 있던 유기를 독살했다. 1379년에는 어렵던 시절 자신을 재정으로 도왔던 재력가 심만삼을 낙향시켜 버렸다. 이듬해에는 승상 호유용을 역모죄로 처형하고 일당이라 하여 1만5000명을 처형하고는 승상제를 폐지해 친정권을 강화하고 6부 상서 직소제로 바꿨다. 이 사건으로 '4대 선생'인 송렴도 연루되어 마황후와 황태자 덕분에 겨우 죽음은 면했지만 유배지에서 죽어가야 했다.

1384년에 이문충이 외조카로서 무공을 많이 세웠지만 입바른 말을 자주 하자 독살했다. 다음해에는 개국에 가장 큰 공을 세운 명장 서달이 종기가 퍼져 고생을 할 때 상극인 거위를 보내 자결을 강요해 통곡하며 죽도록 만들었다. 1390년에 이선장을 호유용의 역모죄와 연루되었다며 자결하도록 한 뒤 추종세력이라 하여 1만5000명을 처형했다. 서달 못지않게 활약했던 남옥도 몽골에서 보낸 여간첩에 빠져 내통했다는 역모 혐의로 2만명의 연루자들과 함께 처형했다. 그 과정에서 공신들이 가진 군사력은 모두 빼앗았다.

1392년에는 명의 건국과 함께 앉혔던 황태자가 병으로 죽고 어린 손자(나중의 건문제)에게 황제의 자리를 물려주게 되었다. 이에 계승자가 아직 어려 권세를 부릴 가능성이 있는 사람들에 대한 숙청작업을 더욱 가혹하게 진행했다. 공신은 물론이고 조금이라도 권세를 가지거나 가질 가능성이 있는 신하는 단 한 사람도 살려 두지 않을 기세였고, 실제로도 무려 10만명 이상을 처형했다.

어느 날 주원장은 황태자가 된 손자가 신하들을 의심하여 죽이는 일이 비정하고 잔인하다면서 그만둘 것을 요청하자 가시가 촘촘히 박힌 막대기를 가져오도록 한 뒤 황태자에게 말했다.

"네 손으로 집어 보거라."

황태자가 집으려 했으나 가시 때문에 이러지도 저러지도 못하다가 대답했다.

"가시 때문에 잡을 수가 없습니다."

주원장은 황태자를 바라보며 단호하게 말했다.

"나는 생전에 이 가시들을 다 없애 너에게 주려고 하는 것이다."

주원장은 공신 대신에 문신들로 자리를 대체해 군사권까지 넘겨주었으나 역시 위험시하여 경계했고, 공신을 척결하자 다음 칼날을 겨누었다. 나중에는 그나마 남은 학자들조차 건국 초에 꼭 필요함에 따라 우대책을 펼쳤다가 이내 그들마저 의심하여 권력에 엄두도 내지 못하게 만들었다. 심지어 궁중에 대나무 막대기를 놓아두고 태형을 가해 조그만 실수를 해도 심하게 때려 관료와 학자들을 죽이기도 했다.

열등감까지도 사랑하라: 자신의 열등감을 긍정의 에너지로 바꿔야 한다

무엇보다 주원장의 가려질 수 없는 치부는 '문자의 옥'이었다. 주원장은 어렵게 자라고 못 배운 데다 승려 생활을 하며 떠돌았고 홍건적의 난으로 일어선 과거를 부끄러워하고 싫어하여 그와 관련된 글자만 나와도 자신을 비웃는 것으로 여겨 가차 없이 처형했다.

상소문 · 공문서 등을 비롯해 모든 경우에 '광(光), 승(僧), 도(盜), 적(賊)'이란 글자가 들어가는 것이 금기시되었다. 광과 승은 자신의 출신인 승려를, 도와 적은 홍건적 출신임을 연상시키기 때문이었다. 심지어

승(僧)과 발음이 같은 생(生), 도(盜)와 발음이 같은 도(道), 적(賊)과 발음이 비슷한 즉(則) 등과 같은 글자를 사용하거나, 내용에서 삐딱하거나 비틀어 생각하면 황제를 거스를 수 있는 듯한 글을 써도 처형했다.

심지어 주원장은 자신의 얼굴에 대한 열등감이 있었다. 얼굴이 앞뒤가 나와 둘레가 큰 장두형에 광대뼈가 튀어 나왔으며 길고 못생겼다고 생각한 것이다. 그래서 자신의 초상화를 그릴 때 실물과 같이 그리면 몹시 기분 나빠했고, 살이 붙고 덕스러운 얼굴로 그려야 좋아했다고 한다(오늘날 실물에 가깝게 그린 초상화 여러 점이 전하고 있다).

금의위와 동창·서창: 명나라를 움직인 진정한 권부

주원장은 황제독재를 실현하면서 비밀 정치경찰인 검교(檢校)를 두고 대신과 관리들을 감시했다. 1382년에는 더욱 확대하여 친위군으로 금의위(錦衣衛)를 설치해 자신의 신변을 보호함은 물론이고 황성과 수도를 호위하도록 했다. 필요시에는 전국 각지를 대상으로 관장했다. 반면에 지나친 월권을 걱정하여 환관의 정치개입은 엄금했다.

그러나 얼마 뒤 '정난의 변'으로 건문제로부터 제위를 빼앗은 영락제는 전임 황제를 추종하는 세력들을 의심하여 환관을 첩자로 이용하고 친위대인 금의위에도 같은 임무를 맡겼다. 북경 천도 후인 1420년에는 황제 직속의 감찰 · 형옥 기관으로 동창(東廠)을 설치하여 황궁에 머물도록 하고 금의위까지 여기에 소속시켰다.

처음에는 대신과 관리의 부정이나 모반의 정탐과 형옥을 주요 임무로 삼았으나, 점차 민간의 사소한 범죄까지 확대해 나중에는 모든 관료와 백성들을 감시하는 한편 구금 · 처형의 권한과 모든 사찰기관에 대한 관리감독권까지 갖게 되면서 폐해가 커졌다. 사실 금의위는 무사들이 충직하게 황제를 위해 일한 것과 달리 동창의 설치 이후에는 환관이 관장하면서 권력기관이 되었다. 오직 황제의 명에만 따르고 독자적인 사법권을 가져 누구든지 체포, 구금, 처형을 할 수 있는 막강한 권부로 군림했다.

특히 환관들이 동창을 정치의 근거지로 활용하면서 권력을 잡고 횡포를 부린 경우가 많았다. 이들은 동창만으로 만족할 수 없자 서창(西廠)을 증설하고 세력 확장에 노력했다. 16세기 말이 되자 한때 폐지되었던 서창이 내창(內廠)으로 부활되고, 동창은 외창(外廠)으로 개칭되어 존속했다.

이들 기관은 관료에 대칭되는 환관 세력의 정치적인 거점이 되어 명의 정치를 무력화시켜 갔다. 매관매직과 부패, 그로 인한 국가의 기강 문란은 끝 모를 정도로 극심해졌다.

그러나 결국에는 권세를 부리던 환관들이 황제에 의해 숙청당하거나 총애하던 황제의 몰락 · 죽음 이후에는 그토록 탐하던 권세도 재산도 모두 잃고 비참하게 죽었으며 일족은 멸문되었다.

사실 황제가 자신의 편리를 위해 환관을 측근으로 활용하다 보니 환관의 전횡을 자초했다. 하지만 정통제와 정덕제처럼 황제 자신마저 농락당하거나 권력을 놓고 대립하다가 결국에는 파멸하기도 했다. 무엇보다 그로 인해 백성들의 삶을 더 이상 나빠질 것이 없을 정도로 피폐하게 만들고 나라마저 멸망시켰다.

숙청으로 국정 주도세력이 없어지고 마음으로 따르지 않게 만들다

주원장은 30년에 걸친 치세를 통해 명 왕조의 기반을 다지기 위해 노력하다가 1398년에 70세의 나이로 죽었다. 그동안 지나친 자신의 치세가 마음에 걸렸는지 유언을 하면서 회한을 드러냈다.

"그동안 모든 것을 혼자 감당해왔다. 그러나 돌이켜보면 너무 괴로운 일이었다. 다음 황제는 신하를 믿고 일하라."

하지만 주원장의 바람은 실현되지 못했다. 후대 황제를 위해 공신, 문신, 학자들에게 휘둘리지 않도록 잔인한 공포정치를 벌였지만 정작 황제에 대한 위협은 24명이나 되는 그의 아들들이었다. 그들로 인해 정반대의 상황이 벌어져 원하던 승계가 이루어지지 못한 것이다(원래 26명이었지만 맏아들과 2째아들은 일찍 죽었다).

사실 주원장은 일찍부터 4째아들인 연왕 주체(나중의 영락제)의 역량을 알아보고 맏아들이 죽자 황태자로 올리려 했다. 그러나 적장자 승계를 내세운 유학자들의 반대로 뜻을 이루지 못해 주원장 자신도 몹시 아쉬워했고 실제로도 엄청난 내전과 분란을 초래했다. 나중에 자신의 죽음을 앞두고는 아들들이 상례를 구실로 수도인 남경에서 변란을 일으키는 것을 막기 위해 오지 말고 각자의 영지를 지키도록 유서까지 남겼다.

건문제는 황제가 된 뒤에 주원장의 아들이자 숙부들인 번왕들이 날로 강성해져 위협을 느끼게 되자 삭봉책을 통해 군권을 약화시키려 했다. 일부 번왕들은 몰래 불러들여 체포한 뒤에 유배를 보내거나 죽이기도 했다. 급기야는 첩자와 자객을 보내 감시하던 중에 주체가 자신의 목숨마저 위협받자 군사를 일으켜 '정난의 변(1399~1402)'이 일어났다. 주체는 이내 남경을 점령하고는 건문제를 폐하고 황제에 올랐으며 나중에는 수도마저 북경으로 옮겨 새로운 명나라를 열어갔다. 이후 영락제는 자신과 같은 일이 벌어지지 않도록 지방 제후들의 병권을 빼앗아 중앙집권을 강화하고 철저하게 통제했다.

이러한 상황이 벌어진 것은 주원장이 공신들을 비롯해 거의 숙청해버린 탓에 정작 손자인 건문제가 즉위했을 때에는 국정을 이끌 경륜을 가진 신하들이나 어린 황제를 힘있게 보호해줄 무장들은 고사하고 믿을 수 있는 측근조차 없었기 때문이다. 그러다보니 주체가 정변을 일으켰을 때 황제를 도와주거나 지켜줄 지지기반이 없어 쉽게 성공할 수 있었다. 무엇보다 주원장이 화합과 포용의 정치를 하지 않은 탓에 대립이 격화되자 역량있고 막강한 군사력을 보유한 주체의 상대가 되지 못했다. 심지어 일부 관료와 지식인들은 황제권을 지키기 위해 애쓰기보다 '제 꾀에 제가 넘어간 것'이라며 주원장을 조롱했을 정도였다.

그 뒤로도 명나라는 초기를 빼고 나면 늘 내분과 반란에 시달렸다. 불신과 통제의 군신관계만이 팽배한 가운데 툭하면 대신이나 관료들을 숙청하다 보니 국정 주도세력마저 사라진 데다 후대로 갈수록 신하든 백성이든 누구도 진심 어린 충성을 바칠 리가 없어 국가의 통합력마저 약해진 것이다. 이런 까닭에 영락제 시절을 빼고 나면 명 왕조의 존속 내내 내우외환에 시달리다가 그리 오래가지 못한 채 멸망했다.

더욱이 금의위로도 모자라 동창과 서창까지 발호하며 환관의 정치개입이 일상화되어 버렸다. 특히 환관의 기구와 관아가 어느 시대도 비교가 되지 않게 정부기구를 능가하는 방대하고 정교한 체제를 갖추고 정치를 주도했다.

결국 5대 황제 선덕제 이후에는 환관들이 정치 전면에 나서면서 정치력의 결여 속에 매관매직과 부패가 성행했다. 반면에 충신과 훌륭한 인물들이 올바른 말조차 하지 못한 채 수시로 척결되어 유별나게 비극의 역사가 많아졌고, 마침내는 명나라의 멸망을 가져온 중요한 원인이 되었다.

주원장은 끈질긴 생존능력, 뛰어난 머리, 때를 살피고 기회를 놓치지 않는 전략성, 자신의 처지를 기억하며 백성을 살핀 애민정신과 실천 등이 돋보인다. 특히 술(術)의 대가로서 처세술과 전략술에서 단연 두드러진다. 정치에서도 정치술이 중요하다고 여겨 그에 충실했다. 반면에 사람의 본성을 믿지 않는 인간성 부족, 중앙과 지방을 황제 직속으로 만들어 혼자 주도하려 한 독선, 함께 일해온 공신 · 관리 · 학자에 대한 신뢰감 결여 등은 그의 결함이자 건국자로서 명의 치명적인 약점으로 이어지도록 만들기도 했다.

이 점에서 사람을 부려 일할 때 세종대왕과 삼성 창업자인 이병철은 주원장과 정반대로 하였는데, 훨씬 더 와 닿고 맞는 방식이라 하지 않을 수 없다.

세종대왕은 용인술의 핵심에 관해 말했다.

"사람을 쓰는 도는 일을 맡기면 의심하지 말고 의심하려면 맡기지 마라(任人之道 任則勿疑 疑則勿任)."

심지어 충분한 성과가 나오기까지 오랜 시일이 걸리더라도 기다려야 한다고까지 강조했다.

이병철은 기업가로서 일하는 동안 80% 정도를 인재를 고르고 모으고 키우기 위해 보냈다고 한다. 그래서인지 사람들에게 일을 맡길 때 세종과 비슷한 어조로 말했다.

"일을 맡기기 전에 따져보되, 일단 일을 맡겼으면 의심하지 마라."

그렇다 하더라도 주원장의 역사적인 의의는 영원할 것이다. 오랫동안 중국 대륙의 주인으로 군림해오던 북방 민족들을 제압하고 한족의 천하를 만들었기 때문이다. 전대의 몽골 제국을 세운 칭기즈칸이 금나라를 정벌하고 북경을 점령한 1215년 이후로 153년 만에, 거란이 연운 16주를 차지한 936년 이후 432년 만에 북경을 다시 한족의 땅으로 만든 셈이다. 명나라는 말 그대로 중국인의 자존심인 것이다.

주원장은 북방 민족의 잔재를 씻어내기 위해 '중화의 회복'을 내걸고 변발과 호복을 금지하였으며 한족 고유의 속발과 옷차림을 하도록 했다. 또한 유학을 국시로 삼아 정부를 이끌어가며 백성들을 가르치고 따르도록 했다. 이러한 까닭에 비록 명나라를 뒤이어 다시 만주족의 청나라가 들어섰지만 건국 과정에서 반청복명의 저항이 드세게 만든 원천이 되었다.

주원장은 황제가 되고 나서도 일생 동안 자신이 가난한 농민의 아들이라는 사실을 잊지 않았고, 잊지 않으려고 노력했다. 검소하고 소박한 생활로 일관하였으며, 결코 교만하거나 사치와 향락에 빠지지 않았다. 워낙 자신에게 엄격하여 사소한 실수조차 범하지 않으려 했다. 30년에 걸친 그러한 의지와 실천 덕분에 명나라는 건국 초의 혼란을 수습하고 백성들의 생활수준을 향상시킬 수 있었다.

주원장이 북벌을 벌여 북경을 점령한 이후 재건한 덕분에, 영락제가 수도를 북경으로 삼아 명나라는 물론이고 후대의 청나라와 현대 중국에 이르기까지 중국 정치의 중심무대가 될 수 있었다. 또한 영락제는 천도 이후 명나라가 처음 왕조를 세운 곳이 남경(南京)이라 북벌 이후 새로 정한 도읍을 상대적인 개념에서 북경(北京)이라고 정한 것이 지금도 그대로 사용되고 있다.

큰일을 하려면 창업과 수성 세력을 같이 하라

한국에서는 최근 대통령에 당선되자 선거 전과 선거 후, 창업과 수성 때의 참모진(캠프)을 놓고 완전히 구분짓는 접근을 하거나 심지어 측근과 공신들을 제거하거나 거리를 두는 상황이 벌어졌다.

이러한 사고와 경향이 생겨난 것은 한나라를 세운 한 고조 유방, 명나라를 세운 홍무제 주원장, 조선을 실질적으로 건국한 태종 이방원의 사례가 큰 영향을 미친 것으로 보인다.

원래 창업과 수성 세력을 따로 한 사례로 유명한 것은 유방이었다. 권세를 잃고 죽음을 앞둔 한신이 토사구팽이라 하여 '함께 대업을 도모했던 신하를 잊는다'는 뜻인 '모신망(謀臣亡)'을 저지른 전형으로 알려졌기 때문이다.

그러나 유방에 대해서는 너무나 잘못 알고 있는 것이다. 알려진 것과 달리 그의 참모가 아니었던 한신, 팽월, 영포 정도를 빼고 나면 창업 세력을 숙청한 경우가 거의 없다. 오히려 창업 세력들로 하여금 자신의 치세는 물론이고 한나라의 개국과 안정화 과정을 주도적으로 이끌어가도록 했다. 심지어 후대에 이르기까지 자손 대대로 특권과 혜택을 누리도록 하여 거슬릴 정도였다.

실제로 전형이 되는 인물은 주원장과 이방원이다. 그렇지만 주원장과 이방원은 꼭 그리 하지 않고도 되었을 방식으로 치세를 하였으며, 다행히 영락제와 세종대왕이 뒤를 이어 좋은 치세를 펼쳤지만 이후 명나라와 조선은 늘 신하들의 모반과 반대에 시달려야 했다. 명나라나 조선이나 많은 신하들이 주원장과 이방원의 전례를 생각하며 군주에 대한 진정한 충성보다 기회주의적이며 교묘한 처신으로 자신의 목숨과 부귀영화를 추구했다. 오죽하면 드물게 지금까지도 주원장과 이방원은 임금의 시호를 두고서도 이름을 불러 비하하고 있겠는가(이방원은 절대왕권의 확립을 위해 주원장에 필적하는 피의 숙청을 단행했다. 자신이 직접 사신으로 명의 수도를 다녀와 약간 앞선 동시대를 산 주원장이 명을 건국한 뒤 군주권을 확립하는 과정을 지켜보았기 때문에 전례로 활용한 측면이 강하다).

그러나 한국을 비롯해 동서고금 대부분의 경우 뛰어난 군주일수록 어려운 시절을 함께 보내고 권력장악이나 창업을 함께 한 사람들과 끝까지 함께 하면서 국정 기반을 다지고 번영을 이끌었다.

우리 역사에서도 근초고왕, 광개토태왕, 태종무열왕, 태조 왕건, 세종대왕, 정조대왕 등을 보라. 역사상의 대표적인 현군들은 측신들을 의심하거나 서로 싸움붙여 죽이지 않았다. 제대로 국정을 보자면 사람이 부족하기 마련이다. 오히려 그들의 능력을 최대한 발휘하게 하여 국민과 나라를 위해 일하도록 만들었다. 반면에 우리 역사에서 못난 군주로 꼽는 지도자를 보면 특징이 자신의 측근이나 가족조차 조금만 의심이 가거나 수틀리면 치거나 돌보지 않은 사람들이다.

미국 대통령을 보더라도 다를 바 없다. 단 1명도 예외 없이 대선가도를 함께 한 동지들을 백악관과 정부를 비롯해 가능한 모든 자리에 앉혀 공동의 목표를 놓고 치세를 함께 운영하고 책임도 함께 지는 것이 상식이다. 속된 말로 동사무소 직원까지 자기 사람들로 다 바꾸며 새로운 정부를 이끌었다.

버락 오바마 대통령은 시카고 · 일리노이 인맥과 선거 캠프 구성원들을 주축으로 국정을 장악했다. 전임자인 조지 W. 부시는 텍사스 사단, 빌 클린턴은 아칸소 사단, 미국 역사상 가장 뛰어난 대통령으로 평가받는 레이건은 캘리포니아 사단과 함께 국정을 이끌었다. 이런 것이 정상이고 국가이익과 국민에게도 더 유익한 것이다.

반면에 한국의 일부 대통령은 당선되자 측근과 참모진 운영에서 창업과 수성 세력을 뚜렷이 구분하여 극히 일부 인사를 빼고 나면 새로운 사람들로 청와대와 정부의 진용을 갖춰 국정을 펼쳤다. 언론까지 정치권이나 캠프 사람을 쓰면 낙하산이라고 아우성치며 새 사람을 기용하라고 여론을 호도했다. 하지만 대단히 잘못된 접근이다.

'인사가 만사'라고 하듯이 대통령의 성공적인 임무수행은 인사에 달려 있으며, 선거과정을 함께 한 사람들과 정부 구성은 물론이고 국정운영 전반을 주도하여 국민과 역사의 평가를 받는 것이 합당하고 이치에 맞기 때문이다.

적어도 청와대 행정관 이상, 정부의 장차관은 물론이고 차관보나 일부 국장급까지 대통령과 함께 정권을 만든 사람들이 포진하여 국정을 주도해야 한다. 그래야 국정이념과 정치노선이 일치하고 정책 추진에서도 일찌감치 준비를 마친 상태에서 일관성 있게 진행되기 마련이다. 또한 대통령에 당선된 그날부터 곧바로 국정의 공백 없이 힘있게 정권을 맡아 새로운 국정을 추진할 수 있게 되는 것이다. 따지고 보면 이들보다 더 참신하고 새로운 국정세력이 어디 있는가.

그러나 반대로 하다 보니 새로운 수성 세력이 이전의 창업 세력을 견제하면서 자기 주변인사들이나 자리와 이권을 노리며 접근해온 사람들로 채워넣기에 급급해 정권의 정체성조차 애매모호하게 되었다. 이렇게 되자 선거에서 뛴 대다수의 사람들은 아무런 보상을 받지 못한 채 집권세력 내부의 분열과 갈등을 초래했고 얼마 안 가 불만세력이 되어 정권 기반을 흔들었다.

특히 창업 세력을 배제한 채 국정을 운영하다 보니 강력한 국정주도세력을 형성하지 못한 채 정권 초의 귀중한 시간을 대통련 의중이나 살피면서 보내버리게 되었다. 날이 갈수록 자신의 자리를 보전하거나 소속부처나 대기업의 편에 서서 퇴직 후의 일자리나 노후를 보장받으려 하는 관료집단에 의해 국정이 좌우되기도 했다. 국민에게 한 공약은 현실론과 시기상조론 그리고 장기간의 검토와 지연으로 흐지부지되면서 되는 것도 없고 안 되는 것도 없는 상황이 되풀이되고 있다.

앞으로는 새로운 정권이 들어서면 청와대와 정부는 물론이고 대통령이 임명하는 자리에는 참모진을 비롯한 선거 캠프 출신 인물들을 배치해야 한다. 그래야 이들이 정치권을 비롯해 국가 전반의 곳곳에 자리 잡고 국민에게 한 공약대로 일사불란하게 국정을 이끌어갈 수 있는 법이다.

다만 그 자리에 맞는 전문성과 역량을 살펴 배치하는 일은 꼭 필요하다. 금융 분야라면 역량있는 금융 전문가를 선거참모로 일하게 하여 공약을 만들 때부터 이들의 손을 거치도록 하고, 집권 후에는 이들이 금융 분야에 배치되어 국민에게 약속한 정책을 펼쳐야 하는 것이다.

'위 물이 맑아야 아래 물이 맑다'는 말처럼 선거참모나 주요 선거운동원들이 안심하고 일할 생태계가 확보되어야 정치에 인재가 모여들 것이다. 무엇보다 선거의 승리를 가능하게 해주는 국민 다수나 중소기업을 중시하여 이들이 철저하게 외면되는 지금의 현상을 막을 수 있다. 다시 한번 꼭 강조할 필요가 있어 언급해 본다.

'성공하는 지도자가 되려면 창업과 수성을 같은 참모진과 더불어 해야 한다.'

10

물려받은 것을 다지고자 할 때

영락제

북경 시대를 열다

명나라 영락제 시절의 영토

영락제

외치의 리더십(외향통솔형)

한족의 정체성을 확립한 명의 기틀을 다져 놓다

몽골의 지배를 끝내고 세워진 명나라의 기틀을 다지다

중국은 전체 56개 민족 중에서 주류인 한족이 92%를 차지하며 압도적인 위상을 유지하고 있다. 하지만 정작 중국사를 보면 한족이 세운 왕조로는 한, 송, 명의 3왕조뿐이다. 특히 송나라의 몰락 전후로 거란족, 여진족, 몽골족으로 이어지는 대초원 북방민족들이 득세하며 10~14세기 동안 중국 대륙을 지배했다. 특히 몽골은 방대한 제국의 일부로 중국을 지배하면서 모든 민족 중에서 한족을 가장 신분이 낮은 천한 계급으로 설정하고 온갖 탄압을 자행했다.

이를 견디다 못해 주원장이 앞장서서 몽골 제국(원)의 내분과 쇠락을 틈타 북방으로 쫓아내고 명나라를 건국해 오랜만에 한족의 역사를 되찾았다. 특히 영락제는 아버지 주원장이 창건한 명의 초기 혼란을 수습하고 이후 270여년 동안 왕조가 유지되는 기틀을 다져 놓았다. 어떻게 보면 명 왕조의 황제 16명 중에 주원장과 영락제를 빼고 나면 군주다운 군주로 손꼽을 만한 인물이 없는 상황에서 내정과 외치에서 단연 독보적인 활약을 펼쳐 명의 역사를 화려하게 수놓았다.

그렇지만 명 왕조 시절은 유달리 한족 백성들조차 살기 힘들었다. 사실 한족 즉 중국인들은 외부 세계 없이도 얼마든지 자급자족으로 살 수 있다고 생각하기 때문에 외부에서 어떻게 하든 접근하지 못하게 만들려는 경향이 강하다. 이런 가운데 주원장이 대신과 관료에 대한 불신 풍조, 신료를 대신한 환관정치의 극심한 폐해, 농업 중시 정책, 상업과 무역의 금지와 폐쇄정책 등으로 인해 국운이 떨쳐 일어날 상황이 아니었다. 그래서 명나라(1368~1644)는 중국의 역대 왕조 중에 존속기간이 짧은 경우에 해당하며, 이후 여진족의 후예인 만주족이 일어나 명나라를 정복하며 청나라(1616~1912)를 세워 존속했다.

정통이 아니지만 대권을 꿈꾸다: 조카의 압박을 역이용하다

영락제 주체(1360.5.2~1424.8.12, 재위 1402~24)는 명 태조 홍무제 주원장의 4째아들로 어릴 때부터 아버지 주원장이 홍건적의 두령이 되어 몽골과 항전하는 것을 지켜보았다. 당시 주원장은 가난한 농가에서 태어나 어려서 부모를 잃은 뒤 탁발승이 되어 힘겨운 시절을 보냈으나 군사집단화한 홍건적에 합류해 막강한 실력자로 올라서 있었다. 어머니인 마황후가 워낙 훌륭한 인물이라 따뜻한 사랑과 제대로 된 교육을 받고 자라는 가운데 주원장이 군사활동과 정치력을 키워가는 것을 어깨 너머로 보며 배웠다(주원장에게 마황후 외에도 고려 출신의 공비가 있어 그의 친어머니가 고려인이라는 설도 있고, 더러는 몽골 여인이라고도 한다).

주원장이 명나라를 창건하면서 몽골을 북방으로 밀어내고 중원을 되찾자, 주체는 1370년 10세의 나이에 북평왕에 봉해졌다(후일 연왕(燕王)으로 명칭이 바꼈고 실제로 북평으로 간 것은 1380년이다). 이는 주원장이 아들들을 변방에 배치해 전국적인 친정체제의 확립을 통한 통합과 안정을 꾀한 탓에 번왕(藩王)으로 책봉된 것이다.

1376년 주체는 16세 때 당대 최고의 명장이자 대표적인 개국공신인 중산왕 서달의 맏딸과 결혼했다(서달은 1385년 주원장의 황권강화책에 따라 보낸 거위(독약)를 먹고 죽었다. 그의 부인은 영락제가 황제가 되자 황후에 책봉되었지만 5년 만에 죽었다).

그는 성장하면서 학자들의 가르침 아래 공부했고, 책을 읽으면 내용을 모두 기억할 정도로 명석했다. 북평을 다스리면서 자신의 존재감을 드러내며 아버지의 마음을 사로잡았다. 사실 북평은 당시만 해도 멀리 떨어져 있던 별 필요없는 지역에다 오랜 전란으로 황폐해져 살기 힘든 곳이라 여겼으나, 주체가 맡은 이후로 전혀 달라졌다. 몽골과 여진 등 가장 강력한 북방세력과 마주하는 최전선 군사요충지에다, 그의 책임 아래에서 30년이 지나는 동안 몽골을 비롯한 외적의 침입을 막아냈고 번국 중에 가장 부강하게 변모했다.

한편 명나라는 통치체제와 행정기구의 정비 속에 안정되어 갔다. 그 과정에서 그는 아버지와 신료들의 정치에 남다른 관심을 보였고, 형제들보다 뛰어난 자질에 정치력을 갖춘 인물로 성장하면서 주원장의 주목과 총애를 받았다.

1380년. 20세로 성년이 되자 도성을 떠나 북평으로 가서 중국 대륙에서 쫓겨난 몽골(북원)과 대치했다. 군사들을 이끌고 국경에서 싸워 승리했고, 1393년에는 지휘관이 되어 북방의 국경을 지켰다.

그 사이 1392년에 맏아들인 황태자 주표가 죽자, 주원장은 그를 황태자로 삼으려다 유학자들을 주축으로 한 대신들의 장자세습을 앞세운 반대로 무산되었다. 주원장은 죽은 황태자의 맏아들로 15세인 주윤문을 후계자로 삼았다. 당시 주원장는 주체를 황태자로 책봉하지 못한 것을 정말 아쉬워하면서 통탄했다고 한다. 그렇지만 1395년과 1398년에 두 형이 잇따라 죽어 그의 입지는 더 강화되고 있었다.

사랑에 실패한 사나이: 서황후와 서묘금

연왕 주체는 황자 시절 좋은 성품에다 독서를 즐기면서 높은 학식과 교양을 갖춘 그녀에게 서달을 통해 청혼했다.

결혼 이후 서황후(1362~1407, 재위 1402~07)는 출중한 능력에도 정사에 관여하지 않았다. 주체와 결혼했지만 주원장의 공신대숙청 때 친정아버지가 살육되는 것을 지켜봐야 했던 쓰라린 경험이 작용한 것도 있고, 내명부가 정치에 간여해봐야 결국에는 화만 불러오고 나라마저 망친다는 것을 깨우친 것으로 보인다. 심지어 황제가 된 영락제가 자신을 도우려고 죽은 그녀의 동생에게 작위를 추서하려 하자 반대했다.

"안 됩니다. 있을 수 없는 일입니다."

그가 몰래 작위를 내리고 나중에 알려주었으나 서황후는 끝까지 고

마워하지 않았다고 한다. 그녀의 현명함은 유언에서 그대로 알 수 있다.

"백성을 아끼고 널리 인재를 구하십시오. 다만 저의 외가친척들은 절대 돌보지 마셔야 합니다."

1407년 사랑하던 서황후가 죽었다. 영락제는 그녀가 죽은 뒤 서달의 3째딸로 처제인 서묘금에게 청혼했다. 서황후보다 낫다고 소문나 있던 터에 그녀를 빼닮은 뛰어난 용모와 남다른 재주를 본 뒤 새 황후의 간택령마저 취소하고 청혼했다.

서묘금은 역사와 고전에 밝고 학식도 풍부했다. 그렇지만 아버지를 죽게 만든 주원장의 아들이라 하여 청혼을 여러 번 물리쳤고, 끝내 긴 편지를 보내 거절했다.

"저는 부귀영화를 원치 않고 불교에 귀의하고자 합니다. 불공을 드려 황제를 축원하겠습니다. 다시는 세속으로 돌아오지 않을 것입니다."

영락제는 서묘금의 단호한 의지를 알고는 그녀와의 결혼을 접었고, 이후 아버지 주원장처럼 새 황후를 맞이하지 않은 채 살았다.

사실 명나라는 건국 초 혼란의 와중에 주원장과 영락제라는 뛰어난 군주가 있어 안정된 기반을 다졌지만, 그 못지않게 뛰어난 인품에 현명했던 마황후와 서황후가 이어지면서 황실과 후계의 안정을 이어가 나라를 반석 위에 올려놓은 사실도 잊지 말아야 한다.

승부를 걸어야 한다: 정난의 변

1398년 주원장이 죽자 주윤문이 2대 황제인 건문제(1377~1402, 재위

1398~1402)로 즉위했다. 건문제가 황제에 오르자 가장 위협적인 존재는 주원장이 걱정했던 개국공신들이 사라진 대신에 주원장의 아들들이었다(주원장은 아들이 26명이었으나, 마황후의 아들인 맏이와 2남을 비롯해 그밖에 9남, 10남, 26남은 건문제 즉위 전에 죽었다. 또한 22남, 23남, 24남, 25남은 워낙 어려 견제조차 필요 없었다).

조정에서는 방효유를 비롯한 황제파들이 20세의 유약한 건문제를 지키기 위해 황제의 숙부들에 대한 제거책을 통해 황제권의 확립에 나섰다. 먼저 주원장의 유지라며 남경으로 문상을 오지 말 것을 명해 중앙 진출과 서로 간의 만남과 연대 자체를 봉쇄했다. 이후 번왕에 대한 삭봉책(削封策)을 앞세운 채 군권약화책을 강행했다. 번왕들은 조카 건문제가 예의로서 대하기를 바랐지만 오히려 정적으로 여겨져 공격받게 되었다. 일부 번왕들을 남경으로 1명씩 조용하게 불러들인 후 체포해 유배를 보내거나 죽였고, 번왕에서 쫓아내 평민으로 전락시키기도 했으며, 더러는 12남처럼 자결하게 만들었다. 나머지 번왕들에 대해서는 첩자와 자객들을 보내 비밀리에 감시하며 제거하려 했다.

번왕들은 건문제의 사촌들까지 반발해 가세하면서 연왕 주체를 중심으로 몰래 연통해 대항책을 모색했다. 양측의 대립이 격화되면서 주체는 형제들이 하나둘 죽거나 숙청당하면서 자연스럽게 살아남은 형제 중에서 가장 연장자가 되어 막강한 세력을 가진 상황에서 반황제파의 중심이 되어 정권다툼이 치열해져갔다.

그 과정에서 건문제와 조정에서는 가장 두렵고 야심만만한 주체를 없애려 했으나 정면 공격은 삼촌에 대한 탄압이라 명분이 약한 데다 주체의 군사와 세력이 워낙 강하자 첩자와 자객을 보내 죽이려 했다.

'일단 때를 기다리자. 그러자면 목숨부터 부지해야 한다.'

영민한 그였던지라 거짓으로 미친 척해 눈앞의 암살을 피하고 중앙의 경계를 벗어나려 노력했다. 더운 여름에 화로를 껴안은 채 지내기도 했고, 시궁창에서 잠자면서 견뎌냈다. 반면에 만반의 대비에도 충실하여 갑자기 거위 떼를 길러 꽥꽥대는 시끄런 소리로 위장한 채 땅 밑에 굴을 파서 무기를 만들었다.

1399년이 되자 주체는 나름의 계산을 마쳤다. 새 황제를 중심으로 한 체제가 확립되기 전에 거병하기 위해 발 빠르게 움직였다. 내부적으로 직접 전략을 세우면서 준비를 마무리했고, 대외적으론 반황제 세력을 연대하면서 전선을 형성했다. 그리고 나서 군사를 일으켰다. 그의 나이 39세 때였다.

"이대로는 안 된다. 정난(靖難)으로 황제 옆의 간신들을 처단해 나라를 바로잡겠다."

역사적으로 유명한 '정난의 변'이 일어난 것이다. 그의 군사들은 남경으로 이동했다. 그의 군사들이 정예병이라지만 황제군에 비하면 엄청난 수적 열세를 벗어나지 못했다. 그가 직접 나섰지만 참패했고, 죽을 뻔하거나 붙잡히기 직전까지 내몰리기도 했다. 다행스럽게 황제군이 초반 승기를 잡았지만 건문제의 명분에 매달린 방심 덕분에 겨우 위기를 넘겼다.

"숙부의 목숨만은 빼앗아서는 안 된다. 너무 몰아붙이지 말라."

주체는 초기의 수세 국면을 넘기면서 막강한 군사를 가진 17남 영왕 주권과 손잡은 뒤 대반격에 나섰다. 두 진영은 3년에 걸쳐 치열한 공방전을 벌였고 전세는 역전되어 점차 주체의 승세가 뚜렷해졌다. 황제군은 압도적인 병력의 우세에도 불구하고 주원장이 벌였던 살벌한 피의 공신대숙청으로 전쟁을 이끌 노련한 장수조차 없었던 영향이 컸다.

1402년 6월에 파죽지세로 남하한 주체의 군사들이 남경의 성곽에 이르렀다. 그가 승기를 잡자 도성 내부는 불안에 휩싸였고 수비대조차 흔들리는 가운데 많은 사람들이 그의 편에 섰고 내통하기까지 했다. 그 사이에 정예 병력을 골라 남경으로 들어보내 성문을 열자 성안으로 그의 군사들이 쏟아져 들어갔고, 건문제 옆에는 황제를 끝까지 지키려는 신하도 없었다. 마침내 남경을 함락하면서 승리했는데 정작 건문제가 사라졌다. 궁궐 안을 샅샅이 뒤졌으나 찾지 못했다(건문제의 최후를 놓고 황궁이 불타 화재 사망, 달아난 후 승려 은거, 양자강 투신, 입산 도사, 자연 수명 등 갖가지 낭설이 있지만 정확한 행방조차 모른다).

주체는 마침내 3대 황제 성조 영락제로 등극했다. 그의 즉위로 명나라는 압도적인 실력자에 의해 황제권이 확고부동하게 확립되었다. 그는 수도 남경을 싫어하여 곧바로 명 왕조의 정치 무대를 북경으로 옮겨갔고, 수도를 새로 건설해 14년 만에 북경으로 천도했으며, 북평에서 북경(北京)으로 바꿔 불렀다. 이후 청나라를 거쳐 현대 중국에 이르기까지 북경은 중국의 정치 수도로서 중심지 역할을 하고 있다.

정적은 가차없이 잔인하게 제거한다: 불안의 씨앗을 없애다

영락제 주체는 아버지 주원장의 방식에 따라 유학자들인 7학사가 주축이 되어 내각 정치를 이끌어가는 한편 실제로는 황제권을 옹위하던 승려 도연, 환관 정화 등을 궁궐에 살게 하여 옆에 두고 수시로 상의하면서 측근 · 밀실 정치로 국정을 운영했다. 그러면서 과거를 통해 자신이 직접 뽑거나 행정을 잘하는 신진 관료들을 배치해 조정에 활력을 불어넣었다.

특히 황제권에 집착해 신임하는 측근 세력을 두텁게 쌓으면서 이들이 실권을 갖고 주도하는 황제 직속기구를 통해 정사를 살폈다. 조정의 6부 조직은 형식적인 실무를 행하는 정치체제를 확립해갔다. 그러고도 모자라 측근과 환관들을 전면 배치해 비밀 정보 · 사찰기구인 동창을 설치해서 신료들을 감시하면서 통제했고, 공포정치에 기반한 채공작정치까지 벌였다. 그중에서도 환관이 황제의 뜻을 그대로 옮기는 데 전력했다. 유학적인 틀에서 벗어나 자발적이고 참신한 정책을 내놓기도 했지만 극심한 발호로 명나라 내내 원성의 대상이 되어 비난받았다.

그는 자신이 번왕으로서 정변을 일으켜 정권을 잡은 탓에 번왕들을 유별나게 견제했다. 결국에는 하나둘 폐지해 황제 직속으로 바꿨다. 그러면서 수도마저 북경으로 옮겨 전국적인 안정을 확립했다.

그러나 동서양 할 것 없이 이러한 정부체제는 제대로 성공하기 어렵다. 시간이 흐를수록 공식과 비공식, 형식과 실제의 불일치와 부조화로 엇박자가 나면서 제대로 된 국정이 이루어지지 못한다. 국민 입장에서도 독재 정치, 측근 정치, 밀실 정치, 정보 정치, 환관 정치라고 비판하기 마련이라 지지 기반도 약해진다. 그나마 영락제가 현명하고 강력한 지도자라 그 시대를 넘겼지만 이후 그 어느 왕조 때보다 나라와 국민 사정이 어려운 시절이 점철되었다.

한편 그는 정적에 대해서는 가차없는 응징을 가해 정치 안정을 꾀했다. 남경에 입성한 후 3일 동안 궁궐 안을 뒤져 신료들을 많이도 죽였다. 자신을 제거하려 했던 제태와 황자징의 사지를 찢어 죽이는 등 건문제의 측근들을 깡그리 처형했다. 건문제의 행방조차 모르게 되자 더욱 가혹한 처형과 숙청이 자행되었다(정화의 남해원정조차 건문제를 찾기 위한 조치였다는 주장이 있을 정도다).

그런 중에 방효유의 10족 처형은 유명하다. 영락제가 잔인할 정도로 전대 인물들을 척결하면서도 민심을 얻기 위해 고려 출신으로 건문제의 스승 겸 측근이자 유학자로 명문장가인 방효유만은 살려 주고 정중하게 대하면서 회유하려 했다. 새 황제가 되어 옥좌에 앉은 채 방효유를 앞에 불러놓고 지필묵을 건네고는 웃으면서 온화하게 명했다.

"나의 즉위조서를 쓰도록 하라."

그러자 방효유가 잠깐 생각하다가 붓을 들고 글을 썼다. 딱 4글자였다.

'연적찬위(燕賊簒位)'

그는 연나라의 도적이 황제위를 찬탈했다고 쓰자 불같이 화내며 다시 소리치며 명했다.

"다시 쓰라. 그렇지 않으면 9족을 멸하겠다."

방효유는 아무렇지도 않은 듯이 대꾸했다.

"9족이 아니라 10족을 멸해도 역적과는 손잡을 수 없소."

그는 방효유의 입을 찢을 것을 명했다. 그리고는 방효유를 투옥, 고문 끝에 잔혹한 방법으로 죽였고, 그의 말대로 10족을 멸해 '십족을 멸한다'는 고사가 생겨났다. 제자, 친구, 선후배, 지인 등 방효유와 혈연이 아닌 친분 관계 정도인 사람은 물론이고 방효유의 문집을 읽은 사람들까지 모두 처형해 무려 10만여명에 이르렀고, 맨 끝에 방효유를 처형했다. 방효유의 충절과 기개는 남다르지만 아내와 자녀들이 집에서 음독자결했고, 집안 여성들은 노비 · 첩 · 기생으로 보내진 것을 비롯해 애꿎은 가족과 주변인물들까지 처참한 최후를 맞도록 만들었다(고려인도 다수 포함되어 더욱 안타깝다).

영락제가 권력자로서 숱한 사람들을 죽이거나 숙청하면서 보여준 방대함과 잔인함에는 혀를 내두르지 않을 수 없다(흔히 3족이란 말은 친척, 외척, 인척을 말하며, 9족은 당대를 기준으로 위로 4대, 아래로 4대를 포함하다 보니 9족만 멸해도 그야말로 일가친척 피붙이가 남김없이 몰살되는 것인데, 여기에 더해 방효유와 연루된 누구라도 10번째 일족이라 하여 모두 죽여 중국 역사상 전무후무한 징벌을 가했다).

그는 주변에서 방효유를 처형하면 나라에 충신이 사라질 것이라는 말이 있자 가볍게 일축했다.

"나의 패륜은 시간이 가면 잊혀지지만, 나의 위업은 역사에 오래 남을 것이다."

오늘날까지 이어지는 중국의 중심지를 세우다: 북경천도

영락제 주체는 즉위 초부터 북경으로 수도를 옮기려 했다. 북평왕으로서 정치적 · 군사적 기반이었고, 북부의 수비대를 잘 관리하면 명나라를 위협하는 북방을 지킬 수 있었기 때문이다.

1406년. 즉위한 지 4년이 지나면서 자금성 건설을 시작하여 만리장성 이후 중국 역사상 최대의 대역사를 벌여 무려 15년간 100만여명의 인원이 동원되어 진행되었다. 1407년이 되자 천도를 정식으로 명한 후 1409년부터는 대부분을 북부에 머물렀다. 그렇지만 유학자들을 비롯해 수도이전을 반대하는 입장도 만만치 않아 천도를 어렵게 만들어 오랜 시간과 논란 끝에 완결되었다.

1417년에는 화재마저 일어나 대규모 재건 공사가 본격화한 뒤 직접 현장을 둘러보았고, 자금성이 1420년에 완성되자 이듬해 1월 1일 북경을 명나라의 공식 수도로 천명했다. 그 사이에 그는 1번도 남경으로는 가지 않았고, 자금성이 완성된 직후 천도와 함께 북경이라 고쳐 부르면서 치세를 안정시켰다.

사실 북경은 춘추전국시대 때 연나라가 계(薊)라 부르며 수도로 삼았고, 1153년에 금나라가 수도를 옮겨 중도라 하다가, 이후 몽골 제국에 의해 중국 통치의 중심지로 확립되었다(대도 건설은 몽골 쿠빌라이 때 이루어졌다). 그러다가 영락제가 자금성을 다시 건축하여 북경 시대의 개막을 알렸고, 청나라를 거쳐 500여년간 황제의 거주공간이 되었다가 지금까지도 중국정치의 중심지로 역할하게 만들었다.

황제의 집이자 집무처인 자금성은 현존하는 세계 최대의 궁성으로

1억개의 벽돌과 2억개의 기와를 사용해 정전인 태화전을 중심으로 남북을 축으로 800여개의 건물들이 배치되었다. 그 둘레는 높이 10m의 성벽으로 둘러친 뒤 너비 50m의 거대한 해자를 파서 구성했다. 정문격인 남문의 이름이 천안문인데 중국의 상징으로 유명하며, 그 앞에 천안문 광장이 조성되어 중국 현대사에까지 격동의 현장으로 역할했다.

영락제는 자금성 축조에 만족하지 않았다. 국경 방비를 위해 만리장성을 개축하고 경제와 물산을 원활하게 하기 위해 대운하를 확충했다. 진시황, 한 무제, 수 양제, 당 태종을 뛰어넘는 거대함을 향한 대역사를 줄기차게 이어갔다. 동서남북으로 벌어진 초대규모 정복사업도 죽는 날까지 계속되어 방대한 영토를 남겼다. 정화의 대선단 구성과 남해원정도 그 연장선상에서 보면 그의 끝없는 야심을 엿볼 수 있다.

하지만 대역사를 벌이거나 대외원정을 자주 벌이다보면 그만큼 국민들은 가혹한 부역과 무거운 세금으로 등골이 휘고 고단해진다. 200톤이 넘는 돌을 수십 km 떨어진 채석장에서 운반했고, 쓸 만한 나무마저 찾기 어려워지자 먼 남쪽에서 구해 4년에 걸쳐 운반하느라 숱한 이들이 목숨을 잃기도 했다. 거대한 사업과 군대에 대한 막대한 비용을 대려다가 양식마저 빼앗겨 굶어죽기 일쑤여서 민심도 나빠졌다. 결국 그의 치세 말년에는 민란까지 일어나 반발하는 일이 툭 하면 벌어졌다.

다만 역설적이지만 자금성, 만리장성, 대운하 같은 거대 건축물은 당대의 희생과 비극이 잉태했지만 현대사회가 된 지금은 세계적인 명소로 중국을 대표하는 곳이 되었고, 그 소문을 듣거나 영상을 본 숱한 관광객들이 찾고 있어 조금은 위안이 되는 셈이다.

중국의 상징 자금성 대 조선의 상징 5대 궁궐

우리는 경복궁을 두고 자금성보다 작고 초라하다고 자조하는 경우가 적지 않다. 전혀 그렇지 않다. 오히려 조선의 5대 궁궐은 자금성보다 훨씬 크다.

조선의 5대 궁궐은 서울 한복판에 자리하고 있다. 청와대도 그중 하나인 경복궁의 북쪽 일부에 세워졌다. 멋스럽게 바뀐 광화문 광장과 청계천에 서면 곧바로 보이거나 쉽게 찾아갈 수 있다. 이런 현실은 우리의 역사정신과 복원력에 늘 자부심을 부여하곤 한다.

그런데 꼭 끝에 붙는 말 때문에 김이 빠져 버린다. 중국 자금성에 비하면 조그맣고, 비교조차 되지 않는다고들 말해 속상해지는 것이다. 그저 우리 궁궐이 보잘 것 없겠거니 하면서 당연한 듯 비하적인 비교를 해버리는 상태에서 말이 돌고 돌아 사실처럼 되어버렸다. 사실이라면 또 모를까 전혀 틀린 말이라 바로잡아야 한다. 정말 그런지 비교나 해보고 그런 말을 했으면 좋겠다.

5대 궁궐은 경복궁, 경희궁, 경운궁, 창덕궁, 창경궁을 말하는데, 자금성이 하나의 왕궁으로 지어져 대대로 사용된 반면에 이들은 5곳에 지어져 수시로 임금이 옮겨다니며 필요에 따라 활용되었다(경운궁은 덕수궁이라 하지만 고쳐 불러야 맞다. 300년 이상 사용하던 원래의 고유 이름인데다 덕수궁이란 명칭이 1907년 고종이 강제로 퇴위되고 순종이 즉위하며 붙인 것이라 고집할 이유가 없다).

조선은 오랜 세월에 걸쳐 5대 궁궐을 건축했고, 그 중심에 서 있는 경복궁은 주궁으로 역할했으며, 창덕궁은 동궁, 경희궁은 서궁으로 불리며 중시되었다. 경운궁과 창경궁도 수시로 왕실을 위해 사용되었다.

그렇기에 자금성과 우리 궁궐을 비교하자면 이들 5곳을 다 합친 궁궐의 규모를 따져야 맞다. 그런데 경복궁 하나만 해도 자금성의 60% 크기에 해당하며, 창덕궁은 훨씬 더 커 5대 궁궐을 다 들먹이지 않더라도 이들 2개 궁궐만 해도 그 규모에서 넘어선다. 5대 궁궐을 합치면 2배나 더 넓다. 그래서 조선의 5대 궁궐이 세계에서 가장 큰 궁궐이며, 서울은 세계 최대의 궁궐도시라고 해야 맞다.

궁궐의 규모를 살펴보면, 경복궁은 43만2702.87㎡(지정면적 30만8263㎡), 창덕궁 43만4877㎡(지정면적 57만9584㎡), 창경궁 21만8148㎡, 경희궁 23만여㎡, 경운궁 6만1500㎡다. 여기에다 종묘까지 궁궐의 성역에 포함하면 18만6460㎡가 추가되고, 사직단과 원구단도 언젠가는 원형 복원해 포함해야 온전한 모습을 다 갖추게 되는 만큼 여기까지 포함하면 그 규모는 가히 도시급이다(자금성은 72만㎡로 건축면적이 15만여㎡다. 지금도 원형 그대로 잘 보존되고 있다지만 중국의 모든 궁궐이 파괴되어 사라진 상황에서 유일한 궁궐이다).

이젠 광화문 광장이 조성되어 열린 공간을 통해 사방으로 확장되면서 우리의 역사와 전통은 물론이고 인류의 희망과 미래를 함께 담는 문화지대로 변모하고 있다. 건축과 도시공간의 창조에 더해 그 안과 밖을 조각품과 미술들로 채워 문화의 중심으로 세계의 중심으로 자리매김하고 있다.

620년의 역사에 아름다운 자태와 예술미를 갖추는 한편 북촌 · 인사동 · 서촌의 정겨운 문화거리, 온갖 박물관 · 미술관 · 갤러리가 어울어져 각종 공연장과 더불어 밤의 야경과 문화향을 만끽하도록 변하고 있다. 한식으로 즐기는 맛의 향연도 빠질 수 없다. 천안문, 트라팔가 광장, 개선문 일대와 샹제리제 거리, 모스크바 광장, 산 마르코 광장을 훨씬 뛰어넘는 문화광장으로의 자리매김이 가능하다.

경복궁을 중심으로 북쪽 뒤로 청와대를 끼고 있는 북악산에서 남쪽 광화문 앞에 펼쳐진 광화문 광장을 주 광장으로 하여 종묘와 사직단과 원구단(소공동이 아니라 원래의 한남동 일대), 6조와 여러 관청, 육의전을 비롯한 여러 건축물까지 포괄하면서 천하를 향해 뻗은 남대문에 이르는 일대까지를 하나의 권역으로 설정하여 복원대역사를 진행해야 한다. 그 과정에서 성공의 관건은 훌륭한 건축가, 조각가, 예술인에게 맡겨야 한다는 점이다. 이들이 정성과 혼을 담아 잘 만들어나간다면 세계에서 가장 유명한 곳이 되어 전 세계인들이 모여들 것이다.

다만 우리가 잊지 말아야 할 국면도 있다. 유럽의 궁궐은 규모에서 경복궁이나 창덕궁 등에 비해 작다. 그러나 규모는 크기일 뿐이다. 유럽의 궁궐은 궁정 안에 있는 화려한 조각과 회화, 각종 보석과 장신구, 잘 치장된 건축물과 조경 같은 문화예술에서 빛을 발한다. 베르사유 궁전처럼 우리 건축물도 그 안에 찾아가서 봐야 할 내용물의 찬란함을 더 담아내야 한다.

명의 기틀을 다져놓다: 통치의 안정과 문화사업

영락제는 명의 창건자인 주원장의 국가정책을 거의 대부분 물려받아 충실히 실천함으로써 성공적으로 이루어냈다.

주원장의 방침에 따라 '1세1원(一世一元)', 즉 한 황제가 하나의 연호만을 사용한다는 원칙에 따라 그가 사용한 연호인 영락제로 불리며 명나라는 물론이고 주변의 시간을 일원화하여 통합했다(묘호는 조선 태종 이방원처럼 주로 나라의 기틀을 잡거나 2번째 군주에게 부여하는 태종이 되었다가 유학자들이 2번째 황제인 건문제의 존재를 부정한다는 주장을 줄기차게 제기하면서 1538년 성조(成祖)로 바뀌었다). 후대의 청나라까지 계승해 근대 이전까지 통용되었다.

내정도 잘 펼쳐 신생국인 명의 기반을 확실하게 다졌다. 물론 황제권 강화의 기조 아래 진행되었다. 이렇게 하여 정치가 안정이 되자 그의 치세기간은 물론이고 이후 명나라가 전성기를 맞아 한동안 누렸다.

그는 문화에도 높은 관심을 가지고 걸출한 치적을 남겼다. 대역사에 버금가는 학술사업이자 문화사업을 추진해 방대한 편찬작업을 완수함으로써 명나라를 유학의 나라로서 반석 위에 올려 놓았다. 주자학을 국가교학의 지위로 확립해 문치주의의 전통도 충실하게 계승했다.

무엇보다 《영락대전(永樂大典)》을 비롯해 《4서대전(四書大典)》, 《5경대전(五經大全)》, 《성리대전(性理大全)》 같은 편찬사업을 강력하게 추진해 당대에 완성했다. 황제로서 그 스스로가 먼저 열정을 가지고 주관하면서 명의 문치주의가 토대를 잡게 만들었다. 그러면서 그 활용도를 높여 국민 전반의 정신적 · 사상적 통합을 위해 과거시험에서 수험참고서로 이용하게 했다.

그중에서도 백미로 통하는 영락대전은 해진 · 요광효 등 2000여명에 이르는 학자들이 동원되어 1408년에 완성했다. 목록 60권, 본문 2만2877권 등 총 2만2937권을 가나다 순처럼 운(韻)에 따라 항목을 배열한 중국 최대의 백과사전이자 사상 최대의 유서(類書)다. 경(經) · 사(史) · 자(子) · 집(集) 등의 기본 서적을 수집해 자료로 활용하면서 경서 · 사서 · 시문집 · 불교 · 도교 · 의학 · 천문 · 지리 · 점법(복서) · 의복 · 기예 등 온갖 사항에 관한 자료들을 총망라해 관련사항을 골라 내용별로 분류해 문자순서에 따라 배열했다. 완성 때 정본 외에 사본을 1부 더 만들고, 1562년에 부본을 1부 만들었다. 하지만 정본은 명의 멸망 때 불타 없어졌고, 부본 1부는 1860년 영국 · 프랑스 군대의 베이징 침공으로 많이 없어졌다. 특히 의화단사건 때 연합군의 공격으로 거의 불타거나 없어졌고, 지금은 영국 · 프랑스 등으로 유출되어 여러 곳에 있지만 모두 합쳐도 겨우 797권뿐이다.

이 책에 나오는 인물들이 그렇듯 영락제는 문화 측면에서 남다른 관심과 열정을 기울여 뚜렷한 치적을 남겼다. 그 결과물은 후대까지 단단한 국민통합과 자긍심의 요체로 작용하고 있다.

티무르 제국의 정복전쟁을 피하다

영락제의 즉위 즈음, 티벳 너머 서방에서는 티무르(1336~1405, 재위 1370~1405)가 칭기즈칸의 후예를 자처하며 투르크-몽골계 제국을 성립했다. 중앙아시아, 러시아, 인도 북부까지 공략했고 1404년부터는 명나라 정벌 준비에 착수했다. 그는 이 사실을 눈치채고 토번(지금의 티벳)과의 우호정책에 더해 서쪽으로 군사를 주둔시키면서 일선 장군들에게 전쟁에 대비할 것을 일러두었다.

1405년 티무르는 명예 전쟁의 기치 아래 호기롭게 출병했다.

"위대한 우리의 선조인 칭기즈칸이 세운 몽골 제국을 쫓아낸 명을 응징해 복수하고 옛 영토를 되찾자."

티무르는 직전까지 서방 정복을 위해 명나라에 융화책을 쓰고 있었으나 뜻을 이루자 동방 원정을 주저할 이유가 없었다. 20만 병력을 이끌고 사마르칸트로 향했고, 이 소식은 바로 그에게 들어가 두 군주의 대결은 불가피해졌다.

그런데 그해 겨울 69세의 티무르는 원정 도중에 갑자기 열병으로 죽고 말았다. 티무르는 단 1번의 전투에서도 패배한 적이 없는 티무르 제국(1370~1507)의 황제로 전쟁영웅이었으나 급사하면서 마지막 원정이 되어 취소되었다(숨을 거둘 때까지도 원정을 멈추라는 말을 하지 않았다고 한다). 이후 영락제는 서방에 대한 방비를 강화하고 사신을 보내 우호관계를 깊게 했으며 중앙아시아와의 교역을 이어갔다.

명나라는 몽골 제국의 후광효과를 보았다

명나라는 주원장이 북벌을 단행해 몽골을 쫓아내면서 중국 대륙의 지배자가 되었다. 그 뒤를 이은 영락제가 활발한 대외활동을 벌였지만 명의 기세는 여기까지였다. 주로 폐쇄 정책을 고집하며 국내외적으로 시달렸고, 영락제 시절이 대외 개방과 교역을 활발하게 벌인 거의 유일한 사례에 해당한다. 한족의 왕조가 대체로 그러하듯이 한족만의 세상을 지향하면서 대외무역은 고사하고 극단적인 쇄국 정책을 펼치며 문을 닫아걸었다. 문화 교류나 사람의 이동조차 막으려는 정책으로 일관하면서 16세기가 되자 밀무역이 성행했다.

16세기 중반에는 이마저도 막자 두목 왕직은 일본으로 거점을 옮겨가 저항해 당시 출몰한 왜구들도 실제로는 최소한 70~80%가량이 중국인들이었다.

이에 명 조정이 민간 상인의 대외무역을 인정하고, 복건 지역에 공인 무역항을 개항하면서 왜구가 진정되었다. 그러나 시간이 흐를수록 명의 국력이나 영토는 급격히 줄어 몽골 때의 원나라와는 비교조차 할 수 없을 정도가 되었다.

명나라는 북방 지역이나 실크로드에서도 점차 자취를 감춰 지금도 돈황석굴(막고굴과 유림굴)을 비롯한 1000개 이상의 석굴 중에 오직 명의 석굴만 없다. 게다가 무역로 폐쇄 방침에 따라 대외교역이 차단되자 몽골 제국 아래에서 활발한 교역이 벌어져 풍부한 물자들을 소비하며 막대한 이익을 남기던 상인과 나라들에는 큰 타격이 되었고, 중국을 비롯한 동방의 물자를 즐기던 지중해-중동이나 유럽에서는 금단현상을 느낄 정도였다고 한다. 그 결과 비단, 도자기, 차, 종이 같은 동양 물품을 찾기 어려워지고 가격은 폭등했다.

여기에서 주목할 사실은 명나라가 대외활동을 할 때 별다른 저항을 받지 않고 남다른 대접을 받는 한편 유럽 등 상대국에서 사절이 많이 찾아와 공손한 태도를 보인 이유다. 당시 유럽이나 지중해-중동의 상인들이 교역을 통해 더 많은 이익을 얻기 위한 목적도 있었지만, 무엇보다 직전까지 전 세계를 호령한 몽골의 막강한 힘과 위세를 경험한 국가들이라 알아서 숙이며 실리 외교에 임한 것이다. 명도 여전히 몽골의 후광효과를 본 셈이다. 서양인이나 중양인(중동인)이 볼 때 몽골인이 황인종이라 중국인과 같은 민족으로 오해하여 빚어진 것이기도 하다.

한족의 왕조는 한나라와 송나라를 거쳐 명나라에 이르기까지 한결같이 대외 개방성이 거의 없었다. 송 시절 한때를 빼고 나면 주로 폐쇄 정책을 고집하며 중국 내부 세계의 안정을 중시했다. 지금 한족이 이끌고 있는 현대 중국에서도 1978년 이후 개혁 · 개방을 했지만 문을 열고 중국으로 끌어들이는 방식에 주력하고 있다. 일정하게 해외시장 진출에 노력했지만 자연스러운 시장의 현상이었지, 정책적으로 근대 유럽이나 현대 한국 · 일본처럼 해외로 치열하게 나간다고는 보기 어렵다. 또한 세계화와 함께 자유주의 무역에 치중하는 국제사회의 흐름과는 달리 국제법이나 관행에는 거의 얽매이지 않은 채 중국 입장에서 임의적이고 자의적인 대외정책을 고집하는 경향이 강하다. 습근평(시진핑)의 5기 지도부 집권 이후에는 내수경제로의 일대 전환에 박차를 가하고 있기도 하다.

원대한 정복사업을 펼치다: 명나라다웠던 유일한 시절

영락제는 대부분의 정책에서 주원장을 따랐지만, 외치에서는 소극적인 신중책과 정반대로 접근했다. 즉위 초부터 주변국들은 물론이고 멀리 떨어진 나라들로부터도 패권자의 위상을 인정받고 싶어해 활발한 정복사업을 벌였다. 대외 정벌과 해외 무역로 확장 정책을 강력하게 펼쳐나가 정벌 또는 굴복시키거나 환관들을 보내 명을 중심으로 한 주변질서의 재편을 추진하면서 종주권을 확립했고 국경을 넓혔다.

남쪽으로 함대를 파견해 동남아시아 국가들에 대한 패권을 확립하는가 하면, 군사를 보내 베트남 호(胡) 왕조를 복속시켜 한때 중국의 영토로 편입시켰다.

서쪽으로 명나라를 정벌하려던 티무르 제국과의 전쟁을 준비했고, 티벳과 네팔로도 세력을 뻗었다(즉위 초만 해도 워낙 강성한 상대들이라 우호전략으로 접근하는 한편 서방으로 군사를 보내 지키도록 하다가 힘의 우위에 서게 되면 이내 종주권을 요구했다).

동쪽으로 한대륙 서부 지역(만주 · 동북 3성)으로 진출하면서 여진족을 복속했고, 일본을 회유했다.

북쪽으로 몽골 초원 입구이자 군사거점인 북경에 수도를 건설하여 천도했다. 몽골에 정면 대응하기 위해 몸소 대군을 이끌고 5차례나 원정에 나서 몽골 제국의 하나이자 중국 대륙을 지배했던 원을 더 북쪽으로 밀어냈고, 몽골 초원과 흑룡강 하류까지 진출하기도 했다.

그 과정에서 남방 진출에 박차를 가하면서 바다로도 진출해 동아프리카까지 '정화의 남해 원정'(1405~33)을 펼쳐 조공무역과 문물교류

등의 팽창정책을 추진해 유명하다.

영락제는 원정사업을 벌이기 위해 출병할 땐 으레 황태자(나중의 홍희제)로 하여금 자신을 대신해 섭정을 하게 했다. 황태자는 아버지가 오래동안 도성을 비웠지만 그때마다 정사를 잘 살펴 그의 신임 아래 후계체제를 안정되게 구축하면서 후대를 예비했다.

북경과 카라코룸

북경(北京 · 베이징)은 춘추시대 때 연나라의 도성이 된 것이 수도의 시초다(그래서 연경(燕京)이라고도 부른다). 오랜 세월이 지나 요나라 때 발해의 행정체제를 본따 내몽골 상경을 수도로 삼았으며, 나중에 중국 대륙 북부를 차지하자 북방 근거지의 남쪽 수도라 하여 남경(南京)이라 고쳐 부르면서 역사적으로 중요한 도시로 떠올랐다. 뒤이어 등장한 금나라는 흑룡강성 상경을 수도로 삼았다가 요나라에 이어 대륙 북부를 차지하면서 북경을 자신들의 영토 한가운데라 하여 중앙 수도라는 뜻으로 중도(中都)로 고쳐 불렀다(몽골에 중도를 잃고 패퇴한 뒤에는 개봉을 수도로 삼았다).

사실 북방세력인 요나 금의 입장에서는 본거지를 기준으로 볼 때 북경 일대가 중국 대륙의 북방이 아니라 남쪽 변경지대였다. 그래서 요나라는 북경을 한참 남쪽에 있는 중심도시라 하여 남경이라 한 것이고, 요보다 남쪽 지역을 본거지로 삼은 금나라는 중간쯤 되는 지역이라 보고 중도라 한 것이다.

1271년 몽골은 쿠빌라이 대칸이 중국 대륙을 거의 정복해가자 대칸의 직할지인 원나라를 세워 대륙 내에 새로운 수도로서 북경을 선정해 건설하면서 대도(大都)로 명칭했다. 이렇게 하여 중국 대륙사에서 이전에는 장안, 낙양, 개봉이 역사적으로 순서대로 이어지며 중국의 수도이자 중심부로 역할하다가 비로소 북경으로 넘어갔다. 명나라가 처음 남경을 수도로 건국했다가 이곳을 수도로 삼아 북경이라 했는데 처음 왕조를 세운 곳이 '남경(南京 · 난징)'이라 북벌 이후 새로 정한 도읍을 상대적인 개념에서 북경이라 한 것으로 지금까지도 중국의 수도로서 역할하고 있다.

그런데 몽골의 중심은 대초원 북방 지역이었다. 칭기즈칸이 몽골부를 통일하고 제국을 창건할 때부터 카라코룸(지금의 울란바토르 서쪽)이 근거지이자 중심으로 역할했다. 그의 대를 이은 2대 대칸 오고타이가 수도로 형성하며 기틀을 잡았다. 한참 세월이 흐른 뒤 쿠빌라이가 5대 대칸이 되자, 대칸의 직속령이자 물산이 풍부한 중국 대륙을 확실한 기반으로 삼기 위해 북경을 새로운 수도로 건설했다. 이렇게 하여 그의 치세 때 카라코룸을 국도로, 자나두(여름 수도로 중국 내몽골자치구 다륜현에 있음)를 상도로, 북경을 대도(겨울 수도로 칸발리크 · 캄발룩이라 불림)로, 자이툰(복건성에 있음)을 천주로 삼아 남북에 걸친 거점을 설정하여 직할령을 관장하는 체제를 정비했다. 그리고 대칸 자신도 봄과 여름에는 상도에서, 가을과 겨울에는 대도에서 보내며 살폈다.

다만 1368년 주원장에 의해 대도를 잃고 북방으로 밀려날 때 고려 출신인 기황후가 나서 친정국가인 고려에 구원을 요청했다가 보내주지 않는 가운데 토곤 테무르 대칸(혜종 · 순제, 재위 1333~70)은 상도로 피신했다가, 다음 해에 명군이 다시 공격해오자 더 북쪽에 있는 응창부(應昌府. 내몽골 적봉시 서쪽 지역)로 퇴각했고, 1370년에는 토곤 테무르가 죽자 아유르시리다라(소종, 재위 1370~78)가 카라코룸에서 제위에 올라 제국을 존속해갔다.

1403년 영락제는 환관들과 장수들로 하여금 3개의 대규모 함대를 편성해 베트남, 필리핀, 보르네오, 자바, 수마트라, 말라카, 인도 남부 등지로 보내 종주권을 요구했다. 많은 부족국가들은 머리를 조아렸고, 그의 통치 때에는 정기적인 조공을 보냈다. 그러다가 제대로 복속해 따르지 않으면 곧바로 강력한 경고를 보내거나 정벌을 벌여 그 어떤 나라도 몸을 낮췄다.

베트남(안남)의 진(쩐 · 陳) 왕조에서 내란이 일어나 후계자가 폐위당하고 새 왕조인 호(胡) 왕조가 들어섰다(1400년). 그러자 쫓겨난 일부 망명자들이 그의 즉위 직후부터 개입을 요청하면서 진 왕조의 복권을 희망했다. 영락제는 겉으로는 형식적인 답변으로 대처하면서 때를 살피다가 1406년 베트남에 보낸 명의 사절단이 살해당하자 이 사건을 명분 삼아 원정에 나섰다. 그의 원정군은 소규모였지만 기세 좋게 남하해 발빠르게 정복했다. 1407년에는 진씨 왕조의 후계자가 없다는 핑계로 속국의 차원을 넘어 명의 일개 성으로 편입해버렸다.

그는 티벳과 네팔로 환관과 사절단을 보내 명의 종주권 인정과 조공을 요구했다. 그 결과로 티벳은 물론이고 더 멀리 네팔 등지에서도 사신들이 오가면서 조공을 바쳤다. 또한 아프가니스탄까지 포함하는 중앙아시아의 투르키스탄 일대까지 사신을 보내 똑같이 강요했다.

영락제는 일본에도 종주권을 요구했다. 일본을 다스리던 아시카가(足利) 막부가 전쟁을 피하려 받아들이면서 명의 해안가를 침입해 노략질과 약탈을 일삼던 왜구들의 체포 · 압송 요청에 따라 대마도 등지의 왜구를 붙잡아 남경으로 보내 처벌받게 할 정도로 처신했다. 그러자 그는 대신에 정상적인 감합(勘合) 무역의 길을 열어주었다(그는 조공무역을 원칙으로 했는데 감합은 입국확인을 뜻하는 말로 경제 이익을 추구한 일본의 이해관계도 맞아떨어져 1404년부터 150여년간 유지되었다. 이 방식은 조선과 일본 사이에서도 그대로 이루어져 공무역을 통해 변방의 약탈과 발호를 막으려 한 것으로 시간이 흐르면서 조공적 · 의례적 성격에서 경제적 성격이 강해졌다. 그러다가 그의 사후 명의 힘이 떨어지자 막부는 돌아섰다.)

그는 동쪽으로 눈을 돌렸다. 동북 지방에 성을 쌓고 여진족을 공격한 뒤, 1403년에 길림성 일대 백두산 북쪽에 건주위(建州衛)를 설치했다. 여진족의 세력 구성이 다양하자 1411년에 흑룡강 하류에 누르간도사사(奴兒干都使司)를 두었고, 군사 1000명을 보내 25척의 선박으로 송화강과 흑룡강이 만나는 하류에 도사(都司)를 설치해 여진족의 3대 세력 거주지를 간섭했다. 아울러 영녕사(永寧寺)를 세워 군사 200~300명을 보내 주둔케 했고, 그 뒤로도 다수의 위소(衛所)를 설치해 연해주 일대 사할린의 아이누족까지 영향을 미쳤다.

영락제는 영리한 전략가로서 남방 지역에 대해서도 정복사업을 왕성하게 펼치면서 제대로 다스리기 위해 귀주포정사사(貴州布政使司)를 설치해 변방의 여러 소수민족들 움직임까지 통제했다. 1406년에는 베트남을 거쳐 수마트라까지 원정해서 교지포정사사(交趾布政使司)를 설치하면서 직할로 다스렸다.

명의 최대 강적은 몽골이었다: 영락제도 넘지 못한 벽

명나라에 최종적인 위협 세력이자 가장 강력한 상대는 북방의 몽골이었다. 몽골은 비록 주원장의 공세로 북쪽으로 물러섰고, 1388년 토구스 테무르(평종, 제위 1378~88) 때 북원마저 명맥이 끊어져 전성기 때 몽골 제국과는 완연히 달랐지만 그래도 옛날의 명성을 이어받은 후대 제국이라 명의 건국 이후에도 여전히 강력한 세력을 뻗치면서 변함없이 북방의 주인으로 행세했다. 명에 의해 쫓겨난 후 분열상태를 거쳤다가 영락제의 치세 초기에는 본거지와 동부 지역을 중심으로 대칸의 제국이 명맥을 이어갔고, 서부 지역에서 오이라트가 일어나 강력한 제국으로 성장하면서 기세를 올렸다(중국에서는 원의 후대인 북원마저 멸망한 이후 원나라 잔당으로 묘사하면서 타타르로 폄하해서 불렀다).

뛰어난 정복군주였던 영락제는 몽골에 대한 완전한 진압을 노리면서 주변을 두루 공략한 후 최후로 몽골을 겨냥했다.

'변방은 어지간히 정리했다. 이젠 마지막 목표인 몽골을 정복하겠다.'

1410년 몸소 대군을 이끌고 북쪽의 초원과 사막을 원정했고, 고비사막 북쪽으로 멀리 원정하다가 진중에서 병사할 때까지 5차례의 친정을 벌여 흑룡강 하류까지 진출했다. 지금도 중국에서는 '3려5출(三黎伍出)', 즉 5차례 출병해 북벌에 나섰고 3차례에 걸쳐 본거지를 공격했다면서 치켜세우고 있다.

그러나 그의 사후 명나라는 몽골에 계속해서 시달렸다. 에센 대칸(재위 1453~54)이 차가타이 한국과 킵차크 한국의 영토를 대거 차지하는 등 활발한 정복사업을 펼쳐 서쪽 발하슈호 · 바이칼호에서 동쪽 한 대륙 서부지역에 이르는 방대한 제국을 형성하는 한편 1449년에는 명나라를 공격해 정통제를 포로로 붙잡았다(토목의 변).

이후 몽골의 부흥을 이끌었던 다얀 대칸(재위 1470~1517)의 손자인 알탄 칸(1507~82)은 동쪽인 오르도스 일대를 기반으로 세력을 확산하면서 1529년, 1530년, 1542년 등에 걸쳐 명나라로 원정을 벌이는 한편 1550년에는 북경까지 진격해 포위하며 기세를 올리면서 몽골의 영광을 상당한 수준으로 현실화했다(경술의 변).

뒤이어 링단 대칸(재위 1604~34) 때 몽골 세력들을 이끌고 명나라를 정벌하며 차하르를 중심으로 발전을 이루기도 했다. 그러다가 1612년에 몽골의 동부 부족이 새로운 세력으로 등장하던 여진의 후금(청나라)과 혼인 관계를 맺으면서 분열하기 시작한 가운데 1618년에는 링단이 명과 화의를 맺고 후금을 견제하는 대가로 매년 막대한 은화를 조공으로 받았다. 1619년 후금과의 전쟁에서 패해 동부 세력들이 이탈하면서 본격적으로 몰락하기 전까지 몽골의 명에 대한 공세는 이어졌다.

어쨌든 영락제가 죽자 몽골에 대한 원정과 남방으로의 함대 파견은 중지되었다. 베트남에서는 여(레 · 黎) 왕조가 독립했다(베트남의 독립의지와 항전의 역사가 돋보인 시기였다. 비록 군사력에 밀려 일시적인 점령은 당했지만 끊임없이 저항을 이어갔고, 탄압과 토벌 속에서도 독립전쟁을 계속했다. 그의 치세 말경에는 더욱 격렬해져 1418년부터는 명의 관청에 대한 공격까지 벌어지고 명의 원정군도 패배해 세력이 눈에 띄게 약화되었다. 영락제도 1410년대 후반이 되자 남방에 대한 관심을 잃어갔고, 아들인 홍희제의 재위

때 겨우 영향력을 행사하는 정도였다가 1428년 그의 손자인 선덕제 때는 베트남에 대한 개입을 그만두었다.) 일본에서는 막부가 종주권과 조공을 거부했고, 명 조정에서도 몽골 때의 실패를 걱정해 어쩌질 못했다. 여진족에 대한 영향력도 거의 사라지면서 선덕제 때 개원으로 물러난 뒤로는 국력의 약화와 함께 관리마저 허술해지면서 유명무실해졌다(오히려 건주위 등을 중심으로 여진의 부족장들이 대표자로 나서면서 독자세력화를 자초해 훗날에는 강성해진 여진에 의해 나라마저 멸망당했다). 이런 가운데 명나라는 영락제의 통치기를 빼고 나면 대체로 폐쇄국가로서 운영되었으며, 별다른 영토의 변화도 없다가 후대로 갈수록 세력과 영토를 잃어갔다.

정화 대선단의 남해 원정

영락제는 건국 초의 혼란을 어느 정도 수습하자 대외활동에 남다른 노력을 기울였다. 자신이 황제가 될 때 큰 공을 세워 신임하던 환관이자 심복으로 아랍계 이슬람교도인 정화에게 명을 내렸다.

"명의 부강함을 세계 각지에 알리고 진귀한 물자를 찾아오라."

그의 명에 따라 정화(鄭和, 1371~1433)는 지휘관으로서 전권을 부여받아 대선단을 구성해 남해 즉 인도양 일대를 누비며 조공무역을 추진했다(정화의 원래 이름이 마화인데, 성씨인 마(馬)는 이슬람교 창시자인 무함마드의 한자식 표기였다. 몽골 때 쿠빌라이가 운남성 일대를 정복할 때 따라왔다가 정착한 아랍인의 후손이다).

정화는 길이 151m, 폭 61m, 돛 12개의 가장 큰 선박을 비롯한 대형선박 63척(대형선박 중량이 2500톤, 3100톤, 심지어 8000톤으로 보기도 함)을 포함해 200여척의 대선단을 구성해 승무원 2만7000여명을 이끌고 1405~33년간 7차례에 걸쳐 해상 활동을 펼쳤다(영락제 때인 1422년까지 6번 출항하고, 1433년 선덕제 때 마지막으로 1번 더 출항해 모두 7번 항해했다).

원정대에는 장교가 235명에 군사가 2만명을 넘어 주축을 이루었다. 외교 활동을 할 전문 인력은 물론이고 무역, 화물관리, 통역, 회계, 목수, 음양관, 요리사 등도 참여했다. 의사만 해도 180명이었다.

원래 1403년에 정화를 비롯한 환관들이 이끄는 3개 함대를 파견해 탐사하게 했고, 1405년부터는 정화에게 명해 본격적인 원정을 계획해 대함대를 편성한 것이다. 정화의 함대는 그 규모에서 중국 역사상 최대의 선단이었고, 서남아시아를 거쳐 아프리카 케냐 해안까지 원정했다.

당시 대항해 시대를 열었다고 떠드는 유럽의 역대 탐험선단 중에 가장 컸던 콜럼버스의 2차 항해 때가 중량 200~250톤인 16척의 선박에 1500명의 승무원을 태웠다(정화선단은 콜럼버스가 아메리카 대륙에 도착하기 87년 전이다). 바스쿠 다 가마의 선단은 4척의 배에 선원이 168명이었으며 기함조차 120톤이었으며, 마젤란 역시 세계일주를 하면서도 5척에 승무원이 265명이었다. 원정단 규모가 가장 컸을 때조차 돛대 3개를 단 소형 배로 항해했다. 포르투갈과 스페인의 전성기 때 선박을 다 합쳐도 정화 함대에 비하면 1/10도 안 되는 수준이었다. 무엇보다 서양에서 원주민에 대해 정복, 학살, 수탈, 노예화, 식민지화에 열을 올린 것과 달리 교역, 소통, 선물이 오갔고, 기껏 요구한 게 형식적인 종주권 인정이었다.

1번 항해에 통상 2년 정도 걸렸다. 인도양을 지나 페르시아만, 홍해, 아프리카 동해안을 따라 서진하다가 남하했다. 처음에는 인도 서안의 후추 무역 중심지인 캘커타를 목적지로 하다가 점차 더 멀리 페르시아만 호르무즈, 아라비아반도의 아덴, 아프리카 케냐의 몸바사까지 진출하여 30여개국을 방문했다(더러는 40여개국이었다고도 한다).

그러나 정화의 원정은 결코 모험에 찬 미지의 항로를 누빈 것이 아니었다. 대부분 지역은 이미 이슬람 상인들이 개척한 항로로서 중국 상인들도 오가던 길이었다. 자바에서는 중국 화폐가 사용되고 있었으며, 캘커타도 익숙한 곳이었다. 몽골 제국 시절에는 캘커타와 중국 간의 항해를 중국 상인이 독점했고, 인도양 항해조차 이슬람 상인들이 수시로 오가던 길이었다. 또한 나침반의 발명 이후 항로 개척의 오랜 역사에 더해 지리, 항해술, 조선술 등에서 일정한 발전을 이룩한 터라 충분히 가능했던 것이다.

정화는 각국의 상황을 파악해 보고하는 한편 방문국들과의 수교를 통해 새 교역로를 개척해갔다. 서양 문물이 유입되는 계기를 마련했고, 한과 당 이후 바다를 통한 해상교역을 다시 활성화했다.

세계 각지의 특산물, 기이한 물자, 기린 · 표범 · 타조 등의 진귀한 동물까지 수집해 명나라로 가져갔다. 그러나 조공무역을 한답시고 사신 접대, 은사 내리기 등 막대한 대가를 치르면서 홍희제 때 남해 원정이 중단되었고, 선덕제 때 7번째 항해가 1번 더 이루어진 뒤에 아예 없어졌다(중국은 명 시절이나 지금도 해당 국가들의 입장과 상관없이 중화주의에 따른 자의적인 해석에 따라 자신의 시각을 적용해 일방적인 주장을 하는 경향이 강하다. 그러다보니 상대국에 대해 조공관계에 근거한 종주권을 내세우면서 방대한 패권을 확립했다고 주장하지만, 해당국들로서는 전혀 수긍할 수 없는 일방적 입장에 지나지 않는 것으로 여기고 있다).

정화가 죽은 뒤 명나라는 바다를 멀리했다. 조정의 세력다툼과 왜국의 출몰 때문이었다. 정화 같은 환관들이 부와 세력을 키우는 것을 두려워해 견제한 탓도 크다. 해양 원정은 완전히 중단되었고, 정화의 함선들은 모두 분해되어 버려졌다. 원정대가 쓴 항해일지와 보고서들을 모두 불태워 없앴다. 나중에는 해금령까지 내려 바다로 나가는 것조차 막았다.

'왜구들이 해안가와 바다에서 약탈을 일삼고 있어 조공무역을 뺀 모든 해상무역을 금지한다.'

명나라는 스스로 해양 주도권을 잡았다가 버렸다. 해상무역을 통한 막대한 부와 변화하는 세계정세를 놓친 채 국력이 쇠락하는 원인으로 작용했다. 영국을 비롯한 유럽이 근대화와 산업혁명을 기반으로 육상에서 해상으로 활동무대를 바꾸면서 세계 주도권까지 잡는 것을 방치했고, 급기야 청나라 말에는 바다를 통한 서방세계의 공격에 노출된 채 식민지로 전락하는 지경까지 내몰렸다.

이채롭지만 정화의 대선단 배를 '서양보선(서양 취보선), 즉 서양의 보물을 가지러 가는 배'라 불렀다. 여기서 말하는 서양은 송나라 이후 남해, 대만, 동남아시아 일대를 가리켰는데, 보르네오섬 북부 브루나이를 기준으로 동양과 서양으로 나눠 태국이나 인도를 서양으로 간주했던 것이다. 이후 유럽에서 건너오자 더 서쪽에 더 넓은 바다와 나라들이 있음을 알고 '대서양(大西洋)'이라 부르게 된 것이다.

현대 중국에서는 정화의 남해 원정을 즐겨 내세운다. 날이 갈수록 강도와 과장이 심해져 지금은 인도, 지중해–중동, 아프리카를 넘어서서 심지어 아메리카 대륙도 처음 발견했다고 큰소리치고 있다. 하지만 상세한 내용 없이 원정 자체의 기록만이 전하고 있어 제대로 알 수 없다. 이 지역까지 진출해 조공 원정을 벌였다는 주장은 그 기록조차 전하는 바가 없다. 유적이나 유물도 빈약하게 발견된 정도이며, 중국과의 교역 이상을 증명하는 것도 아니다.

한편 동양은 넓게는 아시아 전체, 좁게는 중국을 포함해 한국 · 일본과 동남아시아를 합치고, 더 좁게는 동북아시아, 가장 좁게는 한 · 중 · 일 세 나라만을 말하며 동양3국이라 하여 바라보는 경우가 일반적이다. 반면에 서양은 넓게는 유럽과 아메리카 대륙을 말하지만, 좁게는 선진 유럽과 북미, 더 좁게는 유럽, 가장 좁게는 서유럽을 말하며, 더러는 서유럽에 미국을 포함하기도 한다.

말년에 잘해야 한다: 골칫거리가 된 당새아의 난

영락제의 치세 후반에는 계속된 정복 전쟁과 대규모 공사로 인해 막대한 물적 · 인적 소모가 이어져 나라의 황폐화를 불러왔다. 가혹한 징발, 잇따른 기근, 여기에 더해 흉년이 이어져 각지에서 농민반란이 일어났다. 그는 한결같이 강경 진압했다. 그렇지만 '당세아의 난'은 그를 직접 겨냥해 폭군이라 비방하고 그의 실정을 노골적으로 앞세워 치세말을 결정적으로 손상시켰다.

1420년, 청주 출신의 여성인 당새아가 전국에서 농민을 대상으로 세력을 확장하고 있던 백련교를 중심으로 청주에서 반란을 일으켰다. 원래 평범한 농부의 아내였던 그녀는 어릴 때부터 불경을 외웠다가 자칭 불모(佛母)라 불렀다. 예언과 요술을 앞세운 그녀의 가르침에 백련교도를 비롯한 많은 사람들이 감화받았으며, 어려운 형편을 견디지 못한 농민들의 지지를 등에 업고 맹렬한 기세로 확산되었다. 산동성을 중심으로 남경, 강소성 등지를 휩쓸면서 날로 위력을 더해갔다. 영락제의 즉각적인 진압명령에도 관군들이 잇따라 패하면서 고전하다가 그해 말에 가서야 힘겹게 진압했다.

그러다가 당새아를 붙잡아 옥에 가뒀으나, 그녀의 잔당들이 탈옥시켰다. 그는 불같이 화를 내며 명했다.

"삭발한 비구니나 여자도사 무리에 숨어 있을 지 모르니 산동성, 남경, 북경의 비구니들과 출가한 부녀자들을 다 잡아들여라."

수만 명의 비구니와 여도사들이 잡혀왔지만 당새아는 없었다. 이 사건으로 그의 말년은 큰 상처를 입었고, 백성들의 입소문을 타고 구전되면서 전설과 민담으로 퍼져나갔다. 훗날 청나라에서 '백련교도의 난'이 일어났을 때 명의 양대 민란이었던 홍건적과 이 난이 영향을 미쳤다.

정복군주로 빛나지만 정치지도자로서는 모자랐다

영락제는 의욕에 찬 강인함, 정세를 꿰뚫어보는 안목, 뛰어난 정치력, 결단력과 실행력, 세력 결집과 통합 등에서 남다른 강점을 지녔고 유감없이 발휘했다. 명나라를 통틀어 가장 활발한 대외활동을 벌인 유일하다시피 한 군주였다. 명 건국 초의 혼란기에 후대 계승을 잘해 자신의 역할을 끝까지 잘 마무리했다. 맏아들인 황태자 주고치가 뒤를 이어 홍희제로 즉위해 이미 섭정 때 정무를 충분히 익혀 무난하게 치세를 이어갔다.

그렇지만 그 못지 않게 지나친 자기과신, 너무 심한 의심과 변덕, 황제의 위상에 얽매인 철권통치, 환관 중심의 측근정치, 잦은 정복사업과 그로 인해 민심을 잃어버린 통치술 등은 약점으로 지적할 수 있다.

게다가 홍희제는 그가 진행하던 일을 대부분 바꿔나갔다. 몽골원정과 남해원정을 비롯한 대외사업을 사실상 모두 중단했다. 강력한 황제권 차원의 독재 정치 및 환관과 내각 중심의 정치체제도 혁파했다. 심지어 수도까지 다시 남경으로 천도하려다가 일찍 죽어 실행되지 못하기도 했다. 그나마 뒤이은 선덕제가 두 선대 황제를 나름대로 절충해서 기반이 잡힌 명나라를 안정되게 이끌어갔다.

그럼에도 불구하고 그의 영향은 압도적으로 강해 명 왕조 존립 내내 기조를 유지하게 된다. 그의 치세를 거치면서 확립된 황제의 독재와 통제에 기반한 환관 정치가 잠깐 약해지기도 했지만 대체로 기승을 부리면서 명의 정치를 농단하는 최악의 폐해를 배태했다.

또한 줄기찬 대외원정은 그의 최대 치적이자 최대 실정으로 손꼽힌다. 백성의 고단함과 내부 경제사정 등을 감안해 치러야 할 전쟁을 시도 때도 없이 벌이다가 그 자신의 목숨마저 앗아갔다.

사실 그 과정에서 유연함을 발휘하기도 했다. 중앙에서 자금성 대화재가 일어나고 지방에서 홍수와 전염병이 도는 참사가 잇따르는 와중에 당세아의 난까지 벌어지자 신료들이 거세게 반대했다.

"몽골과 정화의 원정이 막대한 비용에도 실익이 거의 없습니다."

그도 당면한 현실 앞에 어쩔 수 없었다.

"알겠소. 원정과 사업을 최대한 줄이시오."

그렇지만 명의 압박이 줄어들자 이민족들이 다시 반기를 들었다. 베트남에서 명에 대한 독립전쟁을 일으켰고, 몽골의 대칸은 명의 사신에게 더 이상 굴복하지 않겠다고 밝혔다. 상황이 이렇게 돌아가자 그는 반전의 기회로 삼았다.

"그대들의 말을 들었지만 군사력은 약해지고 오랑캐가 설치게 되었다."

영락제는 단호하게 반대를 물리치고 5번째 몽골 원정에 나섰다. 그렇지만 이미 고령에 몽골의 대칸을 뒤쫓다가 고비사막 한복판에서 너무 무리를 하다 과로로 병마저 들었다. 그해 여름 되돌아오다가 병세가 악화되어 빠른 퇴각에도 불구하고 북경으로 들어오기 직전에 진중에서 64세의 나이로 죽음을 맞았다. 사실 한족의 역사를 보면 대체로 현상유지를 원하지 대외사업을 펼친 경우는 그다지 많지 않으며 외침을 막는 정도였다. 특히 황제 중에 몸소 친정에 나서기를 자주 하고 전장에서 입은 상처나 병으로 숨진 경우는 그와 한 고조 유방 정도에 지나지 않아 이채롭기까지 하다.

현대사회의 기준으로 보자면 강성한 국가 추구와 활발한 대외사업은 필요하다. 그렇지만 국내 경제사정, 국민의 의지와 참여, 상대 전력 등을 종합적으로 살펴 신중히 결정해서 잦은 대외지출로 내부마저 피폐하게 만들어서는 안 된다. 민심을 살펴야 하는 정치지도자나 기업가들 입장에서 정부나 기업을 이끌어갈 때는 지나친 공격형 활동을 할 때 항상 조심해야 한다. 특히 국민이 살기 좋게 만들어 놓은 상황이라야 외부를 지향할 수 있다는 현실을 주의 깊게 헤아려야 할 것이다.

11

세상에서 큰일을 하고 싶을 때

강희제

가장 뛰어난 통치로 전성기를 구가하다

청 초기 강희제 때의 판도

✚ 명 말 여진족은 크게 건주, 야인, 해서 등의 3대 부족이 있었으며, 건주 여진의 수장인 누르하치가 여진족을 통합하 후금(나중의 청나라)을 건국했다.

✚ 강희제는 준가르를 공략하고, 티벳을 영토로 삼았으며, 고비 사막을 지나 몽골까지 공격했다. 그러나 일부만을 로 할 수 있었고, 완전한 복속은 건륭제에 의해 이루어졌다.

강희제

섬기는 리더십(안정확장형)

이보다 더 잘할 수는 없다

대다수 위인들이 겉보기로 치면 우리와 크게 다를 바 없고 비슷하거나 더 못한 사람들도 많다. 어려운 형편에 초라한 행색에 못생기고 키가 작은 사람들도 많다. 그렇지만 그들은 주어진 환경에 좌절하거나 포기한 것이 아니라 불굴의 의지로 역경을 딛고 일어섰다. 필요할 때 과감한 승부수를 띄워 자신의 뜻을 이루어냈다. 그래서 우리는 그들을 바라보며 자신의 인생을 성공하는 삶으로 일구어가는 본보기로 삼고 따라하는 것이다.

이 책에 나오는 인물들 역시 나름대로의 약점과 단점도 적지 않지만 이를 이겨내고 강점과 장점을 강화해 성공자가 된 것이다. 반면에 강희제는 그야말로 완벽 그 자체인 인물이다. 약점과 단점이 없어서가 아니다. 그마저도 극복해내고 자신의 삶과 치세를 모두 성공으로 이끌었기 때문이다. 그래서 강희제야말로 가장 따라하기 힘든 본보기지만 우리가 본받아야 할 가장 전형적인 인물이다.

원래 사람은 부족한 존재이다. 강희제도 부족한 존재임에 틀림없다. 그러나 그는 그 사실을 누구보다 잘 알고 모자라는 자신을 극복하기 위해 사람들을 만나고 책을 읽으면서 해결했다. 그래서 우리는 도서관을 가득 채운 책을 일일이 읽지 않더라도 어지간한 도서관보다 더 풍성한 인생경험을 한 강희제를 통해 많은 것을 얻을 수 있다. 인품과 자기관리, 힘과 세력 키우기, 용인술과 조직관리, 확장발전 등의 전반에서 필요로 하는 모든 방식을 배울 수 있다.

누구든지 자기 판단과 확신이 서지 않을 때 그를 따라 하면 어느 정도 답을 얻을 수 있을 것이다. 특히 중요한 일을 결정하거나 자신의 진로를 정할 때 강희제를 떠올려 기준으로 삼고 따라한다면 현명한 사람이 될 수 있을 것이다.

'자, 이 일을 어떻게 해낼 것인가, 이 문제는 어떻게 풀 것인가. 강희제라면 어떻게 할까.'

근본을 갖춰 인심을 얻는다

강희제(1654~1722, 재위 1661~1722)는 이름이 애신각라 현엽이고 연호가 강희(康熙)라 흔히 강희제로 부른다. 순치제(재위 1643~61)의 3째 아들로 태어나 후비로 있던 어머니의 따뜻한 사랑을 받으며 자랐다. 어릴 때부터 책을 즐겨 읽었고, 암송과 이해에 뛰어났다. 활을 잘 쏴 말을 타면서 토끼를 맞혀 아버지 순치제와 할머니 태황태후의 사랑을 받았다. 특히 새벽 4시면 일어나 순치제와 할머니 그리고 황후와 어머니에게 문안을 드리고 아침 8시부터 저녁 8시까지 부지런히 공부했다. 이러한 강희제의 행동은 1660년에 자연스럽게 그로 하여금 황태자가 되게 만들었다.

1661년에는 정치에 관심을 잃은 순치제가 천연두에 걸려 죽게 되자 유조를 남겨 다음 황제를 결정했다.

"현엽을 다음 황제로 즉위하도록 하라. 다만 아직은 어린 황제이니 색니, 소극살합, 알필륭, 오배가 개국공신이자 중신으로서 충성을 다해 보필하여 정무를 처리하라."

강희제는 6세의 어린 나이로 황제가 되었다. 그러나 너무 어려 친정을 할 수 없자 4명의 보정대신들이 보좌하게 되었다. 어머니마저 그가 9세일 때 병사하자 할머니 태황태후는 자신은 물론이고 황태후마저 제치고 보정대신들이 정무를 보도록 했다.

시세를 읽고 준비한 뒤 때를 기다렸다가 실천한다: 오배와의 승부

보정대신들은 조정의 실권을 장악한 채 국정을 주도했다. 먼저 환관의 발호를 걱정하여 명나라의 동창과 비슷한 13아문을 폐지해 정치에 관여하지 못하도록 했다. 보정대신 중에서는 병권을 쥔 병부상서 오배가 가장 강력한 권세를 잡은 가운데 황제처럼 행세하며 온갖 전횡을 일삼았다. 이에 강희제는 아직 어렸지만 정치를 꿰뚫어 보고 반드시 바로잡고자 절치부심했다.

하지만 섣불리 덤볐다가는 오히려 자신이 당할 것을 알고, 오배의 견제를 피하기 위해 늘 웃는 얼굴로 대하며 철없는 어린이처럼 행동했다.

그러면서 조용히 하나둘 자신의 사람을 늘려갔다. 스승인 제세를 통해 제왕학을 배우는 일도 열심히 했다. 또한 색니의 손녀와 결혼하여 막강한 세력 기반을 확보하기도 했다.

1667년에 강희제는 13세가 되자 만주족의 관습에 따라 성인식과 정식 즉위식을 올리고 친정을 시작했다. 그러나 같은 해에 자신을 보호해온 색니가 죽고, 소극살합이 권력을 노리다가 오배에 의해 역모죄로 처형당하면서 오배가 조정의 전권을 장악하게 되었다. 나머지 1명의 보정대신인 알필륭은 오배의 눈치를 보며 중립적인 자세를 취하고 있었다. 당시 강희제는 소극살합을 살리려 했으나 오배의 힘에 굴복해야 했고, 군사를 일으켜 선수를 치려 했다가 할머니 태황태후의 만류로 그만두기도 했다.

강희제는 자신의 힘이 모자람을 절감하고 꾹 참으며 때를 기다렸다. 그러다가 오배가 병을 핑계로 누워 있자 문병을 갔다가 그의 품속에 있던 단도를 보고는 확실히 깨달았다.

'아, 오배가 황제인 나를 앞에 두고서도 칼을 지니고 있구나. 그렇다면 언제든지 기회가 되면 나를 죽일 수 있겠군.'

강희제는 오배를 제거하기 위한 치밀한 계획을 준비했다. 색니의 아들인 색액도를 비롯해 뜻이 맞는 사람들을 모아 비슷한 나이의 소년들과 모여 노는 것처럼 행동하며 몽골 씨름과 무술을 익히며 자신과 뜻을 같이 할 친위대를 길렀다.

1669년이 되자 강희제는 마침내 오배 제거작업을 실행에 옮겼다. 오배가 황궁으로 알현차 오게 되자 미리 친위대를 숨겨 놓았다가 체포했다. 곧바로 죄를 물어 재산을 몰수하고 유배를 보내려 했다. 그러나 대신들은 더욱 강경하게 주장했다.

"오배를 살려두면 반드시 화근이 됩니다. 이 기회에 화근을 뿌리 뽑아야 합니다. 오배에게 사약을 내려 처단해야 합니다."

결국 오배에게 사약을 내려 죽였다. 이로써 강희제는 자신의 힘으로 만주제일용사로 불린 개국공신이자 청나라의 실권자였던 오배라는 큰 산을 1번째로 넘었다.

때가 오면 과감한 승부수를 던지다: 오삼계와의 승부

강희제는 진정한 친정을 펼치게 되자 신하에게 권한을 넘기지 않고 자신이 직접 관장하면서 강력한 황제권을 행사했다. 그러자니 이번에는 어찌 보면 오배보다 더 막강한 세력인 남방의 3번(三藩)인 운남 · 귀주를 맡은 평서왕 오삼계, 광동의 평남왕 상가희, 복건의 정남왕 경정충을 상대해야 했다.

특히 오삼계는 순치제 때 청나라가 북경을 점령하며 중국 대륙을 차지할 때 큰 공을 세운 데다 막강한 군사력과 재력을 보유한 채 독자적인 세력을 형성하고 있었다. 또한 비록 한족 출신이지만 홍타이지(숭덕제, 태종, 재위 1626~43)의 막내딸이자 강희제의 막내 고모를 며느리로 둔 황실 인척이기도 했다.

강희제는 3번과의 대결을 피할 수 없음을 직감했다. 그러던 중에 상가희가 아들 상지신에게 자신의 작위를 물려달라고 요청해오자 조정의 공론을 거쳐 은퇴는 허락하되 작위의 세습을 거부했다. 이에 3번의 왕들은 당연히 자신들의 독자적인 지배권으로 생각하다가 큰 충격을 받았다. 오삼계와 경정충은 고민 끝에 일부러 은퇴를 요청해 조정의 속내를 떠보려 했다. 이에 조정에서 이러한 움직임을 두고 대책 마련에 부심하자 강희제가 단호하게 결론을 내리며 명했다.

"철번을 해도 역모를 일으킬 것이고 불허해도 마찬가지다. 언젠가는 겪어야 할 일이라면 철번을 명해 역모를 일으키면 척결합시다."

1673년에 오삼계는 3번 세력들과 함께 명나라의 갑옷을 입고 반청복명(反淸復明)을 기치로 '3번의 난(1673~81)'을 일으켰다. 자신의 손으로 명나라를 멸망시키고서는 이제 와서 명나라를 다시 세우자며 봉기하여 다분히 이율배반적이었지만 그런 것은 그다지 문제가 되지 않았다.

한편 상지신은 오삼계의 반란에 참여하기를 거부하고 강희제에게 자신의 결백함을 알리려 한 아버지 상가희를 가둔 채 오삼계와 합류했다. 뒤이어 중원 이남을 비롯해 섬서, 몽골 등지의 반청세력들까지 가담해 내란이 확산되었다. 이에 강희제는 오삼계의 아들로 북경에 와있던 오응웅을 앞세워 회군을 권했으나 계속 진군하자 오응웅과 그의 아들까지 처형했다.

초기에는 3번군의 기세가 대단했다. 한때 중국 남부를 거의 차지하고, 섬서와 하남 지역까지 진군하여 장악했다. 이 지역을 지키던 한족으로 구성된 녹영의 장군들마저 은근히 협조적이어서 별다른 저항을 받지 않으며 쉽게 차지한 것이다.

그런데 오삼계가 잇딴 승리에 고무되어 한껏 교만해져 청나라 관군을 우습게 보고는 북경에 대한 공격을 멈추었다. 참으로 이해할 수 없는 조치였다. 이 일로 인해 강희제는 군대와 민심을 추스르게 되었고, 결과적으로 오삼계에게는 결정적인 패착이 되었다.

그러던 중에 섬서와 감숙 지역을 관장하던 제독 왕보신이 오삼계를 막아낸 것에 취해 조정에 반기를 들고 독자 세력화했다. 또한 양기륭이 명나라의 마지막 황제인 숭정제의 3째아들이라고 자처하면서 사람들을 모아 북경을 기습해오자 강희제는 한때 후금의 수도였던 성경(지금의 선양)으로 피신하려 했다. 다행히 이 사실을 알게 된 청나라군이 양기륭을 역으로 기습해 위기를 넘겼다.

무엇보다 오삼계의 느슨해진 행동은 강희제와 조정이 한숨을 돌리고 만반의 대책을 갖추게 만들어 주었다. 강희제는 도해 · 주배공 같은 명장들을 보내 3번의 반란군을 무찔렀고, 한족이 일으킨 3번의 반란을 막기 위해 약점을 잘 아는 한족 출신의 장수들을 대거 등용해 승리를 이어갔다. 그러면서도 몽골의 칸들이 군사 지원을 제안해왔을 때에는 더 무서운 상대를 끌어들이는 것을 걱정하여 단호하게 거절했다.

시간이 흐를수록 강희제의 의지가 확고한 데다 기강이 풀어진 3번 군들이 점차 수세에 몰리면서 눈에 띄게 승세가 뚜렷해졌다. 1676년이 되자 상지신은 지레 겁을 먹고 자결했고 경정충마저 항복해왔다(경정충은 나중에 반역에 공모한 죄로 처형당했다).

이런 가운데 1678년이 되자 오삼계는 스스로 황제를 칭하며 거드름을 피우기도 했으나 갑자기 죽었다. 이후 반란군은 크게 약화되었으며,

1681년에는 오삼계의 손자로 2번째 황제로 자처하던 오세번이 밀려온 청나라군에 놀라 자살하면서 9년에 걸친 반란이 수습되었다. 이로써 강희제는 또다시 자신의 힘으로 오삼계라는 2번째의 큰 산을 넘었다. 이 일로 강희제는 청나라의 확실한 통치자로 서게 되었다.

반란세력은 뿌리째 뽑는다: 한족의 잔존세력인 대만을 소탕하다

강희제는 '3번의 난'을 진압한 이후 번 제도 자체를 없애버렸다. 제후왕들의 지휘권을 거의 빼앗고 최소한의 사병만을 남겨둔 채 모두 만주족의 군대인 8기군이나 한족의 군대인 녹영에 속하게 조치했다. 결과적으로 반란이라는 위기를 활용하여 황제권과 군사권을 한층 강화하는 한편 지방에 대한 확고한 장악력을 제도화한 셈이다.

하지만 아직도 강희제의 기반이 완전하게 다져진 것은 아니었다. 명나라의 대상인이자 신하였던 정성공이 1661년에 네덜란드를 내쫓고 대만을 비롯한 36개 섬들을 장악한 채 정씨왕국(1661~83)을 세운 뒤에 반청복명을 외치고 있었기 때문이다. 여기에 더해 청나라를 반대하거나 싫어하던 사람들이 대거 대만으로 옮겨갔다. 강희제는 이들이 힘을 합쳐 반란을 일으킬 것을 걱정했다.

1662년이 되어 정성공이 죽자 맏아들인 정경이 뒤를 이어 멸망한 명나라의 후손이 내린 왕을 계승하며 대만을 지배했다. 이후 정경은 '3번의 난'이 일어나 경정충이 대륙의 영토 일부를 제안하며 권유해오자 반란에 참여했다. 하지만 반란 초기에 3번군이 승승장구하면서 경정충이 일방적으로 약속을 깨버리자 그를 공격해 한때 복건성 남부 지역

대부분을 차지할 정도로 기세를 올렸다.

그러다가 3번군이 차츰 밀리기 시작하자 경정충은 재빨리 청나라에 항복한 뒤 잘 보이기 위해 정경을 공격해오자 정경은 그동안 차지했던 영토를 모두 잃었다. 이에 1678년에 정경은 다시 대륙으로 진출하여 청나라와 벌인 수차례의 해전에서 모두 이겼지만, 내륙에 거점을 두고서는 방어하기가 어렵다고 느껴 대만으로 철수했다. 그런데다 정경이 명나라 복원의 불씨가 완전히 꺼진 것으로 생각하면서 실의에 빠져 지내다가 1681년에 죽었다. 그 뒤로 대만은 정경의 아들들인 정극장과 정극상이 치열한 후계다툼을 벌여 정극상이 국왕이 되었지만 오랜 전쟁에다 내분으로 피폐해졌다.

1683년이 되자 강희제는 대만을 정벌하기 좋은 적기로 판단하고 전에 정경의 부하였던 시랑을 대장으로, 이 지역에 밝은 복건 순무인 요계성을 복건과 절강 총독으로 삼는 한편 유럽 선교사의 도움을 받아 만든 최신식 대포를 동원해 대대적으로 대만을 공격했다. 이에 정극상은 변발을 하고 항복했다. 이듬해에는 복건성 아래로 둔 뒤 대만부를 설치해 대만이 역사상 최초로 중국에 속하게 되었다(이후 대륙에서 온 이주민이 급증하여 남쪽에서 북쪽으로 이동하면서 개척을 거듭한 끝에 1885년에는 하나의 성으로 독립했다). 결국 강희제는 자신을 가로막던 3번째의 큰 산을 넘었으며, 마침내 한족을 완전히 제압하고 중국 대륙과 남방까지 모두 손에 넣게 되었다.

동진과 남하를 거듭한 러시아를 저지하다

강희제는 대만 문제를 해결하고 나자 이번에는 북방에서 새로운 신흥세력으로 등장한 러시아 제국(1721~1917)을 상대했다. 러시아는 한동안 몽골 제국의 지배 아래 있다가 작은 모스크바 공국이 성장해 모스크바 러시아로 확장되었으며, 표트르 대제(재위 1682~1725)의 뛰어난 치세로 급격한 팽창을 하며 기세를 올리고 있었다.

러시아는 유라시아 중심부를 거쳐 1639년에는 남하를 진행하여 만주까지 진출해왔다. 아버지 순치제 때에는 남하하는 러시아와 국지전을 벌여 첫 전투에서 승리했지만, 그 뒤로도 러시아는 1651년에 알바진을, 다음해에는 네르친스크를 건설하며 계속하여 남하했다.

청나라는 명나라에 대한 공세로 대응할 여력이 없는 상태에서 근대화된 무기로 대응해온 러시아군에 잇따라 패배하자 러시아와 국경을 마주한 채 화포무기와 총기로 무장한 조선에 구원을 요청했다. 이후 조선은 1654년과 1658년에 2차례에 걸쳐 조총수를 주력으로 삼아 출정하여 러시아군과 싸워 압승을 거두기도 했다(조선의 나선 정벌).

1660년대 이후에는 청과 러시아가 여러 차례에 걸친 전투에서 치열한 공방전을 거듭했다. 청나라는 차츰 우세를 점하기는 했지만 어린 강희제의 등장과 '3번의 난'이 일어나 북방을 효율적으로 공략하기 어려운 사정이었다. 이후로도 난은 끝났지만 오랜 내전을 수습해야 했고, 몽골, 중앙아시아, 대만 등지의 심상치 않은 움직임에도 대처해야 했다.

강희제는 '선 공격, 후 타협'이라는 전략적인 접근과 해결을 추진했다. 1682년이 되자 군량미 수송로를 만들고 국경에 애혼(아이훈)성을 축조하고 병사들에게 특별훈련을 시키면서 착실한 전쟁 준비를 했다. 1685년이 되자 적극적인 공세를 펼쳐 러시아군의 본거지인 알바진을 점령했다. 그 뒤 곧바로 후퇴한 틈을 타 러시아가 다시 손에 넣자 이듬해에 맹공격을 벌여 알바진의 러시아군을 거칠게 몰아붙이는 한편 약탈, 살인, 강간을 일삼은 러시아에 대해 강력한 사과를 요구했다. 반면에 러시아도 일부 세력이 계속해서 남하하여 송화강까지 세력을 뻗어가는 가운데 통상을 제안하며 협상에 응해 왔다.

1688년에 몽골이 동부의 할하(할흐)와 서부의 준가르(중가르, 준가리아)로 분할되어 있던 중에 청나라에 복속한 할하가 갈단 칸(재위 1671~97)이 이끄는 준가르에 공격받아 막대한 피해를 입고 일부 귀족들이 청에 피신해왔다. 강희제로서는 러시아와 준가르가 손잡을 것을 걱정하여 전쟁보다 외교로 해결할 것을 결심했다. 사실 러시아로서도 1686년에 오스만 제국과의 전쟁에 돌입하여 전황이 만만치 않은 상태에서 극동까지 병력을 보낼 여력이 없어 타협을 모색하고 있었다.

강희제로서는 먼저 막강한 무력을 앞세우며 러시아의 국경 요새인 알바진과 네르친스크를 공격하여 기선을 제압한 뒤에 청의 협상력을 최대한 끌어올리려 했다. 1689년이 되자 러시아군과 흑룡강 근처에서 전투가 계속되는 중에 색액도를 흠차대신으로 보내 네르친스크에서 만나 협상을 벌였다(흠차대신은 황제가 특정 사안에 대해 파견하는 전권대사를 말한다). 양국은 전투 때보다 더 많은 병력을 포진시킨 뒤에 교섭에 들어갔다. 청나라 대표단이 먼저 주장했다.

"청나라는 칭기즈칸의 정당한 후계자다. 따라서 우랄 산맥 동쪽의 영토는 모두 우리 땅이다."

러시아 대표단이 강하게 반발했다.

"말도 안 되는 억지 부리지 마라. 주인 없는 빈 땅을 우리가 힘들게 개척해왔다."

러시아는 흑룡강 유역에 이르기까지 개척한 영토를 내놓으려 하지 않았다. 이후 밀고 당기는 협상이 지루하게 진행되었다. 하지만 양측 모두 다급한 속사정이 있었던 데다 이만한 진출에 어느 정도 만족해하던 러시아가 한 걸음 물러서며 협상을 타결지었다.

"러시아는 오랜 극동 공략의 근거지인 아극살(알바진)을 포기한다. 대신 청나라도 니포초(네르친스크)에서 손을 뗀다."

양국은 흑룡강(아무르강)의 지류인 액이고납하(아르군강)—고르비차강(케르비치강)과 외흥안령(스타노보이 산맥)을 경계로 하는 네르친스크 조약을 체결해 군사적 충돌과 영토분쟁을 마무리 지었으며, 양국 간의 자유 무역을 보장했다. 이 조약으로 러시아는 수백 년에 걸친 동진 끝에 17세기 초부터 극동까지 뻗어가던 것을 마감하며 동아시아에 확고한 입지를 확보하게 되었다. 청의 힘을 확인한 이상 전쟁보다 교역을 중시하여 대폭 확장된 국경을 획정 짓는 것에 만족했다(한국 입장에서는 조선의 입장이 전혀 반영되지 않은 채 고토 회복은 고사하고 만주와 연해주에 이르는 한대륙을 잃는 결과를 초래했다. 또한 1712년에 조선과 청의 국경을 획정 짓는 백두산정계비를 세울 때에도 일정한 영향을 미치게 되었다).

청나라로서는 명·청 교체기의 혼란 속에 수십년간 끌어오던 골칫거리를 해결하는 한편 중국 역사상 최초의 국제조약으로 청나라의 제안이 대부분 받아들여져 동북 지역의 넓은 영토를 공식적으로 확보하게 되었다. 사실 청나라는 너무 춥고 거친 북쪽까지 넘볼 뜻이 없었다. 러시아가 흑룡강 하류 지역에 설치했던 기지를 철수하도록 만들어 만주와 화북까지 남하하는 것을 저지하자 만족스럽게 받아들였다. 사실 중국이 대등한 입장에서 상대방의 주권을 존중하며 조약을 맺은 것은 한족이 아닌 만주족의 정복 왕조이자 강희제라서 가능했던 전략적 · 실리적 협상이었다. 또한 이 조약으로 획정된 양국의 북방 경계선은 지금까지도 대체적인 국경으로 이어지고 있다. 이로써 강희제는 4번째로 북방의 거인으로 불리던 러시아라는 큰 산을 넘었다.

적은 끝까지 제압한다: 몽골과의 최후의 결전

강희제는 진정한 최후의 상대가 몽골이라고 절감하고 있었다. 같은 대초원 북방 민족으로서 과거의 영광스런 역사와 가공할 군사력을 누구보다 잘 알고 있었기 때문이다.

몽골 제국(1189~1635)은 한때 중국 대륙 전역을 차지하고 대칸의 직속령으로 삼아 원나라(1271~1368)를 세워 다스렸다. 그러다가 명나라에 의해 몽골 초원으로 쫓겨났지만 여전히 권위와 영향력을 일정하게 지속했다. 하지만 1635년에 홍타이지가 카라코룸을 함락하고 몽골 제국을 완전히 멸망시키면서 그 권위와 정통성을 넘겨받은 바 있었다.

이후 몽골은 청나라의 지배 아래 있었으나, 조공을 바치는 대신에 일정한 자치권을 인정받고 있었다. 그러던 중에 1675년이 되자 차하르

부족이 '3번의 난'으로 청나라에 생긴 혼란을 틈타 중원으로 쳐들어왔다. 이에 강희제는 몽골을 내몽골과 외몽골로 나누어 부족 간의 규합을 막으려 했다.

그즈음 몽골은 청나라에 복속되어 있는 상황에서 일부는 복종했지만 일부는 표면적으로 충성을 바쳤을 뿐이었다. 그러던 중에 몽골 서쪽을 차지했던 오이라트를 계승한 준가르의 갈단 칸이 세력을 모아 몽골과 티벳을 통일해 라마 제국을 건설할 원대한 포부를 품고 있었다.

1677년에 갈단은 오이라트 일대를 통합하고 1682년에는 타림 분지까지 점령했다. 그 뒤에 동투르키스탄(지금의 신강위구르)을 점령하자, 다음에는 청나라가 다스리는 중국 대륙까지 노렸다.

'대칸은 만주인이 아니라 몽골인이 해야 한다.'

또한 준가르는 강성해진 청나라를 견제하던 러시아와 우호관계를 정립하고 원조를 받기도 했다. 심지어 티벳의 지도자인 달라이라마는 갈단 칸에게 대칸의 호칭을 내려주기도 했다.

1688년이 되자 준가르는 몽골 초원의 다른 부족인 할하 부족의 땅을 점령하고 거의 모든 사람들을 죽였다. 일부 살아남은 할하족들은 고비 사막을 넘어 청나라로 피신해 도움을 요청했다. 이에 강희제는 할하족의 공식적인 합병 및 충성 서약을 받아내며 몽골의 자발적인 복속을 이루어냈고, 몹시 만족해했다.

"과거에 진나라는 돌과 흙으로 만리장성을 쌓았다. 그러나 짐은 원하는 바를 들어주면서 마음을 얻어 그보다 더 굳건한 성을 쌓았도다."

1690년에 준가르가 청나라를 침략해오자 강희제는 몸소 8기군을 이끌고 준가르 정벌에 나섰다. 내몽골에서 전투를 벌이게 되었으나, 잇따른 패배에 전염병마저 돌자 군사를 물려 북경으로 되돌아왔다(강희제도 전염병에 걸려 한동안 고생했다).

강희제는 보다 충분한 준비를 한 후 1696년에 직접 8기군 8만 병력을 이끌고 몽골로 출정하여 차오모도 전투에서 준가르에 대승했다. 다음해에는 패주한 갈단이 더 이상 오갈 곳조차 없어지자 자결했다.

이후로도 강희제는 준가르의 움직임을 예의주시했고, 1712년에는 남러시아에 살던 돌궐의 한 갈래인 투르쿠트족에 사신을 보내 배후까지 다지려 했다. 반면에 준가르도 재기를 노리고 있다가 1717년이 되자 갈단 칸의 조카이자 준가르의 새 칸 아랍단이 정예병을 이끌고 티벳을 점령했다. 또한 1718년에는 청나라군을 상대로 승리를 거두며 다시 기세를 올렸다.

1720년이 되자 강희제는 대규모의 8기군을 보내 준가르와 일대 격전을 벌여 대승을 거두었다. 다음해에는 7대 달라이라마를 옹립하고 티벳을 청나라의 영토로 정식 편입시켰다. 한편 패퇴한 아랍단은 몽골로 돌아가 뒷날을 기약했고 준가르는 여전히 세력을 유지했다. 그러다가 강희제의 손자인 건륭제가 위구르와 함께 공격하여 준가르를 완전히 무너뜨렸다.

강희제는 몸소 8기군을 이끌고 준가르 정벌에 나서 명의 영락제 이후 황제로서 2번째로 고비 사막을 넘어 몽골을 원정했다. 중국 역사상 황제가 군대를 이끌고 나선 마지막 친정이기도 했다. 그 결과 강희제는 5번째의 가장 강력한 마지막 산을 넘었으며, 중국 역사상 처음으로 몽골과 티벳의 일부를 영토로 삼았다.

그런가 하면 강희제는 주변 이민족에 대해 무력 대응만을 고집한 것이 아니라 몽골을 비롯한 이민족과의 우호관계에도 힘을 기울였다. 1703년에는 피서산장이라는 이궁(별궁, 행궁)을 건축하여 그곳에서 여러 민족들의 국왕이나 수장들을 초대해 연회를 베풀거나 그들만의 고유한 의식을 벌이도록 해주면서 서로 간의 우호 속에 평화를 확립해 갔다.

강희제가 대외사업에서 성공한 것은 필요하다면 군사적인 대결과 전쟁을 마다하지 않았기 때문이다. '진정으로 화평을 원하는 것을 아는 순간 상대는 화평을 내세우지 않는다'는 평범한 진리이자 상식을 잊어서는 안 된다. 어떠한 경우에도 내가 전쟁을 피하거나 화평을 원하면 상대는 더욱 전쟁을 앞세우기 마련이다. 그래서 외세에 언제든지 상대할 용의가 있음을 적극적으로 표명하여 확실한 인식을 심어주어야 한다. 그런 연후에야 우호관계와 서로 간의 화친도 진정으로 가능해지고 평화도 누릴 수 있는 법이다.

한국이 평화를 누리고 지키기 위해 북한과 주변 3국을 상대할 때 대화를 제안하고 화평을 원한다고 이루어지는 것이 아니다. 어떠한 대가도 마다하지 않고 반드시 지킬 것이란 사실을 알게 할 때 평화가 오고 유지되는 것이다.

부지런히 일하면서 책을 읽고 현명해져 역사적인 치세를 펼치다

강희제는 섬기는 리더십을 근간으로 삼았다. '나라의 근본이 백성이고, 군주가 본보기가 되어야 백성들이 따르며, 이를 위해 백성을 위한 정사를 펼쳐야 한다'는 평범한 진리를 간파하고 실천했다. 그는 삼국시대 촉나라의 제갈량이 쓴 출사표(2번 중에서 후출사표)에 나오는 국궁진력과 노자가 지었다는《도덕경》에 나오는 안거낙업을 평생 동안 좌우명으로 새기며 살았다.

'국궁진력(鞠躬盡力) 즉 몸을 낮춰 온 힘을 다한다.'

'안거낙업(安居樂業) 즉 백성을 편안하게 살게 해주고 즐겁게 일하게 한다.'

무엇보다 자신부터 검소한 생활을 실천했다. 강희제 스스로 옷이 낡아서 입지 못할 정도가 아니면 다시 기워 입었다. 황궁의 쓰임새가 심하면 국고를 파먹고 국민을 고통스럽게 한다는 사실을 유념하여 사치와 낭비를 철저히 막았다. 자신의 침전에 있던 환관과 궁녀를 10명 정도로 줄이면서 명나라 때 10만명이나 되던 환관과 궁녀의 수를 400명으로 대폭 감소시켰다. 실제로 집행되는 비용도 직접 점검하여 명나라 때보다 1/40로 절감했다.

당시 프랑스에서 온 예수회 선교사 부베는 프랑스를 유럽 최강국으로 만들었지만 사상 유례없는 사치를 일삼던 루이 14세(재위 1643~1715)에게 글을 보냈다.

"강희제는 세상에서 가장 부자 군주입니다. 하지만 사치와는 거리가 멀고 자신의 생활용품들조차 너무나도 소박합니다."

이에 대한 강희제의 대답이 자신이 직접 쓴《근검록》에 나온다.

"모든 비용은 백성들의 피와 땀으로 얻어진 것이다. 황제로서 절제하고 또 절제함은 당연한 것이다."

그러면서도 국사에 관한 한 부지런함과 열정을 다해 노력했다. 일을 하느라 밤을 새기도 일쑤였다. 하루에 200~500건에 이르는 문서들을 모두 살펴보고 빠짐없이 결재하면서 일일이 비답까지 적어 국정 전반이 제대로 이루어지도록 했다. 더욱이 그의 명이 워낙 알맞고 구체적이라 대신과 관료들도 그에 따라 정무를 처리하여 백성들은 살기 좋고 넉넉해졌다.

반면에 강희제는 학문을 중시하고 독서를 즐겼다. 병으로 누워 있을 때에도 책을 가까이 했다. 어린 시절부터 쌓아간 학식은 국정에서는 물론이고 중국의 실상을 정확하게 파악하고 경연이나 조회 등에서 신료와 학자들을 장악하는 데 큰 도움이 되었다.

특히 중국의 사상계는 물론이고 중국인의 정신세계와 일상생활을 지배하던 유학(성리학)을 최대한 활용했다. 유학이 철저하게 군주의 지배권과 중앙집권제를 옹호하는 한편 백성들을 교화시켜 따르게 하기에 좋았기 때문이다.

먼저 자신이 유학자로 자처하며 유학을 좋아하는 모습을 보였다. 유학의 가르침에 따라 청나라를 다스리는 인상을 주기 위해 노력했다. 자신은 만주족이 믿던 불교인 라마교도였지만 아버지 순치제와 아들 옹정제가 라마교를 중시한 것과 달리 유학을 중시했다. 조정과 지식인 그리고 백성들의 민심을 얻기 위한 것이었다.

그러면서도 서양 선교사들을 가까이 두고 수학, 천문학, 역법, 라틴어 등과 같은 서양 학문을 가까이 하며 열심히 공부하고 통달하여 유학자들이 책에 적힌 내용으로 입으로만 말하는 것을 경계하도록 만들었다.

강희제는 효성이 지극하여 아버지 순치제와 어머니가 죽고 없는 상황에서 할머니 태황태후를 모시는 데 정성을 다했다.

태황태후는 몽골 귀족의 딸로 홍타이지와 결혼한 뒤 74세의 나이로 죽기 전까지 훌륭한 인품과 뛰어난 정세판단으로 장년에 갓 접어든 강희제의 치세에 큰 바람막이가 되어 주었다. 따지고 보면 가족이 있어 서로 건강한 가운데 현명하고 뛰어난 인물이 사랑을 베풀고 도움이 되어준다면 그보다 더 큰 힘이 되고 미래를 담보하는 일이 어디 있겠는가.

원칙을 세워 국정을 관철하다

강희제는 황제의 통치권을 강화하여 권력 기반을 확고하게 다지는 한편 신료들이 소신을 갖고 열심히 일할 수 있는 환경을 만들어 주었다. 국정을 추진할 때 재상들이나 대신들과 의논하였으며 백성들의 사정을 잘 헤아려 정책을 실행하고 선정을 베풀었다.

1667년에는 명 태조 홍무제 주원장이 만들었던 '6유(六諭)'를 늘려 '성유16조(聖諭十六條)'로 정리하여 발표하고 백성들이 배우고 실천하도록 이끌었다.

강희제는 중국사회의 지식인들을 온건하게 대하며 청나라의 든든한 중간층으로 만들어갔다. 이를 위해 과거의 하나인 전시를 변형한 박학홍유과(博學鴻儒科)를 시행해 한족 학자들을 끌어모아 박학홍유로 삼는 한편 뛰어난 인물은 한림원 학사로 배치하여 안정적인 생활기반을 마련해주고 정부로 진출하는 길을 열어주었다.

그리고 이들을 대거 투입하여 명나라의 정사인 《명사(明史)》, 백과사전인 《고금도서집성(古今圖書集成)》, 종합사전인 《강희자전(康熙字典)》을 비롯해 수많은 책들을 편찬하도록 했다.

이렇게 하여 학문을 발전시키면서도 한족 지식인들이 정치에 휘말리거나 세력을 만드는 것을 근원적으로 막아버렸다. 아울러 《명사》를 통해 명 초기를 빼고난 이후의 실정과 도탄에 빠진 시대상을 밝혀 청나라의 상대적인 정당성과 권위를 세우고자 했다. 《고금도서집성》과 《강희자전》 같이 오랜 시일이 걸리는 방대한 학문사업을 벌여 한족들의 열정을 학문에 쏟아넣도록 이끌었다. 그 결과 농업을 비롯해 일반 백성들의 삶을 위한 실용서에서 문화적인 차원에 이르기까지 국정운영은 물론이고 실생활에도 큰 도움이 되었다.

강희제로서는 가장 중요한 과제가 백성들이 살기 좋은 나라를 만드는 일이었다. 그 방법에서는 어질고 친화적인 접근을 시도했다. 먼저 치수를 국치의 기본으로 생각하고 1677년에는 다수의 중국인들이 살고 있고 곡창지대를 끼고 있는 황하에 대한 근본적인 치수사업을 벌였다. 근보를 하도총독으로 임명하여 치수 전반의 총책임자로 맡겨 7년만에 물길을 되살리고 농민의 피해를 막아냈다.

또한 강소성 일대의 치수를 위해 새로운 운하 공사에 돌입하여 전면적인 개보수와 증축을 통해 화물의 원활한 운송이 가능하도록 만들었다. 이렇게 되자 황하와 장강을 중심으로 북경으로 오가는 물자들이 제대로 공급되었으며, 백성들은 농업에 전력할 수 있었다.

한편 8기군이 둔전으로 사용하던 농지를 모두 몰수해 소작농들에게 무상으로 나누어 주었다. 지주라 할지라도 소작지와 소작농을 제멋대로 매매하지 못하도록 금지해 농민들을 보호했다. 가뭄이나 재해로 흉년이 들면 그 정도에 따라 세금을 일부 또는 전액을 감면해주었다. 이러한 일은 나라의 기강이 바로 서 있어야 가능한 일임에 비추어 보면 강희제야말로 진정한 지도자라고 보지 않을 수 없다.

1717년에 강희제는 미리 쓴 유서격인 고별상유(告別上諭)를 밝혀 자신이 나이가 들어감에 따라 스스로를 다짐하는 한편 후대의 황제를 비롯해 대신이나 관료들이 깊이 자각하여 따르도록 했다.

"천하를 다스림에 있어 능력 있는 사람을 가까이 두고, 백성들의 세금을 낮춰주며, 백성들의 마음을 하나로 합쳐내야 한다. 나라에 위기가 발생하기 전에 예방하고, 혼란이 생기기 전에 미리 파악해 잘 다스리며, 관대함과 엄격함의 조화를 이뤄 나라를 위한 장구한 계획을 도모해야 한다."

근본을 지켜 왕조를 굳건하게 만들고 오래 유지하다

강희제는 자신이 만주족이라는 근본을 잊은 적이 없다. 유학을 장려하고 전국에 걸친 순행을 벌여 민심 속으로 파고들었지만 통치를 위한 방편의 성격이 강했다. 특히 한족이 지나치게 학문에만 치우쳐 있음을 누구보다 잘 간파했다.

그래서 틈만 나면 사냥을 즐겼다. 더러는 피서산장 근처의 황실 사냥터에서 대신들과 외국 사신들에게 자신의 활 솜씨를 드러냈다. 사실 강희제를 비롯해 청나라의 군주와 지배층이 이러한 상무정신과 무인적 기질이 있었기에 오랜 세월 명나라가 그토록 골치를 앓으면서도 어찌하지 못했던 몽골을 정벌할 수 있었던 것이다.

그러면서도 강희제는 이전에 한족을 지배해온 북방 민족들이 대체로 힘을 앞세운 지배를 고집하다가 실패했고, 특히 몽골 제국(원)은 한족과 중국문화를 멸시하다가 내란이 자주 일어나고 오래 가지 못했다고 보았다. 이에 정반대의 통치술을 발휘하여 당근을 함께 활용하는 유화적인 통치 방법으로 한족을 흡수하는 정책을 펼쳤다. 결과적으로 그의 치세를 거치면서 자연스럽게 중국 대륙 전체가 만주족의 지배를 당연한 듯이 받아들이게 만들었다.

더욱 중요한 사실은 강희제가 한족을 대우하고 생활습관이나 문화를 존중하면서도 한족에 동화되지 않았다는 점이다. 자신의 아들로 후대를 이은 옹정제 역시 만주족의 정체성과 전통을 지키기 위해 훨씬 더 노력했다.

그렇지만 한족의 나라인 명나라를 멸망한 이후 만주족이 중국 대륙의 지배자가 되자, 한족들은 다시 한족 왕조를 세우기 위해 반청복명(反清復明) 운동을 전개했다. 주로 홍화회, 삼불사, 천지회, 가로회, 대도회 등의 단체와 대만에서 명나라 부흥운동을 이끌었던 정성공 등이 활약했다. 그러나 만주족은 뛰어난 정치력으로 청나라의 안정을 확립해 가는 가운데 당근과 채찍의 병행 정책으로 얼마 안 가 모두 수습했다. 다만 한족의 문화를 존중하고 백성들을 자식처럼 소중히 여기면서도 만주족의 지배권을 건드리면 가차 없이 척결했다. 이러한 전통은 선대를 계승한 강희제 자신은 물론이고 아들인 옹정제, 손자인 건륭제에 이르기까지 강옹건 3대에 걸쳐 일관되게 지켜졌다.

대표적인 사례가 '문자의 옥'이다. 문자의 옥은 앞서 본 명나라처럼 한족의 왕조에서도 있어 왔지만, 청나라로서는 소수의 만주족이 다수의 이민족인 한족을 다스리는 체제인 만큼 더욱 철저하게 지킨 것이다. 반청복명과 같이 대놓고 반대한 경우는 물론이고 사소한 사건이라도 '만주족이 중국 대륙을 지배하는 청나라'라는 명제를 건드리면 절대로 그냥 넘어가지 않고 철저하게 응징하여 아예 싹마저 잘라버렸다.

청나라의 국호를 두고 청(淸)이 아니라 청(靑)이라고 하는 경우조차 엄정하게 처벌했다. 누르하치의 14째아들로 홍타이지 때 예친왕이 되고 순치제 때 섭정을 하며 중국 대륙을 차지한 도르곤을 두고 황숙(皇叔)이 아닌 왕숙(王叔)으로 쓰자 황실에 대한 모독이라 하여 대역죄를 적용해 처형했다. 1711년에는 한족 학자가 자신의 저서에서 명나라의 연호를 사용하자 본인은 물론이고 3족을 몰살했다.

만주족은 한민족과 같은 뿌리이다

만주족이란 말은 누르하치가 사용하도록 명칭을 정했다. 원래 대초원 북방 민족의 한 갈래인 남방 지역의 퉁구스족으로 숙신(肅愼) · 읍루(挹婁) · 물길(勿吉) · 말갈(靺鞨) · 여진(女眞) 등으로 시대별로 호칭되다가 가장 나중에 만주족으로 불리게 되었다.

한대륙 서부 지역을 가리키는 만주라는 지명은 만주족 개국 신화에 부처의 왼쪽에 있는 '문수보살의 땅'이라는 말에서 유래되어 음이 전화하여 부르게 되었다는 주장이 가장 일반적이다. 원래 만주는 만주어의 민족명 'Manju'의 차음으로 만주의 한자는 '滿珠'인데, 잘못 전해져 '滿洲'로 쓰이게 되었다.

청나라를 세워 오랫동안 지배했기 때문에 일상어로 사용하던 만주어(여진어)에서 유래한 말도 적지 않다. 길림성(하안), 대련(둑이 있는 물가), 하얼빈(평지) 등과 같이 우리에게 친숙한 지명들도 많다. 다만 한족화로 인해 대부분 중국어를 사용하게 되면서 만주어 사용 인구는 대폭 줄어들어 지금은 사용자가 수십만명에 지나지 않는다고 한다(신분이 확인된 만주족은 대략 1000~1500만명 정도로 추산하고 있으나, 신분이 확인되지 않은 사람들까지 합치면 훨씬 더 많을 것이다).

그보다 더 중요한 사실은 요나라를 세운 거란과 함께 금나라와 청나라를 세운 만주족은 북방 민족 중에서도 훨씬 더 한민족과 같은 시원과 뿌리를 갖고 있다는 점이다. 원래 살던 지역이나 처음 세력을 형성한 곳도 우리의 영토이거나 서로 오가며 생활하던 지역이었다. 중국에서 청나라를 '동이족의 나라'라고 말했듯이 한민족의 혈통과 생활풍습 등의 전반에서 비슷한 만큼 서로의 역사와 문화에 대한 깊은 연구와 공유에 나서야 할 것이다.

여진이 처음 국가를 건설했던 금(金)나라는 고려의 윤관이 17만 병력으로 여진을 정벌하고 9성을 쌓아둔 함경도 지역과 간도 일대를 배경으로 일어섰다. 또한 금의 정사 역사책인 《금사》에 기록되어 있듯이 금나라를 세운 건국자가 아골타(아구다)로 신라의 마지막왕인 경순왕의 8대손이자 신라인 김함보(金函普)의 후손이다. 그래서 국호조차 '김(金)씨의 나라'라는 뜻으로 '금(金)'으로 지었다(중국인들은 이 글자를 놓고 국호로서는 물론이고 성씨로도 거의 사용하지 않는다). 백두대간이 시작되는 곳이자 단군 조선 이후 한민족의 성지로 신성시한 백두산을 높이 여겼으며, 금나라 때인 1172년에는 영응산(靈應山)이라 하여 제사를 지냈을 정도였다.

뒤이어 청나라를 세운 누르하치는 건주 여진의 수장으로 지금의 연변조선족자치주를 포함하는 두만강 중류 북쪽 일대를 중심으로 흑룡강 일대까지 영토로삼았다. 명나라의 장군으로 기반을 닦은 뒤에 3대 여진 부족을 합쳐 여진족의 통일을 완수한 뒤, 1616년에 나라를 세우면서 국호를 '금'으로 하고 성을 '애신각라'라고 하여 금나라와 신라의 후예임을 분명히 했다.

청나라는 신라 왕족의 후예가 세운 금나라가 망하고 380여년이 흐른 뒤에 세워지자 건국자인 누르하치는 국호를 다시 '금(金)'이라고 한 것이다(서로 구분하기 위해 후대의 금을 '후금'이라 부른다). 또한 청 왕조의 성씨로 삼은 애신각라(愛新覺羅)는 '신라(新羅)를 사랑(愛)하고 잊지 말라(覺)'는 뜻이다. 중국 역사상 최고의 현군이라는 강희제의 이름이 애신각라 현엽이고, 마지막 황제인 선통제가 애신각라 부의이다.

청나라는 백두산을 신성시하는 한편 간도를 비롯한 만주 일대까지 조선이 들어올 것을 염려하여 봉금지역(封禁地域)으로 선포하여 누구의 이주 · 정착도 금지하는 무인 공간지대로 만들기도 했다.

이 책에서는 청나라가 만주족의 나라로 중국 대륙을 비롯해 만주 · 몽골 · 티벳 · 위구르 · 대만을 지배한 방대한 제국이었지만, 현대 중국이 건국 후 청나라의 계승자로 자처했고 만주족이 중국의 55개 소수민족 중의 하나이기 때문에 중국사의 일부로 편입한 입장에 따랐다.

정치를 비롯한 국가운영의 성패는 재정에 달려 있다

강희제는 국가운영의 근간이 재정에 달려 있음을 잘 간파하고 있었다. 그렇다고 덮어놓고 세금과 공물을 거둔 것이 아니라 가급적 적게 부과하기 위해 노력했다. 세금은 결국 백성들의 짐이란 사실을 잘 알고 있었기 때문이다.

이런 기조 아래 평소에도 사치를 멀리 하고 지출을 줄여 백성들의 세금 부담을 줄였을 뿐만 아니라 전쟁을 벌이더라도 적정한 군대를 편성하고 세금을 늘이지 않아 평소의 일상대로 살도록 안배했다. 오히려 세월이 흐를수록 세금을 점차 줄여 나갔다.

1711년에는 57세의 나이로 군주가 된 지 50년이 다 되었지만 그의 일관된 언행과 정치는 계속되었다. 성인 남자의 인두세를 당시의 값에서 영원히 동결시키는 한편 대상자의 수도 2450만명으로 한정하도록 천명했을 정도였다.

또한 황하의 치수 사업이 완료된 1684년부터 1689년, 1699년, 1703년, 1707년, 1712년 등 모두 6번에 걸쳐 남방을 순행했지만 결코 다수의 수행원을 대동하는 호화행렬에 사치스런 잔치를 벌이고 값진 음식을 먹으며 화려한 짓거리를 벌이지 않았다. 그러면서 장강 이남의 지역 인사들에게 신뢰를 얻었고, 서로 간의 교류가 이루어도록 안배했다. 특히 순행을 할 때 미리 정해놓은 예산을 제외한 별도의 비용은 가져온 내탕금으로 모두 지출했음은 물론이고 부족한 비용을 충당하기 위해 백성들에게 세금과 물자를 거두는 것을 원천적으로 하지 못하도록 만들었다.

강희제 시절에는 활발한 무역을 통해 막대한 은이 청나라로 들어오고 있었기 때문에 국가재정이 넉넉했다. 비단, 차, 도자기 등이 유럽으로 수출되면서 대금으로 은이 대대적으로 들어왔다. 그중에서도 중국산 차는 엄청난 양이 수출되었다. 원래 홍차는 1610년에 네덜란드 동인사회사에 의해 유럽으로 들어가기 시작했다. 그 뒤 홍차 마시는 습관이 영국에서 유행하면서 유럽 전역으로 확산되자 유일한 홍차 수출국인 중국에서 엄청난 수입을 한 것이다(차의 빛깔이 붉다고 '홍차紅茶'라고 불렀는데, 영어로는 찻잎이 검다고 하여 '블랙티黑茶'라고 한다).

아울러 중국에서 유럽으로 운송할 때 습기에 약한 홍차를 보존하기 위해 배에 도자기를 같이 실어 바닥에 깔고 운반했다. 18세기가 되자 홍차 문화는 영국을 중심으로 유럽 전역으로 확산되었다. 영국에서는 자기로 만든 티포트와 찻잔을 사용하는 것이 일상화되었고, '티타임(Teatime)'이라는 차 문화가 만들어져 정착하기도 했다.

이는 홍차와 함께 중국 도자기 수입품을 사용하게 되면서 시작된 관습으로 포트에 뜨거운 물을 부어 차를 우려낸 뒤 설탕을 잘 녹이기 위해 뜨거운 홍차를 찻잔에 따라 마셨다. 이에 따라 영국으로 엄청난 티포트와 찻잔이 수입되었다(그러다가 18세기 초 독일 작센주의 주도 드레스덴과 가까운 마이센에서 유럽 최초의 자기를 만들면서 유럽제가 보급되기도 했다. 원래 중국에서는 티포트를 사용하지 않으며, 찻잔에는 손잡이가 없다. 영국인이 자신들만의 차 문화를 만든 것이다. 동양은 찻잔에 손잡이를 달지 않아 뜨거운 차로 인해 손으로 잡는 찻잔이 식을 때까지 차 향을 음미하며 즐기는 한편 시와 노래나 대화를 나누는 시간을 중시한 것과 달리 영국을 비롯한 유럽에서는 차의 뜨거운 맛과 손쉽게 마시도록 하는 기능적인 접근을 해 실용적으로 개발한 것으로 보인다).

이렇게 되자 청나라의 국고에는 1668년에 1500만냥, 1710년에 5000만냥이 넘는 은자가 쌓였을 정도였다. 다만 강희제가 말년에 가서도 활발한 대외사업을 지속하여 엄청난 은자가 군비로 들어가 1722년에는 은자가 700만냥도 채 남지 않게 되기도 했다.

하지만 강희제는 이번에도 놀라운 통찰력으로 그 원인과 대책을 꿰뚫고 있었다. 자신이 직접 정무를 보기에는 너무 나이가 들었음을 절감하고 이를 타개하기 위해 재정에 재능을 가진 4남 옹친왕 윤진(나중의 옹정제)에게 새로운 대책을 찾으라고 명한 것이다.

이러한 강희제의 정치가 이어지자 한족 백성들은 저절로 인식이 바뀌게 되었다. 한족의 입장에서 보더라도 한족의 나라였던 명나라 때보다 훨씬 더 강력한 국력과 발전된 경제를 이룩해내는 한편 안정된 사회를 확립하고 백성들이 마음 편히 살기 좋은 시절이었다.

강희제의 훌륭한 치세를 거치게 되자 인구도 크게 늘어났다. 1644년에 명나라가 멸망할 때에는 기나긴 전쟁과 반란에다 기근까지 들어 인구가 1억명 이하로 내려갔었다. 그러다가 강희제의 정치에 힘입어 백성들의 삶이 나아지자 인구가 다시 늘어나기 시작하여 강희제가 죽었을 때에는 1억5000만명 이상으로 늘어났다.

모든 지도자의 마지막 임무는 후계자를 잘 세우는 일이다

강희제는 온 힘을 다 해 훌륭한 정치를 펼쳤다. 그렇지만 치세에 못지않게 중요한 일이 다음 황제를 잘 세워 치세가 더 오래 이어지도록 하는 것이다. 전대에서 아무리 잘해놓아도 형편없는 군주가 들어서면 망가뜨리는 것은 금방이기 때문이다.

사실 강희제는 다음 황제가 될 후계자 문제에 관한 한 패착을 거듭했다. 황태자에 대한 교육과 관리를 잘못하여 확고한 위상을 정립하지 못했다. 그 결과 말년에는 조정조차 황자들과 신료들이 파벌로 갈라져 대립했다.

그중에서도 4대 파벌이 중심이 되었다. 색니의 차남 색액도를 위시한 황태자 윤잉파, 외숙부 납란명주를 위시한 황장자 윤시파, 장정옥과 처남인 연갱요가 적극적으로 도운 4황자 윤진파, 또 다른 조정의 영수인 동국유와 그의 아들인 융과다가 도운 8황자 윤사파가 주축이 되어 나중에는 무려 9명의 황자가 후계자가 되기 위한 파벌에 뛰어들었다.

강희제는 1703년에 황태자당이 윤잉 몰래 자신을 암살하려 했다가 들키자 색액도를 죽였다. 또한 방탕하던 황태자 윤잉을 1708년에 폐했다가 이듬해에 대역죄를 저지르지 않았다는 이유로 복위시키고 탄핵을 받은 납란명주를 하옥시켰다. 사실 색액도와 납란명주는 40년 동안 강희제를 보좌했던 조정의 중신이었으나 당쟁이 시작되자 단호히 척결하여 불씨를 끄려 한 것이다.

하지만 윤잉이 다시 방탕한 생활을 하다가 1712년에 강희제가 6번째이자 마지막 순행을 떠나자 강희제가 북경으로 환도하면 태상황으로 물러나게 하고 자신이 황제에 오르려 음모를 꾸몄다가 다시 황태자에서 폐출되었다.

강희제는 고심 끝에 태자밀건법(太子密建法)을 시행했다. 아버지 순치제 때 자신이 황제가 되었던 방식으로 저위비건법(儲位秘建法)이라고도 한다. 자신이 직접 쓴 전위조서에 다음 황제의 이름을 적은 뒤에 상자에 넣어 황궁인 자금성의 황제 집무실이자 침전인 건청궁에 있는 '정대광명(正大光明)'이라고 쓴 현판(편액) 뒤에 보관해두었다가 자신이 죽은 뒤에 열어 발표하도록 한 것이다. 이채로운 사실은 후계자 이름이 적힌 종이에 만주어와 중국어는 물론이고 몽골어까지 함께 기록함으로써 해석을 둘러싼 논란을 예방함과 아울러 18세기까지도 몽골의 권위가 지속되고 있었음을 방증하고 있기도 하다.

그 뒤로도 형제들 간의 후계자 다툼은 여전했다. 서로 공적을 다투면서 강희제의 총애와 낙점을 받기 위해 안간힘을 쓴 것이다. 그들로서는 강희제가 적어 놓은 후계자가 누구인지 알 수 없는 데다 언제 상자를 다시 내려 고쳐 넣을지 알 수 없었기 때문이다.

1722년이 되자 강희제는 68번째 생일을 맞아 65세 이상의 만주족, 한족, 몽골족, 회족 출신의 전 · 현직 관리들을 건청궁에 초대해 큰 잔치를 베풀었다. 이른바 천수연(千叟宴)이라 하여 자신이 60세가 된 것을 기념해 나이가 같은 대신들을 불러 잔치를 연 이후 2번째 잔치로 강희제 시대의 성공과 완성을 자축했다(이후 천수연은 손자인 건륭제도 여러 번 개최하는 등 황궁의 주요 행사가 되었다).

천수연 이후 강희제는 곧바로 병에 걸렸고, 얼마 뒤에 이궁인 창춘원에서 숨을 거두었다. 강희제의 정식 사인은 오한과 호흡 곤란이라고 한다. 하지만 여느 위대한 군주가 그러하듯 그의 죽음을 둘러싸고 여러 주장이 있다. 실제로 병세가 그리 심하지 않았는데 갑자기 죽어 더욱 의혹을 불러일으킨 것이다.

그중에서도 강희제가 죽을 때 모신 신하로 4황자 윤진의 휘하에 있던 융과다에 의해 독살되었다는 설이 돌아 나중에 황제가 된 이후에도 늘 이 의혹에 시달려야 했다(원래 융과다는 8황자 윤사의 사람이었으나 윤진의 설득과 매수로 그의 사람이 되었다).

강희제가 죽자 건천궁 현판 뒤의 상자를 꺼내 다음 황제가 발표되었다.

"4황자 옹친왕 윤진은 다음 황제의 자격이 충분하다. 그러므로 짐이 죽은 뒤에는 곧바로 황제의 자리를 잇도록 하라."

4황자 윤진은 발빠르게 움직였다. 13황자 윤상에게 윤사의 파벌이 장악하고 있던 북경 근교의 군사를 포섭 · 동원하도록 명해 반대 세력을 모두 제압함으로써 후계는 어느 정도 마무리되었다.

천하의 강희제였지만 후계자 문제에서는 아쉬움이 남는다. 그 답지 않은 처리방식 때문이다. 황태자 제도를 없애버리고는 죽을 때까지 후계자 문제를 매듭짓지 못하다가 밀지를 통해서야 차기 황제를 정했다. 그러면서도 황자들과 대신들의 파벌과 분쟁을 해결하지 못했다.

하지만 강희제의 후계자 문제는 결코 실패라고 볼 수는 없다. 중국사를 대표하는 진시황, 한 고조 유방, 한 무제, 당 태종, 명 홍무제 주원장 등도 후계자를 세우는 일에 실패했다. 반면에 강희제는 과단성있고 현명하게 다음 황제로 4황자 윤진을 세웠다. 이후 옹정제가 강희제 시대에 이어 내치를 잘하면서 다음 건륭제의 최전성기를 다져 놓도록 하여 강옹건 시대의 번영을 지속하게 만들었다.

이보다 더 잘할 수는 없다: 노력으로 만들어간 최고의 지도자

강희제는 좋은 인품과 뛰어난 지도력에다 백성들을 아끼고 살기 좋게 만들어 백성들의 사랑과 존숭을 받았다. 그의 죽음이 알려지자 많은 신료들과 백성들이 곧바로 무릎을 꿇고 엎드려 진심에서 우러나온 대성통곡을 했다.

우여곡절은 있었으나, 적임자를 황제로 세워 옹정제(재위 1722~35)와 건륭제(재위 1735~96)에 이르기까지 1661~1796년까지 무려 135년에 걸친 전성기를 지속하도록 안배했다. 옹정제는 아버지 강희제가 이룩한 태평성대를 이어받아 더욱 내실을 다졌다. 강희제의 손자이자 옹정제의 아들인 건륭제는 강희제를 본보기로 하여 그대로 따라 내정의 안정과 번영에 더하여 외치에도 적극적으로 나서 방대한 제국을 이룩했다. 심지어 건륭제는 할아버지 강희제를 감히 뛰어넘을 수 없다고 하여 강희제의 재위 기간인 61년이 되기 전인 재위 60년 만에 퇴위했을 정도였다(하지만 건륭제는 양위한 뒤에도 3년 동안 실질적으로 정무를 관장했다).

중국에서는 청나라의 멸망 뒤에 '만주족의 나라'라 하여 극도의 반감을 가졌으며, 모택동도 반청 입장에서 타도활동까지 벌였다. 하지만 현대 중국의 성립 이후에는 모택동조차 만주족의 역사를 중국사의 일부로 삼고 청나라의 계승자로 자처하면서 강희제를 중국 역사상 최고의 성군이자 명군으로서 '천고일제(千古一帝) 즉 1000년에 1번 나올 만한 황제'로 평가하고 있다.

강희제는 인류문명사를 통틀어 손꼽을 수 있는 명군으로 전혀 손색이 없다. 우마르, 칭기즈칸, 세종대왕, 쉴레이만 대제, 악바르, 표트르 대제, 링컨, 빅토리아 여왕 등을 뛰어난 군주나 위대한 군주를 넘어서서 훌륭한 군주로 손꼽지만 이들보다 더 나은 지도자였다고 해도 지나친 말은 아니다.

절제하는 생활과 겸손한 처세 속에 근검절약하고 어진 성품을 일관되게 유지하는 한편 치세에 있어서는 국민이 살기 좋은 세상을 위한 정치를 펼쳤다. 그러면서도 정확한 정세 판단, 단호한 결단력, 대범한 호방함으로 통치의 진수를 보여주었다.

무엇보다 주목해야 할 점은 중국 역사상 가장 오래 군주로 있었지만 마지막까지 초심을 잃지 않은 채 훌륭한 국정을 펼쳤다는 사실이다. 한 무제, 당 현종, 건륭제, 모택동 등과 같은 명군조차 통치 기간이 길거나 말년으로 갈수록 자기관리에 실패해 사치 향락에 빠지는 한편 정치를 등한시하거나 실정을 거듭한 것과 전혀 달랐다. 이러한 강희제 덕분에 중국사에서 가장 길고 전무후무한 최고의 전성기를 열었다. 오스만제국의 메흐메트 2세 이후 메흐메트 4세 때까지 1451~1693년간, 인도 무굴 제국의 악바르 이후 아우랑제브 때까지 1556~1707년간의 치세와 더불어 인류 역사상 가장 긴 황금시대를 이어갔다.

강희제 한 사람을 떼어놓고 보면 인류 역사상 가장 성공적인 정치를 펼쳤다고 해도 좋을 정도이다. 강희제는 완벽한 임금, 완전무결한 지도자, 신이 선물한 군주, 신비와 기적에 가까운 CEO형 인물이라서 과연 그보다 더 이상적인 인물이 있을까 하는 생각이 절로 든다.

그래서인지 김용이 쓴 무협소설《녹정기(鹿鼎記)》로 유명하며, 방송이나 영화에서도 청나라를 배경으로 한 역사물로서는 가장 많이 다루어지고 있다. 현대 중국에서는 당시 지구상에서 가장 강대한 제국의 지도자이자 중국 최고의 황금기를 이룩한 인물로 미래의 새로운 중국을 건설하기 위해 강희제에게 배우려는 바람도 강하다.

이런 까닭에 강희제의 인생과 훌륭한 정치는 후대인에게 큰 본보기가 되고도 남는다. 앞에서도 말했듯이 강희제를 따라 할 수만 있다면 누구나 성공할 것이고 역사에 남는 존재가 될 것이다. 설령 그만큼은 아니더라도 그를 본받아 실천하려고 노력만 해도 어느 정도는 성공할 수 있지 않을까 생각해본다.

12

세력을 확장해 나갈 때

건륭제

역사상 가장 넓은 영토를 지배하다

청 전성기 건륭제 때의 판도

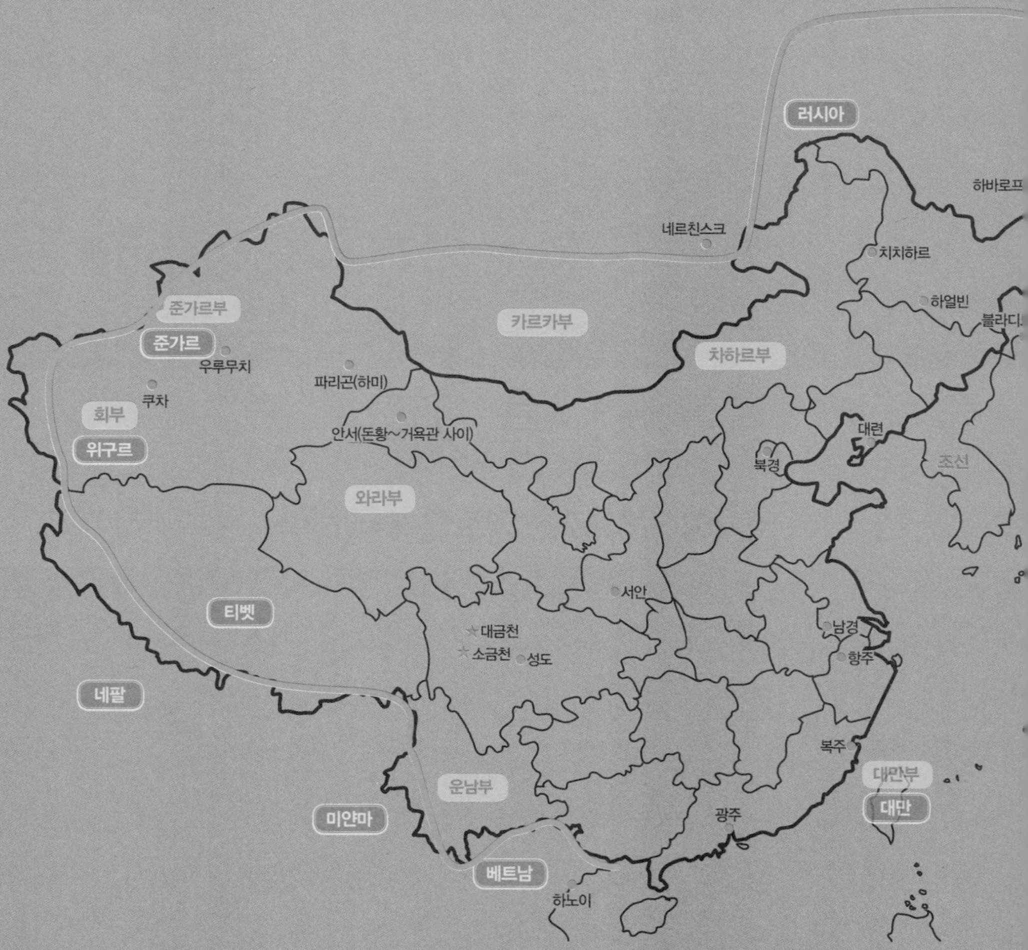

+ 청은 발원지 일대와 중국 대륙을 직할지로 통치하고, 나머지 변방의 새로운 영토에는 번부를 설치하여 관
+ 건륭제가 원정한 지역은 지역명 으로, 청 조정이 설치한 번부는 로 표시했다.

건륭제

활용의 리더십(수성확장형)

기반을 다지면서 하나둘 확장해가다

오늘날 어느 나라나 기업이든지 창업 이후 수성, 발전, 성숙의 전반을 계획한다면 강옹건 시절 만큼 소용되는 사례도 없다. 강희제, 옹정제, 건륭제를 거치면서 1661~1796년에 이르는 오랜 세월의 전성기를 누렸기 때문이다.

각 지도자를 통해 따라 배울 것도 충분함은 물론이고 삶과 일의 원칙과 일관성, 개인의 처세술, 리더십 확보, 조직 관리와 활성화, 목표 설정과 치밀한 추진, 상대와 적에 대한 대응과 처리 등의 전반에서 알고자 하는 거의 모든 내용을 얻을 수 있다.

심지어 무엇을 해야 할 것인지를 정할 때 먼저 표를 만든 다음에 강옹건 각 군주별로 연대별 활동사항을 입력한 뒤에 오늘날 자신의 입장과 조직에 맞게 용어만 바꿔도 훌륭한 국가운영종합계획이 되고, 기업 입장에서는 훌륭한 사업계획서가 되고도 남을 것이다.

특히 2세나 3 · 4세 기업가라면 건륭제는 더할 나위 없는 본보기가 된다. 음식점이나 기계공장을 대를 이어 경영해도 마찬가지다. 물려받는 단계에서부터 전례로서 크게 도움이 될 것이기 때문이다.

건륭제는 옹정제의 아들로 반듯함만으로도 돋보이며 군주가 되었다. 황제가 되자 강희제와 옹정제가 이룩한 내정의 안정을 기반으로 국내적으로는 경제적 번영과 문화예술의 발전을 이룩했고, 국외적으로는 활발한 정복사업을 벌여 준가르와 위구르를 모두 평정하여 몽골, 신강위구르, 티벳까지 포함해 998만㎢에 이르는 드넓은 영토를 확보했다. 또한 미얀마, 대만, 베트남, 네팔 등에 대해서도 종주권를 확보했다.

반듯하되 전략적으로 처신하다: 황제가 되는 길을 정확하게 꿰뚫다

건륭제(1711~99, 재위 1735~96)는 옹정제 윤진과 뉴호록 사이에서 4째아들로 태어났다. 그가 태어났을 때에는 아버지 옹정제가 황자의 신분일 뿐이었고, 어머니 뉴호록도 후궁의 시녀였던 낮은 신분으로 인해 황제가 될 처지가 아니었다.

그러나 성장하면서 뛰어난 자질을 드러내기 시작했다. 《천자문》과 《4서5경》을 암송하고 시를 잘 짓고 학업도 열심히 했다. 어린 나이지만 사냥을 나가 차분하게 활을 쏴 곰을 잡는 무용을 보였다. 무엇보다 겸손하고 좋은 성품에다 부모에 대한 효심과 예의에 각별하여 아침 · 저녁으로 예를 갖추었다.

할아버지 강희제는 이러한 모습에 주목하여 자신과 닮았다고 여기면서 황제의 재목으로 보고 어릴 적부터 제왕학과 무예를 교육하는 한편 자신이 직접 가르치며 함께 수련하기도 했다. 나중에 강희제는 죽기 직전에 아들 옹정제를 불러 유언까지 남겼다.

"다음 황제는 반드시 애신각라 홍력(나중의 건륭제)에게 물려주도록 하라."

옹정제는 황제가 되자 미리 다음 황제가 될 황자의 이름을 써서 상자에 넣어 봉한 뒤에 건천궁의 '정대광명(正大光明)'이라고 쓰인 현판 뒤에 올려 놓았다. 물론 홍력의 이름이었다.

하지만 옹정제는 그에게 다음 황제를 약속하지 않았으며 공식화하지도 않았다. 다만 옹정제 역시 그의 자질을 높이 평가하며 직접 가르쳤고, 더러는 국정을 맡겨 처리하도록 했다.

원래 청나라는 소수의 만주족이 방대한 제국을 통치하는 만큼 제대로 다스릴 수 있는 뛰어난 인물이 황제가 되도록 원칙을 정했다. 이에 따라 이전의 왕조들과 달리 맏아들의 황위 세습제를 고집하지 않았다. 굳이 기준이라면 황자들이 무한경쟁을 벌여 그중에서 가장 뛰어난 사람이 황제의 자리에 오르도록 했다. 또한 황태자를 미리 정하지 않고 끝까지 지켜본 뒤에 '태자밀건법(저위비건법)'에 따라 제위를 물려주도록 했다.

후계다툼이 전혀 없었던 것은 아니었다. 옹정제의 3째아들이자 이복형인 홍시가 옹정제와 적대하던 강희제의 8째아들 윤사와 손잡은 뒤 모함을 했지만 통하지 않자 암살하려다가 들켰다. 이에 옹정제는 홍시를 윤사의 아들로 입적시켰다가 윤사와 홍시를 역모죄로 잡아들였고, 얼마 안 가 둘 다 감옥 안에서 죽었다.

이렇게 되자 더 이상 후계를 노리는 경우가 없어졌다. 나이로도 옹정제의 아들 중에 가장 연장자가 되면서 후계구도가 자연스럽게 정리되었다. 그러다가 옹정제가 죽자 상자를 열어 유지에 따라 청나라의 6대 황제가 되었다.

옹정제, 강-옹-건 시대의 중간다리

옹정제(재위 1722~35)는 강–옹–건의 치세 중에서 강건성세(康乾盛世)라 불리며강희제와 건륭제의 화려한 치세에 가려 덜 주목받지만, 실은 강희제 시대를 정리하고 안정 기반을 만들어 건륭제 시대를 예비했다. 국가재정을 넉넉하게 만들고 엄정한 기강을 세워 건륭제가 힘에 넘치는 치세를 할 수 있도록 만들었다. 또한 그의 국정운영과 후계 방식은 청나라의 근간이자 본보기가 되어 인류 역사상 가장 강력하고 돋보이는 대제국의 하나로 만들어냈다.

치열한 후계다툼 끝에 강희제가 전위조서에는 물론이고 죽기 직전에 아들들과 대신들까지 불러 후계자로 지명함으로써 옹정제는 45살의 나이로 제위에 올랐다. 황제가 되자 신중하고 치밀한 성격으로 밤낮없이 국사에 임해 청나라를 완전하게 안정시켰다.

옹정제는 국정운영을 함에 있어 부지런하고 꼼꼼한 일처리로 유명하다. 그래서 그의 빈틈없고 야무진 치세 덕분에 청나라의 기틀이 확립되었다고도 한다. 거실에 '군주를 하기는 어렵다(爲君難)'는 3글자를 걸어 두고, 양옆 기둥에 '천하가 다스려지는 것은 나 하나에 달려 있고, 나 한 사람을 위해 천하를 부리지 않는다(原以一人治天下, 不以天下奉一人)'는 글까지 걸어 두고 자신의 좌우명으로 삼았다.

옹정제는 양심전 중앙에 직접 글을 쓴 현판을 걸어 놓고 황제가 지켜야 할 바를 강조했다.

'중정인화(中正仁和), 즉 중용을 지키고 정직하며 어질게 하고 화합을 이룬다.'

그는 하루 4시간만 자면서 오로지 국무에 전념했다. 밥을 먹으면서도 서류를 보며 일을 멈추지 않았다. 날마다 새벽 4시 이전에 일어나 선대의 실록, 제왕의 명과 가르침을 모은 조칙집과 보훈을 1권씩 읽는 것으로 일과를 시작했다. 7시까지 아침 식사를 마친 뒤 접견을 시작해 오후까지 계속했고, 중간에 틈이 나면 학자를 불러 경서와 역사 강의를 들었다. 1일만기(一日萬機)라 하여 날마다 엄청난 양의 사무를 처리했다. 보통 저녁 7~8시에 잠자리에 들었으나 밤에도 지방관들이 올린 보고서인 주접(奏摺)을 읽고 직접 붉은 먹으로 쓴 답장이라 하여 '주비유지(硃批諭旨)'로 불린 지시사항을 20~30통에서 많게는 50~60통을 내려보냈다. 일을 잘못하거나 거짓 보고를 올리면 가차없는 꾸지람을 쏟아부으며 제대로 일하도록 이끌어갔다. 곳곳에 밀정을 두고 정보를 받아 보았기 때문에 정확한 현지 실정을 파악하여 차질없는 공무를 다그칠 수 있었다. 이에 신료와 지방관은 감히 속이지를 못한 채 일을 진행했다.

군기처를 설치해 직접 관장하면서 소수정예 측근을 배치하여 중요 정책을 신속하게 처리했다. 6부를 통할하는 한편 지방통치를 위해 관리책임자에게 명을 내린 다음 실정을 보고하도록 한 뒤 몸소 살펴보고 지시를 했다. 발호하던 연갱요와 융과다를 척결해 재상이나 대신들이 권세를 휘두르는 것을 엄히 규제하고 부정부패에 단호하게 대처하며 친정을 이끌어갔다. 또한 조세와 재정개혁을 통해 국가재정을 충실히 확보하여 국고에 은 600만냥 정도 남아있던 것을 5000만냥으로 늘려 번영의 기틀을 다져놓았다. 그리고 선대에 이어 백성을 위한 국정에 각별한 관심과 열정을 기울였다. 세금을 단일화해 부담을 덜어주었고, 천민을 양민으로 만들어주었으며, 선비들의 횡포와 상인들의 착취를 엄격하게 막아내며 백성들을 지켜주었다.

다만 대외활동은 내정에 대한 치중으로 인해 상대적으로 활발하지 못했다. 1727년 연갱요의 지휘 아래 23만 병력으로 티벳을 공격해 승리했다. 이후 준가르로 출정했다가 청나라군이 전멸당하는 패배를 당했으나, 몽골의 내분으로 할하족 군사들이 준가르를 무찔러 잃은 영토를 되찾을 수 있었다.

사회·문화적으로는 개방과 관용을 원칙으로 하되 한족이 만주족을 비방하면 '문자의 옥'을 일으켜 단호하게 척결했다. 반면에 한족 지식인들을 모아 강희제 때 시작된 백과사전인 《고금도서집성》을 완성하기도 했다. 옹정제는 역사상 가장 부지런한 군주로서 과로로 인해 죽을 때까지 내실 있는 치세로 후대의 황금시대를 준비했다. 또한 후계자를 잘 고르고 제대로 길러 강온건 시대를 이어 갔다.

스스로를 갖추어가며 위대한 시대를 열어가다

1735년에 건륭제는 24세의 나이로 황제에 올랐다. 좋은 인간성, 큰 키에 멋진 외모, 바르고 단정한 처신, 청빈한 생활자세, 건강한 체력과 단련된 무예, 외향적인 성격, 학문과 문화예술에 대한 사랑 등에서 남달랐다.

거기에다 어릴 때부터 할아버지 강희제와 아버지 옹정제를 통해 무엇에도 비할 수 없는 본보기를 직접 보며 자신의 것으로 만들어갔다. 또한 황제가 되었을 때가 치세를 관장하기 딱 좋은 나이와 시대 환경이기도 했다.

건륭제는 황제가 되자 제왕학에서 배운대로 실천하기 위해 철저한 노력을 기울였다. 그러다보니 기름진 땅에서 싹이 트고 솟아나 제대로 자란 뒤에 제때 비와 거름을 받고 자라 큰 나무가 되듯이 그의 좋은 자질에 노력이 더해지면서 더욱 훌륭한 군주로 변모해갔다. 무엇보다 건륭제는 황제가 된 이후 부지런히 국사를 보아 새벽 4시에 일어나 조회를 주관하며 처리했다.

건륭제는 먼저 황실 내부부터 다잡았다. 아버지 옹정제와 후계다툼을 벌였던 14황자 윤제를 비롯해 작위가 격하되거나 연금 또는 유배를 보냈던 숙부들을 사면하여 화합의 정치를 선보였다. 반면에 골육상쟁을 막기 위해 이전까지 군이나 조정을 좌우하던 황족들이 정치에 나서는 것을 일체 배제하여 온정주의적인 정치를 막았다.

반면에 이미 국정장악력이 확고한 마당에 불필요한 권력투쟁을 촉발시키지 않는 노련함도 있었다. 옹정제의 전폭적인 신임 아래 건륭제의 즉위에도 강력한 영향을 미친 당대의 실력자로 군에 영향력이 강한 악이태와 한족의 수장격인 장정옥이 있었지만, 가만히 지켜보는 가운데 서로 간에 대립과 견제를 시키면서 자신의 인맥을 늘려갔다.

'둘 다 나이가 많다. 얼마 남지 않았다. 때를 기다리자.'

예측대로 악이태가 1745년에, 장정옥이 1755년에 죽자 더 이상 신하 중에서 권세를 부릴 사람도 없어졌다. 그때 건륭제의 나이가 각각 34세, 44세 때였다.

외치를 잘해 번영을 확장하다: 역사상 가장 넓은 영토를 확보하다

선대들의 뛰어난 치세 덕분에 국고가 넉넉해지고 백성들이 살기 좋아져 인구도 크게 늘어났다. 건륭제는 이러한 기반에다 막강한 군사력을 바탕으로 할아버지 강희제의 화려한 대외원정을 본따 활발하게 벌이기 시작했다.

1749년에 티벳의 대금천 지역을 시작으로 1755년과 1757년에 걸쳐 몽골을 재통합한 준가르를 정벌하여 완전히 복속했다. 1759년에 위구르, 1769년에 미안마, 1776년에 티벳의 대 · 소 금천, 1788년에 대만, 1789년에 베트남, 1791년과 1792년에 네팔을 원정했다. 다만 8기군이 아닌 만주족 출신의 아계와 한족 출신의 악종기가 주로 활약했고, 강희제가 직접 지휘한 것과 달리 전선을 순시하며 병사들을 위무했다.

건륭제는 준가르 원정의 승리를 발판 삼아 위구르족을 공격해 복속했고, 이 지역을 '신강(新疆), 즉 새로운 영토'로 이름 지어 지금도 이어지고 있다.

티벳의 대 · 소 금천 원정에서는 영토가 작은 데 비해 막대한 군비가 지출되고 일부 지역을 점령했지만 주민들의 반란이 잦자 1776년에 최신형 대포를 앞세워 다시 공격해 초토화시키고 항복을 받아내 완전히 장악했다.

반면에 미안마에서는 주변국인 시암(나중의 타이, 태국)과 서로 전쟁을 벌이는 바람에 편하게 정벌하고 조공을 받아냈다.

대만에서는 천지회가 중심이 되어 반청복명을 기치로 반란을 일으키자 곧바로 군대를 보내 정벌하여 강희제에 이어 확실하게 복속시켰다(천지회의 일부는 지금까지도 폭력조직인 삼합회(三合會, 트라이어드)로 불리며 존속하고 있다).

다음해에는 베트남에서 왕조 교체가 일어나면서 멸망당한 레 왕조의 마지막 국왕이 청나라로 망명해 도움을 요청해왔다. 이에 20만 대군을 보내 하노이를 점령해 허수아비 왕조를 세워주고 실권을 행사하다가 새 왕조가 다시 일어나 지도자인 응우옌 반 후에(완문혜)가 하노이에서 기습 공격을 벌여 청나라군에 승리하자 양국은 협상을 벌여 새 국왕을 인정하는 대신에 조공국으로 삼았다.

네팔은 1788년에 구르카족이 티벳 남부를 점령하고 라사를 향해 진공하자 청나라군이 판첸라마를 납치하고 사천성 주둔군에 공격을 명했으나 이미 퇴각하여 일단 마무리되었다. 1791년에 구르카족이 다시 티벳을 공격하자 8기군과 한족의 녹영 군사들을 보냈고, 1792년 봄이 되자 진격에 나서 구르카군을 격퇴하고 다음해에는 구르카족의 항복을 받고 철군했다.

건륭제는 외정(外征)과 내순(內巡)으로 잘 알려져 있다. 외정에서는 활발한 대외정벌을 통해 청나라의 영토를 대략 460만km² 정도를 더 늘려 놓았다. 이전의 중국 대륙보다 2배 정도의 드넓은 영토를 확장한 것이다. 그러고는 자신의 치적을 대단히 자랑스러워했다.

"10번에 걸친 원정에서 모두 성공했다. 그러므로 이를 십전무공(十全武功)이라 하라."

그러면서 건륭제는 정복군주로서 스스로를 '십전노인(十全老人)'이라 불리기를 좋아했다.

내순에서는 할아버지 강희제처럼 자신의 영토를 둘러보는 순행을 즐겨 떠났다. 어머니 황태후, 황후, 황자와 공주, 대신, 시인, 건축가, 예술가, 요리사, 호위무사 등 3000명을 데리고 모두 15차례에 걸쳐 벌였다. 순행은 전국을 돌기 때문에 백성들의 실제 생활을 살펴볼 수 있었고, 중앙과 지방 간의 다양한 교류를 촉발하기도 했다. 또한 수행하던 시인이나 화가 등은 물론이고 지방의 인사들도 불러 좋은 차를 마시며 시 한 수를 읊거나 문예 대결을 펼치기도 하는 한편 왕성한 수집욕으로 골동품을 사모으기도 했다.

위대한 사람은 학문과 문화예술을 즐기며 꽃피운다

건륭제는 지성적인 군주였다. 오전에는 정무를 보았지만, 오후와 저녁에는 독서 · 시 · 서화를 통해 자신을 위한 여유로운 생활을 즐겼다. 시 짓기를 좋아하여 4만 수가 넘는 시를 남겨 놓았으며, 여러 시집을 만들어 전하기도 했다. 서예에도 뛰어나 자금성 안의 현판들을 썼고, 대신들의 생일에는 몸소 쓴 글을 선물하기도 했다. 미술을 좋아해 자신이 아끼던 후원과 정자를 주로 그려 여러 작품을 남겼다.

무엇보다 건륭제를 대표하는 것은 건축물이다. 궁전과 후원을 비롯해 행궁, 산장, 성벽, 사원, 도로, 운하 등에 걸쳐 다채로운 건축물을 남겼다. 자신이 태어난 옹화궁을 크고 화려하게 증축했고, 자금성 뒤쪽에 연못과 나무들이 배치된 후원인 청의원(나중의 이화원)을 건축했다. 또한 전대의 후원을 크게 증축한 원명원과 그 옆에 새로 지은 장춘원, 기춘원(나중의 만춘원)도 아름다운 경치로 유명하다.

특히 원명원은 동양과 서양의 양식이 어우러진 궁전으로 설계하여 베르사유 궁전의 바로크와 로코코 양식까지 담았으며, 그 속에는 온갖 값지고 귀한 물자들로 채웠다. 그 뒤로는 1709~1860년까지 황제가 머물며 정무를 보았다(1860년에 영국과 프랑스 연합군이 북경을 함락한 뒤에 내부에 있던 문화재를 강탈하고는 불을 질러 거의 소실되었다가 최근에 복원되었다). 그리고 강희제 때 지어진 피서산장을 1743~92년에 걸쳐 증축하기도 했다.

건륭제는 다수의 건축물을 지으면서도 백성들의 고충을 초래하고 국고를 고갈시키는 수준으로 벌이지는 않았다. 하지만 말년으로 갈수록 곳곳에 호화로운 후원이나 행궁을 건설하여 재정 부담을 초래한 것은 틀림없다.

1770년이 되자 건륭제는 역시 강희제의 치세를 본따 남방을 중심으로 한 지식인들을 모아 학술사업을 벌여 학문의 발전과 농업 · 상업을 비롯해 백성들의 실생활에 필요한 지식정보를 제공했다. 또한 자연스럽게 청 왕조의 정통성을 강화하는 한편 이들이 불만 세력으로 발전해 위협하는 것을 원천적으로 막아버렸다.

중국에 있는 모든 고서적들을 모을 것을 명해 학술기관인 한림원과 황실도서관인 문연각에 비치한 뒤 학자들에게 4서5경 같은 고전인 경(經), 역사 서적인 사(史), 제자백가를 포함한 철학서인 자(子), 여러 문집들을 모은 집(集)의 4분류로 나누어 목록을 작성하게 했다. 이런 과정을 거쳐 1773~82년간에 3800여명의 학자들이 필사를 하여 《4고전서(四庫全書)》를 완성했다. 이에 건륭제는 《4고전서》의 양이 방대하다면서 새로 요약본을 편찬하도록 명해 《4고전서회요》를 펴내기도 했다. 《4고전서》는 명나라 영락제 때 벌인 중국 역사상 최대의 편찬사업인 《영락대전》의 3배를 넘는 양이었다. 그 밖에도 건륭제는 《명사》를 완성한 것을 비롯해 수많은 도서를 편찬하게 했다.

문화예술의 장려와 문자의 옥: 강온책 병행을 통해 한족을 지배하다

청나라는 만주족의 지배에 대한 반발이나 한족의 독자화에 대해서는 가차 없이 척결하며 뿌리채 뽑아버렸다. 먼저 한족의 왕조였던 명나라가 자신들을 오랑캐라 하여 심한 멸시와 천대를 한 것에 대한 복수 겸 확실한 지배체제를 확립하기 위해 한족에 대한 대대적인 학살을 벌였다. 진원지나 다름없었던 양주에서만 80만명을 죽인 것을 비롯해 작게는 5000만명에서 많게는 1억명의 한족을 학살했다.

하지만 그 뒤로는 한족이 고분고분해지고 중국에서의 지배 기반도 확고히 확립되면서 경제발전과 더불어 인구도 다시 폭발적으로 증가해 건륭제 말에는 3억명을 넘어서게 되었다. 그와 함께 한족을 동화시키기 위해 만주어로 된 《청문감(淸文鑑)》이라는 책을 지어 보급하기도 했다.

건륭제는 강희제나 옹정제에 이어 필요하다면 '문자의 옥'을 멈추지 않았다. 《4고전서》를 편찬하기 시작한 1773년 이후 모든 책들을 2년간에 걸쳐 24번이나 조사해 청나라의 정통성과 정책에 어긋나는 서적은 모두 불온서적으로 지정해 불태워버렸다. 여기에 더해 그러한 행위를 한 사람은 대역죄로 몰아 본인은 물론이고 가족까지 유배 보내거나 노예로 삼았다. 더러는 능지형에 처하거나 3족 또는 9족을 몰살하기도 했다. 그 바람에 시인 호중조가 '탁청(濁淸)이라는 문구를 시에 넣었다가 '탁한 청나라'라는 뜻으로 규정되어 처형당했다. 심지어 반청 책자에 대해 금서목록까지 공포하여 출판·소지·구독을 금지했다(문자의 옥은 건륭제를 이은 가경제 이후 고증학의 발달로 자연스럽게 사라졌다).

반면에 한족을 관리로 선발하여 폭넓게 활용하는가 하면 한족의 고유한 전통문화에 대해서도 일정하게 인정했다. 한족의 우수한 인재들을 모아 지식인이 되도록 장려하고, 대대적인 편찬사업과 같은 학문 대역사를 벌여 오랫동안 그에 몰두하도록 유도해 한족의 결집과 불필요한 분란을 사전에 예방했다. 그 결과 실증주의와 과학적 객관주의에 투철한 실사구시 학풍인 고증학이 발전하기도 했다.

청나라는 유학을 고집하는 한족만의 독자성을 해체하기 위해 다양성을 장려하는 방편으로 유럽의 선교사를 받아들이고 서양의 문물을 적극적으로 활용했다. 아울러 미술에서는 중국의 전통적 기법에 더해 서양의 미술기법을 도입했고, 건축에서는 서양의 건축방식이 활용되어 원명원, 이화원 같은 웅장하고 아름다운 건축물이 세워졌다.

사실 건륭제는 강희제처럼 선교사들을 우대하고 부분적인 선교 활동을 허용했지만 기독교 자체에는 전혀 관심이 없었다. 그저 천문지리를 비롯한 과학과 건축을 비롯한 지식을 중시하여 적극적으로 활용한 것이다. 그러다가 1742년에 치열한 내부 논쟁 끝에 교황 베네딕토 14세가 제사 풍습을 금지하자 중국인들이 등을 돌리면서 신자가 대폭으로 감소해갔다. 선교사들도 제대로 활동하지 못하는 가운데 조정의 탄압과 유학자들의 공격으로 인해 미미한 존재로 전락했다.

좋은 지도자나 기업가라면 자신은 물론이고 구성원에게 문화예술을 즐기도록 이끌고 장려해야 한다. 그러면 풍부한 감성을 갖게 되면서 색다른 기획과 아이디어가 떠오를 수 있다. 개방적인 조직문화가 형성되어 서로 간의 유대가 강화되고, 대외적인 시선을 매우 우호적으로 유도할 수 있다. 무엇보다 정치지도자나 최고경영자가 수준 높은 인물이 되고 문화적인 자세에 대한 호평을 누릴 수 있다.

다만 정치와 기업의 본질을 잊어서는 안 된다. 군주가 분별력 없이 지나치게 문화예술에 빠져들면 사치와 향락을 부르고 엄청난 재정 지출과 낭비를 자초하기 마련이다. 송나라 휘종이 문예를 광적으로 애호하다가 국고를 거덜내며 민심을 잃은 채 나라마저 멸망으로 이끌었고 자신도 비참하게 죽었다. 반면에 자유로운 다양성을 보장해야 함에도 편향성과 일방성을 강조하면 비정상적인 문예 파괴자일 뿐이다. 진시황, 수 양제, 나폴레옹, 히틀러 등이 문화예술을 애호하고 내세웠지만 자신의 마음조차 정화하지 못한 채 아름다운 심성을 위한 본질조차 이해하지 못해 실패했다. 그보다 더 중요한 사실은 문화예술을 두고 치세와 경영의 한 수단이란 점에서 명확한 선을 그어야 한다.

높은 자리로 갈수록 중요한 것은 재정이다

건륭제는 백성들의 생활 안정과 국고의 충분한 확보를 위해 정확한 인구조사를 실시하여 국가 전반의 정확한 실태를 파악했다. 이렇게 되자 안정적인 세원이 대폭적으로 확보되어 국가재정이 넉넉해졌다.

무엇보다 선대에 이어 새로운 농작물과 재배방식을 개발하고 농경지를 늘려 농업 생산량이 크게 증가했다. 또한 개방화된 나라가 되자 16세기 대항해시대 이후 아메리카 대륙이 유럽의 손에 들어가면서 유럽 선교사들이 가져온 작물들이 청나라로 들어와 식량 확충에 도움을 주었다. 옥수수, 감자, 고구마, 사탕수수(설탕) 등과 같이 아무 땅에서나 잘 자라는 작물들이 대대적으로 보급되면서 중국인의 식생활에 절대적인 영향을 미쳤다. 지금이야 식탁이 풍성해져 아무렇지도 않게 보일지 모르지만 당시로서는 툭하면 홍수와 가뭄, 전염병, 천재지변 등으로 시달리던 백성들에게는 큰 도움이 되었다.

백성들의 경제적 형편이 좋아질수록 세금을 걷기 좋아진다. 건륭제 시절에는 농업 생산이 증가하고 백성들이 넉넉해지자 그에 따라 국가 재정도 풍족하게 채워졌다. 아울러 어려운 백성을 위한 국고에서의 지출도 줄어들어 2배의 효과를 발휘했다.

건륭제는 국가경제를 발전시키고 재정수입을 늘이기 위해 상업과 교역이 활발하게 벌어지는 것이 가장 좋다는 사실을 정확하게 알고 있었다. 정부가 나서서 상업을 장려하고 인적 이동과 물자의 운송을 위한 인프라를 확충하여 시장과 경제가 신장되었다.

유럽은 라틴 아메리카를 정복하고 지배하면서 페루와 멕시코를 비롯한 여러 곳에서 막대한 은을 채굴해 들여오면서 유럽 대비 1/3 가격에 지나지 않는 값싼 은을 손에 넣고 그때까지의 거래 가격차를 이용해 막대한 부를 축적했다. 특히 중국에서 금과 은의 교환 비율이 1:6~8이고, 유럽에서는 1:12였던 상황을 활용해 유럽에서 금 1kg을 은 12kg으로 바꿔 중국에 가져가거나 반대로 금을 중국에서 구입해 유럽에 가져가 2배가량의 큰 이익을 남겼다. 또한 중국 은과의 큰 가격 차를 활용해 중국 물자들을 대량으로 사들여 엄청난 차익을 실현했다.

더욱이 명나라가 폐쇄적인 해금정책을 펴 복건성 상인만을 상대로 무역을 한 것과 달리 그의 치세 중에 무역이 본격적으로 활성화되자 비단, 차, 도자기 등을 주요 특산품으로 수출하여 국가재정을 넉넉하게 만들었다. 그 결과 유럽으로부터 엄청난 은이 들어와 국고에만 해도 1760년에 8.5만kg이던 것이 1780년에는 45만kg이 채워져 있었다.

이렇게 하여 청나라가 들어설 때 1억명도 안 되던 인구가 강희제의 치세가 끝난 해인 1722년에 1억5000만명으로 늘어났고, 건륭제의 치세가 끝날 무렵인 1790년에는 3억명을 넘어섰다. 1793년 기준으로 전 세계 국민총생산(GDP)의 1/3을 차지하면서 산업혁명을 한창 일으키던 영국조차 청에 외교 · 무역 관계를 요청하면서 머리를 조아리게 했다. 그와 함께 백성들의 생활수준도 높아져 조선의 영 · 정조시대(1724~1800)처럼 여유 시간이 늘어나고 문화예술을 즐기게 되었다.

지나치면 모자람만 못하다: 서서히 나타난 교만과 사치

건륭제는 말년에 갈수록 지나친 외정과 내순을 벌였다. 또한 도를 넘은 사치와 낭비로 인해 국가재정에 막대한 부담을 주면서 쇠락의 전조를 보이기도 했다. 특히 건륭제가 절대적으로 신임한 화신의 전횡 속에 관리들의 매관매직과 부패가 횡행하면서 민생이 어려워져갔다.

건륭제는 6차례의 남순을 벌이던 즈음에 서서히 과시욕과 교만이 나타나기 시작했다. 남경, 양주, 항주, 소주 네 도시에 호화로운 행궁을 짓고 날마다 사치스런 만찬을 즐겼다. 할아버지 강희제가 순행을 하더라도 가져간 내탕금만으로 모두 충당하고도 남겨 돌아온 것과 달리 평균 10배 이상을 지출해 국고를 낭비했다. 나중에는 비용이 떨어지자 백성들을 수탈해 충당하는 지경까지 되었다. 그 밖에도 4차례의 서순, 5차례의 동순도 진행했다.

또한 순행을 하던 중에 사고가 일어나기도 했다. 1748년에 동순 중에 공자의 고향인 곡부까지 내려가 공림을 참배한 뒤에 사랑하던 황후가 배 위에서 연회 중에 강에 빠져 북경으로 급히 가다가 오한으로 죽었다. 1765년에는 남순 중에 새 황후가 연회 뒤에 머리를 자르고 여승이 되려 했다가 건륭제의 노여움을 사 북경으로 보내졌고 유폐되었다가 죽었다.

지도자를 비롯해 높은 지위와 부를 가질수록 교만하기 쉽다. 그렇지만 자신을 망치거나 파멸로 가는 가장 큰 적이 교만이다. 유학에서 그토록 중시하는 예는 교만을 다스리는 자세와 방식이기도 하다. 성경이나 불경에서도 교만을 수도 없이 경계했다.

교만은 자신이 목적한 바를 일정하게 이루었을 때 나타나는 경우가 일반적이다. 이런 까닭에 자신의 목표를 이루었다는 생각을 되도록 하지 말아야 한다.

'이만하면 되지 않았나.'

바로 그 순간에 교만은 또아리를 틀기 마련이다. 그래서 높고 원대한 목표를 세워야 하며, 늘 겸손함과 근검절약을 배우고 실천하는 한편 일정한 목표를 성취하면 다시 새로운 목표를 세워 자신을 가다듬어 나가야 할 것이다.

부패만 막아도 국민은 살 만하고 나라는 발전한다

건륭제는 아버지 옹정제를 본따 '주필(朱筆)'을 잘 활용했다. 주필은 황제만이 쓸 수 있던 붉은 먹으로 쓴 글씨로 '주비유지'라 불린 답장을 보내 황제의 명을 해당 지방관에게 직접 내려 곧바로 시행하게 했다. 그리고 감찰까지 직접 관장해 신료와 지방관에 대한 기강을 확립하여 관리들의 부패와 실정을 막는 한편 조정과 전국을 확실하게 장악했다.

또한 수시로 편한 옷차림으로 황궁을 벗어나 백성들의 일상을 둘러보고 민심을 살피기를 자주 했다. 그러면서 이따금 신하들의 집도 예고없이 들러 대신과 관리들의 실생활을 확인했다. 그 과정에서 좋은 인재들을 두루 발굴하여 골고루 기용했다. 이런 까닭에 대신이나 관리들의 뇌물수수, 횡령, 축재는 거의 일어나지 않았다.

그러나 건륭제가 나이가 들자 본인이 관장하는 정무에 게을러지고 중앙의 업무만 처리하면서 주필에 소홀해졌다. 이에 따라 지방에서부터 관리들의 재량에 맡겨지자 탐관오리로 변하기 시작했다. 일반 백성들과 상인들을 상대로 과잉징수, 착복, 수탈이 자주 벌어졌고 국가재정마저 제대로 관리되지 않게 되었다.

나중에는 조정의 중신마저 부패에 빠져들어 지방의 말단관리까지 부패의 연결고리가 이어지는 지경이 되었다. 특히 중신이던 군기대신

우민중이 사익을 좇고 축재를 벌이면서 조정대신들도 뇌물에 맛을 들이기 시작했다. 급기야 1774~81년간에 감숙성 순무 왕단망이 조정에서 보낸 구호자금을 착복했다가 후임자에 의해 드러나면서 청나라 최대의 뇌물수수 사건이 터졌다(군기처는 옹정제 이후 정무 · 군사의 최고국가기관이 되었으며, 군기대신은 재상격이었다. 또한 총독 · 순무는 명나라 이후 지방행정기관의 최고 관리였는데 청나라에서는 성省을 기준으로 총독은 3성, 순무는 1성을 관할했고, 서로 대등한 위치에서 협력과 견제 관계를 유지했다).

건륭제는 왕단망을 비롯해 일정액(2만냥) 이상을 빼돌린 관리들을 모두 사형에 처했다. 군기처에 각 성의 총독 · 순무가 제대로 보고를 올리는지 지난 해의 것과 대조하도록 지시했다. 하지만 나이가 든 건륭제가 전과 달리 직접 챙기지 않게 되자 부패가 근절되지는 못했다.

무엇보다 건륭제 치세 후반에 실력자로 행세한 화신이 나라 전체를 부패에 빠지게 만들었다. 건륭제는 자신이 직접 좋은 인재들을 발굴했는데 그중에서도 유용, 기윤, 화신 3명을 가까이 두고 국정에 활용했다. 특히 유용과 기윤은 황제를 비롯해 황실과 조정이 검소한 가운데 백성을 위한 정책을 추진하도록 노력했다. 다만 후기로 가면서 화신이 건륭제의 신임을 등에 업고 두각을 드러내며 독주하자, 유용과 기윤이 자청해 지방의 한직으로 내려가버려 화신을 견제할 사람이 없어지면서 국정의 난맥이 초래되었다.

원래 화신은 금군의 하급무사로 있다가 당차고 약삭빠른 처신으로 건륭제의 신임을 얻어 측신이 되었다. 호부시랑이 되어 국고를 책임진 상태에서 왕단망의 뇌물수수 사건을 처리하면서 막대한 재산을 국고로 환수하여 건륭제의 절대적인 신임을 얻어 군기대신에 이어 호부상서 · 의정대신이 되었다. 이후 화신은 지위 고하를 막론하고 뇌물을 걷어들여 자신의 창고에 집어넣었다.

화신은 수차에 걸쳐 참소되었지만 건재했다. 만주어, 중국어, 몽골어, 티벳어 등의 4개 국어에 능통하고 실무능력이 뛰어났으며, 맏아들이 건륭제가 65세에 얻어 가장 사랑하던 막내딸인 화효공주와 혼인하면서 독보적인 조정의 실권자로 행세했다.

게다가 건륭제가 관리들에 대한 철저한 단속을 게을리하자, 그 틈을 치고 들어간 화신이 가히 한 국가에 버금가는 수탈과 착취를 벌이면서 조정과 지방에 이르기까지 부패가 만연하는 상황이 벌어졌다(가경제는 아버지 건륭제의 비호를 받던 화신을 증오했지만 꾹 참고 기다렸다. 건륭제가 죽자 화신에게 국상을 처리하게 한 뒤 곧바로 파직했고 권력전횡과 부정축재를 포함한 죄를 물어 건륭제 사후 15일 만에 명을 내려 자결하도록 했다. 화신이 모았던 재산은 모두 국고로 환수했는데, 이때 처분된 화신의 재산은 8억냥에 이르러 청나라가 20년 이상 걷을 세금을 넘어서는 정도였다).

물러날 때를 잘 알고 결단하면 크게 얻고 역사에 남는다

건륭제는 1735년에 자신이 즉위할 때 약속한 대로 재위 60년이 되는 해에 황제에서 물러났다.

"할아버지 강희제께서 61년간 재위하셨으니 감히 그 기록을 넘을 수 없다. 약속대로 기한이 되었으니 황자에게 황제를 넘기고 물러나겠다."

사실 이 약속을 지킨 건륭제를 대단하다고 볼 수 밖에 없다. 60년 전에 한 약속을 어제 일처럼 기억해두었다가 오늘 그날이 되자 어김없이 지킨 것이다.

원래 건륭제는 한족 출신의 후궁에게서 난 15황자 애신각라 옹염을 1773년에 후계자로 정하고, 이름이 담긴 상자를 건청궁의 정대광명 현판 뒤에 넣어놓았다. 1789년이 되자 옹염을 가친왕에 봉한 뒤에 정사와 군무를 처리하게 했고, 1795년에는 유조를 꺼내 황태자로 봉했다.

마침내 1796년 2월 9일(음력으로는 1795년 12월 30일) 건륭제는 84세의 나이로 황제에서 물러났다. 다음날 자금성 태화전에서 양위식을 열어 가경제(재위 1796~1820)가 새로운 황제가 되었다. 다만 건륭제는 태상황제로서 중요한 정사와 군무 그리고 인사권을 유지하며 권력을 행사했다. 가경제도 친정을 할 수 있었지만 중요한 일은 반드시 건륭제를 거쳐 실행했다.

건륭제는 중국 역사상 태상황제 중에서 유일하게 황제보다 더 많은 실권을 행사했다. 3년간의 막후 시절까지 포함하면 실질적으로는 가장 오래 황제의 역할을 하며, 가장 오래 산 황제였다.

그러나 청나라의 오랜 황금기를 다 지나보내고 쇠락의 기운이 나타나기 시작한 때와 같이 하여 자신의 병세가 점차 깊어졌고, 1799년에 88세의 나이로 숨을 거두었다.

옥의 티는 있었지만 역사상 명군 중의 명군이었다

건륭제는 말년에 갈수록 교만과 과시욕, 잦은 원정과 내순, 과도한 사치와 낭비, 화신 같은 측신 관리의 실패 같은 약점이 드러났다. 그렇지만 철저한 자기 관리, 규칙적인 생활을 통한 건강 유지, 풍부한 교양과 문예 생활, 국정에 대한 뛰어난 업무처리능력, 선대의 좋은 점을 그대로 따라하는 모방 · 학습능력, 활발한 정복사업으로 방대한 국토 형성과 변방의 안정 등과 같이 남다른 강점들이 많아 역사상의 명군으로 평가받고 있다.

자기관리에 있어 선대의 경우를 참작해 철저하게 지켜 일생 내내 건강 속에 천수를 누렸다. 강희제가 국사에 충실하면서도 독서 · 사냥 · 산책 · 음식 · 건강 등을 나이에 맞게 각별하게 챙긴 전례를 감안하고, 옹정제가 하루 4시간만 자면서 오로지 국사에만 파묻혀 일벌레처럼 지내다가 과로로 병사한 전례를 경계했다. 오전에는 부지런히 국사를 보았지만, 오후에는 독서와 시 · 서화 등을 즐기고 풍류를 누리며 지성인으로 살면서 자신의 정신과 건강을 다스렸다.

또한 여행을 좋아하여 순행을 자주 다니면서 문인, 예술가들과 담론을 즐겼다. 그림, 도자기, 칠기 등의 예술품과 골동품에 관심을 보이면서 수집하는 한편 예술가들을 우대했다. 음식에도 큰 관심을 가져 중국음식의 집대성이라 불리는 '만한전석(滿漢全席)'이 완성되기도 했다. 특히 차를 좋아하여 용정차를 주로 마셨으며 자주 대신들을 불러 대접했다.

건륭제는 가족을 소중히 여겨 어머니에 대한 효도에 정성을 기울였다. 하루도 거르지 않고 3번씩 어머니가 거처하는 자녕궁에 가서 문안 인사를 했다. 순행 때마다 모시고 가서 즐거운 시간을 가지도록 배려했다(어머니는 1777년에 85세로 사망할 때까지 내명부를 오랫동안 이끌며 외아들인 건륭제를 비롯해 며느리, 손자들, 대신들에 이르기까지 두루 사랑과 존경을 받았다. 그렇지만 정치에는 일체 개입하지 않았다).

건륭제는 위대한 군주였다. 강희제와 옹정제라는 훌륭한 선대의 좋은 점을 취해 최대한으로 활용한 결과였다. 특히 일생 동안 할아버지 강희제를 진심으로 존경하여 자신의 서재에 어진을 걸어놓고 가능한 한 본받고 정책을 이어가려 노력했다. 심지어 황제의 자리마저 강희제를 넘지 않으려 물러났다.

그리고 후계자 관리를 잘해 가경제가 순조롭게 황제에 즉위했다. 이는 자신의 생존 중에 황제를 넘기고 이후 3년에 걸쳐 국정을 관장했기 때문에 가능했을 것이다. 그가 두 눈을 시퍼렇게 뜨고 있는 상황에서 누가 감히 대놓고 후계다툼을 벌이고 새 황제에게 시비를 걸 수 있었겠는가. 실제로 건륭제의 황자들은 강희제와 옹정제의 황자들과 달리 후계다툼을 벌이지 않았다. 이렇게 하여 자연스럽게 강희제의 최대 고민거리이자 실책으로까지 거론되던 후계자 문제를 무난하게 처리한 것이다. 이 점에서 만큼은 세상에서 가장 존경했던 강희제를 뛰어넘는 것이기도 했다.

현대 중국은 건륭제의 덕을 크게 보고 있다. 비록 '만주족의 나라'라 하여 현대 중국을 건국한 모택동마저 반청 사상을 갖고 신해혁명에 참여할 정도로 적대했지만, 막상 중국을 건국하자 청나라의 모든 것을 계승한다고 천명하고 건륭제가 넓혀 놓은 영토 대부분을 중국의 영토로 만들어 역사상 유례 없는 오늘날의 대국을 형성하게 되었기 때문이다.

대초원 북방 민족이 중국사를 주도하다

청나라는 현대 중국에 이르기까지 중국을 지배한 마지막 외세 이민족의 나라였다. 만주족은 만주와 몽골을 기반 삼아 중국 대륙을 차지하고 신강위구르와 티벳까지 지배했다.

원래 중국은 한족이 황하 일대를 무대로 형성하였다가 점차 동서남북으로 영토를 확장해갔다. 하지만 그 과정에서 숱한 외세 이민족에 의해 잦은 침입과 지배를 겪기도 했다. 그런데 외세 이민족들은 시대에 따라 주역은 바뀌었을지언정 한결같이 대초원을 무대로 살며 활약한 북방 민족들이었다.

사실 중국 대륙을 농경민인 한족이 지배한 경우는 한, 송, 명과 같은 나라 정도였다. 그나마 왕조가 성립해도 국가관리에 힘들어했고, 북방 세력에게 전란을 겪으며 침략받거나 조공을 바치거나 아예 지배당해야 했다. 화북(북부 지방) 일대나 중국 대륙 전역을 차지하고 왕조를 연 북방 민족들만 해도 융족, 흉노, 선비족, 돌궐(투르크, 지금의 터키), 거란족, 여진족(만주족), 몽골 등이 있었다. 차례대로 대초원의 주역으로 등장하여 강력한 세력을 형성한 뒤에는 막강한 군사력을 앞세우고 남하하여 중국 대륙을 지배했다.

중국의 기초를 닦은 주나라를 멸망시킨 주역이 견융이었으며, 진(秦)나라는 서융이 지배층을 형성하고 중국 역사상 최초의 통일을 이룩했다. 춘추전국시대와 진한시대를 거치면서 흉노가 등장하여 북방을 주도했다. 특히 한나라 이후에는 흉노가 중국을 압도한 경우가 많았으며, 삼국시대를 마감한 진나라를 멸망시키고 5호16국시대를 열었으며 여러 왕조들을 세워 화북 지역을 장악했다.

선비족은 흉노의 뒤를 이어 세력을 떨치면서 5호16국시대에서 여러 왕조들을 성립하며 기세를 올리기 시작한 뒤 남북조시대에는 북조의 5대 왕조를 차례로 열었다가 수당시대에는 중국 대륙 전역을 차지하고 번영을 누렸다. 수당시대에는 고구려와 돌궐이 강성하여 패권을 겨루었다. 당 말기부터 5대10국시대 때는 돌궐이 당의 멸망에 결정타를 가했고, 이후 여러 왕조를 세우며 주도했다.

무엇보다 10세기 이후부터 20세기 초에 이르기까지는 명나라만 제외하면 북방 민족들이 번갈아가며 등장해 중국 대륙의 지배자가 되었다. 거란족의 요, 여진족의 금, 몽골족의 몽골 제국(원), 만주족의 청나라가 차례로 등장해 1912년까지 중국을 지배했다.

그 밖에도 한민족(조선 · 부여 · 고구려 · 발해 등)을 비롯하여 동호(북방 중 동쪽), 오환(동호의 후손), 저족(티벳의 갈래), 갈족(흉노의 갈래), 강족(티벳의 갈래), 유연(몽골의 갈래), 철륵(정영 · 고차, 돌궐의 갈래), 토욕혼(선비족의 갈래), 토번(티벳), 위구르(돌궐의 갈래), 탕구트(강족의 후신인 티벳의 갈래로 서하 건국) 등의 여러 세력들이 있었다. 이들도 중국을 위협하거나 중국 대륙의 일정한 영토를 차지한 채 강력한 세력을 구축하였으며, 더러는 왕조를 열거나 대제국을 건설했다.

다만 융족만 해도 견융 · 서융이 있고, 훨씬 더 멀리 중국 대륙 북방에 산융이 웅거했다. 흉노도 통합 국가를 유지하지 못했을 때는 남흉노와 북흉노로 갈라지기도 하였으며, 훈족(서진하여 4세기 이후 유럽까지 지배하며 게르만족 민족대이동을 초래해 오늘날 유럽의 판도를 형성했음), 갈족 등을 비롯해 여러 갈래가 있었다. 돌궐 역시 동돌궐과 서돌궐로 분열되기도 했고, 사타족을 위시한 여러 갈래들이 나라를 성립하며 존속했다. 선비족은 탁발부, 모용부, 우문부를 비롯한 6대 부족들이 대초원 북방의 방대한 지역을 차지한 채 번갈아가며 중국 대륙 북부와 대륙 전체를 지배하기도 했다.

다른 북방 민족들도 왕조를 세우거나 방대한 제국을 형성할수록 대체로 여러 갈래로 갈라졌는데, 이는 한민족의 한 갈래인 부여가 고구려, 백제 등으로 분립해 간 것과 비슷한 경우이며, 게르만족이 갈라져 프랑스, 독일, 오스트리아 등으로 분립한 것과 다르지 않다.

막강한 기마군단을 앞세운 대초원 북방 세력

대초원 북방 민족들은 유라시아 북방과 중앙아시아 · 서역을 기반으로 동서 8000km에 이르는 방대한 대초원을 중심으로 생활해왔다. 원래 이들은 유목민으로 생활하다가 기마 세력이 되면서 인류문명사의 주역으로 변모해갔다. 특히 말을 잘 타고 원하는 대로 부리는 기마술이 뛰어났고, 강한 단궁으로 말 위에 탄 채 달리면서 활을 쏘는 궁술 덕분에 막강한 군사력을 자랑했기 때문이다.

이런 기량을 갖춘 기병을 중심으로 편성된 강력한 기마군단은 어떠한 정착 · 농경 지역으로도 진출하면 곧바로 정복자가 되었다. 그리고 한번 제국을 형성한 뒤에는 아무리 방대한 지역일지라도 별다른 어려움 없이 수백년에 걸쳐 존속한 경우가 일반적이다.

북방 세력에게 말은 힘의 원천이 되었다. 초원 지역을 오가며 양, 염소, 소, 말, 낙타 등을 키우며 살았지만, 말은 가장 중요한 생활의 수단이자 생존의 관건이 되어 왔다. 드넓은 초원을 오가는 최적의 수단이었음은 물론이고 적군이 침입해

오면 말이 아니고서는 피할 길이 없어 필수적이었다.

이들은 말을 잘 타기 위해 말 도구를 개발하고 말을 잘 부리기 위해 기마술을 발전시켰다. 무엇보다 재갈과 고삐 및 말발굽과 편자의 발명은 결정적인 계기가 되었다. 그 덕분에 사람이 타고 유일하게 사람보다 빨리 달릴 수 있는 말을 자유자재로 다루게 된 것이다.

반면에 정착 · 농경민들은 말을 키울 초지가 없다 보니 말이 귀해 기마군이 공격해오면 보병으로 대항해야 했다. 그러나 아무리 대군을 모아 대적해봐야 1당100인 기병을 당하기 어려웠다. 설령 수만 수십만 군대를 편성해도 기병이 도망가 버리면 쫓아가지도 못했다. 그러다가 나중에 대군이 식량난이나 추위에 시달리

재갈과 편자

재갈 말의 아래턱 치열에 있는 틈새를 이용하여 가죽(나중에 금속제)으로 만든 밧줄을 넣어 뼈(나중에 금속제)로 만든 재갈로 고정

⬇

재갈을 연결한 고삐 덕분에 말을 타고 방향 조종과 제어 · 정지를 자유롭게 하면서 이동하고 수레를 끄는 것이 가능해졌음

편자 말 발굽 바닥에 휘어진 금속띠인 편자를 박음

⬇

다리와 발굽의 보호는 물론이고, 미끄러지지 않고 충격 흡수력과 정지 마찰력이 좋아 말의 장거리 주행이 가능해졌음

게 되면 그때 다시 공격해와 무력화시켜 버린 것이다.

그보다 정말 주목해야 할 사실은 대초원 세력이 유라시아 지역의 중심부를 차지하고 동 · 서양을 오가는 실크로드(비단길)를 장악한 채 활발한 교역을 벌여 막대한 부를 거두는 한편 도시를 건설하여 번영을 누렸다는 점이다. 특히 일정한 지역을 정복하면 대부분의 경우 강성한 제국을 건설하여 오랜 기간 존속하며 통치를 하는가 하면 학문과 문화예술을 어느 시절보다 활짝 꽃피웠다.

이는 외적의 습격, 급변하는 자연환경, 역병 같은 돌림병의 창궐 같은 위협 때문에 가족이나 이웃을 중심으로 일정한 지역 내부에서는 서로 돕고 사는 문화가 정착되어 있어 단결이 잘 되었다. 그런 반면에 워낙 드넓은 지역에 흩어져 살기 때문에 대가족이나 부족 단위로 모이고 흩어지면서 큰 세력을 형성하지 못하는 것이 결점이었지만, 강력한 지도자가 등장해 일정하게 큰 세력을 형성하면 막강한 군사력을 자동으로 보유하게 되면서 정복자 집단으로 전환했다. 게다가 모든 군사단위와 편제를 놓고 일상적인 생활이나 지역행정과 1원화했기 때문에 새로운 지역을 정복하더라도 곧바로 지역 전반을 접수할 수 있었다.

그러다보니 초원을 무대로 워낙 여러 민족과 부족들이 뒤엉켜 살면서 숱한 이합집산, 주변과의 분쟁, 세력 간의 전쟁과 외교 등을 경험하면서 사람들을 부리고 무리를 관리하는 능력과 함께 자연스럽게 여러 민족들을 아우르는 통치역량이 남달리 뛰어나게 되었다. 이에 따라 아무리 방대한 농경 지역을 지배하게 되더라도 군사강국의 기반에 정치대국을 이루어 제국을 건설하고 오랜 세월에 걸쳐 통치한 것이다.

또한 일정한 지역을 차지하면 넓은 지역을 다스리던 경험을 살려 군사체계를 기반으로 행정과 지방 체제까지 신속하게 정비하여 지배했다. 유목 생활을 통해 체득한 대로 개방성과 유연한 사고를 가지고 있어 종교, 민족, 전통, 문화 등을 두고 대체로 자유롭게 허용하는 관용 정책을 기본으로 유지함으로써 방대한 지역을 어렵지 않게 잘 다스렸다.

그리고 소수정예의 기마전문 부대를 운용했기 때문에 전쟁에 따른 전비 지출이 얼마 되지 않는 데다가 세금의 중요성을 간파하여 방대한 지역에서 세금과 물자를 징수함으로써 풍요로운 생활과 넉넉한 재정을 유지했다. 이러한 가운데 상업과 교역을 자유롭게 보장하여 풍부한 물자들이 넘쳐나도록 이끌었고, 거래세를 걷어 막대한 부를 축적했다. 또한 경제력이 쌓일수록 자유로운 사회 분위기가 전반적으로 조성되어 있어 자연스럽게 학문과 문화예술이 융성하게 되었다. 특히 대제국이 건설되거나 교역이 발전할수록 동양, 중양(서아시아), 서양을 3대 축으로 하는 문명 간의 교류와 협력도 촉진되었다.

북방민족은 근대적 변화를 주도했다. 몽골은 총과 포 등을 개발하여 유럽에 전파했고, 오스만 제국은 동로마 제국을 멸망시킬 때 우르반 대포를 앞세워 콘스탄티노플을 함락했다. 여기서도 몽골은 이슬람의 과학기술과 중국의 화약을 이용해 강력한 총과 포를 개발했고, 오스만은 헝가리의 무기개발자를 활용했다. 유럽은 몽골의 총포 무기와 오스만의 대포에 놀라 적극적으로 받아들였다.

다만 총과 포 같은 근대식 무기의 등장으로 먼거리를 이동하며 활로 공격하던 이점이 사라졌고, 대항해 시대 이후 바닷길이 열리면서 교역과 부를 얻을 기회가 사라졌다.

그렇지만 유럽을 제외한 거의 모든 지역에서 20세기 초까지도 청나라, 오스만 제국, 무굴 제국 등이 최강대국의 위상을 유지했다.

물론 20세기 유럽과 미국의 시대가 열리면서 대초원 북방 세력이 퇴조한 것도 분명하다. 하지만 21세기 이후 진취적 기질을 살린 활발한 국제무대에서의 활동을 통해 일본, 한국, 터키를 중심으로 새로운 도약을 하며 재부상하고 있다. 더 중요한 것은 교류와 협력의 시대를 맞아 서로 간에 공존, 공유, 공조, 공영의 세계를 만들어야 할 것이다. 그러면서 대초원문명 연합을 통해 자체의 역량을 결집할 필요가 있다.

13

목표가 없을 때

모택동

현대 중국을 건국하다

모택동이 획정한 현대 중국의 영토

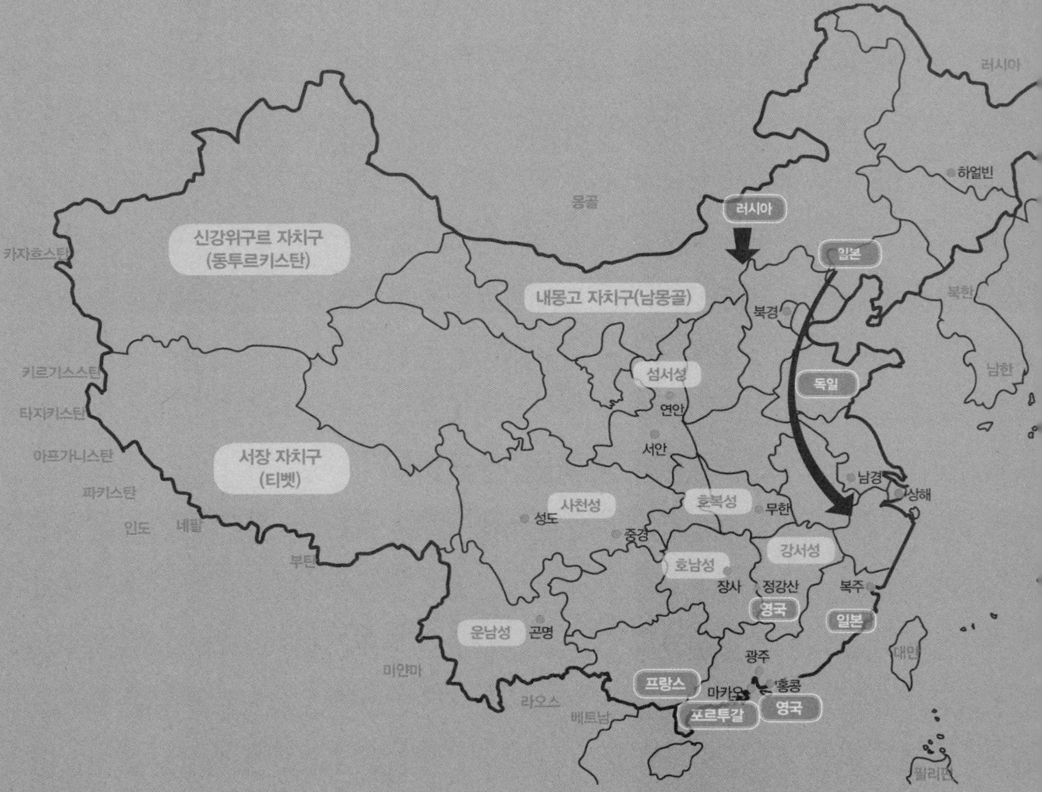

✚ 1840년 아편전쟁 이후 서구열강과 일본의 침탈과 식민지배가 이루어져 1945년까지 1세기 이상 진행되었다. 영국, 프랑스, 러시아, 독일, 일본이 대표적인 열강이었으며, 마카오는 포르투갈이 16세기 중반에 점령한 이후 사용하다가 1888년에 조약을 맺은 것이다(중국은 1999년에 반환받았다).

✚ 중국은 14개 국가와 접경하고 있다. 동→북→서→남쪽으로 북한, 러시아, 몽골, 카자흐스탄, 키르기스스탄, 타지키스탄, 아프가니스탄, 파키스탄, 인도, 네팔, 부탄, 미얀마, 라오스, 베트남과 접경하고 있다. 해상으로는 북→남쪽으로 내려가면서 한국, 일본, 대만, 필리핀, 말레이시아, 브루나이, 인도네시아 등 7개국과 접경하고 있다.

모택동

선도 리더십(목표추구형)

현실에 맞게 착실하게 나아가 중국을 건국하다

오늘날 세계에서 가장 유명한 중국인은 모택동이다. 죽은 지 벌써 40년이 다 되어가지만 그의 명성은 전 세계에 울려 퍼지고 있다. 소련의 레닌이나 스탈린보다 더 자주 이름이 오르내린다. 더욱이 중국이 고도성장을 하고 강대국으로 등장하면서 그는 중국을 건국한 국부이자 현대 중국의 기틀을 다진 인물로 평가받고 있다.

특히 후임자격인 등소평이 모택동에게 자신의 목숨마저 위협받았지만, 대국적인 견지에서 중국의 건국자로서 확고한 위상을 정립해주었다. 이에 따라 대다수 중국인들도 그의 어두운 그림자를 보지 않고 밝은 태양을 상징하는 존재로 생각하고 있다. 이런 가운데 현대 중국사에서는 모택동과 등소평을 '불멸의 지도자'로 바라보고 있다.

그렇지만 한국인 입장에서는 모택동보다 나쁜 존재도 없다. 한국전쟁이 나자 대군을 보내 남북통일을 가로막고 분단된 현실을 남긴 장본인이기 때문이다.

그럼에도 불구하고 모택동을 통해 중국을 바라보고 이해하려는 사람들은 참으로 많다. 이젠 한국인이라 할지라도 과거의 적이라는 측면보다 중국을 대표하는 정치 지도자로서 객관적이고 합리적으로 접근하는 것이 현실적이고 현명한 자세라고 봐야 한다.

책과 교류로 인생의 길을 선택하다: 책 읽는 공산주의자

모택동(毛澤東, 마오쩌둥 1893~1976, 최고지도자 1949~76)은 호남성의 부유한 지주이자 곡물상의 3째아들로 태어났다. 위로 있던 두 아들이 일찍 죽어 만이나 다름없었다. 넉넉한 가정환경에서 자라났고, 7세 때 서당에 들어가 5년 동안 유학을 배웠다.

그러다가 교육을 중시하지 않은 아버지로 인해 12세에 학업을 중단하고 집 안의 농장에서 일하기도 했다. 1907년에는 14세의 나이로 나일수와 결혼했으나 자식도 없이 죽자, 1910년에 집을 나와 가까운 도시인 상담에 있는 중학교에 들어가 공부를 계속했다. 원래 모는 어릴 적부터 독서를 좋아하여 주로 중국의 역사책과 소설을 열심히 읽다가 이때부터 다양한 책을 읽기 시작하여 국제정세와 더불어 급진적인 서양의 신지식까지 접했다.

모는 몇 달 지나지 않아 호남성의 성도인 장사로 가 공립고등중학교에 입학한 뒤 반청 혁명가인 손문을 알게 되자 그에 대한 글을 많이 읽었다. 1911년에 신해혁명이 일어났을 때는 18세의 나이로 혁명군에 참여하여 사병으로 생활하기도 했다.

그러다가 1912년에 중화민국이 건국하자 다시 학교로 돌아가 학업에 열중했다. 하지만 만족하지 못한 채 방황하는 학창시절을 보냈다. 그렇지만 독서만은 즐겨 사범학교에 입학할 때까지 도서관에 자리를 잡고 세계사, 지리, 서양 철학, 정치학을 집중적으로 읽은 것을 비롯해 역사와 고전도 접하면서 소양을 쌓아갔다.

1913년 가을에 호남성 제1사범학교에 입학해 중국의 봉건사상에 대한 비판정신을 길렀다. 당시 그의 인생에 가장 큰 영향을 미친 스승이자 나중에 장인이 되는 교사 양창제를 만나 사회과학에 관해 폭넓게 배웠다. 1917년에는 혁명 정신이 강한 학생들과 신민학회(新民學會)를 조직하여 나중에 호남성의 혁명 지식인들이 형성되는 중심이 되었다.

1918년이 되자 모택동은 25세의 나이로 학교를 졸업한 뒤에 대학을 진학하지 못한 채 지내다가 자신을 아껴준 양창제가 북경대학의 교수가 되자 그의 도움을 받아 북경대 도서관 사서 보조로 일하게 되었다. 독서를 중시하던 그로서는 세계, 역사, 사상, 혁명, 전쟁에 관한 양질의 서적을 통해 정신세계를 채워나가 풍부한 지적 기반을 갖추었다. 또한 진독수를 비롯해 당대를 대표하는 지식인들의 강의를 듣기도 했다. 그러나 모의 희망과는 달리 북경대교수이자 도서관 주임이던 이대소와 같은 북경의 지식인 그룹에서는 일개 도서관 사서 보조원인 모를 주목하지도, 그의 말을 들으려고도 하지 않았다. 그사이에 누린 즐거움이라면 독서와 함께 양창제의 딸인 양개혜를 만나 사랑을 나누던 일이었다.

1919년에 모택동은 어머니가 위독하자 고향으로 돌아와 장사소학교와 중학교에서 역사 교사로 일했다. 무엇보다 이 해는 모가 혁명가의 길로 들어선 역사적인 해이기도 하다. 거의 혼자 글을 쓴 잡지《상강평론》을 발행했지만 4차례 나온 뒤에 지역 군벌에 의해 폐간되었다. 다만 7월 14일에 쓴 창간 선언문에서는 모의 미래를 엿볼 수 있다.

"드디어 인류 해방을 위한 운동이 시작되었다. 모든 낡은 편견에 의문을 품어야 한다."

모는 창간호에 26편의 글을 실은 뒤에 2000부를 찍어 거리에서 직접 팔기도 했다. 또한 학생 · 노동자 · 상인들을 중심으로 단체를 결성하여 국민당 정부에 항일운동을 촉구하는 시위를 주도했다. 그러면서 언론에 실은 글을 통해 전 세계에 홍위병(紅衛兵)의 창설을 촉구하였으며, 1917년에 일어난 러시아혁명을 이상으로 삼고 그 실현을 지향했다.

당시 모에게는 슬픈 일이 이어졌다. 10월에 어머니가 죽고, 12월 북경으로 돌아왔으나 다음해 1월에 양창제가 병으로 죽고, 며칠 뒤에는 아버지마저 죽었다. 몇 달 사이에 소중한 세 사람을 모두 잃은 것이다. 하지만 모는 북경에 머물며 공산당의 공동 설립자가 되는 이대소와 친하게 되었으며, 상해로 가서는 중국의 공산주의를 대표하던 진독수와도 만나 초기 공산당의 결성과 첫출발에 참여하게 되었다.

1921년이 되자 28세의 모택동은 공산주의를 사상적 기반으로 삼고 본격적인 혁명가의 길로 들어섰다. 진독수와 이대소가 주도해 상해에서 열린 중국 공산당 1차 전당대회의 창립에 참석하여 회의서기로 일하면서 중국 초기 공산주의자로서 핵심적인 위치에 올라서게 되었다. 또한 지역 대표로도 참석하여 지침을 받고 장사로 돌아왔다.

'호남성에서 당을 건설하라.'

그 뒤로는 고향으로 돌아와 공산당 호남성 지부를 창립해 서기로 취임했고, 당 조직 사업에 활발하게 나섰다. 또한 진독수와 이대소를 만나면서 공산주의 사상에 대한 깊은 의식을 갖게 되는 한편 교육사업의 중요성을 깨닫고, 장사사범학교 부속 초등학교를 세우고 교장이자 어문학 교사가 되었으며, 장사 제1사범학교 교사로 1924년까지 재직했다.

그때 모택동은 아버지의 유산을 물려받아 안정된 생활을 하였으며, 양창제의 딸이자 동급생이었던 양개혜와 함께 가정을 차렸다. 그녀와의 사이에 세 아들을 두었으며, 1927년에 국민당군에 패배해 도망가다가 헤어질 때까지 동고동락을 같이 하면서 서로를 의지하며 다정한 부부의 정을 나누었다. 나중에 모는 혁명과 건국 과정에서 아내와 자식들을 잃는 개인적인 비극을 겪어야 했다(모택동은 4번의 결혼을 하고 4남 4녀를 두었다. 한국전쟁에서 전사해 우리에게 잘 알려진 아들은 양개혜가 낳은 맏아들이다).

사실 모택동은 학창 시절까지 특별한 존재가 아니었다. 게다가 사상을 중시하는 공산 혁명가로서 주은래 · 등소평 같은 프랑스 유학파나 왕명 · 박고 같은 소련파들과 달리 이례적으로 대학에 가지도 못했고 해외 유학을 하지도 못했다.

하지만 모택동은 지식수준이나 논쟁에서 결코 밀리지 않았다. 탁월한 식견을 가진 이론가로서 자신의 명확한 입장을 확립했고 일관되게 유지했다. 물론 풍부한 책 읽기 덕분이다. 모택동은 일생 동안 독서를 즐겨 그의 풍부한 지식과 이론을 감당해주었으며, 세상을 헤쳐나가는 지도력을 발휘하는 힘의 원천이 되어 주었다. 그리고 현장을 충분히 경험한 덕분에 중국의 현실에 맞는 혁명은 물론이고 공산주의 노선과 행동방식을 추구하며 역사적인 승리를 일구어갔다.

뛰어난 존재가 되거나 큰 성공을 이루는 사람은 소수일 뿐이다. 하지만 독서만 열심히 해도 뭐가 되도 상당한 수준의 존재가 될 수 있다. 최소한 어느 정도의 성취를 이룰 수 있음은 물론이다. 그리고 사는 동안에 책을 계속하여 손에 잡고 읽는다면 언젠가는 어지간한 사람들을 모두 따라잡을 수 있을 것이다. 무한의 보고에서 찾아낸 지식과 지혜를 잘 활용하면 세상 무슨 일이든 못할까.

또한 모택동이 책 속에서 얻은 지식을 현실에 맞게 바꿔 현장에서 펼쳐나간 사실에 주목해야 한다.

'백문불여일견(百聞不如一見), 즉 100번 듣는 것이 1번 보는 것만 못하다'

중국의 2번째 정사 역사서인 《한서》에 나오는 말처럼 무엇이든지 현장에서 경험해야 확실하게 알 수 있는 법이다. 머리 속에 든 지식이나 관념적인 사고보다 몸으로 부대끼며 보고 체험한 것을 토대로 일하는 습관이 들면 현실감이 떨어지는 지식인이나 뭐든 말로 하려는 사변가들보다 훨씬 나은 존재가 될 것이다.

나의 목표에 충실한다: 장개석과 국민당을 상대로 끝까지 버티다

중국은 20세기 초까지도 만주족의 청나라가 지배하고 있었다. 그러나 중국 역사상 최고의 전성기였던 강옹건 시대를 지나면서 중앙정부의 부패와 내분, 지방의 혼란과 반란이 극심해졌다. 그러다가 영국이 아편전쟁(1840~42)을 일으켜 압승을 거두게 되자 본격적인 서구 열강과 일본의 침탈과 식민지배가 진행되어 2차 세계대전이 끝날 때까지 1세기 이상 고난을 겪어야 했다.

1911년이 되자 재정난에 처한 청나라 조정에서는 타개책으로 민영이던 철도를 담보로 열강들에게 자금을 빌리기 위해 철도국유령을 발표했다. 이에 한족들이 광범위한 반대운동을 일으켰다. 전국적인 무장투쟁으로 확산되는 가운데 무한봉기를 시발로 신해혁명이 촉발되어 청나라의 몰락에 결정타를 가했다.

1912년 1월 1일에는 손문(1866~1925, 재임 1912~13)을 대총통으로 하는 중화민국이 남경을 수도로 하여 건국했다(당시 손문은 혁명 지도자였지만 신해혁명을 주도한 것은 아니다. 일본에서 신문을 보다가 혁명 소식을 접한 뒤 귀국해 정치 지도자로 옹립된 것이었다).

그러나 손문은 그 직후 결정적인 패착을 저지른다. 무력의 한계를 절감한 채 북양군벌인 원세개(1859~1916, 중화민국 대총통 1913~15, 중화제국 황제 1915~16)에게 도움을 요청하면서 중국의 지도자 자리마저 내놓은 것이다.

"청나라 황제를 퇴위시키도록 도와주시오. 그렇게만 해준다면 공화제를 전제로 대총통의 지위를 양보하겠소."

원세개는 손문의 조건을 받아들였다.

"좋소. 황제가 퇴위하면 내게 한 약속을 꼭 지키시오."

원세개는 황제의 퇴위를 압박하여 성사시켰다. 이로써 중국에서는 청나라가 멸망하면서 만주족이 지배하던 왕조 시대를 마감하고 한족이 지배하는 현대사로 접어드는 서막을 열게 되었다. 그러나 손문은 봉건적 군벌세력들이 발호하는 현실을 척결하지 못했다. 오히려 원세개의 힘에 의존한 탓에 권좌마저 넘겨준 꼴이었다. 원세개는 대총통이 되자 북경 정부를 수립하고는 반동적 책략을 일삼는가 하면 이를 막으려는 혁명파들을 제압하면서 자신이 직접 황제가 되었다.

반면에 손문은 혁명파에 대한 탄압에 대항하여 의회정치를 추진했지만, 이권에 눈이 먼 열강과 어용 입헌파의 지지를 받은 원세개에게 밀려 다시 일본으로 망명을 떠나야 했다. 그러던 중에 전국적인 봉기가 일어나 원세개가 다시 중화민국으로 되돌리고 자신은 대총통이 되려다가 뜻을 이루지 못한 채 간암으로 병사했다.

이후 중국은 거센 변화의 소용돌이에 휘말렸다. 이때에도 손문의 지도력은 명확한 한계를 보이고 있었다. 주로 남쪽에 세력 기반을 형성하면서 이번에는 남양 군벌들의 힘을 빌렸지만 복잡한 정국을 풀어내지 못했다. 북벌을 준비하고서도 내부 정리를 제대로 하지 못해 이에 불만을 품은 광동군벌 진형명의 반란으로 포위되었다가 겨우 탈출해 북벌군의 도움으로 진압했을 정도였다.

중국에 공산주의가 자리잡다

1917년 러시아에서 공산주의 혁명이 일어나 성공하자 중국으로도 물결이 밀어닥쳤다. 그러나 초기의 공산주의 학자들은 이론과 사상을 도입하는 정도의 역할에 머물고 있었다. 그러다가 1919년에 한국에서 3 · 1운동이 일어난 가운데, 1차 세계대전 이후 중국도 전승국이었으나 배제된 채 일본이 영국을 비롯한 열강들의 힘을 빌어 별다른 역할도 없이 승전국이 되자 크게 자극받았다. 더욱이 일본이 패전국이 된 독일이 차지하고 있던 산동 반도를 넘겨 받자 북경대 학생들이 중심이 되어 반제국주의 · 반봉건주의 항일혁명운동인 5 · 4운동이 일어났다. 이 운동은 열강에 편승한 봉건적 군벌정부가 벌인 대대적인 탄압에도 불구하고 중국 전역으로 번져나가 중국의 신민주주의 혁명의 출발점이자 본격적인 근 · 현대사로 이어졌다.

손문은 5 · 4운동이 벌어지자 본부를 상해로 옮겨 국민당(1919~지금)을 결성하였으며, 그 뒤를 이어 공산당(1921~지금)까지 결성되자, 1915~20년에 걸친 신문화운동이 사실상 마무리되면서 정치 · 이념적인 성격을 강하게 지닌 새로운 국면이 전개되었다.

손문은 광동에서 국민당 정부를 성립하는 한편 공산주의와 연대하려 했다. 레닌의 혁명정부와 코민테른(제3 인터내셔널)이 이미 창당된 중국 공산당이 미약해 중국에서의 혁명을 주도하기에는 어림도 없다고 보고 접근해오자, 재정과 군사 지원을 기대하며 3대 정책을 주창하면서 전격적으로 손을 잡은 것이다.

'연소(聯蘇), 즉 소련과 협력한다. 용공(容共), 즉 공산주의를 포용한

다. 공농부조(工農扶助, 노농원조), 즉 노동자와 농민을 지원하여 서구열강 제국주의에 대항한다.'

손문은 공산당과 협력을 추진하여 1차 국공합작(1924~27)이 이루어졌다. 이번에도 손문은 원세개에 이어 소련 공산당을 끌어들이는 또 한번의 실책을 저질렀다. 누가 적이고 아군인지를 정확하게 판단하거나 소련과 공산주의자들의 실체를 제대로 알았더라면 이런 패착을 하지 않았을 것이다. 무엇보다 외세의 힘을 빌린 탓에 개입과 침탈을 자초했다. 그만큼 손문은 20세기의 정세에 어두웠고 통찰력과 판단이 뒤떨어졌다. 이러니 혁명가의 삶을 살면서도 혁명조차 제대로 완수하지 못한 채 사라져야 했다.

손문의 선택은 공산당으로 하여금 국민당에 준하는 전국적인 지명도를 부여하고 동등한 세력으로 인정하는 꼴이 되어 본격적으로 발호하는 기회를 제공했을 뿐이다. 이후에는 간암으로 건강을 잃어 별다른 활약을 하지 못한 채 국내적으로는 공산당의 부상과 군벌들의 발호가 이어지는 가운데 노동운동과 농민운동이 격화되며 전국적인 혁명운동으로 이어졌다. 국외적으로는 서구와 일본의 제국주의 열강이 맹렬하게 중국으로 밀려오는 가운데 독립국가의 건설이라는 과제를 이루지 못한 채 미완의 혁명가로 숨을 거두었다.

장개석의 국민당 VS 모택동의 공산당

장개석(1887~1975, 중화민국 국민정부 주석 1928~48, 대륙 총통 1948~49, 대만 총통 1950~75)은 1925년에 손문이 죽자, 국민당 내부의 우파를 이끌며 좌파들과 권력투쟁을 벌여 당권을 장악한 뒤 국민혁명군을 창설했다. 뒤이어 군벌들로 나뉜 중국을 통일하기 위해 대대적인 군사작전을 펼치기로 하고, 이듬해에 북벌을 시작했다. 또한 남경과 상해를 탈환한 뒤에는 국민당 좌파가 자신과 대립하는 무한 국민당 정부를 세우자 국민당 좌파와 공산당을 모두 정리하고자 했다.

1927년이 되자 상해에서 4 · 12쿠데타를 일으켜 노동자와 공산당에 대한 전면적인 탄압을 벌였다. 또한 중국 전역에 걸쳐 내전(1927~37)에 돌입하여 공산주의자들과 좌파들을 대대적으로 소탕하면서 숨 돌릴 틈도 없이 북벌을 밀어붙였다.

마침내 1928년이 되자 장개석은 장작림의 군벌을 물리치고 북경까지 탈환해 입성하는 한편 모든 군벌을 복속함으로써 중국을 통일했다. 또한 스스로는 국가 주석이 되어 남경을 수도로 한 중화민국 국민정부를 성립했다.

장개석은 손문이 추진하던 정책을 계승하기보다 전국적인 반제국주의 운동의 물결을 최대한 활용하는가 하면 중국 내의 경쟁세력인 군벌들, 국민당 좌파의 무한 정부, 새롭게 일어서는 공산당을 완전하게 정리하려 했다. 결국 국민당 좌파는 정리했지만, 군벌은 여전히 세력을 유지하고 있었으며, 공산당도 살아남아 수세 속에 강력하게 저항했다. 이에 장개석은 2차 북벌을 벌여 완전한 중국통일을 완수하려 했다. 하지만 1930년 이후 공산당에 대한 전면 공세를 벌였으나 뜻을 이루지는 못했다.

장개석은 범국민적으로 유학에 바탕한 도덕과 윤리를 앞세운 신생활운동을 벌였지만 지나치게 내부 지향적이었고 시대착오적이었다. 또한 국민당의 부패와 타락을 막는 근원적인 조치를 하지 못한 채 중국 안의 시급한 개혁을 제대로 추진하지 못해 민심을 장악하지 못했다. 정작 한 일이라고는 자유주의 운동과 반정부인사까지 탄압하고 언론을 통제하는 등 독재를 단행했다. 더욱이 공산당에 대한 공세에만 열을 올리면서도 중국 침략을 강화하는 일본을 방치하여 내부적인 반발이 높아지고 있었다.

이보다 더 위기는 없다, 하지만 목표만은 잊지 않고 버텨내다

1923년 모택동은 30세의 나이로 공산당 3차 전당대회에서 5명으로 된 책임비서로 선출되었다. 그리고 1924년에 손문의 우호적인 접근에 따라 공산당은 국민당과 항일을 위한 국공합작을 하게 되었다. 이렇게 되자 모는 공산당 중앙위원, 선전부장 대리는 물론이고 국민당과 중화민국의 직책까지 두루 역임했다. 다음해에 열린 국민당 대회에서는 중앙위원이 되진 못했으나, 나중에 국민당 선전부장 대리로 임명되었다.

당시 주목할 점은 모택동이 호남성의 농민운동을 살펴본 뒤에 '호남 농민운동 고찰 보고'를 발표하여 중국식 공산혁명의 동력으로 농민을 주목한 그의 노선(마오사상)이 나타났다는 사실이다. 1926~27년간에 호남성으로 다시 돌아와 농민의 결집 아래 국민당과 합작하여 군벌을 물리치고 장사로 들어갔다. 그러면서 농민을 더욱 심도 깊게 관찰한 뒤에는 중국의 공산혁명에서 농민의 엄청나고 폭발적인 힘을 직접 확인하면서 강력하게 주장했다.

"멀지 않아 수억명의 중국 농민들이 폭풍우처럼 봉기할 것이다."

그러나 모와 달리 장개석은 농민이나 노동자를 경시하여 자기 편으로 만드는 노력을 기울이지 않았다. 오히려 적대시하여 1927년에는 국민당의 상해 입성을 도운 노동자들까지 학살했다. 공산당 입장에서는 도시 기반이 궤멸되자 더욱더 농민을 기반으로 삼지 않을 수 없었다(당시 소련의 스탈린은 국민당과 손잡고 혁명을 완수하려 했으나 물거품이 되었다).

1927년에 모택동은 국공합작이 끝나게 되자 코민테른의 지시에 따라 도시에 혁명 거점을 구축하려다가 실패한 채 호남성 출신의 농민운동가를 비롯해 1000명의 병력을 이끌고 정강산으로 퇴각했다. 이후 농민부대를 재정비한 다음에 중국공농혁명군이라는 무장병력을 이끌고 봉기했지만 토벌군에게 진압당해 강서성으로 피신해야 했다. 그러고는 다시 병력을 재편성하여 정강산으로 옮겨갔다. 그러던 중에 사이좋게 지내던 아내 양개혜와 퇴각하다가 헤어지게 되었다. 이때가 모택동으로서는 정치활동에 나선 이후 1번째 시련이자 위기였다.

다행히 그즈음 지역의 일부 주민들과 또 다른 공산당 지도자인 주덕이 군대를 데리고 합류해 1만 병력으로 늘어나면서 홍군(紅軍, 소련의 적군처럼 모두 붉은 군대를 상징함)을 창설했다. 변방으로 쫓겨났던 유방에게 한신이 합류해온 것처럼 군사 지도자로서 뛰어났던 주덕이 가세하자 모의 공산당군은 강군으로 변모할 수 있었다. 1928년에는 정강산에서 만난 하자진과 사랑에 빠져 3번째로 결혼했다(모택동이 봉기를 일으켰다가 실패하면서 헤어진 양개혜는 1930년에 국민당에 붙잡혀 처형되었다).

1931년이 되자 모택동은 38세의 나이로 강서성을 근거지로 하여 홍군의 세력을 키우던 중에 중화소비에트공화국이라는 과도(임시) 정부를 세워 자신이 주석 겸 공산당 중앙집회위원회 주석을 맡았다. 또한 엄정한 군율을 확립하여 천명했다.

'결코 민폐를 끼치지 않도록 하라.'

이듬해에는 일본에 선전포고를 하기도 했다. 이렇게 하여 농민의 광범위한 지지를 얻어내면서 농촌을 근거지로 하는 유격전(게릴라전법)을 전개했고, 장개석이 벌인 공산당에 대한 4차례의 대규모 공세를 모두 막아냈다. 그 결과 공산당군은 45만명의 정규병력과 20만명의 민병대를 보유하게 되었다. 또한 국공합작이 끝난 이후 불법화된 공산당원들이 체포와 탄압을 피해 몰려들어 군세는 더욱 강화되었다.

시련은 한번으로 끝나지 않는다: 겹치고 쌓인 역경에도 살아남다

하지만 이내 모택동에게 시련이 닥쳐왔다. 1933년이 되자 만주사변(1931년)으로 주춤했던 장개석이 공산주의자에 대한 전면적인 숙청과 처형을 진행하는 가운데 100만 병력을 동원해 공산당에 대한 대대적인 5차 공세에 나선 것이다.

'먼저 국내의 적(공산당)을 물리친 다음에 외국의 적(일본)을 막는다!'

그렇지만 정작 모택동을 위협한 것은 외부의 적인 장개석과 국민당군이 아니라 내부의 경쟁자였다.

상해의 당 중앙을 비롯해 탄압을 피해 많은 공산당의 지도부들이 합류해 오는 가운데, 공산주의를 공부하고 돌아온 왕명(진소위)과 박고(진방헌)를 중심으로 한 '28인의 볼셰비키' 그룹이 소련파를 형성했다. 코민테른의 지지를 등에 업고 노선투쟁을 벌여 당권을 잡고 모택동의 지도권을 박탈했다(모스크바 손중산대학은 1923년에 손문이 비밀결사나 군벌로는 중국 혁명이 성공할 수 없다고 판단해 중국 공산당 및 소련에 제휴를 제안하자 소련이 이에 호응하여 손문의 호를 따 1925년에 설립했다. 코민테른 공산당 대학으로 손일선대학 또는 중산대학으로 불리기도 했다. 소련에서 중국으로 파견된 고문 미하일 보로딘이 직접 선발한 중국 공산당과 국민당의 혁명 인재들을 모아 1927~30년간 운영하며 공산주의 이론 및 정치에서 군사훈련까지 교육시켰다. 28인의 볼셰비키가 여기 출신이며, 등소평과 장개석의 아들 장경국도 이 대학에서 공부했다).

아울러 그동안 성공적으로 진행해오던 모의 유격전 전략을 폐기하고 정규전을 결정했다. 마르크스 · 레닌주의에 입각한 이론만을 고집하여 도시 노동자 중심의 계급투쟁을 지향하며 정면대결을 선택한 것이다(원래 공산주의에서는 농민이 한 뼘의 땅이라도 가지면 그것이라도 지키려고 혁명을 일으키지 않는다고 하여 부정적으로 바라보았다).

그렇지만 중국의 현실을 무시한 소련파의 정면대결은 공산당의 대패로 끝이 났다. 농촌 지역까지 국민당군 손에 넘어가 혁명적 · 군사적 기반까지 거의 잃게 되었다. 모택동의 정치활동에서 2번째 위기였다.

1934년에는 본거지인 강서성마저 함락되자 살아남은 공산당과 홍군 10만명은 장정에 나서기로 결정했다.

'멀지만 안전한 섬서성으로 가자. 그렇게 하여 주력부대를 지켜내 후일을 도모하자.'

그나마 다행이라면 1935년 1월에 열린 공산당 준의회의에서 모택동이 주장한 대로 관철되면서 중국식 사회주의이자 마오이즘(Maoism, 모택동주의)이 정립되었다.

"인구의 90%가 농민인 중국의 현실에서 혁명의 중심은 농민이 되어야 한다. 농촌 소비에트를 건설하여 도시를 포위해야 한다."

드디어 모택동은 공산당의 확고부동한 지도자가 되었다. 하지만 잠시도 숨 돌릴 여유조차 없이 포위와 추격을 해온 국민당군을 피해 살아남아야 했다. 그의 지도 아래 공산당군은 하루도 쉬지 않고 매일 40km를 행군하여 18개의 산맥을 넘고 24개의 강을 건너 1만2500km에 이르는 대장정(大長征, 연안대장정 1934~36)을 감행했다. 당시가 모택동으로서는 3번째의 위기이자 가장 힘든 시련의 날들이었다. 하지만 장정의 성공은 그 자체만으로도 위대한 역사이자 신화가 되었고, 곧 있을 대역전극의 시발점이 되었다.

원래 고난이란 것이 예고도 없이 덮치고는 계속하여 괴롭히며 끝이 없을 것처럼 이어진다. 하지만 밤이 깊을수록 새벽은 다가오는 법이고, 터널 끝을 향해 계속 가다보면 빛이 나오기 마련이다. 시련이 가혹할수록 성공의 열매는 크고 달다. 모택동은 시련이 와도 묵묵히 때를 기다리며 전진했다. 기다리던 때가 오자 낚아챈 뒤에 어떻게든 살아남아 힘을 키워갔으며, 서서히 중국의 주인공으로 부상해갔다.

1936년 모택동이 43세의 나이로 공산당과 홍군을 이끌고 장정을 마쳤을 때 겨우 8000명이 살아남아 섬서성 연안에 최종적으로 도착했다. 이후 자신이 이끌던 주력부대인 1방면군에 더해 2 · 4방면군까지 합류해 3만 병력으로 늘어났다.

모택동은 연안을 중심으로 혁명 근거지를 중국 동남부에서 서북부로 옮기는 한편 자신은 절대적인 지도자로 자리 잡았다. 죽음의 봉쇄를 뚫고 장정을 해낸 공산당군은 최정예병력이 되어 국민당과 일본에 대한 전쟁과 공산혁명의 주력이 되었다. 또한 치열한 전쟁이 벌어지던 동부지역과 달리 안전한 서부에 머물며 내실을 다져나갈 수도 있었다. 무엇보다 장정의 역사적인 성공에 힘입어 중국의 많은 청년들이 영웅적인 투쟁으로 평가하면서 너도 나도 참여함으로써 공산당은 대규모 세력을 회복했다.

하지만 아직도 공산당은 국민당의 적수가 되지는 못했다. 그러던 중에 장개석이 6번째의 공산당 토벌전을 준비했다. 궁지에 몰린 공산당은 내전 중지와 항일전쟁을 위한 협력을 제안했다. 장개석은 곧바로 거부한 뒤 최종적인 토벌을 위해 서안으로 갔다. 모택동으로서는 또다시 일촉즉발의 위기로 내몰리고 있었다.

그런데 동북군벌 장작림의 아들로 휘하에 있던 장학량이 장개석의 방침에 반발하여 그를 감금하는 '서안 사건(1936년)'이 일어났다. 이에 따라 장개석은 하는 수 없이 10년에 걸친 내전을 중단하고 항일투쟁을 위한 협상에 들어갔다. 특히 다음해에 중일전쟁(1937~45)이 일어나자 국민당과 공산당의 2차 국공합작(1937~45)이 극적으로 성사되었다.

모택동으로서는 그야말로 전화위복이었다. 이 시기를 통해 국민당의 공세에 시달리지 않게 된 가운데 일본군이 점령하고 있던 화북 지역을 중심으로 세력을 확장해나갈 수 있었다.

장개석은 국민당 정부를 남경에서 중경으로 옮겨 일본에 선전포고를 한 뒤 치열한 전쟁을 벌였다. 중국은 동아시아에서 유일하게 일본과 전쟁을 벌임으로써 태평양전쟁(1941~45) 이후 연합국의 높은 평가를 받아 전쟁 중에 중국에 불리한 불평등 조약을 철폐했고, 전쟁 후에는 승전국이자 전후질서를 요리하는 4대 강대국의 일원이 될 수 있었다(나머지 국가로는 미국, 소련, 영국을 말하며, 5대 강대국으로 프랑스를 추가해 유엔 상임이사국이 구성되었다).

그 와중에도 장개석은 '일본은 피부의 병이지만 공산당은 심장의 병'이라며 수시로 공산당에 대한 견제와 탄압을 벌였다. 이에 대해 모택동은 일본군의 배후에서 게릴라전을 펼치며 농촌으로 세력을 확장해나갔다. 1939년에는 하자진과 헤어지고 배우 출신의 강청과 4번째 결혼을 하기도 했다.

피할 수 없다면 정면으로 승부한다: 최후의 결전 국공내전

1943년이 되자 모택동은 공산당 중앙위원회 주석과 정치국 의장을 겸하며 강력하고 유일한 공산혁명 지도자가 되었다. 1945년에 2차 세계대전이 일본의 패망으로 끝이 나자, 미국의 중재로 국민당과 공산당의 공동정부를 출범시키기 위한 협상에 들어갔다. 그러나 일본의 점령지에 대한 배분 문제를 놓고 결렬되자, 장개석은 이를 탐탁지 않게 여긴 나머지 통합 협상을 무시하고 공산당과의 전면 내전에 돌입했다. 이번에는 미국의 지원까지 등에 업고 430만이라는 대병력을 보유한 채 최후의 승리를 위해 승부수를 띄운 것이다.

국민당군은 1946년부터 200만의 대병력을 동원해 총공세를 벌여 초기에는 개전 4개월 만에 해방구 105개 도시를 함락했고, 20만 병력으로 공산당 본부가 있던 연안까지 점령하면서 기세를 올렸다. 그리고 내전 시작 직후 수도를 중경에서 남경으로 다시 옮겼으며, 중화민국 헌법까지 제정했고, 1948년에는 장개석이 총통에 선출되었다. 이때가 모로서는 4번째의 위기였다.

그러나 모택동이 이끌던 공산당과 홍군은 더 이상 국민당군에 쫓겨 다니던 옛날의 그들이 아니었다. 200만에 이르는 상당한 군사력을 보유하게 된 데다 중국인들의 광범위한 민심을 얻고 있었다.

공산당은 1946년에 점령 지역에서 지주의 토지를 몰수해 농민에게 분배하는 토지혁명을 단행하여 단숨에 중국인의 절대다수를 차지하던 농민들의 전폭적인 지지를 얻어냈다. 또한 농민을 병사로 받아들여 농촌에서 도시를 포위하는 전략을 펼쳤다. 1947년에는 홍군을 인민해방군으로 개칭하면서 주덕 총사령관의 지휘 아래 점차 전세를 뒤집기 시작했다.

반면에 국민당은 물가폭등과 경제파탄 속에 극심한 부패와 매관매직에서 벗어나지 못한 채 잇따른 정책 실패로 민심을 잃고 있었다. 그나마 기반으로 다스리던 도시에서도 중일전쟁의 여파에다 식량난과 실업으로 고통받게 되자 급격하게 입지가 좁아들었다. 게다가 광범위하게 퍼져 있던 공산당군을 진압하기 위해 국민당군의 전력을 분산하는 군사적 패착을 범하면서 전세마저 기울어갔다.

질긴 생명력으로 살아남아 목표를 이루다: 모택동의 위대한 승리

1948년 이후 공산당은 대대적인 반격에 나서 임표가 만주에서 승리한 것을 시작으로 전세가 역전되었다. 거세게 밀어붙인 공산당군은 동북 지역을 장악한 뒤 북경, 남경, 상해 등을 차례로 함락하면서 최후의 거점이었던 성도마저 점령했다. 장개석과 국민당은 금괴와 문화재를 최대한 빼돌려 대만으로 도망쳤다. 마침내 공산당이 최종적으로 승리하며 중국 전역을 석권하게 되었다.

사실 모택동은 길고 긴 고난의 여정이었던 대장정을 겪으면서 이미 승리의 비결을 체득했는지도 모른다. 늘 곤궁한 가운데 내일을 기약할 수 없는 초라한 처지, 국민당에 쫓기는 나날들, 날마다 줄어가는 동지들의 모습, 과연 목적지에 도착할 수 있을지에 대한 불안감을 온몸으로 이겨낸 마당에 더 이상 무서운 것이 있었을까.

당시 모택동은 수면제가 없으면 잠깐이라도 잠들 수 없을 정도의 불면증에 시달렸다(당시 장정을 벌이던 대부분의 지도부는 수면제를 먹으며 견뎌냈다. 심지어 아편을 사용하는 경우도 적지 않았다). 우리 자신이 직접 들판이나 산속에서 먹을 것도 없이 며칠만 지내보면 그들의 참담한 역경을 충분히 짐작할 수 있을 것이다. 아니 상상을 초월하는 인고의 세월을 참아낸 것에 경탄할 것이다.

모택동이 장개석과 국민당군에 쫓겨다녀야 했던 기간은 1927년 이후 1949년에 역사적인 승리를 거두기까지 무려 22년이 걸렸다. 짧게 잡아도 1934년에 장정에 나선 이후 15년 만이다. 자신의 청춘 시절과 대부분의 장년 시절까지 전쟁터를 누비고 도망다니며 다 흘려보내야 했다. 하지만 기어코 참고 견뎌내며 자신의 길을 갔기에 먼 날의 달콤하고 밝은 미래를 얻을 수 있었고, 그 소중함을 알았기에 악착같이 지켜낸 것이리라.

현대 중국의 기틀을 다지다

1949년 모택동은 56세의 나이로 공산당 정부를 수립하여 중화인민공화국(줄여서 중국)을 건국했다. 자신은 주석이 되어 중국의 최고지도자가 되었다. 주은래를 총리로 삼아 정부를 관할했다. 주덕이 군을 이끌게 하며 새로운 지도부를 구성했다.

모는 오랜 전란에 폐허가 된 중국의 재건을 위해 총력을 기울였다. 부족한 건국 초의 사정상 대규모 사업을 벌이기 위해 소련의 지원을 받으면서 토지개혁과 계획경제를 추진했다. 중국사회는 안정을 찾아갔고 어느 정도 발전을 이루어나갔다.

1950년에는 김일성이 한반도 공산화를 위해 한국전쟁(6 · 25전쟁, 1950~53)을 일으켰다. 초기의 승세에도 불구하고 한국과 유엔 연합군의 낙동강 사수와 맥아더 장군의 지휘 아래 미국과 한국을 비롯한 영국 · 캐나다 · 프랑스 연합군의 인천상륙작전으로 전세가 역전되었다.

이후 한국군과 연합군은 일제히 북진하여 압록강까지 진군해갔다.

모택동은 미국의 중국 침공을 걱정하여 팽덕회의 지휘 아래 30만 병력을 투입하여 다시 북한 지역을 점령한 뒤에 38선 일대를 중심으로 팽팽한 소강상태를 유지했다.

사실 모택동으로서는 나름의 속셈이 있었고 충분한 실리를 챙겼다. 이 전쟁을 통해 국민당군을 비롯한 반공산세력을 전선에 투입하여 거의 모두 소모시켰다. 반면에 소련으로부터 막대한 물자와 군수 지원 그리고 최고 수준의 군사 기술을 얻어냈다.

당시 한국에서는 이승만 대통령이 원치 않게 벌어진 전쟁이지만 남북통일을 위한 절호의 기회로 보고 어떻게 해서든지 이루려 했다. 그러나 북한과 중국을 비롯해 한국을 제외한 모든 당사국들이 강력하게 휴전을 희망했다. 3차 세계대전을 우려한 미국까지 합세해 강화 협정을 추진했다. 결국 1953년에 스탈린이 죽고 소련이 내부 권력투쟁에 돌입하면서 북한과 중국은 미국이 주도하던 연합군을 상대로 정전협정을 체결함으로써 한반도와 동아시아 질서는 현재의 상태로 굳어지게 되었다.

소련의 새로운 지배자가 된 흐루시초프는 1956년에 스탈린 격하운동을 시작했다. 한편으로는 미국을 비롯한 서방과의 관계를 개선해나갔다. 이에 모택동은 중국과 자신에게 불길이 번져오는 것을 막기 위해 정면으로 비판하며 중 · 소 갈등이 본격화되었다.

죽의 장막을 친 초라한 제3세계 주도국

중국은 내전 승리와 건국 이후 청나라의 계승자로 자처하는가 하면 이전에 중화민국이 대표하던 국제적인 지위와 권리를 착실하게 넘겨받았다(1971년에 유엔의 대표권을 미국에 의해 넘겨받았다. 1992년에는 한국과 수교할 때 대사관을 비롯한 서울 명동 일대의 학교 · 상가 부지와 연희동의 학교부지 등을 넘겨받았다. 이에 대해 지금도 대만은 불복하고 있다).

그러나 중국은 모택동의 절대권력 아래 '죽의 장막'이라 불리며 세상과도 단절한 채 내부지향적인 국가로 전환했다. 중국의 대외 정책은 공산주의 종주국 소련의 존재 아래 보잘것없는 모습으로 명맥만 유지한 꼴이었다. 공산국가가 된 이후 중공(중국공산당의 줄임말)이라 불리며 공산국가로 적대받으면서 세상에서 가장 못사는 나라 중의 하나였다.

세계인들은 중국을 철저하게 폐쇄적이며 배타적인 공산국가로 바라보았으며, 세계사적인 존재감도 거의 없었다. 미국, 유럽, 일본, 한국 등이 선도해간 번영의 물결과 자유 진영의 지구촌 주도에서도 비껴나 있었다. 고작해야 1954년 이후 인도와 손잡고 개발도상국이나 후진국들을 끌어모아 제3세계 진영을 만들어 일각을 차지하는 정도였다. 그래봐야 미국과 소련에 의해 양분된 국제질서에서 소외된 비동맹국가들과 연계하여 작은 목소리를 내는 수준에서 벗어나지 못했다.

그나마 1972년에 모택동이 핑퐁외교 끝에 직접 상해를 방문한 미국의 닉슨 대통령과 만나 새로운 변화의 물꼬를 터놓았다. 이후부터 중국은 국제사회에 서서히 모습을 드러내기 시작했다.

과욕은 실패를 부른다: 대약진운동의 참담한 실패

중국은 건국 이후 급속도로 안정을 찾아가는 가운데 1953년에는 중공업 우선의 소련식 공산주의 건설을 위한 1차 5개년계획을 추진했고, 상당한 성과를 올렸다. 이에 힘을 받은 모택동은 1956년에 '백화제방 백가쟁명(百花齊放 百家爭鳴), 즉 온갖 꽃이 함께 피고 많은 학파가 자기 사상을 편다'는 방침 아래 공산주의에 대한 비판과 언론에 대한 자유를 보장했다.

'누구든지 자신의 주장을 할 수 있다.'

'알고 있는 것은 말하라. 빠짐없이 다 말하라.'

그러자 자유로운 사회 분위기가 허용된 것으로 여긴 나머지 일부 지식인을 중심으로 속마음을 드러내며 즉각적이고 과감한 주장이 등장했다.

'처음부터 유일하고 절대적인 사상은 없다. 공산주의도 다른 사상과 경쟁하는 가운데 지도적 위치에 서야 한다.'

그러나 얼마 못 가 혼란스런 사태가 벌어지고 모택동 자신의 권위마저 위협해오자, 다음해에 반우파운동을 펼쳐 공산당 내부에서조차 사상의 자유를 탄압하고 반체제인사들을 숙청했다. 결과적으로 모택동은 중국 내의 비판세력까지 한꺼번에 제거할 수 있었다.

1958년이 되자 모택동은 중국을 공업국가로 만들기 위해 자신이 직접 주도하여 대약진운동(1958~60)을 벌였다. 철강업을 비롯해 노동력 집약 공업을 집중적으로 육성하는 대중적 경제부흥을 야심 차게 추진했다.

하지만 농촌에서는 노동력의 급격한 차출로 농업 생산력이 급격하게 낮아졌다. 도시에서는 인구 급증까지 겹쳐 식량과 필수품 부족으로 생계조차 힘들어졌다. 여기에 더해 기후가 나쁘고 자연재해로 인한 흉작 속에 소련과의 분쟁으로 경제원조마저 중단되자 대기근이 발생하며 상황은 더욱 악화되었다. 농업과 경공업을 경시하다가 심각한 타격을 입은 데다 기술개발이 뒤따르지 못해 중화학 공업마저 목표보다 훨씬 못한 수준에 머물렀다.

결과는 참담했다. 중국인 3000만명 이상이 굶어죽거나 처형되는 지경까지 치달았다. 이에 따라 대약진운동은 명백한 정책적 실패로 규정되며 중단하게 되었다. 모도 심각한 경제난과 식량난이 이어지면서 극심한 내부의 비판에 시달리게 되었다. 자신의 기반이었던 농촌을 비롯해 민심마저 등을 돌려 그야말로 난망한 처지로 내몰렸다.

국방부장으로 군부 실력자였던 팽덕회가 이를 비판하다가 숙청되는 등 내부의 혼란이 계속되는 가운데 모택동은 대약진운동의 책임을 걱정해 1959년 66세의 나이에 자진하여 국가주석에서 물러났다. 그의 뒤를 이어 국가주석이 된 유소기는 모의 수렴청정을 거부하고, 당서기가 된 등소평과 함께 전면에 나섰다. 그동안 진행되어온 모의 정책을 전면적으로 뒤집으면서 실용주의에 바탕한 시장경제 정책을 앞세워 중국의 변화를 추진했다. 중국경제가 어느 정도 회복되고 국민들도 안정을 찾게 되자 모택동의 위치는 근본적으로 흔들렸다. 이때가 모로서는 자신의 정치 인생에서 5번째 위기였다. 1966년 문화대혁명이 일어날 때까지 무려 8년 동안 뒷전으로 밀려난 채 인내의 시간을 보내야 했다.

목표를 달성하자 권력욕에 빠지다: 광란의 문화대혁명

모택동은 조용히 때를 기다렸다. 1965년이 되자 72세의 모는 더 이상 물러설 수 없음을 절감하고 대대적인 반격에 들어갔다. 임표와 4인방(모택동의 아내이자 정치국 위원 강청, 공산당 중앙위원회 부주석 왕홍문, 정치국 위원 요문원, 정치국 상임위원 겸 국무원 부총리 장춘교)을 전면에 내세워 공산당 내부의 노선과 권력투쟁을 벌이기 시작했다. 일단 도화선에 불이 붙자 이듬해부터 '문화대혁명'이라는 전대미문의 광란이 전개되었다.

문화대혁명(1966~76)은 모택동을 절대시하는 한편 공산당 내 좌파들이 전면에 나서 계급투쟁, 평등, 배외주의 등을 강조하면서 경제발전, 교육, 실용외교 등을 내세우던 실용주의 우파에 대한 전면 공세를 벌여 중국 전역을 장악하면서 기세를 올렸다. 특히 10대를 중심으로 한 홍위병들이 교조적 · 극단적 공산주의에 바탕한 중국을 부르짖으며 중국인과 중국 문명 전반에 대한 살육과 파괴를 일삼았다.

임표와 4인방은 공산당의 청년 전위조직으로 활동한 홍위병을 앞세워 유소기와 등소평을 표적으로 정조준하여 공격했다.

"유소기와 등소평은 주자파(走資派, 친자본주의자)이자 반혁명분자다."

유소기와 등소평은 자본주의 노선을 추구하는 실권파로 비판받으며 실각되었고, 모택동은 실질적인 전권을 장악하며 절대권력을 되찾았다.

1967년이 되자 모택동은 임표가 지휘하던 인민해방군에게 문혁에 전면 개입할 것을 지시했다. 이에 군은 정부기관, 학교, 공장, 인민공사(협동농장) 등을 모두 접수하고, 초기에 문혁을 주도했지만 어디로 튈지 몰라 모택동도 두려워했던 홍위병마저 추방하거나 소탕했다. 1969년에 열린 전국인민대표대회(전인대)를 통해서는 모택동의 절대적 권위를 확립하는 한편 임표가 후계자로 결정되었다.

임표는 국가주석이 되자 조급하게 권력이양을 바랐다. 그러나 임표의 욕망은 번지수를 한참 잘못 읽은 자충수였을 뿐이었다. 모택동은 권력의 일부조차 나누는 것을 원치 않았기 때문이다. 임표는 2인자를 허용하지 않는 모택동의 견제를 받게 되자 쿠데타를 계획했다가 드러나면서 1971년에 소련으로 탈출하던 중에 비행기 추락사고로 죽었다. 다음해에는 공산당이 비림비공(批林批孔) 운동을 벌여 공자를 앞세워 노예제와 지주 · 자산계급의 지배를 부활시키려 한다면서 임표에 대한 비판을 벌였다. 1973년에는 주은래가 임표를 비판한 뒤 모택동 유일체제가 보다 확고하게 정립되었다.

저물어가는 모택동 시대

사실 문화대혁명은 문화와는 아무런 관련이 없었고, 공산주의 사상을 놓고 노선투쟁을 벌인 것도 아니다. 그저 모택동이 주도한 공산당 내부의 권력투쟁이었다. 그것도 내부의 적에 대한 공격을 일삼아 유소기와 등소평 같은 반대세력들을 숙청하거나 학살하여 모 자신의 영구집권을 추구했을 뿐이다.

불행하게도 광란의 물결에 휩쓸려 3000만명이 죽는 등 1억명이 넘는 중국인이 피해를 입었으며, 무려 5000억위안에 달하는 엄청난 손실을 가져왔다. 또한 공자가 부정되고, 명 · 청시대의 황제묘가 파헤쳐지는 등 문화파괴가 광범위하게 벌어졌다.

무엇보다 문혁 이후 중국 경제는 회복불능의 상태로 빠져들었으며, 사회 혼란은 건잡을 수 없게 되었다. 결과적으로 보면 문혁은 노회한 모택동이 권력욕에 빠져 벌인 마지막 단말마였다.

이런 상황에서 1976년이 되자 중국의 모순과 갈등을 수습해오던 주은래가 병으로 죽고, 그로 인해 천안문 광장을 중심으로 정치적 격변이 일어나 요동쳤다. 그럴 즈음 중국을 건국하고 이끌어오던 모택동마저 숨을 거두었다. 그의 나이 83세 때이다.

이로써 중국 공산당의 1세대 지배체제는 끝이 났다. 모의 사후 화국봉은 후계자가 되었으며, 강청이 주도하는 4인방이 잠깐 발호했다. 하지만 등소평이 당과 군 원로들의 지지를 등에 업고 4인방을 제거하고 화국봉마저 제압하면서 정국의 전면에 등장했다. 그제서야 중국에서는 모택동 시대가 막을 내리고 광란의 문혁도 완전하게 숨통이 끊어지며 막을 내렸다.

지도자에게 위기의 순간은 언제든지 다가올 수 있다. 그러나 모택동은 국가 지도자로서가 아니라 최고권력자로서 자신의 권력욕에 집착했다. 이미 중국에 서광을 비쳐주던 희망의 존재가 아니었다. 그저 권력의 화신이었을 뿐이다. 탁월한 혁명가로서 게릴라전을 펼치며 민심을 결집해 공산당의 승리를 이끈 지도자로서의 멋진 모습은 더 이상 없어졌다.

하지만 모택동은 중국인의 공적이 될 뻔 했다가 '건국의 아버지(국부)'로 다시 되살아났다. 등소평 덕분이다. 어떻게 보면 모 자신의 덕분이기도 했다. 모든 일은 자업자득이라지 않는가. 모택동이 권력욕에 빠져들며 문혁까지 일으키고 정적들을 가차 없이 제거했지만, 등소평만은 살려주었기 때문에 자신이 그 덕을 본 것이다. 심지어 등소평이란 불씨가 나중에 중국을 환하게 밝히게 된 뒤에도 모택동을 불태워 없애버린 것이 아니라 중국에 빛나는 또 하나의 불로 되살려 놓기도 했다.

되는 집안은 서로 힘을 합치고 결함과 잘못이 있어도 덮어주며 상처까지 고쳐준다. 중국의 건국 초기 역사가 '되는 나라'의 모습을 보여주었다. 결국 중국은 등소평 시대를 거쳐 21세기 초가 되자 맹렬한 발전과 인류사적 성공을 이루어냈다.

목표는 계속 있어야 한다: 현대 중국의 영역을 확립하다

모택동은 원래 청나라를 만주족이 침략하여 세운 나라로 부정했지만 중국을 건국한 뒤에는 청의 계승자임을 내세웠다(손문 역시 혁명 선구자로 인정하여 중화민국 계승자로서의 실리도 챙겼다). 그 결과 역사상 가장 넓었던 청나라의 영토(998만km^2)와 제반 권리를 대부분 그대로 승계하며 오늘에 이르고 있다. 청나라 때의 영토를 최대한 확보하여 대체로 지금과 같은 경계로 획정한 것이다. 이렇게 되자 중국은 중국 대륙을 중심으로 960만km^2의 영토로 러시아, 캐나다, 미국에 이어 세계에서 4번째로 넓은 영토 보유국이 되어 있다.

사실 청나라 이전 왕조이자 한족의 나라였던 명나라까지만 해도 가장 넓었을 때가 650만km^2 정도의 영토였다. 이 정도만 해도 중국 역사상 가장 넓은 영토였다. 그러던 것을 청나라를 계승한다고 밝히면서 역사적으로 내내 독립국가였던 내몽골, 신강위구르, 티벳 등지까지 중국의 일부로 삼아 명나라의 최대 판도 때보다 대략 40% 정도의 영토를 더 확장한 것이다(대만에 대해서도 중국의 일부로 주장하고 있다). 게다가 지금은 만주족이 청의 멸망 이후 중국 땅에 살면서 소수민족으로 존속하고 있어 외부에서도 대놓고 반발하기 어렵다.

그러나 모택동은 중국을 건국한 뒤 독립을 추진하던 모든 지역에 인민해방군을 보내 무력으로 장악하고 중국의 영토로 만들었다. 이에 따라 해당 지역 민족들은 강력하게 반발하며 분리 · 독립 운동을 벌이고 있다. 그중에서도 내몽골(몽골 입장에서는 남몽골), 신강위구르(위구르인 입장에서는 동투르키스탄), 서장(티벳인 입장에서는 티벳) 일대를 중심으로 늘 불안정한 정세가 지속되고 있다. 언제 중국을 혼란과 내분으로 몰아갈지 모를 화약고 같은 모습이다.

모택동은 1956년에 언어혁명을 단행하여 간체자를 사용하고 있다. 과거 진시황이 문자통일을 한 이후 2번째로 문자와 함께 발음과 표기를 통일하는 3중의 언어개혁을 추진했다. 8만5000자가 넘는 방대하고 복잡한 표의문자를 버리고 간편하게 정리한 2235자의 간체자를 선택한 것이다. 각 글자마다 뜻을 지녀 외워야 할 한자만 해도 8만5000개라 생각해보라. 그 복잡함과 불편함을 절감하여 과감하게 바꿔버린 것이다(간체자(简体字)는 중국, 말레이시아, 싱가폴 등지에서 사용하고 있다. 번체자(繁體字, 대만에서는 정체자(正體字)라 부름)는 한국, 대만, 홍콩과 마카오, 대다수 화교 등이 사용하고 있다. 일본은 약체자(略体子, 간체자와 번체자 사이의 줄임)라 하여 또 다른 형태를 사용하고 있다).

모택동은 중국이 청나라와 중화민국에 이은 중국 대륙의 주인이 되어 1840년에 일어난 아편전쟁의 패배 이후 100년이 넘게 서구 열강과 일본의 침탈과 식민지배에 시달리며 이어져오던 혼란을 마무리지었다. 또한 유엔 상임이사국이 되어 세계 5대국의 위상을 확립해 놓았다. 제3세계의 지도국으로 역할하는 한편, 중·소분쟁 이후에는 독자적인 공산권의 대국으로 올려놓기도 했다.

사실 모택동보다 장단점이 분명한 인물도 없을 것이다. 일생을 일관한 겸손함과 청렴, 자식에의 세습이나 축재를 저지르지 않음, 어떠한 상황에서도 살아남은 생존능력, 엄청난 독서량과 박식함, 현실에 맞추는 전략가, 목표달성을 위한 집요함 등은 그만의 강점임이 분명하다. 특히 소련의 레닌이 노동자를 혁명의 원동력으로 본 것과 달리 중국혁명의 주체로 농민을 삼고 농촌의 민심 장악과 게릴라전의 전개 등을 통해 중국의 현실에 맞게 접근했다. 또한 모가 쓴《지구전론》,《신단계론》,《신민주주의론》등과 같은 저서들은 나름대로 정연하게 다듬어져 중국 공산국가의 수립과 안정화에 크게 이바지했다.

하지만 자기중심적인 절대권력의 추구, 노욕으로 가득찼던 권력욕, 잦은 폭력과 파괴, 인명 경시와 잔혹함, 인민복을 입은 겉과 달랐던 방탕한 사생활, 공자와 유학을 비롯한 중국의 전통과 문화 부정, 사상적 다양성의 불인정, 동지에 대한 의심과 숙청, 정책의 잇따른 실패에도 무모한 아집의 관철, 주변국과 이민족에 대한 폐쇄성, 중국만의 세상을 지향하는 맹목적 애국주의와 패권적 사고와 행태 등은 단점이었다.

특히 영구집권의 추구와 개인의 우상화를 벌인 문화대혁명은 그의 치명적인 잘못이자 현대 중국의 상처로 지적되고 있다. 문혁 때 홍위병을 중심으로 종교적 개인 숭배의 대상이 되고, 그의 초상화가 건물과 사무실은 물론이고 집집이 걸렸다. 당시 중국인들은 그의 저서나 연설에서 골라 담은 수첩 크기의 붉은 책인 '모주석 어록'을 반드시 휴대해야 했다.

일부에서는 대량 파괴와 학살을 거침없이 저지른 미치광이 독재자로 보기도 한다. 중국의 전통문화를 파괴하는 것도 모자라 정풍운동, 토지개혁, 대약진운동, 문화대혁명 등을 통해 수시로 폭력과 파괴의 리더십으로 수많은 사람들을 처형하거나 학살했다.

무엇보다 그의 결정적인 패착은 절대권력의 아성을 쌓고는 후계를 제대로 안배하지 않은 것이다. 1972년부터 병으로 고생하면서도 자신의 암살과 테러를 걱정해 비행기를 타지 않거나 고층건물에 오르는 것조차 꺼렸을 뿐, 중국을 이끌 새로운 지도자를 염두에 두지 않았다(모의 후계자처럼 여겨진 화국봉은 그저 충실한 부하에 지나지 않았으며 이내 등소평에게 밀려났다).

그러나 오늘날 대다수 중국인들은 모택동을 두고 여러 공과가 있지만 중국의 독립과 건국을 이끌며 오늘의 중국을 있게 해준 영원한 국가 지도자로서 극도로 존숭하고 있다. 모택동을 공산주의 지도자로서 중국을 '인민의 나라'로 만든 중국의 아버지로 부르면서 등소평을 공산주의 시장경제 지도자로서 중국을 '경제가 살아난 나라'로 만든 장본인이라고 여기면서 떠받들고 있다. 모택동이 만든 기반 위에 등소평이 어느 정도 살게 만들면서 미국에 이은 강대한 중국으로 발전할 수 있었다는 것이다. 그러다보니 모택동은 14억 중국인들의 확고한 구심점이 되어 국민통합을 유지하는 가운데 경제성장과 국가 전반의 발전을 이루어가는 원동력이 되고 있다.

한국에서도 전직 대통령에 대해서 만큼은 넉넉한 마음으로 호평을 하면 얼마나 좋을까 생각해본다. 네 편 내 편으로 나눠 서로를 부정하고 깎아내려 본들, 설령 이긴다고 한들 무슨 존재감과 보편적 · 인류적 · 문명적 가치가 있는지 묻고 싶다. 14억 인구도 뭉치는 마당에 5200만명이 사는 나라가 내부에서 분열하고 대립하면서 무슨 미래를 기대할 것인가 하는 안타까움이 들 뿐이다.

앞으로는 우리나라를 이끈 지도자들에 대해 사실에 바탕하되 긍정적이고 진취적인 평가를 내리며 공유하기를 바라마지 않는다.

'나의 사랑하는 조국 대한민국은 이승만이 건국한 기반 위에, 박정희가 산업화를 통해 외형을 갖추었고, 김영삼 · 김대중 · 노무현을 거치며 민주화를 통해 내실을 채웠으며, 이명박을 거치면서 제2의 도약과 세계 속의 강한 한국이 되어 보다 밝은 미래를 지향하고 있다.'

14

한계에 부딪힐 때

등소평

미국에 버금가는 중국을 만들다

현대 중국의 영토

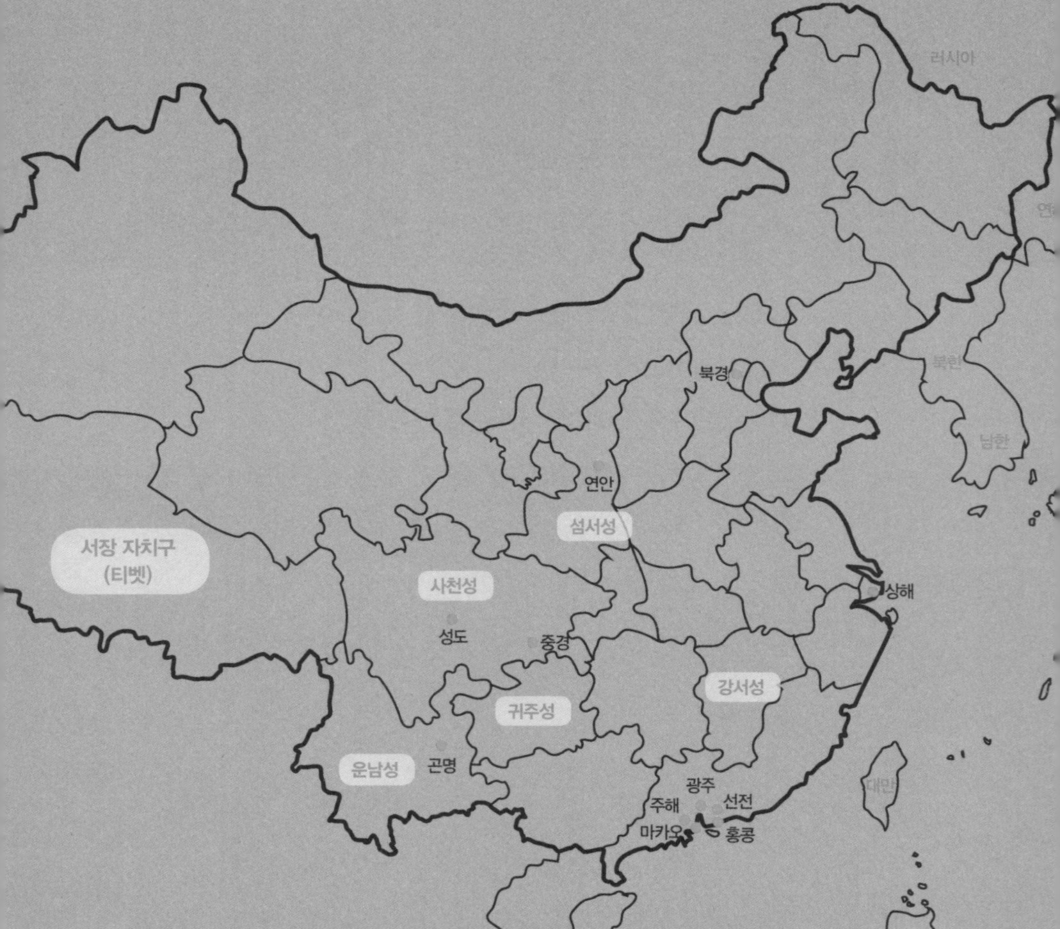
러시아
북경
북한
남한
연안
섬서성
서장 자치구
(티벳)
사천성
상해
성도
중경
강서성
귀주성
운남성
곤명
광주
주해
선전
마카오
홍콩
대만

등소평

인내의 리더십(낙관생존형)

참고 또 참으며 내공과 실력을 길러 꿈을 펼치다

세월에 지지 않은 작은 거인: 국민이 살 만한 강대한 중국을 만들다

한국은 중국과는 뗄래야 뗄 수 없는 관계로 살아왔다. 역사 전반에서 중국만큼 영향을 주고 받은 나라도 없다. 현대사에서도 한국전쟁(1950~53) 때 죽음과 폐허의 민족적 환란 속에 통일을 위한 절호의 기회로 다가왔지만 중국의 개입으로 무산되었다. 그 뒤로도 중국은 한때 '중공(중국공산당)'이라 불리며 한국에 위협적인 존재가 되어 왔다.

하지만 1970년대까지만 해도 중국은 세상에서 가장 못살던 나라 중의 하나였다. 땅덩어리만 크고 인구만 많았지, 여전히 폐쇄적인 공산국가에 낙후된 후진국으로 머물며 국제사회의 골칫덩이 정도로 여겨졌다.

그러다가 세월이 흘러 2010년대가 되자 중국은 G2(Group of Two)라 하여 미국에 버금가는 강대국이 되었다. 불과 30여년 만에 이루어진 일이다. 이는 전적으로 등소평 덕분이다.

사실 등소평의 인생은 길고 긴 역경의 나날들로 점철되었다. 10대 중반 이후 40대 중반까지 온갖 생고생을 겪어야 했고, 60대를 지나 70대 초가 될 때까지도 목숨을 위협받으며 살아야 했다. 우리는 청춘 시절을 눈부시게 찬란한 시절이자 인생의 절정기로 늘 지속되기를 바란다. 그러나 등소평은 모택동과 마찬가지로 청년 시절에 전선을 누비며 보내야 했다. 오랜 시련 속에 목숨을 위협받으며 죽을 고비를 숱하게 넘겨야 했다.

가장 무서운 것은 내부의 적이다. 숱한 정적들이 그를 극한으로 내몰았고 목숨을 빼앗으려 했다. 하지만 그는 살아남았다. 살아 있어야 뭔가를 할 수 있기 때문에 살아남았다. 어떻게든 살아남기 위해 비굴하리만치 현명하게 처신했다. 즐거운 시절보다 준비하고 채우는 나날들을 보내면서 조용히 내공을 쌓아갔다. 그러면서 언젠가 다가올지 모를 때를 기다렸다. 굴욕도 마다하지 않고 기회를 만들기 위해 멈추지 않았다.

하지만 자신의 소신만은 변함없이 지켜갔다. 내공과 실력을 기르는 와중에도 계속해서 새로운 중국을 구상했다.

'가난은 공산주의가 아니다.'

'중국식 시장경제 정책으로 인민을 잘살게 만들 수 있다.'

번번이 좌절했지만 결코 발걸음을 멈추지 않았다. 마침내 70대 중반이 되어 때가 오자 자신이 만들어온 발판을 활용하여 천하를 잡았다. 한국에서는 이승만(1875~1965, 재임 1948~60)이 73세에 온갖 어려운 세월을 견뎌낸 끝에 대통령에 올라 대한민국을 건국했고, 김대중(1924~2009, 재임 1998~2003)이 74세에 대통령이 되어 민주주의 국가를 꽃피웠다. 등소평 역시 74세가 되어서야 중국의 최고권력자가 되었다.

미래의 승자가 되는 길을 택하라: 공산주의자의 길을 가다

등소평(鄧小平, 덩샤오핑 1904~97, 최고지도자 1978~97)은 20세기가 갓 시작된 1904년에 사천성의 한 농촌에서 지주의 아들로 태어났다. 어린 시절에 친어머니가 일찍 죽고 계모의 손에서 자라났다.

1920년에는 16세의 나이로 프랑스로 유학을 떠났다. 당시는 신문화 운동과 5 · 4운동 이후 중국의 젊은이들 사이에서 근공검학(勤工儉學) 운동이 벌어져 유럽으로 유학을 떠나는 경우가 많았다. 특히 프랑스에서는 1차 세계대전 직후 노동력이 부족하자 중국인들을 받아들였고, 그중에서 1500여명의 중국인들이 유학을 갔다. 그때 등도 말이 유학이지 노동인력과 다름없었으나 선진 유럽을 배우기 위해 먼 이국 땅으로 간 것이다.

등소평은 기계 공장, 고무 공장, 음식점, 르노자동차 공장 등에서 고된 노동을 하며 가장 밑바닥 인생과 다름없는 고된 생활을 견뎌내야 했다. 그러나 얼마 못 가 배를 채우기도 어려운 형편이라 학업을 그만두고 공산주의 운동에 뛰어들었다. 몸으로는 노동자로 일하면서 자본주의를 체험했고, 머리로는 사상 학습을 하며 주은래(1898~1976)가 만든 공산당 조직에 참여하면서 공산주의를 공부했다. 주목할 만한 사실은 당시 파리 생활에서 영원한 동지이자 형님으로 여긴 주은래를 만났다는 것이다.

1924년에 국민당과 공산당의 1차 국공합작(1924~27)이 이루어지자 주은래가 먼저 중국으로 돌아간 뒤, 등은 공산당 파리지부의 중책을 맡기도 했다. 중국공산당 유럽지부라는 거창한 이름을 내걸었지만 실제로는 수십명 남짓한 당원들이 있었을 뿐이다. 그렇지만 남들이 잘 하지 않던 선택을 했고 초기 주도세력의 일원이 되었다는 것은 의미가 크다. 1926년에는 동료들이 시위를 벌이다가 프랑스 당국과 충돌한 이후 자신을 검거하려던 파리 경찰을 피해 5년 3개월의 힘들었던 프랑스 생활을 접고 러시아로 갔다. 모스크바의 손중산대학(중산대학)에서 공부한 뒤 다음해에는 중국으로 돌아왔다.

등소평은 집안 사정이나 경제적 형편을 따졌다면 감히 프랑스로 갈 생각조차 못했을 것이다. 하지만 어린 나이에도 불구하고 자신의 꿈을 품고 그 방편으로 기어코 먼 길을 떠났다.

사실 젊은 시절의 특권은 과감한 선택을 할 수 있다는 것 아닌가. 어떠한 꿈도 꿀 수 있고, 꿈을 이루기 위해 도전할 수 있는 시절이다. 해외로 나가 일자리를 구하거나 유학이나 봉사활동을 하겠다면 과감히 나서야 한다. 그래야 꿈을 현실로 만들 수 있는 법이다.

등소평은 젊은 시절 3번의 결혼을 했다. 1번째 아내는 모스크바에 있을 때 함께 공부했는데 첫아이를 낳고 며칠 뒤 죽고, 아기도 이내 죽었다. 2번째 아내는 1933년에 등이 당 내부의 공격을 받고 밀려나자 떠나버렸다. 3번째 아내는 운남성에 살던 한 기업가의 딸로 북경대학을 다닌 탁림이었다. 1939년 연안에 살 때 모택동이 머물던 동굴 앞에서 결혼한 뒤 2남3녀를 두고 일생 동안 서로에게 힘이 되어 주며 동반자로 살았다.

확신에 찬 길을 가다

등소평은 1927년에 23세의 나이로 공산당 지하운동에 참여했다. 1차 국공합작이 결렬되고 국민당의 공격을 받게 되자 1929년에 7군 정치위원이 되어 전선을 누비면서 무장투쟁을 벌이기 시작했다. 이즈음 모택동과도 운명적인 만남을 한 뒤 늘 함께 활동했다.

1930년대 초 장개석이 지휘하던 국민당은 4차례의 대공세에 실패하자, 1933년에는 100만 병력을 동원해 5차 공세를 벌여 대대적인 공산당 소탕을 전개했다. 공산당 내부에서는 대응방안을 놓고 치열한 노선 투쟁이 벌어졌다. 결국에는 모택동이 진행해오던 농촌 중심의 게릴라전(유격전 전략)을 폐기하고, 도시 무장투쟁을 중심으로 한 정규전을 채택하면서 모택동도 밀려났다. 이에 따라 모택동의 일파로 분류되던 등도 직위에서 해임되어 1번째의 정치적 패배를 경험했다.

그동안 공산당은 모택동의 주도 아래 그나마 효율적으로 대처하다가 소련파를 중심으로 한 반대세력들의 주장에 따라 공산주의 이론에 집착하여 도시 노동자를 중심으로 한 전면 정규전 전투방식을 진행했다. 그 결과 공산당군은 완패를 당하고 농촌 기반마저 거의 무너져 장정에 나서지 않을 수 없게 되었다.

등소평은 1934년에 30세의 나이로 연안대장정(1934~36)에 나서게 되었다. 그야말로 견디기 힘든 나날들을 보내야 했지만 의외로 정치적인 승리를 거두는 계기가 되기도 했다. 1935년 1월 장정 도중에 열린 준의회의에서 모택동 노선이 다시 인정을 받게 된 것이다. 이렇게 되자 모택동은 공산당의 지도자로서 확고한 입지를 확보하게 되었고, 등도 공산당의 핵심인물로 떠올랐다.

고난의 도피 행군은 죽고 싶을 만큼 힘들었고, 이후로도 공산당의 존립마저 위협받는 시절을 겪어야 했다. 하지만 대장정의 성공 이후 중국인들 사이에서는 젊은층과 농촌을 중심으로 절체절명의 위기에서 살아남은 공산당과 홍군에 대한 인기가 높아지며 지원자가 늘어나 군대가 규모를 갖추게 되었다. 또한 전투나 행군은 물론이고 일상생활에서도 일체의 피해를 주지 않아 민심까지 광범위하게 얻어갔다.

등소평은 군사지도자로서 맹활약을 하던 중에 1937년에 중일전쟁이 일어나고 2차 국공합작(1937~45)이 성립되자, 일본과 전투를 벌이는 내내 공산당의 8로군 정치위원을 지내면서 일본군의 배후를 공격하며 항일전투 활동을 벌였다.

1945년에 일본의 무조건 항복으로 2차 세계대전이 끝나자 공산당과 국민당은 패권을 잡기 위한 전면적인 내전에 돌입했다. 등은 정치위원으로서 독안룡(獨眼龍, 애꾸눈)으로 유명한 유백승 사령관과 함께 찰떡궁합 같은 협력관계를 통해 잇따른 승리를 거두며 빛나는 전공을 세우면서 화중, 화남, 서남 등지를 손에 넣었다. 1949년에는 장강도하작전과 남경점령을 이끌어 큰 공적을 세웠다. 그중에서도 준해전투에서 60만 병력으로 국민당의 100만 병력에 압승하면서 국민당군에 궤멸적인 타격을 입혀 최종적으로 공산당의 승리를 이끌어내는 결정적인 계기를 만들었다. 1957년에 모택동이 소련을 방문해 소련 지도자 흐루시초프에게 등을 소개할 때도 이 전투에서 세운 등의 공적이 언급되었다.

“저 작은 친구가 장개석의 정예 100만 대군을 궤멸시킨 사람이오. 그의 앞날에는 밝은 미래가 있소.”

등소평은 20대 중반 이후 40대 중반이 될 때까지 숱한 역경이 있었지만 한 길을 갔다. 주은래와의 가슴 따뜻한 동지애를 유지했고, 모택동과는 전략적인 혁명동지로서 변함없이 함께 했다. 그래서 그들이 공산당의 1인자, 2인자가 되었을 때 등소평의 입지도 그만큼 단단한 것이었다.

등소평은 군사활동에 전념하여 전선을 누비면서 현장을 떠나지 않았다. 덕분에 빛나는 무공을 세워 중국의 혁명과 건국에서 확고한 입지를 다지게 되었다. 또한 정치와 군사의 관계를 풍부하게 경험하는 한편, 군부 인맥을 다져놓음으로써 나중에 권력다툼을 벌일 때 결정적인 무력 기반을 한껏 활용할 수 있었다.

등은 정치위원으로 공산주의 국가에서 당이 군과 정의 우위에 있어 직접 군을 통제하는 최고책임자로서 서열로는 사령관인 유백승보다 상급자였다. 하지만 띠동갑으로 12살 위인 유백승을 깍듯이 예우해 더욱 강력한 전투력을 발휘하여 승리를 가져왔을 뿐만 아니라 자신도 뛰어난 무장을 통해 군사전략을 배울 수 있었다.

등소평의 겸손한 처세는 공산당에 투신한 이후 변함없이 유지되었다. 사실 국회의원이나 장관이 되었다고 어깨에 힘을 주거나 예우를 받으려 한다면 얻는 것은 거의 없다. 어려운 시절이 오면 도와줄 사람이 없어 재기도 쉽지 않을 것이다. 특히 등소평은 일을 처리함에 있어 뛰어난 사람이라고 여겨질수록 경계하거나 이기려 한 것이 아니라 그 사람을 좇아 배우고 도움을 받아 자신을 키워갔다. 주은래, 모택동, 유백승이 그랬다. 이들은 이러한 등에 대해 평생 우정에 찬 신뢰와 친형님 같은 도움을 마다하지 않았다.

무엇보다 그가 겪은 고난의 세월은 이후 자신의 정치 생애에서 든든한 저력이 되었다. 회사가 어려움에 처하면 뒤로 빠지거나 회피하려 해서는 안 된다. 정면에 나서 해결하려고 노력해야 한다. 주어진 일만 할 것이 아니라 새로운 기획을 내놓고 더 많은 일을 찾아 해나가야 한다. 그래야 일이 풀리고 자신도 더 신뢰받는 사람이 되어 주목받는 가운데 성장을 더해갈 수 있는 법이다.

좋은 날 끝에 시련이 찾아오다

등소평은 1949년 10월 1일 중화인민공화국 즉 중국이 건국하자 사천성, 귀주성, 운남성, 서장(티벳) 등의 서남 지방 4개성을 관장하는 공산당 제1서기가 되었다. 당시 지방에서의 근무는 중국의 현실을 파악하는 데 큰 도움이 되었다.

1952년이 되자 48세의 나이로 국무원 부총리이자 중앙인민정부 위원회 및 혁명군사위원회 위원으로 임명되어 중앙 정계에 화려하게 등장했다. 비로소 모택동, 주은래, 유소기가 주도하던 중국 권부의 본류에 합류한 것이다. 뒤이어 1955년까지 국가계획위원회 위원, 정무원(지금의 국무원) 부총리, 국방위원회 부주석, 당중앙위원회 비서장, 정치국 위원 등으로 올라서며 공산당 서열 6위에 이르렀다. 다음해에는 공산당 총서기 겸 정치국 상무위원이 되었다. 눈부신 출세였다.

한편 1950년대 중반까지 모택동이 이끌던 공산당 정권은 경제개발계획에서 일정한 성공을 거두면서 중국도 어느 정도 안정을 찾아갔다.

그러나 모택동은 그동안의 성공에 힘입어 지나친 과욕을 부리다가 큰 실책을 저질렀다. 1958년에 공업국의 건설을 외치며 대약진운동(1958~60)을 야심 차게 추진했다. 하지만 이 정책은 3000만명에 이르는 중국인들을 굶겨 죽이면서 참담한 실패로 끝이 났다. 이에 등은 유소와 더불어 중국 경제를 되살리기 위한 새로운 노선을 제시했다.

'국민경제의 발전을 위해서는 현실적인 대안을 마련해야 한다. 그러기 위해서는 어떤 것이든 모색해야 한다.'

이른바 실용주의 · 수정주의적 시장경제 노선이다. 공산주의 사상을 존중하되 중국의 현실에 맞게 적용하자고 촉구하면서 물질적 보상제도를 통한 경제발전, 유능한 인재를 양성하는 교육, 대외적인 실리추구를 위한 실용외교 등을 추진했다. 유소기가 앞장서서 대놓고 모택동을 비판하며 명목상의 지도자로 전락시켜 점차 후선으로 물러나도록 하는 시도까지 공공연히 벌어졌다.

당시 모택동은 대약진운동의 실패로 당과 국정의 운영에서 배제당한 채 정권유지마저 불안을 느끼던 처지라 조용히 때를 기다려야 했다. 1965년이 되자 교조주의 노선에 동조하는 세력들이 유소기와 등소평을 비롯한 실용적 개혁 세력을 자본주의적이라고 비판하며 반격에 나섰다.

다음해에는 모택동의 친위 쿠데타라고 할 수 있는 문화대혁명(문혁 1966~76)이 불타올랐다. 모의 막후 지도 아래 중국 군부의 대표격인 임표와 모의 부인인 강청을 비롯한 4인방이 앞장서는 가운데 홍위병이 전위대가 되어 정적들을 무자비하게 쓸어버리는 극좌 운동이 일어나 광기에 찬 파괴와 살육의 물결을 일으켜갔다.

'공산주의의 적'을 없애야 한다는 목표를 내걸고 당 · 정 · 군의 지도부에서부터 반체제인사와 종교인에 이르기까지 무차별적인 숙청, 인민재판, 즉결처분 등이 벌어져 무려 3000만명 이상이 죽어갔다. 특히 모택동과 그의 추종 세력들은 반모 세력, 그중에서도 유소기와 등소평을 정면으로 공격했다. 그들의 진정한 목표를 겨냥한 것이다.

이렇게 되자 등소평은 국가주석으로 서열 1위였던 유소기와 함께 공산당 총서기이자 개혁세력의 지도자로서 결정적인 공격 목표가 되었다. 졸지에 타도대상이 되어 비판을 받고 모든 권력을 잃은 채 연금되었다.

'등소평은 반모주자파(反毛走資派)의 수괴다.'

이렇게 하여 등소평은 2번째의 정치적 패배를 당했다. 이번에는 생존조차 위협받는 인생 최대의 고비였다. 그 기간도 길어 1966년 문혁의 광풍 속에 무력화되고, 1967년 홍위병의 비판과 욕설 속에 연금을 당한 이후, 1969년에는 하방을 당해 시골로 쫓겨내려가 고된 나날들을 보냈다. 1973년에 재기할 때까지 7년의 역경을 뼈저리게 감당해내야 했다.

고립과 좌절의 나날들을 참아내며 자신의 꿈을 설계하다

등소평은 유소기와 더불어 가장 핵심적인 타도 대상이 되어 아내 탁림과 함께 홍위병에 의해 온갖 욕설과 행패를 당했다. 정치적 실각으로 권력을 잃었을 뿐만 아니라 목숨을 부지하기 위해 몸부림쳐야 했다. 그나마 다행스럽게 자신을 반드시 죽여야 할 적은 없었다. 사실 등소평의 강점은 좋은 인간관계를 형성하고 유지했다는 점으로 자신이 만들어놓은 저변이기도 했다. 유소기가 잘생긴 얼굴에 잘난 척하는 모습을 보인 것과 달리 등소평은 겸손하고 예의가 발라 인간적으로 싫어하는 사람이 없었다. 모택동마저 유소기와 달리 등에 대해서는 별다른 적개심이 없었으며 중국을 위해 꼭 필요한 인물로 여기는 인식을 여전히 갖고 있었다.

유소기는 모든 직위와 당원 자격마저 박탈당한 채 제국주의 · 수정주의 · 반혁명주의를 지향한 반역자 · 노동자의 적으로 매도되어 온갖 고문과 모욕을 당한 끝에 폐렴으로 감옥에서 죽었다. 절망적인 일이 벌어진 것이다. 그런데 예상외로 유소기의 불행은 등소평에게 희망의 불씨이자 싹이 되어 주었다.

문혁의 광풍 속에서 등이 보인 자세 역시 적절했다. 자신을 최대한 낮추면서 처신했다. 시대적 흐름 속에 밀려난 처지에서 옳고 그름을 따져 대항하지 않았으며 당대의 권력에 맞서려고 객기를 부리지도 않았다. 그저 침묵하며 가만히 있었다. 이러한 등의 자세는 그만큼 그에게 중죄로 옥죄어 오지는 않게 만들었다.

문혁의 주도자들은 등을 두고 총서기로서의 월권행위, 개인숭배에 대한 비판으로 모택동의 권위 훼손, 농업정책에서의 흑묘백묘론, 서양 부르조아 계급의 놀이인 브리지 게임을 즐겨 했음 등을 죄목이라고 내세웠다. 하지만 이만한 내용이라면 가만히 고개를 숙이면 다시 한번 목숨을 살릴 수 있을 만한 충분한 여건이 되었다.

등소평은 자녀들과 헤어져 감금 생활을 겪으면서 2년여 동안 외부와 단절되었다. 그 와중에 북경대 학생이던 맏아들 등박방이 홍위병 학우들에게 아버지의 잘못을 인정하라는 추궁과 함께 폭행을 당하던 중에 창문에서 뛰어내려 평생 반신불수의 몸이 되기도 했다. 맏딸인 등림은 죄패를 목에 걸고다니며 외양간에 갇혀 지내야 했다. 자식 사랑이 남달랐던 그로서는 가슴이 찢어지는 고통을 참아내야 했을 것이다(나중에 등소평은 등박방을 몸소 씻겨주면서 그가 하는 말을 경청하는 일상을 즐거워했다고 한다).

1969년이 되자 65세의 나이로 다시 아내 · 어머니와 강서성으로 하방되어 시골의 벽돌건물에 살며 3년 이상을 보내게 되었다. 그 기간 동안 아침에 트랙터 공장에서 일하고, 점심에 집으로 돌아와 식사한 뒤에 방송을 듣고 신문을 보았으며, 오후에는 마당의 채소밭을 가꾸는 생활을 되풀이했다. 외부와는 완전히 고립되어 있었으며, 목숨을 위협받는 감시의 눈길 속에서 틀에 박힌 처량한 생활을 이어갔다.

당시 등소평은 하방 중에 하루도 빠지지 않고 트랙터 공장에 출근했다. 불필요한 말은 일절 하지 않은 채 일상을 이어갔다. 그러면서 등은 절망 속에서도 희망을 품고 있었다. 살아남기 위해 자신에게 더 없이 충실했다. 장정 이후 복용해오던 수면제마저 끊었다. 늘 책을 읽으며 정신을 가다듬었다. 체력단련을 위해 단호하고 빠른 걸음으로 집 마당을 매일 40바퀴씩 돌면서 자신의 앞날과 중국의 미래를 위한 치열한 구상을 했다.

어려운 시절일수록 좌절하거나 포기하면 안 된다. 다가올 미래를 위해 공부하고 준비해야 한다. 늘 생각하는 존재로서 기회가 왔을 때 잡을 수 있는 내공과 기량을 길러야 한다. 그러다보면 힘들고 고단한 시절도 언젠가는 끝이 나기 마련이다. 그 시절이 아무리 길다 하더라도 그만큼 단단한 자신을 만들게 되고 더 큰 미래를 맞이할 수 있음을 새기며 견뎌야 할 것이다. 등소평은 정말 좋은 본보기에 해당한다.

한편 등소평이 힘든 나날 속에서 자신의 목숨을 지켜내고 다시 복귀할 수 있는 미래의 묘수로 모택동과의 편지를 활용했다는 사실에 주목해야 한다. 편지라는 수단을 택해 모가 자신에 대해 따뜻한 마음을 계속하여 가지도록 만들었고, 모와 직거래하는 방법을 확보한 것이다. 또한 큰아들을 비롯해 여러 자식들을 잃은 모에게 하반신을 쓰지 못하는 큰아들을 돌봐달라는 감성에 찬 편지를 보내 뛰어난 생존전략을 발휘했다.

참고 또 참으며 견디노라면 희망이 찾아온다

1971년이 되자 중국의 정세가 급변했다. 모택동의 후계자로 여겨지던 임표가 정권장악을 노리고 급하게 서두르며 반역을 도모하다가 드러나자 소련으로 도망치던 중에 비행기 추락사고로 죽었다. 이 일로 중앙정계의 판도에 큰 변화가 일어났다. 모택동도 한숨 돌리면서 너그러운 자세를 보이게 만들었다.

1973년에 주은래가 등소평을 천거하자, 등은 69세의 나이로 다시 중앙 정계로 복귀하여 국무원 부총리로 일하게 되었다. 정권의 핵심으로 되돌아오자 자연스럽게 그의 위상은 다시 강화되었다. 1975년에는 당 부주석 겸 정치국 상무위원, 인민해방군 총참모장에 임명되는 한편 생산성 향상을 위해 노동만큼의 보상제와 선진기술 도입 등을 통해 생산활동을 향상시키는 경제정책을 추진했다.

그러나 아직도 등소평의 고난은 끝난 게 아니었다. 1976년 1월에 든든한 후원자이자 '영원한 형님'으로 부르던 주은래가 지병으로 죽었다. 같은 해 4월 5일에 죽은 사람들의 명복을 비는 청명절을 맞아 주은래의 죽음을 추모하는 인파가 수많은 화환을 가져다 놓은 것을 당국이 치워버리자 분노한 군중들이 목소리를 높이기 시작했다. 이에 4인방이 주도하여 천안문 광장의 군중을 강제 해산하면서 등을 정면 공격하기 시작했다. 결국에는 천안문 광장의 반혁명적 폭력 선동 혐의로 등소평의 모든 직책을 박탈했다. 그가 72세의 나이로 겪은 3번째의 정치적 패배이자 위기였다.

하지만 등소평은 강한 존재가 되어 있었기 때문에 빠른 시일 내에 극복했다. 1976년은 중국사에서 격동의 한 해였지만 날이 갈수록 등소평에게 희망과 승리의 서막을 여는 해가 되어 갔다.

당시 4인방은 등소평의 숨통을 끊어놓기 위한 공격에 전력을 기울였고, 다 죽어가던 모택동에게도 요구했다.

"등소평의 당적까지 박탈해야 합니다."

그러나 모택동은 단호하게 거절했다.

"그것만은 안 되오."

등으로서는 공산당이 권력의 전부인 중국에서 당적을 잃으면 모든 기반을 다 잃는 것이었다. 다행스럽게 모는 등소평을 보호해주었다(문혁 이후 실각했을 때에도 등의 당적 제적을 강력 주장했지만 모가 유소기와는 구별해야 한다면서 당직을 유지시켜 주었다. 그 뒤 직무정지를 당한 채 연금과 하방을 거쳤지만 1973년에 다시 재기할 수 있었다). 그렇지만 모는 후계자로 마구 설쳐대는 4인방이나 자신의 노선을 뒤집을지 모를 등소평이 아닌, 호남성 고향 후배로 자신의 노선에 충실하면서도 무난한 화국봉을 선택했다.

기회가 왔을 때 잡아야 한다: 때가 오자 전력을 다해 승자가 되다

9월이 되자 모택동이 죽었다. 표면상의 우세를 잡은 4인방은 강청을 필두로 곧바로 등소평을 공격했다. 등소평은 기세등등한 4인방에 의한 체포나 암살을 피하기 위해 주은래 계열의 국방부장 엽검영의 도움으로 몰래 북경을 빠져나가 광주 군구로 피신했다. 그러고는 엽검영과 협의하여 4인방을 제압하기 위한 쿠데타를 결심하고 진행에 들어갔다.

먼저 상해를 중심으로 강력한 민병대를 조직하고 있던 4인방에 대항하기 위해 자신을 지지하는 당 원로들과 군부세력을 결집했다. 엽검영을 비롯해 특무부대장 왕동흥, 정치국원 이선념, 정치국 위원 진석련과도 손잡았다. 특히 엽검영은 원래 4인방 세력이었지만 모택동 경호

사단 책임자라서 반드시 필요했던 왕동흥을 회유했다. 그리고 4인방을 상해에서 북경으로 오도록 작전을 짜 일정대로 추진했다.

이후 엽검영은 모택동의 후계자격인 화국봉을 만나 담판을 지었다.

"우리는 등소평 동지를 지지합니다. 동참해주시오. 그러면 당과 군 원로들은 당신의 총서기직을 보장할 것입니다."

화국봉은 고심 끝에 승락했다.

"좋소. 등소평 동지와 힘을 합쳐 4인방을 제거합시다."

화국봉은 군부 기반이 약했던 상황에서 엽검영과 군을 함부로 대할 수 없었으며, 4인방을 제거하면 실권이 없는 등소평을 능히 상대할 수 있다고 판단하여 호응했다. 엽검영은 거사일로 잡은 10월 6일에 맞춰 '모택동 선집' 제5권의 최종교정본 승인을 위해 정치국 상무위원회를 열도록 했다. 이에 4인방 중에 당연직인 왕홍문과 장춘교, 교열을 맡아 참석한 요문원이 회의장에 들어서자 왕동흥의 지휘 아래 체포했다. 일부 경호부대원들은 중남해로 가 강청까지 체포하여 4인방을 모두 붙잡았다.

등소평은 엽검영으로부터 무혈 쿠데타의 성공을 전해 들었다. 이렇게 되자 자신을 가로막는 존재라고는 화국봉만이 남게 되었다.

이후 화국봉은 당 주석, 중앙군사위 주석, 국무원 총리에 선임되었다. 모택동의 후계자로서 주석을 비롯한 최고위직을 모두 차지한 것이다. 하지만 실상은 공중에 붕 떠 있는 처지일 뿐이었다. 그즈음 등소평은 화국봉에게 편지를 보내 지지를 밝히면서 일할 수 있기를 요청했다. 여기에 더해 엽검영이 다시 적극적인 추천을 하자 화국봉은 자신의 힘만으로 정국 수습이 어렵다고 판단해 등을 복권했다.

1977년이 되자 등소평은 당 부주석 및 중앙군사위 부주석, 군 총참모장, 국무원 부총리의 지위로 복귀하게 되었다. 화국봉에 이어 서열 2인자가 된 것이다.

그러나 두 사람은 이내 서로 다른 노선의 차이로 인해 갈등이 벌어지기 시작했다. 화국봉이 모를 계승하여 쉽게 정권을 잡은 탓인지 중국을 이전과 같이 끌고 가려고 했다. 특히 문혁의 전통을 계승해야 한다고 주장했다. 이에 등소평은 개혁 · 개방을 통해 적극적인 경제개발을 해야 한다고 주장했다. 사실 문혁이 없었더라면 당시 중국의 풍토에서 화국봉의 주장이 더 먹혀 들었을지 모른다. 하지만 중국 지도부조차 인민들이 수천만명이나 굶어 죽는 상황을 두 눈으로 바라보았고, 교조주의가 판을 치면 어떤 일이 벌어질 수 있는가를 뼈저리게 경험했다. 언제 자신도 숙청당해 죽을지 모르는 미래를 선택하고 싶지는 않았을 것이다. 그리고 권력투쟁의 속성과 공산당 내부의 현실을 살펴볼 때 누구의 손을 들어주는 것이 자신에게 유리할지는 너무나도 분명했다.

이렇게 하여 등소평은 당과 군을 중심으로 광범위하고 전폭적인 지지를 모아나갈 수 있었다. 어찌 보면 숱한 시련에도 살아남아 세월과 함께 다져진 기반을 가진 등의 최종적인 승리는 명백하고 당연한 것이었다.

등소평은 젊은 시절 유학을 떠나 서방 세계와 자본주의를 경험하였으며, 혁명과 건국 과정에서 군사 경험과 더불어 자신의 권력기반을 다질 수 있었다. 건국 이후에는 경제정책을 책임지며 활동한 덕분에 개혁 · 개방을 통한 경제발전을 추진할 때 큰 도움이 되었다. 오랜 연금과 하방 생활에서는 충분한 시간을 가지고 자신의 구상과 실천계획을 가다듬을 수 있었다.

그래서 우리는 풍부한 인생 경험을 하도록 해야 한다. 다양한 독서, 국토순례, 배낭 여행, 자원봉사, 동아리 활동, 해외 유학이나 직장생활, 관심 분야에서의 체험, 새로운 일에의 도전 등을 서슴치 말아야 한다. 어떠한 상황에 처하게 되더라도 할 바와 얻을 것은 있기 마련이다. 오히려 힘들고 어려울수록 대가의 열매는 크고 달 것이다.

먼 미래를 보고 가라: 개혁·개방을 통해 일생의 꿈을 현실화하다

1978년이 되자 3중전회 준비대회에서 '사상해방, 실사구시, 일치단결 전진'이란 구호 아래 화국봉의 노선을 비판하는 한편, 1976년의 천안문 사태에 대한 새로운 해석과 함께 팽덕회 · 유소기 등을 복권했다. 무엇보다 중국의 개혁 · 개방을 선포하면서 새로운 변화의 길로 접어들었다. 마침내 오뚝이 또는 부도옹(不倒翁)으로 불리는 작은 거인 등소평이 중국의 실질적인 지배자가 된 것이다.

등소평은 공산주의 시장경제의 실현을 지향하면서 경제강국으로 가는 세 발걸음 즉 '3보주(三步走)'를 목표로 내세웠다. 1보인 온포(溫飽, 원바오)는 초보적 단계로서 국민이 따뜻하게 입고 배부르게 먹는 문제를 해결하자는 것이다. 2보인 소강(小康, 샤오캉)은 중간 단계로서 국민이 의식주 걱정 없이 편안하고 넉넉한 생활을 누리도록 하여 생활수준을 중산층 이상으로 끌어올리자는 것이다. 3보인 대동(大同, 다퉁)은 최종적인 사회의 실현 목표로서 중국의 현대화를 통해 국민들이 풍요롭게 사는 세상을 실현하자고 주장했다.

그 실현을 위해 4대 현대화 즉 농업, 공업, 과학, 기술의 현대화를 통해 산업화된 국가가 되는 목표를 달성할 것을 촉구했다. 그러면서 자신의 사후에 이르기까지 지속해 줄 것을 후계자들에게 당부함으로써 지금도 중국은 그의 구상대로 가고 있다.

"우리가 세운 이 정책을 절대로 흔들리지 말고 추진하시오."

등소평은 중국이 단기간에 시장경제를 통해 성공하도록 현대화를 직접 챙기며 강력하고 빠르게 밀어붙였다. 중요한 인재들을 서유럽 5개국으로 시찰 보내 시장경제를 도입하기 전에 자본주의 경제를 살펴보게 한 뒤에 중국에 어떻게 적용할 것인지를 치밀하게 사전 준비했다. 서유럽에서 자본주의 시장경제를 200년에 걸쳐 발전시킨 것과 달리 중국에서는 단기간에 공산주의 시장경제를 성공시키기 위해 낭비 없는 빠른 길을 찾아내기를 원했다. 그러면서 등소평은 철저한 실용주의 노선에 바탕하여 '정치는 공산주의, 경제는 시장경제'라는 중국만의 독특한 길을 걸어갔다.

"시장경제는 자본주의 사회에서만 존재할 수 있고, 자본주의 시장경제만 있다는 견해는 정확하지 않다. 공산주의 국가에서의 시장경제는 자본주의라고 말할 수 없다. 공산주의 국가에서 시장경제를 할 수 있다. 시장경제는 봉건시대에 시작되었기 때문에 공산주의에서도 얼마든지 할 수 있는 것이다."

자신도 나이 든 몸으로 경제 강대국인 미국과 일본 등을 두루 둘러 보았다. 일본에서는 자신이 프랑스에서 일하기도 했던 르노에 합병된 닛산자동차 공장을 둘러본 뒤 솔직하게 소감을 밝히기도 했다.

"이곳의 노동 생산성이 중국 장춘 제1자동차회사의 수십 배가 된다. 이것이 바로 현대화다."

등소평은 동쪽 해안선을 따라 경제특구의 설치, 기업가와 농민의 이윤 보장, 지방분권적 경제 운영, 각 분야의 중요 인재 양성, 외국인 투자 허용과 자본 유입 촉진 등 시장경제 방식을 통한 대대적인 중국의 변화를 추진했다. 중국은 등의 주도 아래 흔들림 없는 시장경제의 성공적인 운영으로 고속성장의 가도를 달리기 시작했다.

1984년이 되자 80세가 된 등소평은 남순강화(南巡講話)를 시작하여 50여 차례나 열차를 타고 동 · 남해안 지방을 돌며 개혁 · 개방에 대한 소신에 찬 의지를 열정적으로 드러내며 전파했다.

마지막 과업까지 최선을 다하다: 후계자를 확립하다

등소평은 중국 전반에 대한 대대적인 개혁을 추진하면서도 실권만은 확고하게 장악했다. 1980년에 화국봉이 사임하고 4인방이 재판을 받는 가운데 자신은 공산당 군사위원회 주석의 직책으로 실권을 가진 채 호요방을 국가주석으로 삼아 본격적인 개혁 · 개방을 더욱 가속화했다. 다음해에는 화국봉과의 5년에 걸친 권력투쟁에서 최종적인 승리를 거두면서 실용주의 노선에 따른 과감한 개혁을 더욱 전폭적으로 단행했다.

한편으로는 중국 공산당의 관행처럼 이어지던 '원로정치'를 마무리 지었다. 지금 와서 보면 별일 아닌 듯 생각하기 쉽지만 실제로는 등소평조차 가장 해결하기 힘든 난제였다. 이 문제를 해결하지 않고서는 중국의 미래를 장담할 수 없는 최대 걸림돌이자 현안이었다.

등은 1982년에 중앙고문위원회를 만들어 원로들이 정치에서 물러나 조언을 하는 역할을 맡도록 하고 자신도 초대 중앙고문위원회 주임을 맡은 뒤 5년이 지나자 물러났다. 중앙고문위원회는 원로들이 고문으로서 조언은 가능하지만, 정부 정책에 어떠한 영향도 미칠 수 없도록 만든 다음에 점차 힘을 빼가다가 10년을 존속하고는 자연스럽게 해산하며 없애버렸다. 이렇게 하여 그동안 공산당 지도자들의 종신제를 통해 막후에서 실질적으로 중국을 이끌던 혁명원로 지도자들을 일선에서 물러나도록 만들었다.

이제 명실공히 등소평의 천하가 되었다. 그렇지만 등은 자신의 권좌를 유지하는 일에 연연하지 않았다. 모택동처럼 영구 집권이나 우상화를 추구하지도 않았다. 1983년에 국가원수와 인민정치협상회의(정협) 주석 자리를 내놓고 공식적으로 물러났고, 1989년에는 공산당 중앙군사위 주석직도 내놓고 모든 공직에서 물러나며 은퇴했다. 자신이 직접 전면에 나서기보다 막후에서 복잡한 중국의 정국을 조정하면서 요리해갔다.

등소평은 1980년대 이후에는 자신의 고령을 참작하여 2가지 목표를 두고 착실하게 진행했다. 하나는 개혁 · 개방을 차질 없이 이끌어가 중국인들이 살 만한 세상을 만들어가는 일이었고, 또 다른 하나는 후계자를 키워 다음 시대를 준비하는 일이었다.

후계자를 확립하기 위해 호요방과 조자양을 차례로 내세웠지만 미흡하자 물러나게 했고, 1989년이 되어 천안문 사태가 일어나자 강경진압한 뒤에 강택민을 중국 지도자로 확립했다(1세대 모택동(마오쩌둥), 2세대 등소평(덩샤오핑) 이후 3세대 강택민(장쩌민), 4세대 호금도(후진타오)를 거쳐 5세대 지도부는 2013년부터 습근평(시진핑)이 이끌고 있다).

이렇게 하여 향후 중국을 이끌어갈 후계구도를 확립하자 그제서야 자신의 할 일을 다 했다고 여기면서 마지막까지 갖고 있던 공산당 중앙군사위 주석 자리까지 내놓고 모든 공직에서 물러나 은퇴했다. 이 일은 그의 마지막 과업이기도 했던 셈이다.

사람은 누구나 자신의 전성기를 정확하게 알아야 한다. 그리고 그 시기가 지났다는 생각이 들면 과감하게 물러설 준비를 해야 한다. 무엇보다 다음 후임자를 잘 골라 이어가도록 안배와 포석을 두는 자세는 반드시 필요하다.

덮어놓고 다 허용하는 것은 아니다: 민주화 요구를 누르다

등소평은 중국의 최고지도자로서 '새로운 중국인에 의한 새로운 중국'을 위해 다음 시대를 이끌 지도자감을 선정하여 훈련시켰다. 80대의 자신이 직접 전면에 나서기보다 이후 중국을 이끌어갈 차기 지도자로 제대로 된 인물을 내세워 안정된 체제에서 일하도록 한 것이다.

처음에는 호요방을 내세웠다. 1981년에 전면에 나섰으며, 1982년 이후에는 당 총서기가 되었다. 그러나 모택동과 화국봉을 거세게 비판하고 정책추진에서도 지나치게 급진적인 반면, 대학생들이 내세운 민주화 요구에 대해서는 너무 무르게 대처하여 1987년에 조자양이 다음 주자로 등장하면서 호는 실각했다.

그러다가 1989년이 되자 개혁 · 개방의 결과로 대학생과 지식인을 중심으로 급진적인 경향을 보이기 시작했다. 급기야 실각한 호요방이 죽자 20만명의 중국인이 천안문 광장에 모여들어 '민주의 여신상'을 만들어 세우고는 급진적인 민주화를 요구하며 시위를 벌였다.

등소평은 민주화 요구가 나날이 거세지고 과격해지자 심각한 국면으로 인식했다. 그런 가운데 조자양이 천안문 시위를 옹호하고 계엄령 선포를 반대하며 대화와 민주적 조치로 해결하려 하자, 등은 강경 대처에 나서 조자양을 무력화시키고 군대를 파견해 수천명을 죽이면서 유혈 진압했다.

등소평은 확고한 신념 아래 중국의 개혁 · 개방을 추진하면서도 정치 민주화만은 혼란으로 간주하고 단호하게 용납하지 않았다.

"경제의 개혁은 허용하되 정치의 개혁은 용납하지 않는다."

경제 개혁과는 달리 정치만은 공산당의 지배체제를 고집한 것이다. 이에 따라 천안문 사태를 무력으로 해결함으로써 민주화에 대한 국민적 열망이 지금까지도 수면 아래에서 숨 쉬게 되었다.

등소평은 천안문 사태 이후에도 이전과 다름없이 개혁 · 개방을 강력하게 추진해나갔다. 그러면서 중국 인민들의 본성과 속내를 간파한 듯한 말을 했다.

"삶의 질을 높이면 인민은 반드시 따를 것이다."

중국은 경제의 고도성장을 30여년 이상 지속함으로써 중국인의 생활수준과 삶의 질이 놀랍게 향상되어 갔다.

1993년이 되자 등소평은 89세의 나이로 시장경제의 취약점인 부의 분배 문제에 대해 언급하면서 향후 중국이 풀어가야 할 중점과제로 밝히기도 했다.

"발전 후의 분배를 제대로 하지 못해 많은 부를 소수만이 누리고 대다수 사람들이 누리지 못하면 안 된다. 분배가 공평하지 못하게 되고 양극화를 초래하면 발전하지 못했을 때보다 더 중대한 어려움에 처할 것이다. 그러므로 반드시 이 문제를 해결해야 한다."

중국이 2010년대 이후 어느 정도 살게 되고 세계 2위의 경제대국으로 성장했다고 하여 부의 편재와 양극화 문제를 놓고 대충 넘어갈 일은 아니다. 중국에서 공산혁명이 일어나 성공한 것도 그 현상이 심각했기 때문이었다. 그대로 방치하다가는 갑자기 터지는 화산과도 같을 것이다. 만일 그로 인해 다시 국민적인 저항이 일어난다면 과연 무력진압으로 막을 수 있을지 의문이다. 등의 말은 이런 상황을 미리 막기 위해서라도 중국 지도부가 꼭 새겨두어야 할 미래지침서인 셈이다.

천안문 광장

천안문 광장은 중국인에게 살아 있는 역사의 현장이었다. 중국 현대사에서 역사의 고비마다 결정적인 역할을 했다. 그중에서도 3막은 제1의 천안문 사건으로, 4막은 제2의 천안문 사건으로 불리며 중국의 권력에 변화를 가져왔을 뿐만 아니라 등소평과도 깊은 인연이 있다.

1막은 위대하고 멋있었다. 1949년 10월 1일 모택동이 천안문 광장에 20만명의 인민들을 모아놓고 중국의 건국을 선언했기 때문이다. 그러나 그 뒤에 이어지는 3차례의 천안문 사건은 현대 중국의 내부적인 모순을 고스란히 드러내며 현대사의 격변을 가르는 현장이 되었다.

2막은 파괴와 광란의 문화대혁명을 본격화하는 장소였다. 10대를 중심으로 1000만명 이상 모여든 홍위병들은 천안문 광장에서 열린 집회를 통해 자신들의 힘을 결집하고 과시하는 한편 전국 각지를 향해 돌진하는 출발점으로 삼았다. 이렇게 하여 천안문 광장은 광기에 찬 홍위병들이 죽음과 파괴의 파티를 시작한 현장이 되었다. 천안문 광장과 거리는 홍위병들이 활개 치는 현장이 되었으며, 인민재판과 학살을 통해 3000만명이 죽어간 죽음의 현장이기도 했다. 이후 등소평도 실각했다.

3막은 1976년에 주은래가 죽자 중국인들이 그의 추모를 명분으로 민주화를 열망했으나 강제 진압으로 막을 내렸다. 4인방의 공세로 등소평이 천안문 광장의 반혁명적 폭력 선동 혐의로 3번째로 실각했다. 얼마 안 가 모택동이 죽자 등은 4인방을 숙청한 뒤 또다시 재기했고, 화국봉과의 권력투쟁에서도 승리하면서 1978년에는 천안문 사태를 공식 인정하는 한편 대대적인 복권이 이루어졌다. 이번에는 천안문 광장이 새로운 중국의 서막을 알리는 장으로 역할했다.

4막은 1989년에 소련과 화해한 직후 당 · 관료 체제의 개혁과 정치 자유화를 요구하는 학생들의 민주화 시위가 확산되며 촉발되었다. 호요방이 죽자 그에 대한 추모를 빌미로 대학생을 중심으로 20만명의 중국인들이 천안문 광장에 모여 민주화를 요구했다(이래저래 모여든 시위 참가자를 모두 합쳐 100만명으로 보기도 한다). 조자양마저 시위를 옹호하며 온건한 방법으로 사태를 해결하려 하자, 등소평은 군대를 보내 강제 진압함으로써 최소한 2만2000명이 넘는 사상자를 냈다. 결국 중국의 민주화는 다시 먼 미래의 희망사항으로 미루어졌다.

앞으로의 관점은 천안문 광장에서 5막이 있을 것이냐는 문제다. 지금은 잠복 상태로 있지만 멀지 않은 미래에 언젠가는 반드시 거치게 될 중국의 민주화를 놓고 중국인은 물론이고 전 세계가 초미의 관심을 기울이며 천안문 광장을 주목하고 있다.
그동안 중국은 천안문 사건을 두고 3번 모두 비이성적인 방식으로 해소해왔다. 비록 지금은 일단 잘살고 보자는 경제 우선과 격변하는 국제정세 속에서 중국에 대한 애국주의로 덮고 가는 형세다. 그러나 중국의 최대 모순을 두고 언제까지 조용히 비켜갈 수만은 없을 것이다. 그때가 되면 천안문 광장은 다시 한번 세계인의 관심을 모으게 될 것이다.

인내의 극치: 150년을 참아내며 홍콩 반환을 성사시키다

등소평의 정치는 인내에서 나온다. 탄탄한 기반을 만들어가며 때를 기다렸다. 그리고 때가 왔을 때 정권을 잡았고, 누구보다 강한 리더십을 발휘하며 중국의 최고지도자로 군림했다. 실질적인 권력자로 1978~89년까지, 막후 권력자로 1989~97년까지 자신이 원하는 방향으로 중국을 움직였다.

등은 자신의 정치 역정에서 마지막을 홍콩 반환으로 마무리했다. 당시 영국은 홍콩 반환을 앞두고 엄청난 투자를 해둔 처지에서 공산주의 경제가 되면 모든 것을 잃을까 걱정하고 있었다. 자본주의 홍콩이 공산주의 체제로 변질되어 혼란 속에 몰락할 것을 우려하면서 중재안을 제시했다.

"영토는 반환하되 관리는 영국이 계속 맡도록 해달라."

등소평은 사전 협상에서 확고한 의지를 담아 분명하게 말했다.

"1997년 7월 1일, 중국은 반드시 홍콩을 돌려받을 것이다. 이는 주권국가의 일이다. 만약 그렇게 안 된다면 인민들은 우리 지도자들에게 등을 돌릴 것이다. 다만 우리는 공산주의를 실시하더라도 홍콩은 지금의 자본주의를 유지할 것이다. 투자자를 안심시켜 달라. 반드시 그렇게 할 것이다."

이른바 1국2체제의 구상을 제시한 것이다. 이후 영국은 그의 약속을 믿고 일정대로 진행했다. 등은 단호하지만 유연하게 대처하면서 1984년에 영국 총리인 대처와 손잡고 해결의 물꼬를 튼 뒤, 1986년에는 영국 여왕 엘리자베스 2세를 만났으며, 1997년에는 홍콩을 돌려받았다.

1842년에 아편전쟁에서 패배한 이후, 청나라가 영국과 불평등조약을 맺고 영국에게 조차된 이후 실로 150년 만에 되찾은 것이다. 이로써 중국은 '홍콩의 반환'이라는 역사적이며 상징적인 사건을 통해 21세기 국제정치 무대에 화려하게 등장하는 계기가 되었다.

안타깝게도 정작 등소평은 홍콩 반환을 5개월 앞두고 눈을 감았다. 하지만 홍콩은 그의 의지대로 반환되었으며, 중국의 차기 지도부는 그의 방침을 그대로 따름으로써 많은 사람들의 우려와 달리 중국어와 중국문화를 강요받지 않았으며 여전히 자본주의의 거점으로서 발전을 거듭하고 있다.

결국 홍콩 반환은 중국이 오랜 어둡고 굴곡진 세월을 뒤로 하고 세계사의 주역으로 등장하는 상징적인 역사적 사건이 되었다.

등소평의 도광양회: 힘의 과시보다 내실을 추구하다

등소평은 집권한 뒤 자신의 치세 동안 중국의 대외정책으로 도광양회를 제시했다. '도광양회(韜光養晦)'는 줄여서 '도광'이라고도 하는데, 나관중의 소설 《삼국지》에 나오는 말로, '빛을 감추고 어둠 속에서 힘을 기른다'는 뜻으로 '자신을 드러내지 않고 참고 기다리며 실력을 기른다'는 말 그대로 경제성장을 비롯해 각 분야의 힘을 키우는 일에 모든 역점을 두었다.

유비가 조조의 식객 생활을 할 때 천둥이 치자 깜짝 놀라며 젓가락을 떨어뜨려 조조가 그의 그릇이 작다고 여겨 안심하게 만들었다. 유비로서는 살아남기 위해 일부러 몸을 낮추는 한편 어리석은 사람으로 보여 조조의 경계심을 풀고 도망나올 수 있었다.

그리고 유비의 삼고초려로 영입되어 군사가 된 제갈량이 유비에게 조조·손권과 더불어 정립하는 천하3분지계를 제시하면서 촉 지역을 얻어 힘을 기른 다음에 천하를 도모하고자 할 때에도 도광양회 전략을 취했다.

등소평 이전의 중국은 건국 이후 '죽의 장막'이라 하여 세계와 담을 쌓고 살고 있었다. 그러다가 등이 집권한 이후에는 과감한 개혁·개방으로 막대한 해외 투자자금을 빨아들이는 한편 외국기업들이 앞다투어 달려오는 세계의 공장이 되어 초고속성장을 거듭했다. 그동안에 중국은 한결같이 힘을 기르는 일에만 전념했다. 이렇게 하여 자연스럽게 중국이 국제사회의 중심국가로 올라서도록 만들어갔다.

등을 계승한 강택민(장쩌민)은 그의 유지를 충실하게 따랐다. 그런데 2003년이 되자 호금도(후진타오)를 중심으로 한 4세대 중국 지도부가 등장하면서 한 걸음 더 나아간 대외정책을 밝히면서 새로운 방향을 제시했다.

"화평굴기(和平崛起), 즉 평화롭게 우뚝 선다(더러는 화평방전, 화해세계로 표현하기도 한다)."

그러다가 2004년 이후에는 더 나아갔다.

"유소작위(有所作爲), 즉 필요한 일에는 적극 참여한다."

중국의 국익이 걸린 일이라면 적극 개입하겠다는 입장을 추가했다.

그러다가 2013년 습근평(시진핑)을 중심으로 한 5세대 중국 지도부 이후에는 한층 공격적으로 나가고 있다.

"주동작위(主動作爲), 즉 해야 할 일을 주도적으로 한다."

이 원칙을 밝히면서 주변국은 물론이고 국제사회에 대한 보다 적극적인 관여와 개입을 천명했다. 또한 '신형 대국관계(新型大國關係)'라 하여 미국으로부터 중국의 초강대국 위상을 인정받는 가운데 국제사회에서 미국 못지않은 역할을 요구하는 한편 '일대일로(一帶一路)'라 하여 중국 중심의 신실크로드를 통해 주변국은 물론이고 더 멀리까지 뻗어나가는 중화주의를 현실로 만들려고 노력하고 있다.

중국은 2010년대를 지나면서 G2라 하여 미국에 버금가는 국제질서의 양대 중심국으로 부상했다고 여기자, 점차 공세적인 입장으로 전환하고 있다. 중국 사회에서는 그보다 더 앞서 나간 말도 일상적으로 쏟아지고 있는 형편이다.

'중국의 진면목을 보여 주며 과시하자.'

'멀지 않아 중국이 미국을 따라잡을 것이다. 그렇게 되면 세상을 우리가 이끌고 가면 된다.'

이런 까닭에 일부 지도부나 지식인 사이에서 '아직은 국민소득이 1만 달러 정도인 처지에서 도광양회를 더 지속해야 한다'는 입장도 있지만 약한 메아리로 밀려나 있다.

사실 도광양회는 한국에 더 필요한 말일지도 모른다. 있는 국력을 다 드러내려 힘쓰기보다는 아직은 힘을 비축하는 국면에 치중하면서 힘을 아끼고 잘 드러내지 않아 불필요한 오해나 국력 낭비를 자초할 필요가 없다는 것이다. 특히 일본과의 경쟁에서 특별한 승기를 잡은 것도 아닌데 일부에서는 마치 한국이 일본을 따라잡은 것처럼 주장하기도 한다. 그래봐야 전반적인 국면에서 일본만 자극할 뿐이다. 일본의 반격이 있으면 만만치 않을 것이다. 더욱이 통일 대한민국이 될 때까지 중국과 일본을 비롯한 주변국에게 한국의 강국화에 따른 지나친 부담을 주는 것은 우리에게 유리할 것이 없다.

현재로서는 교육입국, 과학기술대국, 산업선도국, 문화향기국, 관광천국 등에 걸쳐 더욱 노력해야 할 부분이 너무나 많다. 그런 만큼 내력을 기르고 힘을 갖추는 일에 더 열정을 쏟아야 할 것이다.

무엇보다 등소평을 통해 뜻한 바를 이루기 위해 참고 또 참는 놀라운 인내를 배워야 한다. 어떠한 상황에서도 끊임없이 자기 계발과 구체적인 실천 노력을 멈추지 않되 도광양회를 통해 먼 날의 큰 성취를 위해 내실을 기하며 묵묵히 나아가는 자세를 배워야 한다.

80대 이후의 인생도 중요하다: 정계를 떠난 후 즐겁게 살다

등소평은 1989년에 85세의 나이로 은퇴한 뒤 '보이지 않는 지도자'로 중국이 자신이 원하는 방향으로 가는 것을 지켜보았다. 이미 그의 존재 자체만으로도 중국은 궤도 위를 달리는 열차처럼 하나의 방향을 향해 힘차게 전진하며 달려 나가고 있었다.

1992년에 88세로 남방을 순행할 때 유언 삼아 다시 한번 강조하며 중국이 가야 할 방향을 밝혀 놓기도 했다.

"앞으로 100년 이상 굳건하게 개혁 · 개방 정책을 유지하라."

등소평은 80대 중반 이후에는 평화로운 노후를 즐겼다. 일생 동안 해온 것처럼 독서를 계속했다. 건강을 중시하여 수영을 좋아했고, 한겨울에도 냉수마찰을 했다. 가족을 소중히 여겨 5살 위인 계모를 모신 가운데 4대가 한집에서 살며 평화로운 일상을 보냈다.

등은 자상한 성품에 어린이를 좋아하여 손자들이 자신의 주변이나 서재 책상에서 뛰어노는 것을 즐겼다.

"아이들의 노는 소리는 천상의 소리다."

이따금 지인들과 브리지 게임을 하며 카드놀이를 즐겼고, 사람들과 함께 나무를 심었다.

그러다가 등소평은 92세의 나이로 그토록 사랑하고 소중히 여긴 대가족이 모두 모인 집안에서 식구들이 지켜보는 가운데 평화롭게 숨을 거두었다. 그는 자신이 유언한 대로 각막과 장기를 기증하고, 주검은 중국 최고의 병원인 301병원에 해부 연구용으로 내놓았으며, 화장을 한 뒤 그의 유골은 바다에 뿌려져 다시 자연으로 돌아갔다.

등소평은 따로 재산을 모으지 않았으며 자식들에게 물려주지도 않았다.

"나는 평생 재산을 모으지 않았다. 내가 죽은 뒤에 너희들은 자신의 능력으로 살아야 한다. 내가 가진 것은 100만위안의 저작권료뿐이다. 그런데 이것마저 전부 교육사업에 기부하겠다."

등은 자신이 죽고 나면 동상이나 기념관을 세우지 말도록 당부했다. 대신에 중국의 대지를 푸르게 만들어 줄 나무를 많이 심으라고 강조했다. 그리고 미래 세대에 대한 간절한 당부를 담아 《등소평(문선 3권)》을 몸소 감수하고 책으로 펴냈다.

이렇게 볼 때 등소평이 유산을 남기지 않은 것이 아니다. 중국 자체가 자신의 유산이었던 셈이다(등소평의 자녀와 후손들 중에 공직이나 막대한 부를 가지게 된 것은 강택민 이후 태자당의 배려와 후원 내지는 결탁과 담합 덕분으로 보인다. 이런 행태로 인해 중국 왕조 시절부터 고질병이었던 지배층의 부의 독점과 부패가 다시 만연하는 상황으로 번져갈 것으로 보인다. 무엇보다 분명한 사실은 등의 유지를 어긴 것이며, 막지 못하면 중국 자체를 곪게 만들며 속병이 들어갈 것이다).

등소평은 진실하고 위대했던 현대사의 거목으로서 전력을 쏟아 중국의 미래를 밝게 만들었다. 중국의 독립과 해방, 혁명과 건설, 개혁 · 개방을 통한 부강, 국민 다수의 행복을 위해 영원히 빛날 공적을 남겼다.

등소평의 강점이라면 낙관적 · 긍정적인 생활태도, 굴복하지 않으면서 참고 또 참는 인내력, 자기 할 일에 전력을 다하는 부지런함, 누구에게든 실천한 겸손한 처신, 이상과 명분에 매달리지 않는 실리 중시, 어떤 상황에서도 밀어붙인 과감한 추진력 등이 있다. 문혁을 두고서도 절망적인 좌절의 시절로만 여기지 않았다.

"문혁은 나쁘지만 따지고 보면 좋은 일이었다."

목숨마저 지키기 힘든 시절이었지만, 국정과 시장경제에 대한 구상을 함으로써 정권을 잡자 곧바로 전면적인 중국의 변화를 주도할 수 있었다는 점을 높게 평가하여 끝 모를 낙관적 자세를 엿볼 수 있다.

다만 자신에 대한 절대 과신, 적이나 경쟁상대를 인정하지 않은 독선, 권력의 독점과 일방적인 주도, 부정부패의 방치, 민주주의와 인권에 대한 의식 결여, 공산주의에 대한 고집과 정치발전에 대한 외면 등은 그의 결함이라 볼 수 있다.

우리는 등소평의 2가지 모습에 더 주목해야 한다. 하나는 한 자연인으로서 숱한 실패와 좌절의 시간을 보내면서도 선 굵은 인간적인 매력과 유머를 잃지 않았다는 사실이다. 그는 일생 동안 소년처럼 다소곳하고 감성을 풍기는 모습을 잃지 않았다. 그리고 일상에서 즐기던 유머로 풍요로운 삶을 채웠다.

또 하나는 모택동을 부정하거나 격하하지 않았다. 바로 이 점에서 등소평은 진정으로 위대하다. 자신을 그토록 괴롭히고 목숨마저 빼앗으려 한 모택동의 동상까지 세워 결코 전대의 혁명정신과 건국 그리고 정치사상적인 공산주의를 무시하지 않았다. 오히려 중국을 건국한 국부로 만들었다. 그 덕분에 14억 중국인이 하나로 뭉쳐 힘을 발휘하고 있는 것이다.

등소평은 모를 평가하며 '공7과3(功七過三)'을 주장했다. 이 말은 모가 등을 재기용했을 때 한 말을 다시 인용한 것이다.

"모택동 주석의 공적은 7할이요, 과오는 3할이다."

등은 모에 대한 격하운동이 벌어질 조짐을 보이자 '공이 70%이고 과는 30%라서 공으로 과를 덮을 만하니 중국의 최고지도자로 내세워야 한다'고 주장한 것이다. 이처럼 등은 극히 일부를 제외하면 용서의 리더십을 발휘했고, 공존과 상생의 정치를 실현했다. 그리고 모가 저질렀던 파괴를 답습한 것이 아니라 건설적인 계승을 통해 중국의 밝은 미래를 열어갔다.

그래서 지금도 중국에 가면 모택동과 등소평은 현대 중국의 양대 지도자로 함께 추앙을 받고 있다. 중국인들은 여러 공과가 있지만 오늘의 중국을 있게 해준 영원한 국가 지도자로서 함께 존경하고 우러러보며 자랑스럽게 말한다.

'해방되고서는 모택동을 잊지 않고, 잘살게 되어서는 등소평에게 감사한다.'

지은이가 보기에 현대 중국의 가장 큰 힘이 여기에서 나온다고 본다. 반대로 향후 중국이 분열하고 쇠퇴할 때는 모와 등을 비난하거나 인정하지 않을 때일 것이다.

등소평의 좌우명 흑묘백묘론과 고자장

흑묘백묘(黑猫白猫)론은 대약진운동이 실패하고 1962년에 등소평이 공산당 중앙서기처 회의에서 처음 공식적으로 말한 이후, 대대적인 개혁 · 개방 조치를 단행한 뒤인 1979년에 미국을 방문하고 돌아온 다음에 똑같은 말을 해 유명해졌다.

'부관흑묘백묘 주로서 취시호묘(不管黑猫白猫, 住老鼠 就是好猫), 즉 검은 고양이든 흰 고양이든 상관없다. 쥐를 잘 잡으면 그것이 좋은 고양이다.'

이 발언은 등이 자신의 고향인 사천성의 속담을 빌어 중국의 발전과 인민들의 생활수준을 좋게 만드는 목표를 두고 현실적인 방안을 마련할 때 어떠한 방법이든 선택해야 한다고 주장하면서 비유로 든 것이다.

등소평이 10대 중반, 20대, 30대, 40대의 힘들던 청장년 시절, 그리고 60대와 70

대 초 문혁의 광란 속에서 목숨조차 지키기 어려웠던 길고 긴 노년 시절을 어떻게 인내하며 견뎌냈을까.

등소평은 맹자가 말한 '고자장(告子章)'의 문구를 적어 가슴에 품고 견뎌냈다고 한다.

'하늘이 장차 그 사람에게 큰일을 맡기려 할 때는, 반드시 먼저 그 마음과 뜻을 괴롭게 하고, 그 근육과 뼈를 깎는 고통을 주고, 그 몸을 굶주리게 하고, 그 신세를 (궁핍보다 더한) 공핍하게 하고, 그 하는 일을 힘들고 어지럽게 하니, 이는 마음을 움직여 참을성을 기르게 하여 그 할 수 없었던 일을 더 많이 할 수 있게 하기 위함이다(天將降大任於是人也 必先 苦其心志 勞其筋骨 餓其體膚 空乏其身行 拂亂其所爲 所以 動心忍性 曾益其所不能).'

이 문장보다 힘든 삶을 사는 사람에게 와닿고 힘을 주는 말이 또 있을까.

등소평도 이 글을 가슴에 품고 새기며 살았기에 어떠한 시련도 참아내고 미래를 손에 잡을 수 있었던 것이다. 이만한 문장이 그를 지켜주지 않았더라면 어찌 견딜 수 있었겠는가.

우리의 인생은 흑묘백묘론에서 주장한 것처럼 한 가지 길만을 고집할 일이 아니다. 인생 역정을 헤쳐가기 위해서는 〈고자장〉을 새기며 언젠가는 다가올 꿈을 향해 나아가야 한다. 하지만 이런 모든 결심과 행동은 지금 바로 이 순간에 실행되어야 첫 시작이 된다. 그래서 오늘 하루를 황금처럼 소중히 여기고 충실해야 할 것이다.

15

더 강해지고 싶을 때

시진핑

세계 최강대국이 되어 세상의 패권을 노리다

현대 중국의 영토

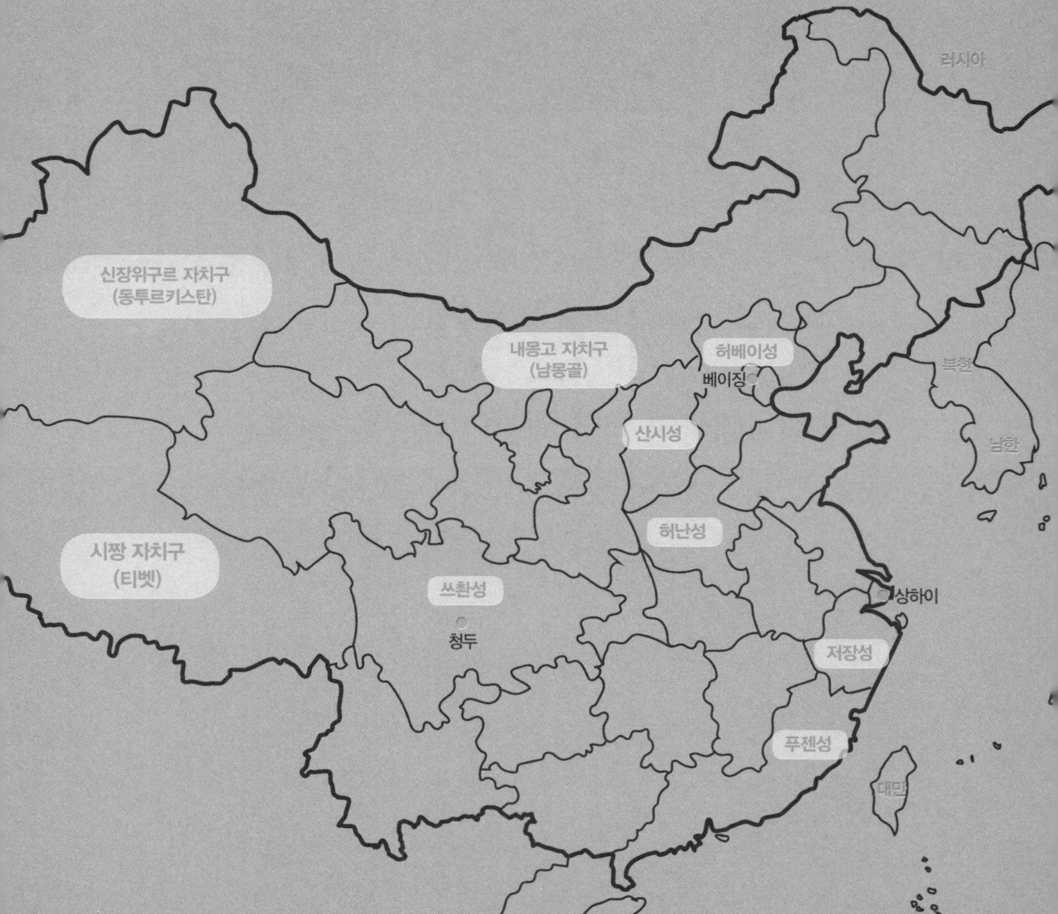
러시아
신장위구르 자치구
(동투르키스탄)
내몽고 자치구
(남몽골)
허베이성
베이징
북한
산시성
남한
허난성
시짱 자치구
(티벳)
쓰촨성
상하이
청두
저장성
푸젠성
대만

시진핑

자기주도 리더십(외유내강형)

중국을 G2의 반열에 올려놓고 미국과 상대하다

잠자던 거인에서 힘을 가진 거인으로 변모하다

중국, 즉 1949년 건국한 중화인민공화국은 청나라와 중화민국(지금의 대만)에 이어 중국대륙의 주인이 되었다. 아편전쟁(1840~42)에서의 패배 이후 본격적인 외침이 시작되어 1세기가 넘게 제국주의 열강들에 의해 식민지배와 침탈에 시달렸다. 하지만 2차 세계대전(1939~45) 때 추축국의 일원인 일본과 중일전쟁(1937~45)을 벌여 태평양 전쟁에 기여한 바를 인정받아 승전국으로 대접받으면서 유엔 상임이사국이 되어 세계 5대국의 위상을 확립했다.

현대 중국은 건국과 함께 오랜 내부의 혼란과 외부의 공세를 마무리 짓고 국제사회의 강대국으로 자리매김했다. 초기에는 중국공산당을 줄인 말인 '중공'이라 불리며 소련에 이은 공산권의 중심국가로 역할했지만, 실상을 살펴보면 전 세계에서 가장 못살던 나라 중 하나였다. '죽의 장막'으로 불리며 세상과 단절한 채 마오쩌둥의 나라가 되어 세계사적 존재감도 거의 없었다. 그나마 제3세계라 하여 냉전체제 아래 미국과 소련에 의해 양분된 국제질서에서 소외된 비동맹국가들과 연계하여 작은 목소리를 내는 정도였다.

1978년, 중국은 덩샤오핑의 주도 아래 개혁 · 개방에 나서면서 약진하기 시작했다. 실용주의 노선에 입각한 중국식 사회주의 시장경제를 통해 초고속 경제성장을 거듭하여 산업화와 현대화를 이루어내면서 세계의 주목을 받는 놀라운 발전을 이룩했다. 21세기에 접어들면서 명실상부한 국제사회의 주도국으로 떠올랐고, 급기야 2010년대 이후에는 미국과 더불어 'G2(Group of 2)'로 부상했다.

현대 중국의 힘은 대다수 국민들이 자신들의 지도자였던 마오쩌둥과 덩샤오핑을 두고 여러 공과가 있지만 오늘의 중국을 있게 해준 국가 지도자로서 극도로 존경하고 있는 데서 나온다. 마오가 공산주의 지도자로서 중국을 인민의 나라로 만들어 국부 또는 중국의 아버지로 불린다면, 덩은 사회주의 시장경제 지도자로서 중국을 경제가 살아나 살기 좋은 나라로 만든 장본인이라 여기면서 받들고 있다. 그러다보니 14억 중국인들이 확고한 구심점을 가지고 국민통합을 유지하는 가운데 경제성장과 국가 전반의 발전을 이루어내고 있는 것이다.

지금은 시진핑이 국가주석에 올라 중국을 이끌면서 마오쩌둥의 건국과 토대 닦기, 덩샤오핑의 개혁개방과 고속성장을 이어받아 역사상 처음으로 지구상의 강대국화를 실현하며 중국 중심의 국제질서를 확립해 중화 시대를 펼치려는 중국몽을 이루기 위해 노력하고 있다(이 장에서는 등소평 이전과 달리 요즘 추세에 맞춰 표기는 중국에서 사용하는 간체자로 적고, 발음은 중국어에 따른 호칭으로 바꿔 사용한다).

G2의 중국을 이끌어가는 5세대 지도부

중국을 이끌어가는 공산당 지도부는 제1세대 마오쩌둥(毛泽东), 제2세대 덩샤오핑(邓小平), 제3세대 장쩌민(江泽民), 제4세대 후진타오(胡锦涛), 제5세대 시진핑(习近平) 체제로 이어지며 나름대로 성공적으로 이어왔다(2대 지도자로 화궈펑(华国锋)을 넣어 시진핑을 6대 지도자로 보기도 한다). 시진핑은 현대 국제사회의 흐름에 걸맞지 않게 절대군주와 다름없는 권력을 장악한 채 강력한 카리스마를 발휘하면서 중국을 다스리고 있다. 마오쩌둥은 죽을 때까지 군사위 주석 자리를 지켜야 할 정도로 권력투쟁이 극심해 불안했다. 덩샤오핑은 1983년 공식적으로 최고지도자의 자리에서 물러났지만 1989년 천안문 사태 이후에야 장쩌민에게 군 통수권을 넘길 정도로 여전히 불안했다.

또한 장쩌민은 2002년 후진타오에게 총서기직을 넘긴 뒤 2년이 지나서야 중앙군사위원회 주석을 넘기면서 막후 원로정치의 폐해를 이어갔고, 후진타오 역시 장쩌민 이후 정파 안배와 권력 분립의 전제 아래 집단지도체제에서 임기를 채웠다.

반면에 시진핑은 후진타오로부터 정권을 이양 받은 이후 이전과 달리 확고한 1인 지배하의 권력을 장악한 채 마오에 버금가는 통치력을 행사하고 있다. 원로 정치, 막후 개입, 계파 협력의 국면에서 벗어나 중국 지도자가 가져야 할 모든 직책에다 실권까지 고스란히 챙겨 과거의 황제에 맞먹는다고 하여 '시황제'로 불릴 정도다.

역경이 강한 존재로 만든다: 시련이 곧 약이다

시진핑(习近平, 1953.6.15~현재, 주석 2012.11.15~현재)은 베이징에서 공산당 지도자인 시중쉰(习仲勋, 1913~2002)과 어머니 치신(齐心, 1926~현재)의 맏아들로 태어났다. 재혼한 어머니의 2남2녀 중에 아들로는 맏이다(시중쉰은 첫 결혼에서 1남2녀를, 재혼해서 2남2녀를 낳았다).

혁명원로이자 개혁주의자(개방파)였던 아버지 시중쉰은 공산당 지도부의 일원이었다. 그런데 국무원 부총리와 중앙선전부 부장을 역임하다가 1962년에 반당집단으로 몰려 펑더화이(彭德怀)의 실각과 함께 숙청되었다(펑더화이가 서북 지역 제1서기 겸 군정위원회 주석으로 있다가 항미원조전쟁, 즉 한국전쟁의 지휘관이 되자 1950.10~1952.9월 부주석으로 주석대리를 맡은 적이 있다).

시진핑을 비롯한 가족들까지 허난성(河南省)의 뤄양(洛阳, 이전의 낙읍)에 있는 공장으로 하방되었다(하방(下方)은 1957년부터 시행되었다. 도시 학교를 나온 젊은이들을 농촌에 내려 보내 노동하게 만들었다. 공산당과 정부의 고위 간부들을 산간벽지나 오지의 농촌이나 공장에 내려 보내기도 했다. 권력투쟁에서는 숙청의 방법으로 활용되었고, 문화대혁명 때 가장 성행했다). 1968년에는 옥살이까지 감수해야 했고, 산시성(陕西省)으로 좌천되자 그 역시 나락으로 떨어졌다.

이후 시진핑은 문화대혁명(문혁, 1966~76)이 일어나자 하방 당한 처지에서 더욱 어려운 시절을 보내야 했다. 청소년 때까지 농촌 지역을 이곳저곳 돌아다니면서 엄청난 고초 속에 고된 노동에 시달려야 했다. 다만 그 와중에도 자신의 역량을 키우는 일에 열심이었고, 무엇보다 공산당 당원이 되기 위해 절치부심했다.

1969년 15세의 나이로 산시성 옌촨현(延川县)의 공장에 들어갔고, 생산대의 당지부 서기를 맡았다. 1971년에는 중국 공산주의청소년연맹에서 활동했다. 당시 시진핑은 토굴에서 7년 동안 살기도 해서 참으로 힘든 시절을 보냈음을 알 수 있다.

당시 그는 공산당 입당에 무려 10번이나 실패했다. 그 상황에서도 자신의 꿈을 향한 발걸음만은 멈추지 않았다.

'나의 길을 반드시 갈 것이다. 그러자면 공산당에 들어가야 한다.'

1974년 1월. 시진핑은 20세 때 마침내 중국 공산당에 입당했다. 퇴짜 맞기를 거듭하면서도 기어코 공산당 입성에 성공한 것이다. 공산당 당원이 되는 것만이 자신의 꿈과 미래를 담보할 수 있는 유일한 수단인 중국사회의 본질을 정확하게 꿰뚫어 보면서 얼마나 집요하게 노력했는지를 짐작할 수 있다.

공산당과 중국을 배워 익히며 승승장구하다

시진핑은 아버지의 복권과 함께 베이징으로 돌아왔다. 이젠 이전의 누추한 처지와 달라졌다. 권력 만능의 중국에서 권력자 집안의 일원으로서 자신의 꿈을 마음껏 펼칠 수 있게 된 것이다. 그는 차분하게 자신의 경력을 갖추면서 내실을 다져나갔다(그의 성장과정에서 빼놓을 수 없는 배경이 시중쉰이다. 한창 활동할 시기에 당 원로로서 막강했던 아버지의 존재 덕분에 중국 지도부의 아낌없는 성원 아래 입신과 승승장구를 거듭할 수 있었다).

1975년에는 22세의 나이로 칭화대 공정화학(화학공학)과에 입학해 중국사회에서 필요로 하는 최상의 조건을 갖추었다(2001년 칭화대 사상과정치연구소에서 '중국 농촌의 시장화 연구'란 논문으로 법학박사 학위까지 받았다).

1978년이 되자 새로운 중국의 역사가 열렸다. 문화대혁명의 열기가 완전히 가라앉은 가운데 4인방과 화궈펑을 비롯한 교조주의적인 강경파들이 몰락했다. 덩샤오핑은 정권을 잡자 본격적인 개혁과 개방에 나섰다. 그의 아버지는 광동성 제2서기로 복권되었다가 서기까지 올랐고, 덩의 후견 아래 지도자가 된 후야오방(胡耀邦)을 도와 많은 역할을 했다.

시진핑으로서는 정말 행운이었다. 비록 태자당 출신이었지만 어린 시절에 역경을 겪어 온실 속의 화초가 아니라 담금질한 쇠덩이처럼 훨씬 단단한 사람으로 다져질 수 있었다. 결정적으로 중요한 청년기에는 무엇이든 할 수 있는 위치가 되어 원하는 선택을 하면서 자신의 길을 걸어갈 수 있었다.

그는 1979년에 대학을 졸업한 뒤 국무원 부총리의 비서로 공직에 발을 내디뎠다. 1982년까지 국무원과 중앙군사위 판공청에서 근무했다(중국에서 판공청(办公厅)은 우리의 비서실이자 사무 총괄부서로서 실질적인 핵심부서다). 이렇게 하여 30세가 될 때쯤엔 중앙의 당 · 정 · 군을 모두 거치는 경력을 쌓았다.

이후에는 지방으로 내려가 조용했지만 치열하게 자신의 내공을 키우면서 미래를 함께할 인맥을 만들어갔다. 1982년부터 허베이성(河北省) 정딩현(正定县)의 당서기로 일했고, 특히 1985년부터는 푸젠성(福建省)에서 샤먼시 부시장, 푸저우시 당서기 등을 거치면서 실무역량을 키우는 등 무려 17년을 근무하면서 중앙으로 진출할 기량과 기반을 다져나갔다.

가정이 안정되어야 꿈을 펼칠 수 있다

시진핑은 첫 결혼에 실패한 뒤, 1986년 인기가수로 활동하던 펑리위안(彭丽媛, 1962~)과 만나 사랑에 빠져 그 다음 해에 재혼했다(1979년 주영대사의 딸인 커링링(柯玲玲)과 결혼했다가 1982년 성격차로 이혼했다).

두 사람은 원만하게 부부관계를 일구어가고 있고, 1992년에 외동딸 시밍쩌(习明泽)를 낳아 행복한 가정을 유지하고 있다.

그의 아내 펑리위안은 1980년 예술사병으로 중국군에 입대해 가수 활동을 시작한 이후 인민해방군 예술단 소속의 가수로 1980년대에 폭넓은 인기를 누렸다. 인기 가곡 '희망의 들판에서'를 불러 중국의 국민가수로 여겨졌다. 계급이 소장까지 올라 문화선전을 맡은 중국군 가무단장, 예술학원 원장 등을 거쳐 정협(전국인민정치협상회의) 위원을 역임하는 등 일부 정치활동을 거치기도 했다. 활발한 외교에 나서는가 하면 2017년에는 미국 줄리아드 음대에서 "미 · 중 양국의 연결고리가 되겠다"면서 명예박사 학위를 받기도 했다. 무엇보다 그녀는 딱딱하고 무섭게 보이는 시진핑의 인상을 중화시켜주는 역할로 큰 도움을 주고 있다고 평가받는다.

태자당 그 문제적 존재: 중국을 움직이는 최상위급 실체

중국은 덩샤오핑이 통치하던 시절까지 혁명지도자들이 이끌었다면, 장쩌민 시절에는 상하이방(상하이파)이, 후진타오 시절에는 공청단(공산주의청년단)파가 득세했다. 그러다가 시진핑 이후에는 태자당(太子党)이 주축이 되었다. 혁명 지도자의 자녀들로 그 정통성을 이어받은 존재가 되어 막강한 권력과 부를 거머쥔 채 중국 지도부를 장악한 것이다.

태자당은 중국에서 가장 강하고 폭넓은 세력을 형성하고 있다. 그렇다고 우리가 일반적으로 생각하는 정당으로 보면 안 된다. 편의상 출신과 정파의 성격을 부여한 것으로 이념과 정책 그리고 일정한 체계를 갖춘 것이 아니기 때문이다. 또한 하나의 세력권으로 결속되어 있지도 않다. 보시라이 같이 시진핑과 권력투쟁을 벌이다가 적대적인 관계 속에 제거당하기도 했다. 또한 강경파와 온건파를 비롯해 출신 집단에 따른 입장 차이도 다양하다.

중국의 어두운 미래를 예측할 때 이민족 지역의 분리독립, 지방과 농촌의 양극화와 반발, 노동자와 저소득층의 대량화와 저항, 중국경제의 붕괴 등 여러 측면이 있다. 특히 정치적 혼란이 온다면 아래로부터 민주화 요구가 터져 나오거나 전국적인 분리독립이 극심해질 때일 것이다.

중국인들은 그동안 국가발전을 거듭하면서 다수의 삶이 나아지고 있어 무시하거나 참고 있지만, 양극화와 경제난이 심화되어 도저히 참기 힘들어지면 국내외의 모순적 요소들과 결합해서 중국을 분열과 혼란에 빠뜨릴 수도 있다.

정말 문제는 태자당에 의해 위로부터 초래될 수 있다. 태자당 출신의 지도층 인물들이 신분과 계급을 세습해 누리면서 공산당과 정부 그리고 군을 비롯해 기업과 금융 전반까지 틀어쥔 채 승승장구하는 것도 모자라 권력과 부의 독점이 극에 달하면서 실정과 비리 그리고 전횡이 한도를 넘어설 때일 것이다. 중국사에서 흔히 볼 수 있듯이 중앙의 지배층이 부패해지고 약화되면 지방과 신흥세력들이 들고 일어나 새로운 시대의 주역으로 등장하면서 중국을 격변으로 몰아갈 수 있다. 여기에다 중국 인민들마저 도저히 참을 수 없다면서 거리로 뛰쳐나와 천안문광장으로 모여 민주화를 요구할 수도 있다(일부에서는 국민소득이 1만달러를 넘으면 민주화 운동이 본격적으로 일어난다고 말하는데 지켜볼 일이다).

지방에서 힘을 길러 정치력을 갖추다

시진핑은 1985년부터 일하게 된 푸젠성과 저장성에서 자신의 정치생활을 본격적으로 그려나갔다. 그 기간도 길어 한창 때인 40대 후반과 50대까지 이 지역에서 일하면서 보냈다. 그는 중국 동남부 지방에서 당과 정부의 최고위직에 재임하면서 공산당 지도부의 일원이 될 수 있는 착실한 기반을 다져나갔다.

특히 1999년에 푸젠성 성장이 되어 2002년까지 역임한 후, 2002년에는 49세의 나이로 저장성(浙江省) 당서기가 되어 마침내 고위 지도자의 반열에 올라서면서 출세가도에 들어섰다(2002~03년 저장성 성장을 동시에 역임하기도 했다. 2005년 7월 저장성 당서기 때 자매결연 관계인 전라남도의 초청으로 한국을 처음 방문한 바 있다).

그는 2007년까지 푸젠성과 저장성의 책임자로 있으면서 경제발전에 공을 많이 세워 자신의 정치적 입지를 확고하게 만들었다(중국은 공산당 지배 국가라서 정부직보다 당직이 중요하다. 당서기는 자신이 맡은 지역의 인사와 재정 그리고 정책 전반에 이르는 결정권자로 형식상의 존재 성격이 강한 성장과 비교조차 되지 않는 실권자다. 다만 부성장 이후 부당서기, 성장 이후 당서기로 진급하듯이 거쳐가야 할 행정기관의 위상은 분명히 있다).

2007년에는 중국 권부로 가는 중요한 요직의 하나인 상하이시(上海市) 당서기에 올랐다(3월에 임명된 뒤 10월까지 역임했다). 바야흐로 차기 중국의 지도자 중 1명으로 여겨지며 국내외의 주목을 받기 시작했다. 특히 세력이 가장 강했던 상하이방과 교류하며 신뢰를 얻을 수 있었던 것이 그로서는 큰 이득이었다.

사실 시진핑이 상하이시 당서기로 가게 된 것은 행운의 극치였다. 직전까지 당서기였던 천량위가 비리사건으로 낙마한 것이다. 장쩌민과 주룽지의 파벌인 상하이방 입장에서는 마땅한 대안이 없던 상황에서 자연스럽게 그를 무난한 인물로 여기게 된 것이다. 여기에다 당서기에 취임한 뒤 이 사건을 원만하게 수습함으로서 상하이방으로부터 정치력 있는 지도자감이라는 평가까지 받았다. 그러면서 동지적 관계를 맺어 태자당과 상하이방 양쪽의 후원을 받는 가장 유력한 최고지도자 후보 반열로 올라서는 한편 천량위 비리사건의 처리 과정을 거치면서 후진타오가 이끄는 공청단파의 신임도 얻어냈다.

이렇게 되자 시진핑은 중국을 이끌어가는 3대 파벌인 태자당, 상하이방, 공청단파 모두의 지지를 받는 존재가 되었다.

그러다가 같은 해 10월에 공산당 중앙서기처 제1서기 겸 중앙정치국 상무위원이 되었고, 12월에는 공산당 중앙당교 교장까지 겸하면서 당내에서 차기 지도부의 유력 인물로 자리매김했다. 특히 당 전국대표자대회에서 리커창 상무부총리를 제치고 차기 지도자로 떠올랐다(공산당의 최고지도부이자 최상위 의결기구인 중앙정치국 상무위원 9명 중에 4세대 지도자인 후진타오를 비롯해 우방궈(吴邦国), 원자바오(温家宝), 자칭린(贾庆林), 리창춘(李长春), 리커창(李克强), 허궈창(贺国强), 저우융캉(周永康) 등과 함께 권력서열 6위로 선출되었다. 그동안 후계 경쟁을 벌이던 중에 늘 앞서가던 리커창을 처음이지만 가장 중요한 순간에 역전시킨 것이다).

2008년 시진핑은 54세로 국가 부주석이 되어 국내외적인 2인자에 버금가는 위상을 차지했다. 2010년에는 공산당 중앙군사위 부주석이 되어 군부까지 기반을 확대했을 뿐만 아니라 후진타오의 후계자로서 사실상 결정되었다. 2012년이 되자 공산당 총서기에 선출되어 후진타오를 이을 차기 지도자로 다시 한번 공인받았다. 그 과정에서 그는 장쩌민과 후진타오의 지지와 후원을 모두 받아내면서 탄탄한 후계자의 입지를 더욱 충실하게 다졌다.

중국의 지도자가 되다: 강력한 권력의지의 화신

2013년 3월 14일 59세가 된 시진핑의 시대가 시작되었다. 전국인민대표대회(전인대, 우리의 국회)에서 국가주석과 공산당 중앙군사위 주석으로 선출되어 명실상부한 최고지도자가 된 것이다. 그는 취임연설과 다름없는 전인대 폐막연설에서 외쳤다.

"중화민족을 부흥하는 중국몽(中国梦, 중국의 꿈)을 이룹시다."

그는 공산당의 5대 총서기, 중국의 7대 국가주석, 중앙군사위의 6대 주석 자리에 올랐다(일부에서는 9대 총서기, 8대 중앙군사위 주석으로 보기도 한다). 후진타오로부터 넘겨받았다지만, 당권으로 당 총서기를, 국권으로 국가주석을, 군권으로 중앙군사위 주석을 한꺼번에 차지한 최초의 지도자가 되었다. 그러다보니 마오쩌둥과 덩샤오핑에 버금가는 권력기반을 다진 채 출발한 셈이다.

시진핑은 임기 10년의 5세대 지도부의 서열 1위 지도자로 출발했다(2013년 3월 14일부터 2018년 3월 14일의 연임을 거쳐 2023년 3월 14일까지 중국과 중국 공산당 전체를 이끌게 되어 있다).

그는 당 · 정 · 군의 3대 권력을 장악하는 과정에서 신중하고 집요한 권력자의 면모를 보여주었다. 실제 성격과 차이가 있을지 모르지만 어린 시절의 고난과 아버지 옆에서 중국정치의 본질을 바라보면서 그만의 생존법이자 승부사적 기질을 깨우치고 실천한 것이다.

특히 권부 중의 권부인 공산당에서 자신의 실력과 기반을 다져나가는 일에 열중했다. 허난성, 산시성, 허베이성, 푸젠성, 저장성, 상하이시 등에 이르기까지 전국 곳곳을 다니면서 중국의 현실을 두 눈으로 확인한 것도 큰 자산이 되었다. 무엇보다 자신의 성장은 물론이고 중국의 지도자가 되었을 때 같이 하게 될 동지와 측근들을 두루 갖출 수 있었다. 한때 대외적으로 보시라이와 리커창이 더 유명세를 탔지만, 그는 중국 정치의 속성에 맞게 조용히 권력 계승자로 접근해서 최고지도자의 자리에 올랐다.

사람은 누구나 성장기와 한창 기운이 뻗어나갈 때가 중요하다. 이때 자신의 길에 맞는 기반과 인맥을 두루 갖추어야 한다. 그래야 원하는 길을 갈 수 있고, 성공적인 삶을 이어갈 수 있는 법이다. 다만 행복은 차원이 다르다. 공부, 독서, 사색, 영화, 여행 등을 통해 풍부한 삶을 채워나가야 할 것이고, 내면적인 성취를 위해 남다른 열정을 기울여야 할 것이다.

어부지리: 장쩌민과 후진타오의 암투 덕분에 유리해졌다

시진핑이 국가주석에 오른 이면에는 장쩌민이 이끄는 상하이방과 후진타오가 이끄는 공청단(공산주의청년단)파의 권력암투가 도사리고 있었다. 장쩌민은 후임인 후진타오에게 형식상의 대외적인 권력을 이양하되 실질적인 권력을 넘기지 않으려 했다. 심지어 막후 원로정치를 펼쳐 꼭두각시로 삼으려 하면서 이에 반발한 후진타오와 물밑에서 치열하게 암투를 벌였다.

두 사람이 첨예하게 맞붙은 것은 후계구도였다. 장쩌민은 태자당에 자신의 측근인 쩡칭훙이 있는 데다 태자당에 속한 시진핑에 대해서도 거부감이 없었다. 더러는 자기 사람이라고까지 여겼다. 특히 자파에서 밀던 인물들이 잇따라 낙마했다. 원래 장쩌민이 차기 지도자로 삼으려 했던 천량위가 비리사건으로 실각했고, 한창 떠오르던 보시라이마저 각종 불미스런 일로 쓰러지자 어쩔 수 없이 시진핑으로 기울지 않을 수 없었다.

후진타오는 반부패를 구실로 상하이방에 대한 대규모 숙청을 벌였지만 천량위의 제거 외에는 별다른 성과가 없었다. 공청단파에 속해 있지만 태자당과 겹치는 인물들이 다수인 상황에서 장쩌민이 자꾸만 자파에서 후계자를 내려 하자 시진핑과 손잡고 장쩌민을 막으려 했다. 자파 출신의 리커창을 차기 지도자로 밀었지만 장쩌민과 상하이방의 강력한 반대에 직면했고, 그다지 세력기반이 강하지도 않은 상태에서 잇따라 공청단파에서 최고지도자를 배출하는 것도 약점이었다.

그러다보니 서로의 파벌에 속한 인물이 차기 지도부의 제1권력자가 될 수 없었다. 상대 파벌에 속한 인물에 대한 견제가 더 심해지면서 제3자인 시진핑이 권력을 잡기에 더없이 좋은 국면이 전개된 것이다. 그러나 시진핑은 장쩌민이나 후진타오의 꼭두각시가 될 생각이 추호도 없었다. 그저 묵직하게 처신하면서 3대 파벌 모두와 적대관계가 아닌 상호협력 관계를 형성하면서 차기권력을 자기 것으로 만들었다.

중국몽(中国梦): 패권을 꿈꾸다

시진핑은 최고지도자가 된 이후 '중국몽'을 틈틈이 강조했다.

"중화민족의 위대한 부흥이라는 중국의 꿈을 반드시 실현해야 한다."

그의 목표는 명백하다. 세계 최강대국이 되는 것이다. 결국에는 미국마저 제치고 패권자가 되는 것이다. 이 점에서 중국을 지배하는 일에 만족하던 마오쩌둥과 다르고, 도광양회를 새기면서 야망을 숨겨놓은 채 힘을 길러야 한다고 다짐하던 덩샤오핑과도 다르다. 이젠 야망을 드러내놓고 밝히면서 중국의 대외정책으로 밀어붙이고 있다.

시진핑이 꿈꾸는 중국몽의 현실적인 방안은 '신형 대국관계'와 '일대일로'로 요약된다. 세상의 중심이 되는 100년 중국의 미래를 위해 그 2가지의 지침을 세워 실천함으로서 현실로 만들자는 것이다. 이러한 그의 발언과 행보는 그동안 외세에 시달리거나 쫓아가기에도 힘겨웠던 과거를 털어버리고 싶어한 중국인들의 희망사항과 잘 맞아떨어지고 있어 그 호응과 기세도 좋다.

중국 인구에서 절대다수를 차지하는 한족은 중국대륙을 세계의 중심으로 생각한다. 주변과 국제사회에 이르기까지 한결같이 중국 중심의 세계질서, 즉 중국에 연계되는 국면과 방식을 추구한다. 더 구체적으로 말하자면 중국에 종속되거나 현대판 속국이 되기를 원하는 것이다. 이젠 미국마저 만만하게 보기 시작했고, 중국에 의한 패권주의를 실현가능한 현실로 인식하고 있다.

많은 중국인의 관심도 중국몽이라는 최종적인 목표를 이루는 일이다.

'중화민족이 세계 최강대국이 되는 세상을 만들어야 한다.'

그러다보니 주변국이나 관련 당사국들과 함께하는 번영, 주변국을 편하게 하며 지역질서를 유지하는 처신, 국제질서 전반에서 미래 가치의 생산과 관철, 다른 나라나 기업에도 도움을 주는 믿을 수 있는 국가 등은 거의 고려하지 않는다.

시진핑은 한 걸음 더 나아가 훨씬 공격적이고 구체적으로 제시했다. 2017년 10월에 열린 제19차 공산당 전국대표자대회에서 중국몽의 구체적인 목표이자 청사진을 제시했다.

"건국 100주년인 2049년에는 세계 최강대국으로 만들겠다."

이 추세가 지속되면 중국이 지금 이상의 위상과 영향력을 가지고 행사하는 것을 누구도 원치 않을 것이다. 그러다가 중국이 어려움에 처하거나 위기에 빠지면 몰락하기를 원하고 있어 전혀 도와주지 않는 상황이 벌어질 수 있다. 어쩌면 중국의 분할과 궁극적인 약체화를 도모할지 모른다.

무엇보다 중국이 알아야 할 사실이 있다. 과거에는 주변국들이 중국 대륙을 중심에 두고 중국이 원하는 질서 구도 아래 접근하는 한편 그 밖의 지역은 중국과의 교류와 무역을 원할 때 조공을 바치거나 머리를 숙이고 들어왔을지 모르지만 지금은 그러한 과거의 방식이 통하는 시절이 아니다. 미국이 존재하고, 유럽도 여전히 막강하다. 러시아와 인도에 대해서는 어떠한 영향력도 미치기 어렵다. 가장 중요한 지역인 동아시아 문제를 놓고 일본에 더해 한국마저 돌아서면 동방이 꽉 막히는 처지에다 태평양으로의 진출은 요원해진다. 여기에다 미국과 힘을 모아 상대하면 뜻대로 할 수 있는 게 별로 없을 것이다.

이제라도 중국은 중국 이외의 그 누구에게든지 중국의 강국화와 영향력 확대를 수용하게 하려면 세계인과 서로 어울리는 한편, 함께 인류문명의 미래를 고민하고 풀어가는 나라로 변신해야 한다. 특히 중화사상에 집착하여 그 사고와 방식에 얽매이기보다 미래에 맞는 새로운 중국을 만드는 한편 그에 걸맞은 사고와 행동을 하도록 변화해야 할 것이다.

부드러운 말에 깔린 강한 외교: 신형 대국관계와 일대일로

2013년 11월 시진핑은 5세대 최고지도부인 정치국 상무위원 7명이 모두 모인 자리에서 4글자로 주변국 외교의 4대 핵심 개념을 제시했다.

"친(亲) · 성(诚) · 혜(惠) · 용(容)."

주변국과 친하게 지내고, 정성(성의)을 다하며, 중국이 가진 혜택을 나누면서 너그럽게 포용하겠다는 말이다. 이후 인민일보를 비롯한 중국의 관영매체들이 너나 할 것 없이 나서 대대적으로 전파했다.

그가 해외순방에 나섰을 때 더 나가는 발언까지 이어졌다.

"여러 나라들이 중국의 발전에 무임승차하는 것을 환영합니다."

중국이 과거처럼 중화사상에 바탕해 자기중심의 세계를 구축하려는 편협하고 일방적인 자세에서 벗어나는 것이 아니냐는 기대감을 불러일으켰다. 중국 안의 일부 소수민족과 주변국에서는 대국의 길로 가기 위해 진정으로 베풀려는 것으로 받아들이기도 했다. 더러는 이제 중국이 자유와 민주주의를 비롯한 인류 보편적 가치에 발맞추지 않을까 하는 섣부른 전망까지 나왔다.

그러나 말과 행동이 달랐다(어찌 보면 달라진 것도 없다. 주변 외교란 용어 자체가 중국을 중심에 놓고 수직적으로 접근하는 개념이다. 중화사상의 국제질서에 따라 중국을 정점에 둔 채 종적 질서를 확립하려는 연장선상에 있으며, 시진핑의 중국몽도 이를 현실로 구현하겠다는 것이기 때문이다).

시진핑은 날이 갈수록 대외적으로 강경해지고 있으며, 조그마한 양보도 없는 자세로 가고 있다. 마오와 덩이 서방과의 정면 충돌을 경계한 것과 달리 미국을 비롯한 서방에 대해서도 중국의 입장을 관철시키려는데 주저함이 없다. 2018년 미중 무역전쟁이 발발하자 정면 대응에 나섰다. 중국인들도 적극 호응하고 있다. 설령 바뀌더라도 속마음은 여전한데 현실적인 여건이 따르지 않아 그럴 뿐일 것이다. 언제고 기회가 오면 중국이 무역전쟁을 일으켜 통쾌한 복수를 하면서 미국을 무릎 꿇게 만들려고 할 것이다.

시진핑은 2018년 3월 집권 2기를 시작하면서 거듭 대외 기조를 강조했다.

"분발유위(奋发有为), 즉 떨쳐 일어나 일을 성사시키자."

그동안 '유소작위(有所作为), 즉 어떤 일을 하여 성취한다 또는 마땅히 해야 할 일을 한다'에서 훨씬 더 공세적으로 전환한 말로 주동작위와 더불어 중국의 의도를 그대로 드러낸 채 유행어처럼 쓰이고 있다.

신형 대국관계와 일대일로는 그 구체적인 실천방안으로 나날이 가속화하고 있다. 신형 대국관계는 이젠 미국만의 유일한 초강대국 시대가 끝났으며, G2가 된 중국과 함께 대국으로서 국제사회의 질서를 함께 협의하면서 이끌어가야 한다는 것이다.

특히 일대일로(一带一路, One Belt and One Road, B&R)는 시진핑이 직접 제창해 더욱 주목받고 있다. 2014년 이후 실크로드 경제벨트에다 해상 실크로드까지 망라해 6대 경제회랑과 78개국을 연결하여 중국 세력권(차이나 클럽)을 형성하려는 구상이다. 1대는 육로로 중앙아시아, 유럽을, 1로는 해로로 동남아시아, 아프리카, 유럽을 중국과 연계해 협력하자는 것이다. 이 계획이 현실화되면 전 세계 44억 인구가 망라되어 전체의 63%를 차지하고, 국내총생산(GDP)은 22조달러에 달해 전 세계 GDP의 30%를 넘어선다. 신형 대국관계가 일단은 미국과 함께하자는 것이라면, 일대일로는 종국에 가서 미국마저 뛰어넘겠다는 실천방안인 셈이다.

이 구상은 '진주목걸이 전략'이라 불리며 더 멀리 나아가고 있다. 육지를 기반으로 러시아를 지나 유럽으로 이어지는 한편 바다를 기반으로 남중국해를 거쳐 인도양을 지나 아프리카까지 포괄하려고 시도하고 있다(중간 거점으로 말레이시아 코타키나발루, 캄보디아 시아누크빌, 미얀마 시트웨, 방글라데시 치타공, 스리랑카 콜롬보, 몰디브, 파키스탄 과다르, 지부티 오보크까지 설정하여 중국이 운용하는 군사기지나 항구를 확보하려 애쓰고 있다).

이민족과 주변국에 대한 변방 의식과 중화패권

중국이 중화사상을 고집하면서 중국 안의 소수민족들인 이민족이나 국경을 둘러싸고 접경하고 있는 주변국들과의 갈등이 여전하다. 오히려 시진핑 체제의 강화와 맞물려 갈등과 대립이 더 심화할 가능성이 높다. 내부적으로 강경 탄압으로 일관하는 한편 외부적으로는 강성외교를 펼치거나 중국의 이익에 반하면 적으로 돌리는 국수주의적 외교까지 밀어붙이고 있다.

하지만 이러한 전통적인 중국 방식의 통치술은 한족의 국수주의를 고무시키고 내부 결속을 가져올지 모르지만 언젠가 한계에 부닥칠 수밖에 없다. 거의 모든 주변국들로 하여금 불신과 경계심을 일으키고 있다.

중국은 변경, 즉 국경선을 둘러싸고 갈등과 대립이 첨예한 경우가 많다. 특히 3대 위협지역인 신장위구르(독립세력은 동투르키스탄 또는 위구르스탄), 내몽고(몽골은 남몽골), 시짱(현지에서는 티벳) 등지에서는 분리독립의 열망과 의지가 강하다. 시진핑 체제 이후 이들 지역의 어떠한 움직임에 대해서도 일체의 고려 없이 탄압정책으로 일관하고 있다. 전략적 중요성에 집착하여 이주와 동화 정책을 펼치는 한편 분리운동 세력을 테러분자로 규정하면서 강경대응하고 있다. 독립을 요구하는 민족이나 세력들은 힘이 너무 약하고 국내외의 호응이 모자라서 숨을 죽이고 있지만 중앙의 통제력이 약화되거나 중국경제의 침체 또는 몰락이 나타나면 언제라도 현안화할 가능성이 높다.

홍콩은 물론이고 대만에 대해서도 일체의 저항조차 허용하지 않은 채 숨도 못 쉬게 막고 있다. 2017년 12월에는 리커신 주미 중국공사가 워싱턴 중국 대사관에서 중국 · 대만 유학생과 재미 중국인(화교)을 대상으로 한 19차 당대회 설명회에서 그동안 미국과 대만 간의 군사 교류에 대해 줄곧 반대만 하다가 처음으로 전쟁을 언급했다.

"미국 군함이 대만에 기항하면 중국군이 대만을 무력으로 통일할 것이다."

현재 중국은 14개 국가와 국경을 마주하고 있다. 시계 반대 방향으로 북한(1416km), 러시아(동북 3605km/서북 40km), 몽골(4677km), 카자흐스탄(1533km), 키르기스스탄(858km), 타지키스탄(414km), 아프가니스탄(76km), 파키스탄(523km), 인도(3380km), 네팔(1236km), 부탄(470km), 미얀마(2185km), 라오스(423km), 베트남(1281km)과 접경하고 있다. 바다를 사이에 두고서는 시계 방향으로 한국, 일본, 대만, 필리핀, 말레이시아, 브루나이, 인도네시아 등과 마주하고 있다.

그런데 라오스 정도를 빼고 나면 중국과 동맹국이거나 긴밀한 관계를 지속하는 나라가 거의 없다. 인도, 베트남, 필리핀, 일본, 대만, 말레이시아, 인도네시아 등과는 아주 껄끄럽거나 대립관계다.

러시아, 파키스탄 등은 미국과 적대관계이거나 역학관계상 어느 정도 뜻을 같이 하지만 동맹이 아니다. 특히 러시아는 돈이 딸려 중국의 경제력(차이나 머니) 때문에 친분을 유지하고 있지만 언제라도 경쟁 또는 대립할 개연성이 높다. 몽골, 카자흐스탄 등은 경제원조에 눌려 마지못해 중국을 거스르지 못하는 형세지만 일반 국민들의 반감이 강하다.

사실 중국은 동쪽과 남쪽 일부로만 바다를 접하고 있는 데다 밋밋한 해안선이 이어져 섬이 거의 없으며 항구도 발전되지 못했다. 해양 문화라는 인식조차 거의 없었다. 그러다가 현대 이후 바다의 중요성이 부각되고 더 이상 땅으로는 영토 확장이 어렵게 되자 해양 진출에 나서고 있다. 중국에서 정한 일방적인 기준을 내세우며 서해(중국에서는 황해)와 남중국해 일대에 대해 군사기지화에 나서는 한편 각종 시설 설치와 자원 탐사 등을 강행하고 있다.

현재 이어도, 오키나와, 조어대, 남사군도, 서사군도, 중사군도, 동사군도 등을 둘러싸고 주변국과의 심각한 대립에도 불구하고 영토적 야욕을 강하게 밀어붙이고 있다(조어대는 대만, 일본, 중국이 영유권을 주장하고 있다. 영어권은 피너클 제도로 부르며, 대만은 댜오위타이(釣魚臺), 일본은 센카쿠(尖閣諸島), 중국은 댜오위다오(钓鱼岛)로 부르고 있다. 일본이 주장하는 센카쿠(尖閣)는 영어 '뾰족한 섬들'에서 유래했다. 남사군도는 대만, 말레이시아, 베트남, 브루나이, 중국, 필리핀 등 6개국이 영유권을 주장하고 있다. 대만 · 중국은 난사군도(南沙群岛), 말레이시아 · 브루나이는 스프래틀리군도, 베트남은 쯔엉사군도(長沙群島), 필리핀은 카라안군도(자유제도)로 부르고 있다. 서사군도는 대만, 베트남, 중국이 영유권을 주장하고 있다. 원래 베트남의 지배 아래 있다가 1974년 중국이 점령한 후 분쟁 지역이 되었다. 일반적으로 파라셀 제도로 부르며, 대만 · 중국은 시사군도(西沙群岛), 베트남은 호앙사군도(群島黃沙)로 부르고 있다. 중사군도는 대만, 중국, 필리핀이 영유권을 주장하고 있다. 일반적으로 메이클즈필드 천퇴(뱅크)로 부르고 있는데, 대만 · 중국은 중사군도(中沙群岛)로 부르고 있다. 동사군도(東沙群島)는 대만과 중국이 영유권을 주장하고 있다. 지금은 대만이 실효 지배하고 있는데, 일반적으로 프라타스군도로 부르고 있다. 참고로 독도, 이어도, 대마도 문제를 놓고 접근할 때 시민운동가의 외침은 상대를 자극하고 국제현안화를 초래하는 역효과가 훨씬 더 크다. 일본과 중국에서 하는 것처럼 방위역량을 키우는 한편 학자를 비롯한 전문가의 조용하고 치밀하며 지속적인 연구가 중요하다).

그러다보니 이 지역에서 국경과 바다를 접한 나라들과 영토 또는 영해 분쟁을 벌이지 않는 나라가 없을 정도다. 한국과도 영해는 물론이고 북한 문제로 인해 갈등이 끊이지 않고 있다. 특히 미국이 동아시아를 가장 중요한 전략 지역으로 여기면서 관심을 높이자 양 국가를 둘러싼 전선도 상당히 두텁고 깊게 형성되고 있다.

2017년 국제상설중재재판소(PCA)의 남중국해 영유권 분쟁과 관련해 판결이 나온 바 있다.

"필리핀이 리드뱅크 등 200해리 배타적경제수역(EEZ) 안에 있는 해역에서 석유-천연가스 시추권을 갖는다."

이후 중국 베이징에서 열린 일대일로 국제협력 정상포럼 참석을 위해 방중한 필리핀의 두테르테 대통령이 시진핑과의 정상회담에서 분쟁 해역에 대한 자원탐사 계획에 관해 설명하면서 밝혔다.

"필리핀 영해인 만큼 당연히 석유시추에 나서겠소. 이 지역이 중국령이라면 그건 당신의 견해일 뿐이오."

시진핑은 단호한 어조로 대답했다.

"우리는 친구요. 싸움 대신에 우호적인 관계를 유지하기를 원하지만 분쟁 해역에서 석유 시추를 강행한다면 전쟁을 할 것이오. 당신과 싸울 것이오."

두테르테가 전통 우방국인 미국과 거리를 두면서 친중국 노선을 추진해 수십억 달러의 차관과 인프라 투자를 챙겼지만 막상 남중국해 분쟁과 관련한 현안이 논의되자 필리핀에 중국의 이익을 조금도 양보하지 않은 채 최악의 상황까지 거론하며 위협한 것이다.

앞으로 중국이 계속 고압적이고 비타협적인 문제해결에 매달린다면 이민족 및 주변국과 적대관계가 심화될 가능성이 높다. 주변국이나 관련 당사국들이 중국에 대해 막대한 차관 공여와 인프라 투자를 바라고 있어 참지만, 기존에 취해 왔던 중국의 노선과 기조를 바꾸지 않으면서 그 대가를 요구하는 한 우호국을 확보하기란 어려울 것이다(중국의 차관과 투자 방식을 놓고서도 그 실체가 하나둘 드러나면서 '부채(채무) 제국주의'로 불리며 국제사회의 비난과 경계를 불러오고 있는 실정이다).

2008년 터진 국제 금융위기 이후 중국 경제도 과거만큼 고도성장을 이어가지 못한 채 이젠 고령화와 경제둔화 흐름에 빠져 있고 해가 갈수록 더할 것이다. 이런 상황에서 경제위기론이 현실화하면 더욱 곤경에 처할 수 있다. 중국의 내정에서 경제와 이민족 문제는 양대 위협요소다. 빈부차, 도농차, 금융불안, 부동산 거품 등이 심화되고 경제성장률마저 5% 이하로 내려가면 더욱 증폭될 수 있다. 중국은 중화사상, 중화민족의 부흥, 중화 최강, 세계 최강대국 같은 자기중심의 야심에만 매달릴 것이 아니라 인류와의 공존과 번영을 제시하는 파격적인 전환이 필요하다. 지구촌이 경제권, 교통권, 정보통신권, 문화권 등의 전반에서 하나의 울타리로 망라되는 상황에서 중국의 울타리가 아니라, 함께 따뜻하고 안정된 미래를 만들어가는 세계인의 울타리를 지향해야 한다. 더러는 미국조차 하지 못한 대승적이고 전향적인 배려와 포용 자세를 보일 줄도 알아야 할 것이다.

G2: 미국에 대접을 요구하면서 필적한다

중국은 마오쩌둥의 치세 때까지만 해도 국제사회의 주역이 아니었다. 그저 대국으로 자처하고 제3세계와의 연대로 일정한 목소리를 내는 변방 정도였다. 공산주의 종주국인 소련의 눈치를 살폈고, 무엇보다 소련의 경제와 군사기술을 비롯한 각종 지원과 원조에 매달렸다.

심지어 1970년대까지만 해도 국제사회에서 중국을 바라볼 때 극히 부정적이고 낮춰 보았다.

"중국 인민들만이라도 배불리 먹여라. 그렇게만 해도 전 세계 인구의 20% 정도를 구제하는 것이다."

덩샤오핑이 집권한 1978년 이후에는 낙후된 현실에서 벗어나기 위해 전면적인 개혁과 개방을 통해 국민경제를 살리는 일에 주력했다. 중국의 국력은 나날이 강화되었고, 자연스럽게 중국의 위상과 입지도 강화되었다. 다만 여전히 부족하고 갖추어야 할 것이 많은 입장에서

도광양회 속에 조용히 힘을 기르는 일에 충실했다(1990년대까지 도광양회(韬光养晦)는 '자신을 드러내지 않고 참고 기다리며 힘을 기른다'는 뜻으로 중국에서 즐겨 인용했다).

장쩌민과 후진타오의 시기를 거치면서 중국은 고도성장과 국제사회에서의 영향력을 지속적으로 강화했다. 당시만 해도 중국의 급격한 성장에 대해 서방 진영을 중심으로 '중국위협론'이 등장하는 정도였다. 중국도 '화평굴기(和平屈起)'를 내세우며 독일, 일본제국, 소련과 다를 뿐만 아니라 국제 체제의 안정을 지향하며 그 일원이 될 것이라고 주장했다.

그러다가 2013년 시진핑이 집권하자 중국은 힘을 과시하기 시작했다. 세계 1위의 인구를 기반으로 한 방대한 시장, 해외투자를 블랙홀처럼 빨아들이는 세계의 공장, 경쟁국과 비교가 되지 않는 낮은 임금을 비롯한 저비용 구조, 수출로 벌어들인 엄청난 흑자, 세계 1위 3조달러를 넘어서는 외환보유액, 급속도로 증강되는 군사력 등을 기반으로 전 세계의 모든 지역과 나라들에게 중국의 존재감을 발휘했다.

중국은 2010년대 이후가 되자 미국에 버금가는 G2 국가의 위상을 정립했다. 최근에는 세계 3위의 경제대국인 일본과 3배 가까운 경제력의 격차를 벌려놓았고, 미국에도 무릎 밑까지 쫓아가고 있는 형세다. 중국에서는 이대로 가면 늦어도 2020년대 중반이면 미국마저 제치고 세계 최고의 경제대국이 된다고 들떠 있다.

그러면서 그동안 감추고 있던 본색을 드러내고 있다. 특히 시진핑은 절대권력에 버금가는 지도력에 바탕하여 그 자신감 그대로 "세계 선두 국가를 건설하겠다"고 말하면서 중국이 국제질서를 주도하는 신시대를 열어 국제체제 안의 변화가 아니라 국제체제의 변화를 도모하겠다는 의도가 엿보인다.

그래서인지 미국은 중국에 대한 경계심이 극도로 강해졌다. 동아시아를 최우선의 전략적 가치와 이익이 있는 지역으로 결정하고 본격적인 진출과 개입을 강화하고 있다. 그 과정에서 중국에 대한 포위망 작전을 가장 중요한 전략으로 삼아 다양한 방법을 구사하고 있다. 일본, 한국, 대만, 필리핀, 베트남, 인도네시아, 인도, 호주 등을 중요 대상국으로 활용해 박차를 가하고 있다.

미국과의 패권 경쟁

중국은 대외정책에서 신형 대국관계와 일대일로를 내세우지만 가장 본질적이고 궁극적인 목표는 미국을 뛰어넘는 것이다. 그러면서 미국에 대해 할 말은 하면서 이해와 협력의 강화를 강조하고 있다. 이젠 미국을 자극하거나 더 우위라는 느낌을 주는 말과 행보까지 거침없이 쏟아내고 있다.

시진핑이 국가 부주석으로 있던 2012년, 캘리포니아에서 오바마에게 제시한 바 있다.

"신형 대국관계를 인정하시오."

미국이 중국을 주요 2개국(G2)으로 대접하라고 제의하듯 요구한 것이다(사실 중국은 'G2'라는 용어가 10여년 전에 미국이 의도를 갖고 덧씌운 말이라 하여 겉으로는 꺼리지만 내심 즐기고 있다).

그러면서 '투키디데스의 함정'을 거론하면서 대국 간에 전략적인 오판으로 스스로 또는 양자가 함정에 빠질 수 있다고 강조했다(고대 그리스의 군인이자 역사가인 투키디데스가 《펠로폰네소스 전쟁사》를 저술하면서 아테네와 스파르타가 벌인 전쟁을 두고 '패권국과 신흥강국은 싸우는 경향이 있다'고 말한 내용을 인용했다. 새로운 강대국이 부상하면 기존의 강대국이 두려워하여 전쟁이 일어나지만 대체로 신흥세력이 이긴다는 말로 중국을 건드리면 가만히 있지 않을 것이니 그 함정에 빠지지 말라고 암시한 것이다).

원래 시진핑은 중국의 고사성어와 시를 사례로 들어 자신의 속내를 즐겨 표현한다. 주로 중국의 고전에 의지한다. 반면에 아직은 미국이 중국의 고사성어에 익숙하지 않고 관심도 거의 없는 상황에서 이해하기 쉬운 서양의 사례를 인용한 것이다.

2015년 시진핑은 국가 최고지도자로서 미국을 방문했다. 이전보다 훨씬 더 자신감에 넘쳤고, 미국에 대해 다양한 시각을 드러냈다. 첫 방문지인 시애틀에서는 자신이 즐겨 쓰는 중국의 4자성어를 들어 중국의 힘을 부각시켰다.

"봉황은 자신을 불사른 후 (죽었다가) 불 속의 고통을 견디며 더 강하고 아름답게 다시 태어난다(봉황열반 욕화중생, 鳳凰涅槃 浴火重生)."

이 말은 중국의 작가이자 정치가인 곽말약(郭沫若, 1892~1978)의 시 '봉황열반'에 나오는 말로 지난 세기의 식민지배와 침탈 그리고 혼란을 극복한 뒤 더 강력하고 화려해진 중국의 재건과 부흥을 자화자찬한 것이다. 욕화중생은 봉황열반의 뜻을 다시 쉽게 풀이한 말이다.

봉황은 중국의 상징이고 열반은 중국의 일반 단어로 안 듯하지만 봉황은 아랍 신화의 불사조로 500년마다 향나무에 불을 붙여 자신을 불사른 후 다시 태어난다는 상상 속의 존재이고, 열반은 인도의 산스크리트어(범어)인 니르바나의 음역으로 미혹과 집착을 끊고 완전한 깨달음을 얻은 경지를 말해 모두 외국에서 유래한 말이다(중국인은 누구랄 것도 없이 한결같이 모든 선례가 중국에서 나왔다는 강한 아집을 보이는데 이처럼 외부의 영향도 받았다는 평범하지만 세상의 일반적인 이치를 이해해야 한다).

그는 중국이 평화를 통한 발전의 길을 갈 것이란 점을 강조하기 위해 2000년 전부터 중국인들이 잘 알고 있는 진리라면서 사마천의《사기》에 나오는 고사성어를 인용했다.

"나라가 비록 크더라도 전쟁을 좋아하면 반드시 멸망한다(國雖大 好戰必亡)."

그러면서 미국을 안심시키는 말로 정리했다.

"중국은 역대로 적극적인 방어 전략을 지켜왔다. 영원히 패권을 추구하지 않을 것이다."

시진핑은 자신의 두 손을 사용해 손가락을 겹쳐 글자를 만들어 강조했다.

"한자의 사람 인(人) 자는 사람이 서로를 지탱하는 모습이다."

자연스럽게 중국어를 활용해 중국과 미국의 관계가 어떠해야 하는지를 제시했다. 그러면서 미국을 향해 신형 대국관계의 정확한 방향을 설정해 새로운 장을 열어가자고 힘주어 말했다. 특히 북한의 핵-미사일, 이란 핵, 중동 문제, 테러 대응 등을 비롯한 여러 국제 현안에서 앞으로는 중국과의 협력이 중요함을 강조했다. 그러면서 미국이 중국을 의심에 찬 눈으로 바라봐서는 안 되며, 서로 간의 전략적인 의도를 정확히 파악해야 한다고 덧붙였다.

2016년 미국과 중국의 전략경제대화가 열렸을 때 시진핑은 개막식에서 고사와 시로 불필요한 갈등에 대한 적절한 관리를 희망했다.

이번에는《논어》에 나오는 말을 인용했다.

"인이무신 부지기가야(人而無信 不知其可也), 즉 사람이 신의가 없으면 어떠한 일도 할 수 없다."

양국 간의 관계에서 신뢰가 가장 중요하다고 지적한 것이다.

끝맺음에서는 송나라의 시인 신기질(辛棄疾, 1140~1207)이 쓴 시로 마무리했다.

"청산서부주 필경동류거(青山遮不住 畢竟東流去), 즉 청산은 흐르는 물을 막을 수 없으며 반드시 동쪽으로 흘러간다."

여기에다 상세한 설명까지 덧붙였다.

"천하의 큰 강물은 온갖 구비를 돌고 돌아 수많은 곡절을 겪어도 결국에는 바다에 이른다는 뜻이다. 나아갈 방향을 정해 끊임없이 노력하면 중국과 미국 간 신형 대국관계의 구축에 큰 진전을 이루게 될 것이다."

미국은 막강한 최강대국이다. 20세기 이후로만 해도 당대 최고의 패권국이었거나 그 목전에 두었던 영국, 독일, 일본, 소련 등을 차례대로 제압하면서 독보적인 패권을 유지해 왔다.

미국은 자국 중심주의(America First)에 따른 전략을 추구하면서도 인류의 보편적 가치를 지켜나감으로써 세계인으로부터 그 지도력을 인정받고 있다. 1차와 2차 세계대전 때 처음에는 중립을 취하다가 상대의 공격이 있자 곧바로 참전하여 전세를 뒤집고 압승을 거둔 뒤 전후처리에서 국제연맹과 국제연합(UN)을 창설해 국제사회의 동등하고 균형 잡힌 협력을 시도했다. 유럽에서는 서유럽을 중심으로 유럽부흥계획(마셜 플랜, ERP)을 수립해 아무 조건도 없이 천문학적인 재정을 지원해 재건과 부흥을 도와 단숨에 선진민주국가로 번영을 누리도록 했다. 동아시아에서는 일본과 한국에 대해 별다른 조건을 달지 않은 채 상당한 원조와 지원을 아끼지 않았다. 여기에 더해 민족자결주의(민족의 자기결정권)를 제창하는 한편 주권을 가진 독립국 또는 신생국의 수립을 보장하고 지원했을 뿐만 아니라 아무리 작고 힘없는 나라일지라도 1대1의 대등한 관계로 대했다. 그러다보니 국민이 진정한 주권자가 되고 그에 따른 민주주의가 실현된 나라, 소위 정상 국가에서는 미국과 사이좋게 지내기가 어렵지 않다.

그렇다면 중국은 어떠한가. 상대국을 제대로 인정하는 일조차 인색하다. 그러면서 시진핑 1인 장기집권과 공산당 독재하의 현대판 황제국가로서 경제력에 더해 인구, 영토, 군사력, 자원 등을 앞세워 패권주의적 행태를 보여 주변국은 물론이고 미국과 유럽의 경계가 남다르다. 이런 상황에서 21세기의 패권자를 추구하는 한 진정한 주역이 되지 못할 것이다(인구는 인도, 영토는 러시아 · 캐나다 · 미국 · 브라질 · 호주, 군사력은 미국 · 러시아, 자원은 러시아 · 미국 · 사우디아라비아 · 브라질 등 많은 비교 대상 국가들이 있다. 얼마 안 가 이런 기준 자체가 아무짝에도 쓸모없는 시절이 올 수도 있다). 국제사회에서 고작 지지하는 나라가 이란, 시리아 같은 나라들이다. 미국의 영향력이 닿지 않는 지역에 손을 뻗다 보니 독재, 폐쇄국, 비인권국가 등의 편이나 들고 있는 형편이다(일대일로 사업 대상국들인 78개국들이라고 해야 2018년 9월 무디스 발표에 따르면 평균적으로 투자부적격 또는 채무불이행 수준인 Ba2 정도다. 또한 위세를 부리는 상대가 아프리카와 태평양 소국들이다).

일대일로 사업은 더 심각하다. 일방적이고 불합리한 요구사항을 내세워 그나마의 우호관계마저 흔들리는 상황이다. 막상 사업을 벌이게 되면 차관을 빌려주지만 중국 금융사를 통해 중국 기업에 지급하여 중국 기업이 시공하면서 중국 노동자들을 불러 진행하고 있다. 결과적으로 중국에 손을 내민 당사국은 막대한 국가부채를 지면서 국가부도 사태까지 내몰려 중국에 예속되는 상황에 처하는 경우가 적지 않다. 파키스탄, 미얀마 등지는 사업을 중단하거나 대폭 축소했으며, 말레이시아에서는 관련 사업들을 모두 중단해버렸다.

그래서 비판적인 외부 세계에서는 한마디로 단언한다.

"일대일로는 독이 든 사과다."

중국은 변해야 한다. 지금처럼 해서는 패권국이 된다고 하더라도 과거 역사에서 몰락해버린 앞선 패권국들의 전철을 따라갈 가능성이 절대적이다. 굳이 피하려 한다면 근본적으로 변해야 한다. 주변국과 국제사회 전반에서 보편적 가치를 공유하며 중국을 안심하고 상대할 수 있도록 바뀌어야 한다. 스스로 매력적인 존재가 되는 한편 포용과 배려로 마음의 문을 열도록 만들어야 한다.

현실적인 개혁주의자의 길을 가다

시진핑 주석은 개혁주의자로 자처해왔다. 당 · 정 · 군의 부패에 대해 엄격하게 대처하여 인치가 강한 중국의 체제 혼란과 약화를 막으려 애쓰는 모습을 보인다.

"중국 공산당에 있어 개혁과 개방은 혁명이었다. 인민의 다수가 원했기에 지지받을 수 있었다. 실제와 동떨어진 노선을 걸으면 인민이 납득하지 않는다."

"당 간부들이 확실한 가치관을 확립하지 않으면 타락하거나 탈선하기 쉽다."

지도층을 포함해 자신부터 솔선수범하라고 다그치면서 덧붙였다.

"쇠를 두들기는 사람은 중국 공산당이다."

부정부패의 척결을 제1의 국정 우선과제로 제시하면서 그 주체는 공산당이며, 앞으로도 정치에서 1당독재가 변함없을 것임을 천명한 셈이다. 그러면서 내부의 적으로 간주한 부패혐의자에 대해 단호하게 밝혔다.

"늙은 호랑이(고급 당정관리)와 파리(하급 당정관리)를 모두 때려잡을 것이다(老虎蒼蠅一起打)."

시진핑은 중국 내부의 암 덩어리 같은 부정부패가 극심해진 현실을 바로잡을 의지가 강해 보인다. 통제와 감시, 수사와 재판, 숙청, 인사배제 등의 모든 수단을 동원하고 있다. 2018년 3월에는 반부패 전담기관으로 초강력 사정 권한을 가진 국가감찰위원회를 창설해 중국 전반의 광범위한 차원에서 진행하고 있다. 그 과정에서 보시라이 전 충칭시 당서기, 저우융캉 전 정치국 상무위원, 궈보슝 전 중앙군사위 부주석, 링지화 전 중앙판공청 주임, 쑨정차이 전 충칭시 당서기 등의 정적과 내부 반대세력을 제거하거나 숙청함으로서 냉혹한 권력자로서의 철저한 모습도 보여주었다. 그의 부패 척결이 개혁 차원이 아니라 권력 강화의 수단이란 의심이 들게 하는 대목이기도 하다.

또 다른 문제는 반부패 투쟁에 나섰지만 부패의 그늘이 너무 크고 깊다는 사실이다. 공산당과 정부의 비리는 하도 만연해서 외국인이나 외국기업은 너무 잘 안다. 1%의 국영기업이 중국경제에서 40%의 비중을 차지하고 있어 만성적이고 고착적인 비효율이 자리 잡고 있다. 여기에다 태자당을 비롯해 중국 안의 세습 기득권 세력이 개혁에 대해 2중적인 자세로 자신만은 피해가려 한다. 반대 세력도 숨죽인 채 개혁의 열풍이 지나가기를 바라고 있다. 여전히 법 위에 존재하는 공산당 지도부의 퇴행적인 행태도 여전하다. 그러다보니 중국형 시장경제 질서는 사회적 혼란의 방지라는 보호막에 안주하면서 민간과 기업 중심의 경제개혁이 절대적으로 필요한 현실조차 방치되고 있다. 일일이 손대고 있으나 자연치유적이거나 법치적 · 시스템적 순환은 기대하기 어렵다.

시진핑이 직접 관련된 사안들도 있어 주목받는다. 2007년 이후 그의 누나 등 가족을 비롯한 친인척들의 재산이 크게 불어났다고 한다. 매형인 덩자구이가 외국의 조세 피난처에 유령회사를 세웠다는 의혹마저 있다. 그의 친인척이 4000조원을 탈세했다는 보도에서부터 그의 일가가 많은 돈을 탈세해 '습가 황조를 일구었다'는 비판이 나오고 있다. 그리고 그 배후이자 실질적인 소유주가 시진핑이라는 말도 나온다. 최소한 엄청난 규모의 탈세를 그가 몰랐을 가능성이 매우 낮다고 볼 때 방관, 협력, 공범의 책임은 있다고 보기도 한다.

그리고 중국의 본질적인 고민이 하나 더 있다. 저출산 고령화로 인한 중국의 노인화 현상이다. 2015년에 생산가능인구가 감소하기 시작했고, 2020년대 이후에는 세계에서 가장 심각한 고령화 추세로 빠져들 가능성이 높아 이 시기를 지나면서 중국의 기세도 하락세로 전환될 것으로 보이며, 2030년대 이후에는 가파른 추락세로 접어들 가능성이 농후하다.

특히 중국의 근본적인 한계가 있다. 공산당 1당독재 아래 국가와 정부에 대한 우위 체제가 여전하고, 이에 대한 고집은 시진핑도 마찬가지여서 진정한 변화를 이루어내기 힘들다. 개혁의 대상이 개혁하겠다고 칼자루를 잡고 있는 형세다. 미국과 유럽, 한국과 일본에서 유지하고 있는 민주주의와 자본주의 경제를 전면적으로 도입해 시행하는 것에 부정적이라 지금까지의 중국 최고지도자와 다르지 않다.

반면에 중국과 공산당에 대한 어떠한 비판도 거부하는 형세다. 시진핑에 대한 의혹이 나오면 서방의 음모로 주장한다. 언론에 대한 통제를 놓고서도 중국의 현실과 사정이라며 단칼에 물리친다. 반면에 서방의 가치관을 중국인에 대한 위협이라면서 금지하거나 막아선다. 전임자인 장쩌민과 후진타오는 체제에 위협이 되지 않는 선에서 서방의 가치관과 문화를 어느 정도 용인한 것과 달리 통제와 감시를 위해 차단과 검열까지 동원하고 있다. 달라이 라마와 민주화 세력을 비롯한 일체의 내부 비판자는 물론이고 당 안의 개혁파마저 제거하거나 탄압했다. 사법부의 수장인 저우융캉의 제거를 놓고 3권분립에 따른 사법부의 독립을 위협한다고 하자 서구의 사상으로 적용할 이유가 없고 당과 국가의 아래에 있어야 한다는 입장이다.

반민주적인 행태의 전형으로 거론되는 언론과 인터넷에 대한 통제와 검열이 당연한 듯 이어지고 있다. 문화대혁명 때의 자아비판과 감시가 되살아났다. 전인대에서 그의 모습이 그려진 배지가 등장해 우상화에 대한 우려까지 거론되었다. 일부에서는 그동안 추진해온 반부패 정책의 진짜 목적이 권력기반의 확립이었음이 드러났다고 목소리를 높인다.

그러다보니 중국의 내부적인 한계와 모순이 그대로 방치되고 있다. 국민주권 · 민주주의 · 인권 · 자유 같은 보편적 가치의 결여, 공산당 1당 지배체제로 인한 법치주의의 왜곡, 당에 통제받는 정부로서 제도적 2중성과 책임의식 부재, 태자당으로 대표되는 세습된 지배층 답습 및 국가 전체에 대한 독과점과 부패, 관치로 인한 억압적 구조 속에 비리의 만연, 언론과 인터넷에 대한 통제, 사상과 표현의 제한, 정치 민주화에 대한 강력한 억압, CCTV-드론 등을 활용해 국민 일상생활까지 파고든 감시, 다른 민족과 국가에 대한 강제 병합과 분리독립에 대한 강력한 탄압 등이 여전하여 근본적인 정치적 결함을 안고 있다. 지금도 10~20명만 모여도 감시와 통제의 대상으로 삼아 지켜보는 나라가 중국이다.

친숙한 아저씨 시다다?

시진핑은 카리스마가 강한 지도자다. 어찌 보면 그렇게 만들어가고 있다. 역대급의 지도자 모습으로 인식하기를 바라는 듯하다. 그는 키가 180cm에다 덩치가 커서 듬직하고 믿음직해 보인다. 서방의 지도자들을 만났을 때도 당당한 모습이 연출된다. 이러한 그의 외모 역시 중국인의 제일주의를 대리만족시켜 준다. 그의 말은 더욱 힘 있고 믿음직하다. 프랑스를 방문했을 때 나폴레옹이 말한 "중국은 잠자는 사자"라는 말을 뛰어넘었다(호랑이를 싫어하여 그가 호랑이를 때려잡는 그림이 많다).

"중국이라는 사자는 이미 깨어났다. 이 사자는 평화적이고 친절한 문명 사자다."

한때는 친근감을 추구했다. 중국인이 좋아하는 축구와 바둑을 통해 다가서는 한편 젊은 시절 복싱을 배웠다면서 그 자세를 취해 중국인의 권투사랑에도 호소했다.

중국인들에 대한 친숙한 다가서기 차원에서 그의 애칭을 만들어 널리 퍼뜨리기도 했다.

"시다다(习大大), 즉 시씨 아저씨(그의 아내인 펑리위안 역시 '펑마마'로 불린다)."

"시집을 가려거든 시다다 같은 남자를 만나세요. 그는 결단력이 넘치고 모든 일에 최선을 다합니다. 호랑이든 파리든 다 때려잡습니다."

"그는 굽힐 줄 모릅니다. 어떠한 변화와 어려움이 닥쳐도 계속 전진할 겁니다."

그 과정에서 그를 칭송하는 노래들과 댄스 뮤직 비디오까지 이어졌다. 록, 랩, 아이돌 군무, 발라드까지 활용하고 있다. 인민일보는 외국인 유학생들을 동원해 인터뷰 영상까지 찍어 퍼나르는 등 공산당 선전기관들을 중심으로 열을 올렸다.

그러다가 일부에서 김정은 찬양가인 '그이 없인 못 살아'와 비교되고 너무 속내가 뻔히 보인다 싶었는지 시다다 금지령을 내렸다. 특히 시진핑이 친근한 아저씨보다 위엄 있는 지도자의 이미지를 부각시키고 싶어하면서 금지되어 중국 인터넷에서 삭제당했다.

지금은 '살아있는 신'으로서의 우상화 경향마저 나타나고 있다. 그동안 중국에서는 덩샤오핑 이후 어떠한 최고지도자도 개인 우상화가 없었다. 그러다가 시진핑 시대에서 달라지고 있다. 그를 인민 속의 지도자로 만들려는 시도가 다양하게 이루어지고 있다. 그의 모습, 발언, 행동 전반을 놓고 용비어천가에 해당하는 '시비어천가'가 흘러넘치고 있다.

최근에는 집권 2기를 전후하여 공산당 간부가 '활불(活佛), 즉 살아있는 부처'라고 말하는가 하면, 해군에서는 '영수의 눈빛 아래 항해한다'는 제목으로 공연을 했으며, 반대 세력인 공청단파의 수장인 후진타오 전 주석의 장남까지 그의 공적을 찬양했다.

중국의 일부 불교 승려들은 찬양하듯 말하고 있다.

"시진핑은 보살의 화신이다."

그가 재선출 되는 날 베이징에는 가뭄 속에 145일 만에 눈이 내렸다고 하면서 서설이라 띄웠지만 시 당국이 만든 인공 강설로 밝혀졌다. 이젠 그의 신화가 만들어지고 일상이 조작되기도 한다. 밀 100kg를 짊어지고 5km의 산길을 걸어갔다는 기사가 나오는 식이다. 한국과 미국 등지에서 어린이 위인전에 나오는 정치인들이 상당 부분 창작되거나 과장 또는 미화된 것과 다를 바 없다. 2018년 1월에는 공산당 기관지인 인민일보가 시진핑을 '영수'로 불러 덩샤오핑이 개인 우상화를 조장한다는 이유로 이 칭호를 금지한 지 40여년 만에 다시 공식적으로 사용되었다. 일부에서는 김일성 우상화와 아주 닮았다고 지적하기도 했다.

이러한 추세가 강화될수록 중국은 근본적인 위기에 직면할 수 있다. 인치가 이루어지는 비민주국가로써 그 가능성은 상당하다. 그래서 중국 외부에서는 희망사항이지만 시진핑이 이러한 우상화와 찬양을 막아내면서 공적을 통해 자연스럽게 평가받는 지도자의 본질에 충실하기를 바라는 목소리가 높다.

1인 종신 독재

시진핑은 2017년 당 전국대표자대회와 2018년 3월 전인대를 거치면서 독보적인 존재로서 1인 지배체제 아래의 중국 지도자 입지를 확립했다. 마오쩌둥 이후 가장 강력한 독재 체제로 돌아갔다. 중국인들도 거의 대다수가 그를 단일 지도자로 인식하고 있다.

'시황제.'

중국에서는 시진핑 독재 통치체제의 확립에 박차를 가하고 있다. 2010년대 중반을 지나면서 집단지도체제 아래 7명의 상무위원에 의한 표결에서 벗어나 정치국 상무위원회가 자문기구로 전락한 채 시진핑의 지시에 따라가는 경향이 굳어졌다. 2016~17년을 거쳐 '시진핑 동지를 핵심으로 하는 당 중앙'이란 말처럼 1인 지도체제로 전환했다. 국가주석에 이어 공산당마저 총서기제가 아닌 주석제로 바꿔 당과 국가의 명실상부한 1인 지배자가 되려 한다는 야심마저 거론되고 있다.

특히 2018년 3월 11일 국가주석의 연임 제한을 철폐하는 등 시진핑의 1인 권력 체제를 핵심 내용으로 한 헌법 개정안이 전인대에서 찬성 2958표, 반대 2표, 기권 3표, 무효 1표로 통과되었다(찬성률이 99.79%다). 이로서 집단지도체제와 임기제에 기반했던 덩샤오핑 체제가 36년 만에 끝나고 마오쩌둥 시대처럼 1인 지배 하의 절대권력 체제로 돌아갔다. '시진핑 신시대' 사상을 헌법 서언에 지도사상으로 넣어 절대적인 이념적 권위를 부여했다. 집권 2기의 반부패를 이끌 국가감찰위원회를 신설해 칼자루를 손에 쥐었다. 연임 제한 규정에 묶여 2023년 퇴임하기로 되어 있던 조항이 폐지되어 시진핑의 종신집권까지 가능해졌다. 또한 헌법 1조에 공산당 1당독재의 정당성을 처음으로 헌법에 명시했다.

'중국공산당의 지도는 중국 특색 사회주의의 가장 본질적 특징이다.'

17일에는 총투표 수 2970표, 반대 · 기권 0표의 만장일치로 국가주석 및 중앙군사위 주석에 재선출 되어 공산당 총서기, 군사위 주석, 국가 주석까지 임기 제한 없이 당 · 정 · 군 권력을 모두 장악한 채 장기 독재체제를 구축했다(중국의 투표는 설령 하더라도 가림막도 없는 자리에 앉아 찬반을 표시한 뒤 투표용지를 펴서 집어넣는 사실상의 공개투표나 다름 없다).

반면에 반대세력은 미약하거나 약화될 대로 약해졌다. 그의 집권 이후 장쩌민을 중심으로 한 상하이방 및 후진타오와 리커창을 중심으로 한 공청단파에 대해 확실한 승리를 거두면서 습가군(习家军), 즉 시진핑의 측근들로 구성된 친위 파벌집단이 중앙과 지방을 모두 장악했다.

차기 지도부까지 최고지도자 후보를 정해놓고 경쟁시키던 이전과 달리 시진핑이 자신의 측근들로 점찍은 인물을 발탁하는 한편 그들을 자신의 부하로 둔 채 어떤 방식으로든 최고 지도자의 위치를 유지하려는 것으로 보인다(중국 공산당은 덩샤오핑이 마오쩌둥 시대 때 후계자 확정 과정에서 정쟁과 숙청이 잇따랐던 폐단을 막기 위해 1990년대 이래 50대 정도의 젊은 최고지도자 후보를 미리 낙점한 뒤 정치국 상무위원으로 승진시켜 통치 수업을 받게 한 다음에 권력을 넘겨 왔다. 후진타오와 시진핑도 이 방식에 따라 최고지도자가 되었다).

그렇다고 반대 세력의 움직임이 없는 것은 아니다. 2017년 기준으로 홍콩의 주요 월간지 중 하나인 '개방'에서 모두 실패했지만 그에 대한 암살 시도가 6번 이루어졌다고 보도했다. 그만큼 중국은 여전히 폐쇄적이고 극소수만의 권력투쟁이 벌어지고 있다는 방증이다.

정말 걱정은 그 이후다. 일부에서 예상하듯이 10년 집권에 이어 종신집권을 시도할 경우다. 2022년까지 중국의 국민소득을 2012년보다 2배로 높이는 샤오캉(小康) 사회의 실현을 위해 임기 연장을 시도할 수 있다. 중국몽의 달성을 위해 그 대업을 이룰 때까지 더 오래 집권해야 한다는 논리를 앞세울 수 있다.

2022년 이후에도 주석을 계속하거나 설령 주석에서 물러나더라도 러시아의 푸틴처럼 막후에서 권력을 행사하면서 통치행위를 독점할 수 있다. 일부에서는 2032년까지 20년간 장기집권 계획을 밀어붙이고 있다는 말이 심심찮게 나온다. 주석에서 물러나도 중앙군사위 주석으로 계속 집권하면서 형식상의 지도자들을 조종할 수도 있다. 여느 장기집권 또는 종신지배의 지도자들이 하듯이 규정을 고쳐 밀어붙일 수도 있다.

민주국가들은 중국의 권력질서를 우려한다. 시진핑의 독재를 막을 지도자급 인물이나 저항 세력이 없어 그렇다. 장쩌민은 너무 고령에 신뢰감이 떨어지고, 후진타오는 이미 흘러간 물처럼 보인다. 새로운 대안 인물이나 세력이 나오려면 10~20년 이상 걸릴 지도 모른다. 민주적 권력구조와 장치가 없어 일부의 반감은 사람 없는 먼 산에 울려 퍼지는 메아리 정도다.

중국은 정치적 후진국인 데다 인민들이 중화민족의 부흥, 중국몽, 일대일로, 미국 앞지르기, 세계 최강대국 등에 열광하거나 지지하는 입장이라 이러한 내부 문제에 대해 별로 심각하게 생각하지 않고 있다. 그의 1인 지배에 의한 장기집권까지 관철되면 그의 무한질주는 한동안 계속될 것으로 보인다. 그러다보니 시진핑이 집권 20년을 넘긴 이후에는 그 반발과 부작용이 하나둘 나타나고 체제 한계마저 드러나면서 그 지속 여부에 의문이 생기지 않을 수 없다. 중국의 운명 역시 지금처럼 계속 가면 결코 현재의 성장과 상승 국면을 유지하지 못할 것이다. 결국에는 내부의 모순과 한계로 안에서부터 무너지게 되어 있기 때문이다.

공산당 1당독재와 공산주의 21세기 종주국론

2017년 10월에 열린 19차 당대회에서 그의 개혁 이론을 언급하면서 공식 표현했다.

'시진핑 사상.'

공산당은 그동안 마오쩌둥에 대해서만 '마오쩌둥 사상'이란 표현을 썼고, 덩샤오핑은 '덩샤오핑 이론', 장쩌민은 '3개 대표 이론', 후진타오는 '과학적 발전관'이란 표현을 사용하다가 그의 강화된 권력을 대변하듯 마오에 버금가는 위상을 확립한 것이다.

2018년 초에는 그의 국가통치 이념인 치국이정(治国理政)을 중시해야 한다면서 강조했다.

"시진핑 사상은 마르크스주의 중국화의 최신 성과로 당과 국가가 반드시 장기적으로 지켜야 할 지도 사상이다."

"중국 공산당의 영도는 중국 특색 사회주의의 특징이다. 당의 모든 업무에 대한 지도를 강화해야 한다."

"시진핑 동지를 핵심으로 하는 당 중앙은 각 민족을 이끌어 '중국 특색 사회주의'를 흔들림 없이 발전시켜야 한다."

시 주석에 대한 절대 충성을 언급하면서 중국 공산당의 당장(우리의 당헌)에 이어 헌법에까지 시진핑 사상을 명시하면서 그의 절대권력이 한층 강화되고 있다.
2018년 5월 시진핑은 카를 마르크스 탄생 200주년 기념대회를 그야말로 성대하게 열어 전 세계인이 주목하게 만든 다음에 자신의 소신을 똑 부러지게 밝혔다.
"마르크스는 공산주의의 아버지이자 근대 최고 사상가다. 중국은 계속해서 그의 사상을 갈고 닦아나가야 한다. 마르크스주의 계승자는 중국이다."

1989년 베를린 장벽의 붕괴와 1990년 독일의 통일에 이어 1991년에는 소련(소비에트 연방, 1922~91)의 해체로 공산주의 종주국이 무너졌다. 앞서거니 뒤서거니 하면서 동유럽을 비롯한 세계 전역에서 공산주의를 버리고 자유주의와 자본주의에 입각한 국제사회로 합류했다. 자연스럽게 20세기를 풍미한 냉전 체제는 막을 내렸다.
이 와중에 중국은 베트남, 쿠바와 더불어 거의 예외적으로 공산주의를 그대로 지키면서 개혁과 개방을 통한 시장경제를 받아들여 변화를 시도했다(북한은 그마저도 거부한 채 세계 유일의 폐쇄적인 전체주의 병영국가를 고집하고 있다). 그 결과도 대단히 성공적이어서 2010년대가 되면서 미국에 버금가는 세계 2위의 경제대국이 되는 한편 1인당 국민소득이 1만달러를 돌파했다.
이러한 상황에서 시진핑은 중국과 국제사회의 현주소와 흐름을 놓고 중국판 황제로서 장기집권에 나서 공산당의 1당독재와 현대화 한 사회주의 강국을 여전히 고집하면서 21세기 공산주의 종주국이 되려 하고 있다.

중국을 파악할 때 우리의 관점이나 제3자적 입장이 아니라 철저하게 중국의 관점에서 중국의 현실에 맞게 이해해야 제대로 된 진짜 중국을 알 수 있고 그에 따른 대처를 할 수 있다.

1. 중국은 공산당 1당 지배국가다.

공산당은 국가와 정부 차원보다 그 상위에 자리한, 모든 지배의 유일한 상위기구이자 절대권력집단이다. 그래서 중국의 외교 분야만 보더라도 공산당 대외연락부장인 쑹타오(宋涛)가 서열을 떠나 실질적으로 가장 중요한 의사결정권자이고, 국무원의 외교담당 국무위원 겸 외교부장인 왕이는 그 아래다. 특히 권한과 영향력 측면에서는 비교가 되지 않을 정도로 차이가 난다(양제츠는 공산당 중앙외사공작영도소조 비서장 겸 외교담당 정치국원으로 서열이나 힘에서 쑹타오를 앞설 수 있다. 하지만 이는 개인적인 차원에 불과하고 정보와 실무 전반에 걸쳐 대외연락부가 총괄하며 독보적으로 막강하다).

2. 당과 군의 관계에서 군부는 상대가 되지 않는다.

그동안 중국 전문가들조차 폐쇄된 권력질서를 일방적으로 잘못 해석해 군부의 위상을 높게 파악해 왔다. 그러나 중국 공산당이 중앙 차원에서는 중앙군사위원회를 통해, 모든 군 단위에서는 정치위원을 통해 직속기관인 인민해방군의 인사, 예산, 군수, 정보, 작전, 전력 등 전반적으로 확고한 우위를 차지하고 있다. 오히려 당이 군을 현미경으로 들여다보듯 하면서 거미줄처럼 촘촘하고 물샐틈없이 감시하고 있다. 이는 군부가 가진 무력이 독점적이고 막강하기 때문에 정변을 일으킬 것을 우려하여 통제하고 감시하는 차원에서 이해하면 된다. 중국 현대사에서 명멸한 실력자들 중에 군 출신자는 거의 없는 것만 봐도 쉽게 알 수 있다. 이런 까닭에 마오쩌둥, 덩샤오핑, 장쩌민, 후진타오, 시진핑에 이르기까지 군 출신은 없고 모두 당 출신자들인 것도 당연하다.

3. 1인 지배구조로의 변화에 주목해야 한다.

마오쩌둥 · 덩샤오핑 때와 시진핑이 집권한 시절의 권력구조와 국가기구는 확연히 다르다. 변함없는 것은 공산당이 중국의 모든 것을 장악한 채 이끌어간다는 사실이지만 그 공산당을 움직이는 방식이 집단지도체제에서 바뀐 것이다. 시진핑은 마오 및 덩과 다름없는 절대 권력자로서 중국 구석구석까지 지배력을 뻗치고 있다. 한때 장쩌민과 후진타오를 거치는 동안 그 구성과 운영에서 철저한 집단지도체제의 성격을 지녔지만, 그의 치세에서는 날이 갈수록 1인 지배 권력이 강화되면서 절대화되고 있다. 사실 세계사를 살펴보더라도 집단지도체제는 결국 1인체제로 귀결되었고, 중국의 절대 지배자인 황제의 전통을 감안할 때 당연한 결과다. 문제는 이후다. 국제사회가 국민주권주의, 민주주의, 자유와 평등, 인권, 법치, 기본권, 사상 · 표현의 자유, 권력에 대한 견제와 균형, 투명성, 열린 사회, 절차적 정당성, 상대 존중과 이해 등을 보편적 가치로 추구하는 마당에 언제까지 지금의 체제와 방식을 고집할 수 없기 때문이다.

4. 민주주의, 민본, 법치를 놓고 선진민주국의 시각과 다르다.

현대 정치의 관점에서 보면 비교조차 할 수 없을 정도로 이질적인 중국만의 특징이자 현실이다. 정치적 자유의 제한은 물론이고 국민에 대한 통제와 감시가 당연한 사실로 관철되는 상황이다. 개인의 일상까지 전방위적으로 지배받는 한계적 민주주의, 주권자가 아닌 피치자로서 투표권(참정권)조차 없는 민본, 법 위에 선 공산당에 의한 압도적인 인치에 비하면 하위에 있는 법치일 뿐이다. 그러면서 선거, 야당, 비판언론, 노조, 지도자 비판, 정권교체 등은 허용되지 않는다. 언론과 비판의 자유, 집회 · 결사의 자유, 대학의 정치화는 용납되지 않는다. 2018년 체제에 위협이 될지 모른다고 하루아침에 전국의 교회 십자가 4000개를 한꺼번에 철거해버렸다. 알리바바의 마윈은 정권에 미운털이 박히자 2018년 초 한 모임에서 무대에 올라 군복을 입은 채 문화대혁명 노래를 부르고 2019년에 물러나겠다고 밝혔다. 현대사회에서 말하는 민주주의, 민본, 법치와는 정반대다. 국민주권주의에 따라 선거를 통해 국민의 선택을 받은 사람만이 권력을 위임받아 행사할 뿐인 우리의 상식과 다른 것이다.

5. 중국의 인식과 행동을 이해하려면 그 역사를 잘 알아야 한다.

중국인에게 있어 오랜 역사를 거치면서 형성된 전통과 문화 그리고 그 아래에서 형성된 체질이 가장 중요하다. 예를 들면 청나라를 보고 시진핑의 중국을 헤아리거나 대응하면 안 된다. 청나라는 대초원 북방민족인 만주족의 나라로 피지배민족인 한족을 통제하고 활용한 시절이라 근본적으로 다르다. 그래서 청일전쟁(1894~95)과 중일전쟁(1937~45)은 전혀 다르게 접근해야 한다. 특히 한족의 왕조인 한, 송, 명 세 나라의 외교, 무역, 국방 정책을 알아야 그 속내를 제대로 알 수 있는 것이다. 여기에 더해 중국인의 정신을 지배하는 중화사상을 바로 알아야 한다. 중국에 의한 세계질서를 실현하려는 토대 위에 외부세계는 변경, 이민족, 야만족, 오랑캐로서 중국에 혼란을 가져올 뿐이고 결국에는 복속하거나 교화해야 할 대상으로 여길 뿐이다.

6. 중국만의 자급자족 세계를 지향한다.

인구의 92%를 차지하는 한족은 14억명의 인구에다 미국에 맞먹는 960만㎢의 영토(러시아 · 캐나다 · 미국에 이은 세계 4위)와 풍부한 물산으로 인해 어느 정도 살만 하면 내부의 안정과 안전을 지향하면서 외부 세계와의 접촉조차 꺼렸고 폐쇄적이었다. 긴 역사에서 한족의 왕조가 한, 송, 명밖에 없을 정도로 외세의 침입이 잦아 '변경 또는 이민족'에 대한 배척도 강하다. 불교조차 외부에서 전파된 것이라 하여 결국 뿌리내리지 못했듯이 중국에서 기원한 것이 아니면 받아들이는 것조차 거부한다. 이런 까닭에 외부 세계의 종교와 사상을 일체 거부해왔다. 그마나 근현대사의 몰락을 경험하면서 그 이유를 지나친 내부지향성에 두면서 공산주의 국가를 성립했다. 하지만 이후에도 '죽의 장막'으로 불리며 고립주의적인 존재로 있었다. 개혁개방으로 일정한 성공을 거두자, 지금은 다시 자력갱생을 내세우며 내수 중심의 경제를 지향하고 있다. 특히 중국에 진출했거나 관심이 있는 한국기업은 잘 알아야 한다. 중국이 내수 중심으로 전환한다는 것은 자급자족을 지향하여 종국에는 중국인에 의한, 중국 것인, 중국을 위한 것만 유지될 수 있을 뿐이다.

7. 고위직의 부도덕과 부정부패가 만연하다.

왕조가 성립한 이후 변함없이 관습처럼 유지되어 왔다. 현대 중국에서도 상상을 초월하는 수준의 비리를 저지르고 어마어마한 재산을 축적하는 것을 쉽게 볼 수 있다. 이는 중국이 무종교이기 때문이다. 종교는 사후 세계가 존재하여 죽어서라도 구원을 받으려는 본질이 있다. 그러나 중국에서는 공자가 유학을 창시한 이래 사후 세계를 단호히 거부하면서 이승에서의 만족한 삶을 위한 집착이 강해 살아생전에 잘살고 즐길 것 다 즐겨야 한다는 생각을 갖고 있다. 그러다보니 극히 현세적이다. 황금, 돈, 땅, 복, 장수 등을 가지거나 누리기 위해 노력한다. 중국이란 나라조차 지나칠 정도로 현실적인 이해관계에 집착한다. 특히 권력 최우선 사회다. 권력이 가장 중요하고 권력을 통해 원하는 것들을 얻는 것이다. 지배층일수록 힘 닿는 만큼 가지려 드는 것이다. 그에 반해 일반 중국인들은 상부로 갈수록 권한이 많아 어떻게 해서든지 그들에게 매달려 원하는 바를 얻어야 한다고 생각할 뿐이다. 게다가 인구가 워낙 많다보니 개인의 권리와 생명 존중은 경시되는 반면에 힘을 가진 권력자를 두려워한다.

8. 중국은 사람 중심이지 법과 제도는 그 다음이다.

오랜 역사 동안 황제를 정점으로 수직구조를 형성하여 아래로 내려오면서 중국사회를 구축했다. 황제와 권력자는 법 위에 존재한다. 서방 세계에서는 군주제라 하더라도 입헌군주제인 것과 차원이 다르다. 그래서 중국에서는 관계가 중요하다. 상부구조에 있는 관계일수록 값어치가 높아진다. 법과 제도가 있어봐야 불법은 물론이고 예외, 탈법, 편법 등의 온갖 구멍을 통해 무력화된다. 술자리, 담배, 친목 등을 통해 다가설 수 있다고 생각하는 사람들이 있지만 중국인은 한족이 아니면 본질적인 거리를 둔다. 물론 인연 차원에서 생겨나는 예외가 있지만 거의 극소수에 해당할 뿐이다. 결국 중국인을 상대할 때는 돈과 이익을 주고받는 차원에서 접근하되 힘 있는 사람과 연관되는 것이 중요하다.

9. 일방적인 자기중심주의를 고집한다.

중국은 현재처럼 꼭 필요한 것이라 하여 받아들이기도 하지만 언젠가는 내쫓고 자기 것으로 대체하려는 의지가 확고부동하다. 한 번이라도 중국 것이었거나 중국 땅에 있으면 모두 중국 것으로 여긴다. 조작, 왜곡, 확대해석 등을 통해서라도 중국 것으로 만든다. 기업의 기술과 지식재산권도 제 것이라며 언제든 빼앗아 갈 수 있다. 외국 또는 외국인을 바라볼 때 이이제이(以夷制夷)에 입각해 서로 다투게 만들거나 약화시켜 마음대로 움직이려는 의도가 항상 깔려 있다. 중국인은 자신이 중국의 구성원이라는 사실을 이 세상에서 가장 본질적이고 중요하게 생각하기 때문에 궁극적으로는 중화사상의 실현을 원한다. 중국에 의한 질서 구축과 세계 운영이 목적이기 때문에 자유, 인권, 민주, 법치 등의 인류 보편적인 가치조차 그 아래 종속되거나 별로 관심이 없다. 하물며 외교, 거래, 사회 등의 차원에서는 두말할 필요조차 없는 것이다. 태어날 때부터 가정과 사회 분위기가 그럴 뿐만 아니라 교육과 문화 전반에 뿌리 깊게 박혀 있어 개인적 차원에서는 거의 고치기 어렵다.

10. 중화사상과 대국주의를 전제로 한다.

세상을 바라볼 때 중국인의 정신을 지배하는 기본 원칙이자 가치는 딱 이 2가지다. 중화사상은 중국이 세계 및 세상의 중심이고 이를 현실화해서 중국에 의한 세계질서를 실현하자는 것이다. 이러한 토대 위에 외부세계를 놓고 중국에 혼란을 가져올 뿐이라 여겨 결국에는 복속하거나 교화해야 할 대상으로서 중국 아래로 예속시키려 한다. 대국주의는 중국의 영토를 중국대륙이라 부르면서 그 자체로 자급자족을 할 수 있다는 전제로부터 출발해 모든 것이 그 안에 존재하는 하나의 세계로 인식한다. 그러면서 상대가 중국보다 작으면 아래로 보며 무시한다. 특히 21세기에 접어들면서 G2로 성장하자 미국마저 따라잡아 세계 최강대국이 되려는 중국몽에 가득차 있다. 중국인들 절대다수가 이 생각이 깊게 자리한 채 똬리를 틀고 있다. 이런 중국과 중국인을 상대하려면 가급적 중국 의존도를 낮추고 중국의 봉쇄와 공세를 견딜 수 있는 나라로 만드는 길밖에 없다.

덤 한 가지. 중국에서는 국민 주권과 함께 인권이 경시되는 경향이 강하다. 중국인들도 당연시하는 풍토다. 방대한 영토와 많은 인구를 통합하기 위해서는 중앙집권적 형태가 필요하다고 생각한다. 황제를 비롯한 권력자일수록 법과 제도를 뛰어넘어 초법적 권력을 휘두른다. 지방의 독자성이 강해지고 원심력이 작용할수록 반란이 일어나 나라마저 멸망한 사례가 많아 인명과 재산의 피해를 고려하지 않은 채 강력한 진압에 나선다. 유학을 비롯한 전통 사상도 1인 권력 정당화와 집중에 바탕하고 있고, 그나마 한 축을 이루는 도교에서는 저항이 아니라 은거하거나 속세를 떠나 문제를 일으키지 않는 차원에서 접근한다. 심지어 권력층의 부패가 만연해도 '잘나서 그만한 자리에 있으니 당연한 것 아니냐'며 당연시하는 문화가 자리 잡고 있다.